U0095161

考研英语
阅读提分训练100篇
（基础版）

新东方考试研究中心 编著

解析册

QUNYAN PRESS
·北京·

重难点词汇音频

图书在版编目(CIP)数据

考研英语阅读提分训练100篇：基础版：全2册 /
新东方考试研究中心编著. -- 北京：群言出版社，
2023.12（2024.8重印）
ISBN 978-7-5193-0879-7

Ⅰ.①考… Ⅱ.①新… Ⅲ.①英语－阅读教学－研究
生－入学考试－习题集 Ⅳ.①H319.4-44

中国国家版本馆CIP数据核字(2023)第249062号

责任编辑：侯 莹
封面设计：李 倩 申海风

出版发行：群言出版社
地　　址：北京市东城区东厂胡同北巷1号（100006）
网　　址：www.qypublish.com（官网书城）
电子信箱：dywh@xdf.cn　qunyancbs@126.com
联系电话：010-62418641　65267783　65263836
法律顾问：北京法政安邦律师事务所
经　　销：全国新华书店

印　　刷：三河市良远印务有限公司
版　　次：2023年12月第1版
印　　次：2024年8月第4次印刷
开　　本：787mm×1092mm　1/16
印　　张：24
字　　数：518千字
书　　号：ISBN 978-7-5193-0879-7
定　　价：64.00元（全2册）

阅读理解是考生考研英语获得成功的关键所在。在考研英语试卷中，阅读理解是分值比重最大的部分，A、B、C 三节共占 60 分，而 A 节独占了 40 分，可谓重中之重。《考研英语阅读提分训练 100 篇（基础版）》按照考研英语大纲对阅读理解 A 节的要求及难度编写，力求为考生提供选材新颖、题量丰富、解析详尽、符合命题趋势的考研英语阅读专项练习用书。

一　本书特色

剖析命题思路

考研英语阅读题量大，分值占比高，很多考研学子反映很难真正提高阅读水平，尤其是阅读基础相对薄弱的考生，那原因何在？本书中编者引领大家思考问题的根源：我们想在考研英语阅读中取得高分，就必须分析命题者的思维方式。考研阅读的目的在于考查学生的概括能力和逻辑推理能力。从历年真题来看，阅读理解 A 节的考查题型主要有以下几种：细节题、推断题、观点题、态度题、例证题、主旨题、词义题、语义理解题、写作目的题和篇章结构题。其中考查最多的是细节题，约占 50%。另外，本书的题目设置参考真题的命题规律，并为每道题标注了考查的题型，帮助考生针对各个题型进行练习。

精选题源文章

阅读理解 A 节多选取关注西方国家尤其是英、美等国的文章，从宏观来看，关注美国的最多，其次是英国，少部分文章关注发展中国家。话题具有多样性、时代性、知识性、思想性和趣味性等特征，不会涉及敏感话题，如宗教信仰、政治意识形态、种族冲突、恐怖主义、暴力、色情等。文章以议论文和说明文为主，体裁以议论、评述、分析、论证型居多。

本书精选英美国家主流报刊、杂志或知名网站上的阅读题源文章，大多数是近三年内发表的文章。考研新大纲中指出，考生应能读懂多种话题、多种类型的语言较为复杂的文字材料，包括新闻、评论、报告、论文、专著等。考生在备考时对阅读文章应有所取舍，有意识地阅读与考研英语阅读常考话题相关的各个领域的文章，提升阅读广度，增加阅读深度。

文章讲解详尽

本书含试题册和解析册，试题册提供答案速查，方便考生快速查找答案。解析册提供详尽解析，含"文章概览""重难点词汇""长难句分析""题目详解"和"参考译文"几大板块，帮助考生对文章的理解做到点面结合，从真正意义上提高阅读能力。

【文章概览】介绍文章出处和段落概要，帮助考生更好地理解文章大意，理清文章思路。

【重难点词汇】选取文章中的考研重点词汇和较难理解的词汇（含生僻词和超纲词），帮助考生更好地理解句子和文章的意思。考研大纲中指出，阅读文章中允许有少量超纲词或者生僻词，所以，通过学习、背诵书中的这些重难点词汇，有助于考生积累足够的词汇量。

【长难句分析】长难句在考研英语阅读中比较常见，编者从书中的每篇文章中选取 1-3 个长难句进行讲解，标注句子在原文中的位置，进行句式和结构分析，同时提供句子译文。

【题目详解】明确题目类型和答案定位处。按照命题思路推导正确答案，同时进行干扰排除，层层剥茧，帮助考生理清解题思路。

【参考译文】所有文章均配有地道译文，译文中答案定位句加下划线，帮助考生更快地理解命题思路，锁定正确答案，排除错误选项。

二　文章题材

从题材上看，近些年考研英语阅读文章大多涉及热门话题，所涉领域广泛。通过对真题文章的分析和研究，编者将考研英语阅读文章的题材分为七大类：社会生活、自然环境、科学研究、商业经济、教育文化、信息技术、政治法律。本书中收录的 100 篇文章涵盖这七大题材，符合新大纲话题，选材新颖，各题材类别包含的文章数量如下：

题材分类	社会生活	自然环境	科学研究	商业经济	教育文化	信息技术	政治法律
篇数	17	17	15	14	13	12	12

三　选文来源

本书中的文章均选自英美主流报刊、杂志或知名新闻网站，主要有以下这些，供考生参考。

1. *The Economist*（《经济学人》）
2. *U.S. News & World Report*（《美国新闻与世界报道》）
3. *TIME*（《时代周刊》）
4. *The Times*（《泰晤士报》）
5. *Science Daily*（《每日科学》）
6. *The Atlantic*（《大西洋月刊》）
7. *The Guardian*（《卫报》）
8. *Wired*（《连线》）
9. *Education Week*（《教育周报》）
10. *The Christian Science Monitor*（《基督教科学箴言报》）
11. *Scientific American*（《科学美国人》）
12. *The New York Times*（《纽约时报》）
13. *Financial Times*（《金融时报》）
14. *New Scientist*（《新科学家》）

15. *The Wall Street Journal*（《华尔街日报》）

16. *The New Yorker*（《纽约客》）

17. CNN（美国有线电视新闻网）

18. NPR（美国国家公共广播电台网站）

19. *Nature*（《自然》）

20. *SciTech Daily*（《科技日报》）

21. *Reader's Digest*（《读者文摘》）

22. *Discover*（《发现》）

23. *National Geographic*（《国家地理》）

四 使用说明

　　考研英语阅读理解文章的题材范围广、篇幅较长、语言难度较大、逻辑性强。考生词汇量的大小和英语水平的高低决定着阅读的速度与理解的准确率。考生所具备的阅读技能也是影响阅读理解的因素，要想在有限的时间内迅速抓住文章要点，正确解题，需在训练过程中注重阅读技能的培养。

　　本书的文章以不同的话题分类，适合考研早期备考阶段或者基础薄弱的考生进行集中备考练习。待通过本书的练习，阅读水平有了一定的提升后，考生可以购买本系列书的强化版本《考研英语阅读提分训练 100 篇（强化版）》进行强化练习。强化版的文章按照实考编排，每 4 篇文章为一个单元，能帮助考生在一段时间内集中进行系统的模拟练习。

　　希望通过使用本书，广大考研学子的英语阅读水平能有明显提升！让坚持成就更好的自己，你的梦想一定能实现！

编者

目录

第1章　社会生活类

=== **Text 1** ===

文章概览

　　本文选自 *The Economist*，介绍了英国重建客运铁路服务的事件背景和社会反响。第一段描写英国一个城镇废弃火车站的景象并回顾车站关闭时人们的反应；第二、三段介绍英国的铁路重建计划，并重点交待了这个重建计划的历史背景是上世纪 60 年代大规模关停铁路服务的决策；第四、五段说明铁路在英国人心目中的特殊情感和文化意义，也解释了重建客运铁路的社会文化背景；最后一段进行总结，指出尽管经济效益难以预料，但这个重建计划却受到了当地民众的欢迎。

重难点词汇

booth /buːð/ n. 售票亭；售货棚

wreath /riːθ/ n. 花圈

manifesto /ˌmænɪˈfestəʊ/ n.（尤指政党的）宣言

earmark /ˈɪəmɑːk/ vt. 指定……的用途

infamy /ˈɪnfəmi/ n. 耻辱；臭名昭著；罪恶

miss the point 没有抓住要领

nostalgia /nɒˈstældʒə/ n. 怀旧；念旧

prosaic /prəˈzeɪɪk/ adj. 没有诗意（或美感）的；平淡的

长难句分析

① While lots of infrastructure is prosaic, in Britain trains become poetry, their lines not just crossing the land, but running on into the literature of Robert Louis Stevenson, John Betjeman and W. H. Auden. (P5S1)

主体句式 While…, …trains become poetry, their lines not just crossing the land, but running…

结构分析 本句是复合句。主句的主干是 trains become poetry，主句之前是 While 引导的让步状语从句，主句的主干之后是由 not…but… 连接的两个现在分词短语 crossing…和 running…，作主句的伴随状语。

句子译文 虽然很多基础设施都很平常，但在英国，火车变得富有诗意，它们的轨道不仅在地面上延伸，还进入了罗伯特·路易斯·史蒂文森、约翰·贝杰曼和 W·H·奥登的文学作品中。

② Becky Tipper, the Network Rail manager in charge of the reopening, was surprised when, as her workers started laying the track, "a crowd of people" turned out once again. (P6S4)

主体句式 Becky Tipper, …, was surprised when…

结构分析 本句是多重复合句。主句的主干是 Becky Tipper was surprised，前两个逗号之间是插入语，说明 Becky Tipper 的身份。主句后是 when 引导的时间状语从句，该从句中又嵌套了时间状语从句 as her workers started laying the track。

句子译文 当贝姬·蒂珀的工人开始铺设轨道时，再次出现了"一群人"，令这位负责重新开放事宜的英国铁路网经理十分惊讶。

1. **B** **细节题。** 第一段提到了奥克汉普顿，主要讲述这个城镇客运列车停运的历史。第二段第一、二句讲到这个地方在变化，铺设了新的铁轨，第三句说这属于政府修复铁路计划的一部分，并在本段倒数第二句指出奥克汉普顿是第一个重新开放铁路的城镇，可知 B 概括恰当，故为答案。A 是根据第二段首句设置的干扰项，原文说到变化是指该城镇原本铁路关停的状况正在改变，并未说该城镇因铁路关停而改变，故排除。第二段第三句提到去年 1 月启动了"修复您的铁路"基金项目，而非这个城镇在那时重新开放了它的铁路车站，故排除 C。前两段中没有涉及怀旧的话题，故排除 D。

2. **C** **细节题。** 第三段详细解释了理查德·比奇作为 1963 年的时任铁路委员会主席关闭了大量轨道和车站，并说比奇的做法造成了"尚未愈合的伤口"，可知比奇给英国铁路系统带来了伤害，故答案为 C。根据第三段首句，作者并未对比奇的报告内容是否符合现实进行评价，故排除 A。B 原文没有提及，故排除。根据第三段，比奇只是给铁路系统带来了伤害，虽然随后一段提到了铁路在英国人心中的特殊意义，但并未说关闭部分铁路造成了不可修复的情感伤害，故排除 D。

3. **D** **词义题。** 设问词位于第五段首句，用于表述铁路基础设施的特点，且该句中有 While 一词，可知设问词所在部分与该句后半部分形成转折或对比关系。该句后半句说英国火车已经变得富有诗意，故设问词的意思应与之相反或相对。在四个选项中只有 D 项"平淡无奇的"符合上下文。文章没有说明英国的铁路基础设施是否复杂、先进或破损，故排除其他三项。

4. **A** **推断题。** 最后一段前半部分说富有诗意虽好，却从来没有特别有利可图，并说明了疫情对铁路运营的负面影响，指出其经济效益并不明朗。后半部分指出奥克汉普顿的当地人很欢迎这个重建项目，可见这符合作者在第四、五两段中所提到的铁路与英国人的怀旧情愫的关系，故重建铁路与其说是为了赚钱，不如说是为了满足人们的情感需求，对社会发展有利，故 A 为正确答案。选项 B 说法过于绝对，与第四、五段讲到的英国人对铁路的情愫不符，故排除。虽然最后一段第二句提到疫情期间客运铁路需求难以预料，但并没有说应该在更合适的时候重开铁路服务，故排除 C。原文中没有提及重建是否困难，故排除选项 D。

5. **D** **主旨题。** 文章开篇以一段场景描写引出英国的重建铁路计划，随后提到了上世纪 60 年代大规模关停铁路服务的政策和英国人对铁路的怀旧情愫，来说明这个重建计划的历史背景和文化背景。最后一段指出该计划是受到当地民众欢迎的，即说明了该计划的社会反响。可见文章主要围绕一个项目的背景情况展开论述，故答案为 D。其他三项原文都没有提及，故排除。

✒️ **参考译文**

　　寂静的售票处，售票亭半月形的窗户下，一个空荡荡的房间里挂着大大的绿色标牌，上面写着"奥克汉普顿"。站台上，一张褪色的海报上写着"德文郡——火车旅行"。而那些看到它的人已经没有什么机会这么做了。最后一列客运列车是在 1972 年 6 月 3 日离开的奥克汉普顿。镇上的人都出来哀悼：市长举着花圈站在旁边。在这条铁路线上，枕木间开始长草了。

　　但奥克汉普顿正在改变。新的铁轨在站台下闪闪发光；挖掘工人在停车场辛苦工作。作为政府"修复您的铁路"基金项目的一部分，这个车站正在重新开放。该基金项目于去年 1 月启动，旨在兑现一项宣言承诺。[1] 奥克汉普顿是第一个重新开放的城镇。在四周的时间内铺设了 11 英里的铁轨。

　　1963 年，英国铁路委员会主席理查德·比奇的一份报告指定关闭 5,000 英里的轨道和 2,363 个车站。[2] 时至今日，它仍被视为一种"臭名昭著"的做法，而不是一种官僚作风；按照前铁路乘客委员会主席斯图尔特·弗朗西斯的说法，这个伤口"尚未愈合"。在比奇造成的"伤口"上，奥克汉普顿 11 英里闪亮的新轨道只不过是一块创可贴。

但是，单纯从数字的角度来看问题是抓不住重点的。过去所损失的不仅仅是枕木和钢材。南安普敦大学的铁路运输教授约翰·普雷斯顿说："在英国人的心中，铁路有一个奇特的位置。"他指出："许多象征着某种生活方式的乡村线路消失了……而人们对这种生活方式抱有很多怀旧情愫。"与其说这条新线路穿越的是德文郡，不如说它穿越的是时间。

[3] 虽然很多基础设施都很平常，但在英国，火车变得富有诗意，它们的轨道不仅在地面上延伸，还进入了罗伯特·路易斯·史蒂文森、约翰·贝杰曼和 W·H·奥登的文学作品中。修复铁路是对这个文学世界中的英国的致敬，这里有铁路支线和直线铁轨，有铁路搬运工和站长。

[4] 不过富有诗意虽好，却从来没有特别有利可图。普雷斯顿先生说，对于这些线路来说，没有比现在更糟糕的开放时机了：在第一次新冠疫情封锁期间，乘客人数下降了90％左右，"后疫情时期的需求走势还不明朗"。[4] 不过，奥克汉普顿的当地人似乎很高兴。当贝姬·蒂珀的工人开始铺设轨道时，再次出现了"一群人"，令这位负责重新开放事宜的英国铁路网经理十分惊讶。这一次没有花圈。蒂珀女士说，相反，他们开始鼓掌。

Text 2

📖 文章概览

本文选自 *Financial Times*，以科特迪瓦新发现的石油矿藏引出对非洲"能源过渡"的探讨。首段讲述事件，意大利能源集团在科特迪瓦新发现了较大的石油矿藏；第二段对这一发现进行了分析，指出当前开采石油的经济风险；之后的三段话锋一转，开始探讨非洲国家是否应该迅速向清洁能源过渡。

📖 重难点词汇

barrel /ˈbærəl/ *n.* 桶（石油计量单位）

strategist /ˈstrætədʒɪst/ *n.* 战略家；善于筹划部署的人

offshore /ˌɒfˈʃɔː(r)/ *adj.* 海上的；近海的

tap into 引发；开发

be reliant on 依赖于……

hydro /ˈhaɪdrəʊ/ *n.* 水力电

envisage /ɪnˈvɪzɪdʒ/ *vt.* 想象；设想

utilisation /ˌjuːtəlaɪˈzeɪʃn/ *n.* 使用；利用

abundant /əˈbʌndənt/ *adj.* 大量的；丰富的

📝 长难句分析

① While Ivory Coast is already pumping small quantities of oil, the risk was that it would bring more "on stream at a time when the market is already in decline", said Kingsmill Bond, an energy strategist. (P2S2)

主体句式 While Ivory Coast is…, the risk was that…, said Kingsmill Bond, …

结构分析 本句是多重复合句。第二个逗号前面的内容都是 said 的宾语从句。宾语从句较长，其主干十分简短，即 the risk was…，其后是 that 引导的表语从句，该从句中包含 when 引导的定语从句，修饰之前的名词 time。while 引导让步状语从句。

句子译文 能源策略师金斯米尔·邦德表示，虽然象牙海岸已经在开采少量石油，但这次的风险在于它会"在市场已经下跌的时候"出产更多的石油。

② Governments in Africa, which are responsible for at most 3 per cent of global emissions, object to being pressed by banks and donors to abandon the fossil fuels on which they say their development depends. (P3S3)

主体句式 Governments…, which…, object to being pressed by…

结构分析 本句为复合句。主句主谓部分为 Governments…object to，两个逗号之间是插入的非限制性定语从句，对主语进行补充说明。谓语后是其宾语部分 being pressed by banks and donors，之后的 to abandon the fossil fuels 为宾语补足语，on which 引导的定语从句修饰名词短语 fossil fuels，该定语从句中又包含了插入语 they say。

句子译文 非洲各国的排放量最多占全球排放量的3%，其政府反对银行和捐助者迫使它们放弃其发展所依赖的化石燃料。

💡 题目详解

1. **A** 推断题。文章首句介绍了在科特迪瓦发现石油矿藏的事件，发布这一重大发现的是意大利能源集团。由此可知，在科特迪瓦海外公司有权进行石油开采，故 A 为答案。首段最后一句虽然提到科特迪瓦是世界上最大的可可种植国，但并未说可可是唯一的出口商品，故排除 B。首句结尾说这是20年来的第一个重大发现，但并不代表以前没有在这里发现过能源，故 C 不符合原文。选项 D 是对首段第二句的误解，原文是说被发现的石油将在四年内出产。

2. **D** 细节题。第二段第二句开始介绍能源策略师邦德的观点，他分析了在象牙海岸开采石油的风险是市场下跌，随后解释了原因，即发达国家开始转向可再生能源，石油需求将下降，可知 D 是对原文的正确概括，故为答案。本段最后一句提到了竞争力，是说石油价格下跌使成本较高的石油失去竞争力，并不是说石油行业的竞争更激烈，故排除 A。B 与原文表述相反，故也排除。由第二段后半部分可知，邦德是说非洲近海的石油生产成本相对较高，而不是说石油生产极其困难，故排除 C。

3. **C** 细节题。第三段第二句指出，一些非洲国家政府呼吁"合理的能源过渡"，以便更加缓慢地向其他燃料转换，随后第三句提到非洲这些国家的发展依赖化石燃料。第五段第一句呼应第三段的观点，提出要考虑非洲的工业化需求。可知所谓的"合理的能源过渡"就是要考虑到非洲发展对石油的需求，故答案为 C。A 似是而非，原文的"更加缓慢地向其他燃料转换"并不是推迟使用清洁能源，而是由于非洲各国暂时不能完全脱离对化石燃料的依赖，所以向清洁能源的过渡需要缓慢进行。第三段末句提到了银行和捐助者，但并未要求获得投资和捐赠，故排除 B。D 答非所问，虽然从第四段中可以看出科特迪瓦确实在发展其他能源，但这与所谓的"合理的能源过渡"并不相关。

4. **B** 推断题。第五段首句指出，非洲及其他较贫困地区的工业化有着巨大的能源需求，可知非洲国家正在经历工业化，故答案为 B。第四段中介绍了目前科特迪瓦的可再生能源全部为水力电，但不可由此推断所有非洲国家都是如此，故排除 A。第四、五段主要是就非洲国家为何不能立刻脱离化石燃料进行分析，并未说这些国家不愿意承担能源过渡的风险，也没有说它们无法承担使用清洁能源的费用，故排除 C 和 D。

5. **C** 态度题。文章末段指出，邦德敦促非洲各国积极发展太阳能和风能，他认为，结果将证实这些能源比化石燃料更丰富、更便宜。可见他对清洁能源的发展持乐观态度，故答案为 C。其余三项都不是邦德的看法，故排除。

[1] 当意大利能源集团埃尼集团透露，它在这个西非国家的海域发现了多达 20 亿桶石油时，科特迪瓦人欢呼雀跃——这是 20 年来的第一个重大发现。石油可能在四年内开始涌出，从而提高这个已经是世界上最大的可可种植国的石油出口量。

但并不是每个人都对此有信心。[2] 能源策略师金斯米尔·邦德表示，虽然象牙海岸已经在开采少量石油，但这次的风险在于它会"在市场已经下跌的时候"出产更多的石油。随着发达国家转向电动汽车和可再生能源，对石油的需求将下降，只有成本最低的生产商才能存活下来。邦德补充说，在非洲近海，尤其是深水区，石油的生产成本相对较高。象牙海岸发现的石油在海底 1,200 米左右。尽管今年秋季石油和天然气价格飙升，但许多分析师预测，需求下降将迫使价格下跌，使成本较高的石油失去竞争力。

这一发现还引发了一场更广泛的辩论，即对依赖化石燃料的发展中国家的合理期望是什么。随着在格拉斯哥举行的 COP26 联合国气候变化峰会临近，以及许多富裕国家加快了向清洁能源的转变，[3] 一些非洲国家政府呼吁"合理的能源过渡"，以便更加缓慢地向其他燃料转换。非洲各国的排放量最多占全球排放量的 3%，其政府反对银行和捐助者迫使它们放弃其发展所依赖的化石燃料。

能源部长托马斯·卡马拉表示，到 2030 年，科特迪瓦政府打算将可再生能源的比例提高到其更加庞大的能源总量的 42%，而当前的比例是 40%，且可再生能源全部为水力电。"但我们预计，我们的能源需求将大幅上升，而且我们将需要天然气。"

非洲最大的贷款机构标准银行批量客户首席执行官肯尼·菲拉表示，[3][4] 世界向绿色能源迈进的过程中存在着风险，未考虑非洲和其他较贫穷地区工业化的巨大需求。他说："在这个阶段，谈论没有石油的非洲几乎是不可能的。即使到 2050 年，仍将使用一些石油，因为其他类型的燃料发展还不够充分，不足以取代石油。"[5] 邦德敦促非洲各国政府更加积极地发展太阳能和风能，他说，结果将证实这些能源比化石燃料更丰富、更便宜。

Text 3

本文选自 *U.S. News & World Report*，分析气候变化对人们退休规划的影响。首段开门见山，指出气候变化带来的高温和自然灾害等可能影响人们的退休计划。之后从几个方面具体分析并提出建议：第二段着重向退休后打算迁居的人们提出建议；第三段分析气候变化对退休预算的影响；第四至五段分析气候变化对健康的影响，并提出应对建议；最后一段介绍气候变化给老年人带来参与社会事务、获取目标感的机会。

plague /pleɪɡ/ *vt.* 困扰；折磨

incorporate /ɪnˈkɔːpəreɪt/ *vt.* 将……包括在内；合并

hurricane /ˈhʌrɪkən/ *n.* （尤指西大西洋的）飓风

quadruple /kwɒˈdruːpl/ *v.* （使）变为四倍

exacerbate /ɪɡˈzæsəbeɪt/ *vt.* 加剧；使恶化

be vulnerable to 容易受到……的影响

diabetes /ˌdaɪəˈbiːtiːz/ *n.* 糖尿病

asthma /ˈæsmə/ *n.* 气喘；哮喘

subsidize /ˈsʌbsɪdaɪz/ *vt.* 补贴；资助

appliance /əˈplaɪəns/ *n.* （家用）电器，器具

📙 长难句分析

① Climate change is affecting us in ways no one could have imaged just a few years ago, and those dramatic changes in weather patterns may even affect your retirement. (P1S1)

主体句式 Climate change is affecting us…, and those dramatic changes…may even affect…

结构分析 本句为 and 连接的并列句，其中包含复合句。第一个分句的主干为 Climate change is affecting us；in ways…作状语，其中包含省略了连接词 that 的定语从句，修饰名词 ways。第二个分句为简单句，其主谓宾结构是 those dramatic changes may affect your retirement。

句子译文 气候变化正在以几年前尚无人能想象到的方式影响着我们，而那些气候模式的巨大变化甚至可能影响到你的退休生活。

② Dan Hawley, president of Hawley Advisors Wealth Planning, says his clients built a home at the foothills of the Sierra Nevada mountains and were shocked to find that their homeowner's insurance quadrupled to $4,000 a year. (P3S3)

主体句式 Dan Hawley, …, says his clients built a home…and were shocked to find that…

结构分析 本句是多重复合句。主句主干为 Dan Hawley says，其后是省略了引导词 that 的宾语从句。该宾语从句为并列句，由连词 and 连接：and 之前的分句为简单句，主谓宾结构为 his clients built a home；and 之后的分句为复合句，主干结构为 (his clients) were shocked to find…，其后是 that 引导的从句，作动词 find 的宾语。

句子译文 霍利财富规划顾问公司总裁丹·霍利表示，他的客户在内华达山脉的山麓小丘建造了一座房子，并震惊地发现，他们的房主保险费翻了两番，达到每年 4,000 美元。

💡 题目详解

1. **A 细节题。** 第二段谈到退休人员重新选择居住地的问题，在该段第三、四句中作者建议，有此打算的人们可能要因某些地区自然灾害发生率的增加而重新考虑搬迁计划，可知 A 是上述信息的概括性转述，故为答案。作者建议重新考虑搬迁计划，并非建议不要搬迁，故 B 不符合原文。C 是针对第二段第二句设置的干扰项，原句的意思是很多退休的人都考虑搬迁到气候较为温暖的地方，而不是作者建议他们搬到这些地方。作者只是建议调查打算搬迁的目的地的自然灾害发生率，而不是全面调查各州政府，故排除 D。

2. **D 例证题。** 第三段开头说气候变化可能会影响退休预算，最后一句中财富规划顾问公司总裁霍利说自己的客户在山脚下建造房屋，其保险费贵得惊人。可知作者举这个事例是为了说明气候变化导致自然灾害发生率上升，使房屋保险费升高，从而导致退休预算增加，因此 D 为正确答案。定位段首句说到了灾害后修理房屋的问题，但没说修理是否麻烦，故排除 A。其余两项原文没有提及，故排除。

3. **D 细节题。** 第四段首句提到老年人的健康更容易受到一些气候变化的影响，之后提到热岛效应以及制冷设备。第五段顺着这个思路，提出人们可能需要改造房屋，而且应该在退休前仍然有稳定收入的情况下考虑做出花销大的改变，故答案为 D。作者没有建议人们搬离受热岛效应影响的地区，也没有建议人们尽可能限制日常开支，故排除 A 和 B。C 与原文表述相反，故也排除。

4. **B 细节题。** 文章主要篇幅讲的都是气候变化的负面影响，只在最后一段说到了正面影响，即为老年人提供了参与社会事务和志愿服务的机会。人们退休后容易缺乏生活目标，参与气候行动是解决这个问题的一个方法。气候行动让参与的老年人有了目标感，故答案为 B。定位段第二句说老年人有经验和动力，并未说气候行动能够使他们忘掉不好的社会经历或保持热情，排除 A 和 D。C 原文没有提及，故也排除。

5. C **主旨题**。文章开头指出气候变化对人们的影响，然后具体说到高温和自然灾害等可能影响人们的退休计划，随后各段从不同角度进行具体分析并提出建议。通过综合分析可知，全文就是围绕气候变化对退休安排的影响展开的，故答案为 C。A 和 B 均未提及气候变化，因此偏离主题。D 以偏概全，只说到了迁居这一个方面，故也排除。

📝 **参考译文**

气候变化正在以几年前尚无人能想象的方式影响着我们，而那些气候模式的巨大变化甚至可能影响到你的退休生活。近年来，世界一直受到温度升高以及自然灾害数量和强度增加的困扰。你可能需要在规划退休时考虑到气候变化的影响。

大多数人就地退休，这意味着他们会留在自己曾经生活并养家糊口的那个居所。那些为退休而迁居的人通常会选择气候较温暖的地区，如佛罗里达州、得克萨斯州和亚利桑那州。[1] 但是，在你搬到一个气候较温暖的理想退休地点之前，要先做一下调查。佛罗里达州、得克萨斯州和加利福尼亚州等地野火、洪水和飓风发生率的增加可能有理由让你重新考虑搬迁计划。

气候变化可能会影响你的退休预算，尤其是如果你不得不支付空调费用或在自然灾害后修理房屋的话。购买自然灾害保险也可能变得越来越困难或昂贵。[2] 霍利财富规划顾问公司总裁丹·霍利表示，他的客户在内华达山脉的山麓小丘建造了一座房子，并震惊地发现，他们的房主保险费翻了两番，达到每年 4,000 美元。

现有的健康问题可能会因极端高温或野火烟雾等环境问题而加重，因为老年人的健康更容易受到一些气候变化的影响。那些行动不便的人受到极端天气事件的影响往往最大。我们所说的城市热岛效应发生在华盛顿特区和纽约等地，这些地方有很多混凝土建筑。这会影响健康——引发糖尿病、高血压和哮喘。如果你的公寓或家里没有制冷设备，你更有可能遭遇某个与高温相关的事件。

你也许能够改造房屋，这可以帮助改善环境，甚至随着时间的推移还可能省钱。[3] 不过在你退休之前，趁着你还有稳定的收入，考虑一下做出花销大的改变。许多州和城市都有补贴太阳能电池板的项目。考虑用更节能的电器型号替换旧电器。新窗户可能会很昂贵，但它们可以显著提高能效。

气候变化为美国老年人提供了参与社会事务和志愿服务的机会。退休的老年人有时间、经验和动力。[4] 对他们来说，退休的挑战之一是目标感。对于许多老年人来说，参与气候行动，为他们的子孙后代留下一个更好的世界，是一个解决办法。

═══ **Text 4** ═══

📖 **文章概览**

本文选自 CNN，文章介绍了旨在解决交通拥堵问题的"空中吊舱"这一新兴交通方式。第一段简要说明新交通方式出现的背景；第二至三段详细介绍了乌斯基运输公司尝试开发的"空中吊舱"线路，说明了其建设地点、成本和相关人士对这种交通方式的评价；最后四段重点介绍这种新兴交通方式的发展计划和前景，指出它吸引了多个国家的注意，且有希望在不久的将来投入实际运营。

📖 重难点词汇

congestion /kən'dʒestʃən/ n.（交通）拥塞；充血
pod /pɒd/ n. 吊舱；分离舱
suspend /sə'spend/ v. 悬挂；暂停
emirate /'emɪərət/ n. 酋长国

implement /'ɪmplɪmənt/ vt. 贯彻，实施；使生效
sustainability /sə,steɪnə'bɪləti/ n. 可持续性
integrate /'ɪntɪɡreɪt/ v. 整合；（使）合并，成为一体

📝 长难句分析

① Although she cautions that it would require careful planning to avoid congestion in a busy city-wide network, Haag believes it could still be a widely adopted solution if the promises of improved mobility and sustainability are kept. (P3S4)

主体句式 Although she cautions that..., Haag believes...

结构分析 本句是多重复合句。主句主干为 Haag believes...，其后是两重从句，第一重是省略了连接词 that 的宾语从句，第二重是 if 引导的条件状语从句；逗号之前是 although 引导的让步状语从句，该从句中又包含 that 引导的名词性从句，作动词 cautions 的宾语。

句子译文 尽管她提醒说，在繁忙的城市网络中，要避免交通拥堵还需要仔细规划，但哈格认为，如果能兑现对机动性的改善和可持续性的承诺，这仍然有可能成为被广泛采用的解决方案。

② Later this year, uSky plans to build a 2.4 kilometer line in Sharjah, allowing it to run the passenger pod at higher speeds and demonstrate how passenger and cargo pods can be integrated into the same network. (P4S1)

主体句式 ..., uSky plans to..., allowing it to run...and demonstrate...

结构分析 本句主体是简单句。句子的主干之后是现在分词 allowing 引导的伴随状语，其中 and 连接的两个不定式短语 to run... 和 (to) demonstrate... 作 it 的宾语补足语，how 引导的宾语从句作 demonstrate 的宾语。

句子译文 今年晚些时候，乌斯基公司计划在沙迦修建一条 2.4 公里的线路，使其能够以更高的速度运行乘客舱，并演示如何将乘客舱和货物舱合并到同一网络中。

💡 题目详解

1. **B** 细节题。根据第一段最后一句，一家公司认为解决交通拥堵问题的方案是建立无人驾驶的高速吊舱网络，随后在第二段第一句点明乌斯基运输公司就在进行这样的尝试，故 B 为答案。选项 A 中的人工智能方法原文没有提及，故排除。原文只提及该公司建设试车线路，没有说它是否已经实现降低铁路运输的成本，故排除选项 C。第二段结尾虽然提到了这种交通方式可以减少碳排放，但文中没有乌斯基运输公司是否专注于此的依据，故排除 D。

2. **C** 细节题。哈格对"空中吊舱"的评述出现在第三段。该段首句中她说，空中吊舱为乘客提供了更大的灵活性。随后的第三句她解释称，在空中吊舱里，乘客可以在特定的基础设施上使用许多不同的舱室，故答案为 C。A 是对本段最后一句的曲解，哈格虽然认为"空中吊舱"有可能成为交通拥堵的解决方案，但指出还需要仔细规划，可知其态度并不完全肯定。选项 B 与本段第三句相悖，原文明确指出人们在短途和长途旅行时均可使用空中吊舱。D 混淆了本段第二句说明的对象，以同样速度行驶的是缆车，而不是空中吊舱。

3. **A** 细节题。第四至七段均说到了这种交通方式的发展及前景，第四至五段提到了在阿联酋地区的发展，第六至七段提到了中东、亚洲、加拿大和美国，因此 A 所述符合原文，故为答案。原

文提到的第一条线路在沙迦，并说明它与迪拜接壤，可知 B 错误。第五段提到除了乌斯基以外的其他公司也在发展空中吊舱线路，故排除选项 C。由原文可知，这种交通方式还未正式面向客户，因此选项 D 的说法没有依据。

4. B 观点题。根据人名关键词定位，第六段和第七段均提到了扎雷茨基的观点，其中第七段最后一句中他补充说，乌斯基运输公司希望年底前在沙迦敲定第一份商业合同，到 2024 年，乌斯基空中吊舱可能会投入运营，可知吊舱有望在不久的将来投入使用，答案为 B。扎雷茨基虽然将有前景的主要地区定位于中东，但原因并不是该地区人口较少，故排除 A。虽然还未投入实际运营，但扎雷茨基并未表示市场条件不成熟，故排除 C。由第七段首句可知，选项 D 并非扎雷茨基的观点。

5. D 主旨题。文章开篇说明为解决交通拥堵问题而尝试发展新交通方式，随后详细介绍了乌斯基运输公司尝试开发的"空中吊舱"线路，说明了其建设地点、成本和相关人士对这种交通方式的评价。文章后半部分介绍了这种新兴交通方式的发展计划和前景。可知文章重点介绍了这种旨在解决交通拥堵问题的"空中吊舱"，故 D 为答案。虽然第五段提到了乌斯基运输公司以外的公司在进行空中吊舱研发，但文章讨论的重点是空中吊舱，而不是相关的公司，故排除 A。文章仅探讨了空中吊舱这一种解决交通拥堵的方式，故排除 B。选项 C 的说法过于宽泛，文章主要集中讨论的就是吊舱，并未展开讨论其他交通模式。

参考译文

交通拥堵是世界各地的城市面临的一个问题。[1] 一家公司认为，解决方案是建立一个无人驾驶的高速吊舱网络，这些吊舱悬挂在铁轨上，可以在城市周围行驶。

6 月份，总部位于白俄罗斯的乌斯基运输公司在沙迦（与阿拉伯联合酋长国的迪拜接壤）开通了一条 400 米的试车线。乌斯基公司称，一个全面实施的城市网络每小时可运送 1 万名乘客，尽管出于安全原因，目前车辆无法在试验轨道上达到最高速度，但时速仍达到 150 公里。根据乌斯基公司的说法，地铁每公里的建设成本高达 1.5 亿美元，而这一系统的造价约为 1,000 万美元。而且它通过使用结构性较低的材料，减少了碳排放。

[2] 麦肯锡咨询公司的合伙人斯蒂芬妮·哈格表示，尽管"空中吊舱"经常与单轨车或缆车相比较，但它们提供了更大的灵活性。她说："在缆车里，你只有一种轿厢，且总是以同样的速度行驶。""在空中吊舱里，你可以在特定的基础设施上使用许多不同的舱室"，比如为城市地区的短途旅行专门建造的舱室或为长途旅行专门建造的舱室。尽管她提醒说，在繁忙的城市网络中，要避免交通拥堵，还需要仔细规划，但哈格认为，如果能兑现对机动性的改善和可持续性的承诺，这仍然有可能成为被广泛采用的解决方案。

今年晚些时候，乌斯基公司计划在沙迦修建一条 2.4 公里的线路，使其能够以更高的速度运行乘客舱，并演示如何将乘客舱和货物舱合并到同一网络中。随着测试线路的启动和运行，乌斯基公司也获得了初步批准，将在酋长国东部沿海城镇豪尔费坎周围修建一条线路。

邻近的酋长国迪拜也在探索无人驾驶的吊舱，这种吊舱将在城市交通之上运行，据报道，全球其他公司正在为该地区开发高科技运输吊舱。

[3] 乌斯基运输公司首席执行官奥列格·扎雷茨基表示，乌斯基也在将目光投向阿联酋以外的地区。他说："我们可以看到，最有前景的地区是中东和亚洲———一些人口在自然增长的地方，如印度和巴基斯坦。"

哈格补充说，吊舱更适合那些公共交通不发达、对交通解决方案需求不断增加的国家。[3] 尽管如此，扎雷茨基说，乌斯基运输公司已经接到包括美国和加拿大在内的一些国家的咨询。[4] 扎雷茨基补充说，公司希望年底前在沙迦敲定第一份商业合同，这意味着到2024年，乌斯基空中吊舱可能会投入运营。

Text 5

文章概览

本文选自 *New Scientist*。作者在疫情封控期间因父亲逝世而感到悲伤，并对有关悲伤的概念和疫情对悲伤情绪的影响进行了探讨。第一段指出经典的五阶段悲伤概念不能有效地帮助作者应对悲伤情绪；第二段介绍了封控期间悲伤更为复杂的原因；第三段指出封控导致作者父亲的葬礼不好操作并且无法带来正面情绪；第四段指出封控结束后人们仍可能经历延迟性悲伤或复杂性悲伤；最后一段提出建议，在解封后我们仍要关注疫情导致的心理创伤。

重难点词汇

contract /kən'trækt/ *vt.* 感染（疾病），得（病）
succumb /sə'kʌm/ *vi.* 屈服，屈从
portray /pɔː'treɪ/ *vt.* 描绘；扮演
bargaining /'bɑːɡənɪŋ/ *n.* 商讨；讨价还价
endure /ɪn'djʊə(r)/ *vt.* 忍耐，容忍
genuine /'dʒenjuɪn/ *adj.* 真正的，真实的
unacknowledged /ˌʌnək'nɒlɪdʒd/ *adj.* 不被承认的
consensus /kən'sensəs/ *n.* 一致的意见，共识
funeral /'fjuːnərəl/ *n.* 葬礼

departed /dɪ'pɑːtɪd/ *adj.* 已故的
out of whack 运行不正常，有毛病
bereaved /bɪ'riːvd/ *adj.* 丧失亲友的
next of kin 近亲，血亲
disruptive /dɪs'rʌptɪv/ *adj.* 破坏性的
formulate /'fɔːmjuleɪt/ *vt.* 构想；准备；确切表达
relief /rɪ'liːf/ *n.* 突出的品质；令人注目的特征
sideline /'saɪdlaɪn/ *vt.* 排挤，使靠边

长难句分析

① Delayed grief, where the effects hit later, or complex grief, where someone has disruptive reactions to a loss beyond what is deemed normal, are conditions recognised by medical science. (P4S1)

主体句式 Delayed grief, where…, or complex grief, where…, are conditions…

结构分析 本句是复合句。句子的主干部分为 Delayed grief or complex grief are conditions。Delayed grief 和 complex grief 后分别跟着一个 where 引导的定语从句，对其进行修饰说明；第二个 where 引导的定语从句中还包含一个 what 引导的宾语从句，作介词 beyond 的宾语；conditions 后的过去分词短语 recognised by medical science 作其后置定语。

句子译文 延迟性悲伤，即悲伤的影响来得较晚，或复杂性悲伤，即某人对失去（亲人）的破坏性反应超出了被认为正常的范围，这些都是医学界公认的情况。

② While it is fine to embrace the improving situation regarding the pandemic in the UK, we should be in no rush to "move on" and pretend it never happened, or to condemn or sideline those still feeling the effects of what it took from them. (P5S2)

主体句式 While…, we should be in no rush to "move on" and pretend…, or to condemn or sideline those…

结构分析 本句是复合句。第一个逗号前为 while 引导的让步状语从句；主句为 we should be in no rush to "move on" and pretend…, or to condemn or sideline those…；pretend 后跟一个省略了

that 的宾语从句；现在分词短语 still feeling the effects of what it took from them 作 those 的后置定语，其中包含一个 what 引导的从句，作 of 的宾语。

句子译文 尽管欣然接受英国新冠肺炎疫情形势的改善是好的，但我们不应急于"继续前进"，假装它从未发生过，也不应谴责或排挤那些仍然感受到疫情影响的人。

💡 题目详解

1. **B 细节题**。关于悲伤的五个阶段的内容在第一段。该段最后一句指出，提出五阶段概念的伊丽莎白·库伯勒-罗斯很后悔以这样的方式来著述，导致了对悲伤的简单化描述，由此可知答案为 B。第四句说虽然根据主流小说的描述，悲伤是可以预见的，但下文第七句却指出现实情况要复杂得多，由此可知选项 A 与原文相反。该段第五句介绍了悲伤的五个阶段，并没有提及哪个阶段最长，故排除选项 C。选项 D 说法太绝对，这个理论并不能涵盖人们悲伤时的所有反应，故排除。

2. **C 细节题**。根据题干提示定位到第二段。该段第五句指出关于悲伤的文化共识会影响人们的期望。第六句说人们会为逝去的人举行葬礼，由此可知葬礼属于关于悲伤的文化共识，是我们预期会经历的一个过程，故答案选 C。同时根据该段第六句话可以排除选项 B，该句说举行葬礼是为了向逝者告别或歌颂亡者。该段并没有提及葬礼是悲伤过程的结束以及葬礼对丧亲者的未知好处，因此排除选项 A、D。

3. **D 细节题**。关于限制参加葬礼的人数的内容在第三段。该段第二句指出原本仪式能带给丧亲者一种控制事态的感觉。后面提到了限制参加葬礼的人数，由此可知这影响了丧亲者的把控感，故答案为 D。其余三项原文都没有提及，故排除。

4. **C 推断题**。关于延迟性悲伤的相关信息在第四段。该段指出延迟性悲伤是医学界公认的情况。作者说在封控结束后他可能会体验到悲伤的全部影响，导致精神状态不佳，由此可推断出延迟性悲伤可能会带来心理问题，故 C 为答案。原文并没有提及延迟性悲伤会导致人们改变预期、拒绝接受现实和有不正常的关系，所以其他三项都排除。

5. **A 观点题**。题目考查最后一段作者的观点。最后一段作者说可以理解人们欢呼封控的结束，但是提醒人们不要假装悲痛不存在，也不应排挤仍在受疫情影响的人，由此可知答案为 A。作者并没有说媒体应该停止对封控结束的庆祝、悲伤的少数人不应该夸大自己的痛苦或持久的悲伤在封控结束后会自然地结束，故选项 B、C、D 都不选。

✍ 参考译文

一年前，我的父亲 58 岁，但一向身体健康的他感染了新型冠状病毒。他最终没有战胜病毒，过世了。从那以后，我就一直在应对悲伤情绪，而且是在封控期间。如果你按照主流小说对悲伤的描述，悲伤在很大程度上是可预见的。你要经历五个阶段：否认、愤怒、商讨、沮丧和接受。一旦度过所有这些阶段，你的生活就可以继续了。但现实情况要复杂得多。[1] 提出五阶段概念的伊丽莎白·库伯勒-罗斯很后悔以这样的方式来著述，导致了对悲伤的简单化描述。

封控期间的悲伤甚至更为复杂。我这样说是因为就像数百万其他人一样，我在与朋友和家人隔绝的情况下，忍受了几个月的痛苦。我担心这会导致一些真正的问题，而这些问题没有被认识到或被承认。我们的大脑是根据我们所经历的事情和对周围世界的理解来学习和发展的。[2] 因此，即使不准确或过于简单化，关于悲伤的文化共识也会影响我们的期望。我们"知道"当你失去某人时，你要举行葬礼和守夜，向逝者告别或歌颂亡者。这些为公众所接受的做法是悲伤过程的一部分，却因封控而不能正常操办。

虽然是出于善意，但保持社交距离的葬礼可能弊大于利。除其他事项外，仪式给丧亲者一种控制事态的感觉，这对幸福感很重要。限制到 14 个近亲？没人想要那样。[3] 如果一场葬礼让你感觉控制力下降，而不是上升，那对幸福感会有什么影响？

延迟性悲伤，即悲伤的影响来得较晚，或复杂性悲伤，即某人对失去（亲人）的破坏性反应超出了被认为正常的范围，这些都是医学界公认的情况。这些问题的产生可能是因为悲伤的经历与我们大脑所设定的预期不符。也许在我父亲去世很久之后，当英国的封控终于完全结束，我父亲的去世成为"事实"，我才会体验到悲伤的全部影响。[4] 这会让我和其他处于相同境况的人精神状态不佳。

尽管可以理解，但从我作为一个悲伤的亲属和一个神经科学家的角度来看，当前众多英国媒体和公众的"万岁，不再封锁了！"的态度只会让许多人持久的悲痛格外引人注目。[5] 尽管欣然接受英国新冠肺炎疫情形势的改善是好的，但我们不应急于"继续前进"，假装它从未发生过，也不应谴责或排挤那些仍然感受到疫情影响的人。那会让糟糕的情况更糟糕。

Text 6

文章概览

本文选自 *The Economist*，文章探讨了田径场上厚底鞋流行的现象。第一段简要描述现象，说明厚底鞋在田径场上流行的原因是能提供性能优势；第二至三段从概念和事例两个角度，说明厚底鞋带来的成绩突破；第四段介绍这种跑鞋的功能原理；最后两段重点说明了这种跑鞋提供的技术支持受到国际田联的限制，并探讨了它的前景。

重难点词汇

sport /spɔːt/ *vt.* 得意地穿戴

distinctive /dɪˈstɪŋktɪv/ *adj.* 独特的；有特色的

chunky /ˈtʃʌŋki/ *adj.* 厚实的；粗重的

doping /ˈdəʊpɪŋ/ *n.* 使用兴奋剂

boost /buːst/ *vt.* 促进；使增长

knock off 使减少；使降低

elite /eɪˈliːt/ *n.* 精英；上层集团

resilience /rɪˈzɪliəns/ *n.* 弹力；恢复力

stiffen /ˈstɪfn/ *vt.* 使变强硬

cushion /ˈkʊʃn/ *vt.* 起缓冲作用

spectrum /ˈspektrəm/ *n.* 范围；幅度；频谱

sprinter /ˈsprɪntə(r)/ *n.* 短跑运动员

长难句分析

① Many of the long-distance runners at the Tokyo Olympics, which begin on July 23rd, will arrive at the starting line sporting footwear with a distinctive chunky-looking heel. (P1S2)

主体句式 Many of the long-distance runners…will arrive at…

结构分析 本句是复合句。第一个逗号前是主句的主语部分，第二个逗号后是主句的谓语部分，中间插入了非限制性定语从句 which begin on July 23rd，补充说明之前的 the Tokyo Olympics。

句子译文 将于 7 月 23 日开幕的东京奥运会上，许多长跑运动员会穿着后跟看上去很厚实的独特运动鞋来到起跑线上。

② Meanwhile, Nike appears to have shelved plans to deploy high tech shoes designed for sprinters at the Tokyo games, possibly because they did not comply with regulations either. (P6S2)

主体句式 …, Nike appears…, …because…

结构分析 本句是复合句。主句主干是 Nike appears to have shelved...，不定式短语 to have shelved... 为 appears 的表语部分，第二个逗号后是 because 引导的原因状语从句。

句子译文 与此同时，耐克公司似乎搁置了为东京奥运会的短跑运动员设计高科技鞋的计划，可能是因为它们也不符合规定。

💡 **题目详解**

1. C **推断题。** 第一段第二句说，在东京奥运会上将有许多长跑运动员穿厚底鞋比赛，随后说这不仅仅是一种时尚宣言。后文解释称这种新鞋具有很大的性能优势，并在第二段中具体说明了新鞋与"跑步经济性"的联系。综上可知，作者之所以这么说，是因为这种鞋子可以提升"跑步经济性"，故 C 为答案。根据上下文，作者没有探讨时尚问题，重点探讨的是鞋的性能而不是外观，因此选项 A 和 B 都排除。选项 D 是对首段最后一句的曲解，原句是说这种鞋的性能优势堪比服用了兴奋剂，并未谈及是否能取代兴奋剂。

2. A **细节题。** 对"跑步经济性"的论述集中于第二段。该段第二句说，"跑步经济性"指的是跑完一定的距离所消耗的能量，文中随后提到了提高"跑步经济性"是人们的追求并可转化为成绩。第四段中也说到提升"跑步经济性"的鞋可以返回跑步者的能量，可见这个概念用来衡量跑步时是否省力，故答案为 A。文中虽然提到了运动鞋制造商对"跑步经济性"的追求，但这个概念与制造过程无关，故排除 B。选项 C 混淆了概念，提升跑步者成绩的是具有较好"跑步经济性"的鞋，而不是"跑步经济性"这个概念本身。文中举例时虽然主要提及长跑运动员，但从"跑步经济性"的概念解释可知，这个概念并非仅限于长跑，故排除 D。

3. D **例证题。** 第三段最后一句举了长跑选手穿着新跑鞋打破纪录的事例。结合前文对新鞋性能优势的论述以及此前一句所说的，Vaporfly 及其迭代款已经帮助运动员打破了一系列纪录。可知，作者举这个事例是为了说明新型厚底鞋的影响，因此 D 所述符合原文，故为答案。第二、三段中均出现了伯恩斯博士的看法，第二段中伯恩斯博士指出跑鞋制造商致力于提高运动成绩，第三段中对成绩提升的程度进行了估算，长跑运动员打破纪录与他的论述并不对立，故排除 A。文章主要围绕厚底鞋对运动员的作用展开论述，而不是赞扬跑步上的突破，可知 B 所述与主题无关。长跑运动员打破纪录的事例无法说明厚底鞋的功能原理，而且下一段首句说，科学家们仍然对这种鞋子如何发挥作用感到困惑，故排除选项 C。

4. D **细节题。** 第四段详细解释了新厚底鞋的功能原理。其中最后一句说，通过缓冲跑步者的骨骼和肌肉遭受到的重复冲击力，这种鞋甚至可以帮助运动员比以往更努力地训练，可知选项 D 是对该句的同义转述，故为答案。选项 A 是对该句的曲解，原句只说新鞋能够缓冲骨骼和肌肉遭受到的重复冲击力，而不是对其进行按摩。倒数第二句所说的有助于改变跑步者的步态，不等同于矫正运动员不恰当的行为，故排除 B。原文中没有提及跑步者穿着新鞋是否感到舒适，因此选项 C 缺乏依据。

5. B **态度题。** 第六段提到了"世界田径"新规的限制以及耐克公司搁置短跑新鞋计划，但最后一句说，如果耐克公司或其竞争对手找到规避问题的方法，那么在短跑比赛中还是有可能出现令人激动的场面。由此可知，作者认为厚底鞋的前景还是有希望的，故 B 为答案。

厚底鞋又开始流行起来了，至少在田径运动中是这样。将于 7 月 23 日开幕的东京奥运会上，许多长跑运动员会穿着后跟看上去很厚实的独特运动鞋来到起跑线上。[1] 这将不仅仅是一种时尚宣言。新鞋的性能优势如此之大，以至于批评者将其形容为"技术兴奋剂"。

密歇根大学生物力学专家杰夫·伯恩斯说，跑鞋制造商长期以来一直致力于提高运动成绩。[1][2] 在过去，如果"跑步经济性"——跑完一定的距离所消耗的能量——提高 1%，就会给人留下深刻的印象。但在 2016 年，耐克发布了其"Vaporfly"型号的首个版本，将跑步经济性提高了 4%。

[2] 如果这一比例直接转化为成绩，可将优秀男运动员的马拉松赛跑时间缩短 5 分钟左右。事实上，正如伯恩斯博士所观察到的那样，它不太可能做到这一点。马拉松成绩提升 90 秒左右则是更现实的期望。[3] 但 Vaporfly 及其迭代款已经帮助运动员打破了一系列纪录。6 月 6 日，荷兰选手西凡·哈桑以 29 分 6.82 秒的成绩完成了女子 1 万米赛跑，打破了 2016 年创造的纪录。

科学家们仍然对这种鞋子如何发挥作用感到困惑。据伯恩斯博士介绍，鞋底是由一种新型泡沫制成，具有前所未有的弹性。[2] 它将从跑步者每一次足部的碰撞中返回大约 80% 的能量。碳纤维板也许有助于加强鞋底夹层，还可能有助于改变跑步者的步态。[4] 通过缓冲跑步者的骨骼和肌肉遭受到的重复冲击力，这种鞋甚至可以帮助运动员比以往更努力地训练。

所有这些对耐克公司来说都是好消息，该公司以每双 250 美元左右的价格出售 Vaporfly 及其迭代款。而这对此项运动是否有益则是另一个问题。不同的运动项目对技术援助有不同的容忍度。跑步倾向于保守的一端。

2020 年 1 月，国际田径运动的管理机构"世界田径"通过了新的规则，将路面跑鞋的鞋底厚度限制在 40 毫米。与此同时，耐克公司似乎搁置了为东京奥运会的短跑运动员设计高科技鞋的计划，可能是因为它们也不符合规定。[5] 但是，如果他们或与其竞争的制造商已经找出了规避这一问题的方法，那么在短跑比赛中还是有可能出现令人激动的场面。

Text 7

文章概览

本文选自 *Wired*，文章分析了人工智能的发展将给我们的生产和生活带来的影响。第一段总体评价了人工智能的飞速发展以及主要发展路径和方式；第二段介绍人工智能注入的一个典型领域，即重复性任务的自动化，让流程优化；第三至五段介绍人工智能在现有行业的新应用，分别提及了零售业、医疗保健业以及人工智能带来的个性化服务；最后一段提及了人工智能在教育领域的应用，并总结全文。

重难点词汇

wow /waʊ/ vt. 博得……的称赞，使喝彩
live up to 符合，不辜负（期望）
lend itself/themselves to （事物）适合于
free up 使解脱出来；使空出来
endeavour /ɪnˈdevə(r)/ n. 努力；尝试

optimise /ˈɒptɪmaɪz/ vt. 使最优化；充分利用
logistics /ləˈdʒɪstɪks/ n. 物流；后勤
pathology /pəˈθɒlədʒi/ n. 病理学；反常
recuperation /rɪˌkuːpəˈreɪʃn/ n. 康复；痊愈

📖 长难句分析

① While it will take several decades for AI to be fully integrated into the medical process, it is in 2020 that we will start to fully grasp AI's potential for improving our quality of life. (P4S2)

主体句式 While it will…, it is…that…

结构分析 本句是复合句。逗号之前是 While 引导的让步状语从句；逗号后是强调句，强调时间状语 in 2020，that 之后是句子的主干部分。

句子译文 尽管人工智能完全融入医疗流程尚需几十年的时间，但到 2020 年，我们将开始全面领会人工智能在提升我们生活质量方面的潜力。

② This will free up teachers' time to focus on students' personal and emotional development, in areas such as resilience, empathy, creativity and compassion—qualities that will be critical to the new generations' ability to thrive and adapt in the age of AI. (P6S2)

主体句式 This will free up teachers' time…

结构分析 本句的主体是简单句。句子的主干是 This will free up teachers' time，其后是不定式短语作目的状语，逗号后是对 personal and emotional development 补充说明，其中破折号之后的 qualities 是前面 resilience, empathy, creativity and compassion 的同位语，qualities 之后是 that 引导的定语从句，修饰 qualities。

句子译文 这将腾出教师的时间，让他们去关注学生的个人和情感发展，比如适应力、同理心、创造力和同情心——这些品质将对新一代人在人工智能时代的茁壮成长和适应能力至关重要。

💡 题目详解

1. A 细节题。文章开头提出人工智能感觉像是火箭科学，下文做了进一步的说明。第二句就指出人工智能的发展令我们惊叹不已，第四句引用了普华永道的数据，说明人工智能可能创造的巨大价值。由此可知，作者所说的人工智能与火箭科学相似，是指其正在快速发展，故答案为 A 项。B 项本身错误，计算机视觉并非人工智能应用的一个领域。D 项只涉及人工智能的应用领域，是否与火箭科学相关，原文没有提供依据，故均排除。C 项只是人工智能快速发展的佐证，故排除。

2. C 词义题。设问词 embrace 的本义是"拥抱"，但显然不符合语境，故排除 A 项。B 项表示"包含"，不符合句中主语和宾语的逻辑关系。全文都在论述人工智能的快速发展及其未来应用的领域，可见选项 D"挤压"不符合上下文。只有 C 项"采纳，采用"与后文讲到的人工智能的应用相呼应，故 C 项为答案。

3. B 细节题。题目要求在第二段中找到人工智能应用所带来的结果。第二段第二句提到，与大量工作相关的日常任务现在将适合于自动化，让人们腾出时间来专注于更复杂的工作，选项 B 是该句的同义转述，故为正确答案。第一句虽然提到了重复性任务，但说的是重复性任务的自动化，并未提及这种任务会消失，故排除 A 项。C 项表述过于绝对，且文章也并未提及人工智能可以代替全部的人工服务，故可排除。文章所提到的满意度是指客户对呼叫中心的满意度，而非对新技术的满意度，故可排除 D 项。

4. C 推断题。题目要求选择 2020 年人工智能可能给人类带来的帮助。第五段的两句话提到，人工智能会为许多其他领域带来个性化，包括金融行业和针对新闻、内容和商品的个性化推荐，可见选项 C 正确。A 项与第三段最后一句相反，故排除。第四段提到了医疗保健，但未提到人工智能会完全改变医疗流程，因此 B 项错误。选项 D 是对第六段第二句的曲解，原句的意思是让下一代对 AI 时代做好准备，而不是让教师做好准备，故也排除。

5. **D 态度题。** 根据文章最后一句，作者认为人工智能开始成为我们生活中用来解决问题所不可缺少的一部分，由此可知作者对人工智能持完全肯定的态度。作者对人工智能的态度还可从全文的主要信息推知。作者开篇就对人工智能的飞速发展表示惊叹，随后具体阐述了人工智能对传统行业注入的几个具体方面，且讲述的都是正面效果，可见作者对人工智能持肯定态度，因此正确答案为 D 项。

参考译文

[1] 在过去的两三年里，人工智能感觉像是火箭科学。计算机视觉、机器翻译和语音识别等领域的发展令我们惊叹不已。到 2020 年，人工智能将不负之前天花乱坠的宣传，开始通过在各行业的应用产生实际的经济价值。据咨询公司普华永道称，到 2030 年，人工智能的广泛应用将使全球 GDP 增加约 15.7 万亿美元。这些商业价值的大部分并非来自主要做人工智能的公司，而是来自人工智能对传统行业的注入。[2] 接纳人工智能的先行者将成为赢家。

人工智能注入的一个典型领域是重复性任务的自动化，使用诸如 RPA（机器人流程自动化）之类的技术。[3] 与大量工作相关的日常任务现在将适合于自动化，让人们腾出时间来专注于更复杂的工作。另一个类似的常规任务替代领域是在客户服务、电话营销和电话销售中使用语音识别和自然语言处理。这些技术的新进展使呼叫中心 80% 的答疑工作可以通过自动化流程进行处理，同时也可获得更高的客户满意度。

除了优化现有流程，未来我们将看到人工智能在现有行业中的新应用。零售商店将使用人工智能来预测需求和销售，并重塑物流和供应链。人工智能还将有助于最大限度地提高生产量，并将制造业和农业的成本降至最低。

人工智能将开始显著改变医疗保健事业。尽管人工智能完全融入医疗流程尚需几十年的时间，但到 2020 年，我们将开始全面领会人工智能在提升我们生活质量方面的潜力。我们期待人工智能工具在放射学、病理学和诊断领域的应用取得长足进步——从而使得治疗更好、康复更快、费用更低。与 RPA 和语音识别不同，这些工具不会取代人类，但会帮助人们提高工作效率。

[4] 人工智能也将为许多其他领域带来个性化，包括银行业务、保险、贷款和投资。我们已经看到了针对新闻、内容和商品的个性化推荐，而且我们将看到这种个性化（服务）会继续扩大。

在教育领域，我们将看到人工智能被用来布置家庭作业和考试，并进行评分，指导学生完成各种练习。这将腾出教师的时间，让他们去关注学生的个人和情感发展，比如适应力、同理心、创造力和同情心——这些品质将对新一代人在人工智能时代的茁壮成长和适应能力至关重要。[5] 到 2020 年，我们将看到，虽然人工智能仍然十分复杂，但它还是开始成为我们生活中用来解决问题所不可缺少的一部分。

Text 8

文章概览

本文选自 *Scientific American*，介绍了一篇探讨美国如何达到减排目标的研究报告。前两段提出问题，指出美国车辆电气化以达到减排目标所面临的压力；第三段提到了研究报告的主要作者的建议，在车辆电气化的同时，减少私家车的使用；第四段说明单纯依赖车辆电气化的局限性；第五、六段具体介绍研究报告的作者们提出的解决方法；最后一段说明了美国许多城市都是以车辆为中心，间接表明了解决办法的实施所面临的困难。

📖 重难点词汇

electrify /ɪˈlektrɪfaɪ/ *vt.* 使电气化
mitigation /ˌmɪtɪˈɡeɪʃn/ *n.* 减轻；缓解
implement /ˈɪmplɪmənt/ *vt.* 使生效；实施
equivalent /ɪˈkwɪvələnt/ *n.* 相等的东西；等量
simultaneously /ˌsɪmlˈteɪniəsli/ *adv.* 同时

infusion /ɪnˈfjuːʒn/ *n.* 注入；灌输
align /əˈlaɪn/ *v.* 排整齐；使一致
decarbonize /ˌdiːˈkɑːbənaɪz/ *v.* 脱碳
pedestrian /pəˈdestriən/ *n.* 行人；步行者
premise /ˈpremɪs/ *n.* 前提；假定

📝 长难句分析

Published in the journal *Nature Climate Change* yesterday, the study by engineers at the University of Toronto concludes that 90% of light-duty cars on American roads would need to be electric by 2050 to keep the transportation sector in line with climate mitigation targets. (P1S2)

主体句式 Published…, the study…concludes that…

结构分析 本句是复合句。主句之前是过去分词短语作状语，修饰主句主语。主句谓语动词 concludes 之后是 that 引导的宾语从句，该从句的主干是 90% of light-duty cars on American roads would need to be electric by 2050，其后是动词不定式短语，作句子的目的状语。

句子译文 多伦多大学的工程师们昨天发表在《自然气候变化》杂志上的这项研究得出结论，到 2050 年，美国道路上 90% 的轻型汽车需要改为电动汽车，这样才能使交通部门达到减缓气候变化的目标。

💡 题目详解

1. **B 细节题。** 题目考查对某一具体信息的理解。第一段首句就提到，《巴黎协定》设定了将全球气温升幅限制在 2 摄氏度以内的目标。很明显，《巴黎协定》致力于限制全球变暖，故答案为 B。选项 A 混淆了第一段首句的信息，从原文可知，《巴黎协定》只设定了目标，但没有规定达到这一目标的方式一定是车辆电气化，故排除 A。关于轻型汽车的内容是文章介绍的研究报告中提到的，而不是《巴黎协定》的内容，故排除 C。文章没有提到《巴黎协定》何时会废止，故排除 D。

2. **A 词义题。** 设问词所在段落主要讨论的是美国车辆电气化的情况。第一句指出，要达到减排目标，最早在 2035 年，就要求美国销售的所有新车是电动汽车。随后承接此句，指出如果这一目标得到采纳和实施，到 2050 年，将有 3.5 亿辆电动汽车，而其后一句探讨的是汽车所需的电能问题，可见设问词应表示车辆的行驶，并能与之后的名词 roads 搭配，故答案为 A。

3. **B 细节题。** 作者在第三段后半部分提到要减少公众对私家车的依赖。除了在第四段解释其理由外，第五、六段都是介绍减少私家车使用的方法。其中第五段第三、四句提出要改变土地的利用，让人们更容易生活在离目的地较近的地方，也可以更方便地步行或骑自行车出行。换言之，要让城市土地利用合理化，方便人们出行，故答案为 B。选项 A 是利用第五段第三句设置的干扰，本句虽然提到了绿色出行方式，但重点在于为绿色出行方式创造条件，而不仅仅是进行宣传，故排除 A。C 是对第五段第一句的误读，原文是说要大力投资公共交通，故排除。选项 D 的表述与第五段最后一句不符，原文是说要设立新的公路收费项目，而不是增加收费站点，故也排除。

4. D **推断题。** 题目考查最后一段与前文内容的关联。本段指出，美国很多城市甚至没有人行道，也没有完善的地铁或公交系统，因为这些城市都是以一直使用车辆为前提而建设的。结合前文作者提出的大力发展公共交通，减少私家车使用的建议，可知本段体现了实现此建议的难处，故选项 D 的概括符合文章前后逻辑。作者没有提到美国人对公共交通的态度，故排除 A。建设公共交通的时间长短或美国城市规划的合理性与本文的主题相关性较弱，故排除 B 和 C。

5. C **主旨题。** 本文介绍了一项有关美国减排目标的研究。文章的前两段从乘用车电气化的角度探讨减排目标，指出交通部门仅依靠这个手段困难重重。随后的第三至六段提出了车辆电气化以外的减排建议。但最后一段中又指出，美国目前的城市建设与这些减排措施所需的条件相去甚远，总体而言，想要达到减排目标，依然任重道远。因此 C 恰当概括了文章要点，可为标题。文章并没有对《巴黎协定》的目标是否现实进行评论，故排除 A。减少私家车使用只是减排建议之一，故 B 不够全面。D 是对第一段信息的误读，原文的意思是，要想实现《巴黎协定》的目标，到 2050 年，美国需要有 90% 的轻型汽车改为电动汽车，但并不肯定这件事能否实现，故排除 D。

参考译文

[1] 一项新的研究显示，要想实现《巴黎协定》将全球气温升幅限制在 2 摄氏度以内的目标，美国乘用车电气化的速度预计不够快。多伦多大学的工程师们昨天发表在《自然气候变化》杂志上的这项研究得出结论，到 2050 年，美国道路上 90% 的轻型汽车需要改为电动汽车，这样才能使交通部门达到减缓气候变化的目标。

这可能意味着，最早在 2035 年，就要求美国销售的所有新车都是电动的。[2] 如果这一目标在全国范围内得以采纳和实施，到 2050 年，将有 3.5 亿辆电动汽车上路行驶。所需电能将占 2018 年全国电力需求总量的 41%，这会给电网带来挑战。

研究报告的主要作者亚历山大·米洛瓦诺夫说，政策制定者不应只关注从汽油车向电池驱动的电动车或燃料—电池混合动力车的转变，而应同时致力于减少公众对私家车的依赖。

在未来几十年里，汽车行驶的里程数预计将继续增加。即使出行需求停滞于目前的水平，2050 年，美国道路上 51% 的汽车必须是电动汽车，才能达到《巴黎协定》设定的排放目标。这意味着到 2030 年，电动汽车新车销量的占比将达到 30%，这是国际能源机构三年前制定的目标。

为了大幅减少国家对乘用车的依赖，需要向公共交通投入大量资金。"这必须体现公平，"米洛瓦诺夫在谈到二氧化碳减排时说，"要确保所有社区都能使用这些系统。"[3] 土地利用的变化可以使人们更容易生活在离目的地较近的地方，也可以更方便地步行或骑自行车出行。新的过路费或汽车销售税可能会让驾车者放弃购买或使用自己的汽车。

作者们提出了降低排放的另一个选择：基于车辆重量而不是"足迹"的燃油效率规则。这将鼓励汽车公司推出更小巧、能耗更低的车型。这个变化将更好地与美国和欧洲的标准保持一致。电网的碳强度也将是决定电动汽车使用效果的关键。作者们假设，结合碳捕获技术、可再生能源和核能的使用，美国电网将在 2050 年前实现脱碳。

[4] "美国很多城市甚至没有人行道，也没有完善的地铁或公交系统，"米洛瓦诺夫说，"这是因为这些城市都是以车辆为中心的。它们是以我们将一直使用车辆为前提而建设的。"

Text 9

📄 **文章概览**

本文选自 *The Times*，是对素食主义的剖析。第一段简述了素食产品价格偏高；第二、三段介绍了超市热衷推销素食产品；第四段指出素食产品价格高于肉类产品；最后两段就有关素食主义的争议给出了各方的看法。

📖 **重难点词汇**

vegan /ˈviːɡən/ *adj.* 纯素食的　　　　　　　veganism /ˈviːɡənɪzəm/ *n.* 纯素食主义

alternative /ɔːlˈtɜːnətɪv/ *n.* 替代品　　　　sausage roll 香肠卷

ingredient /ɪnˈɡriːdiənt/ *n.* 原材料；要素　　serving /ˈsɜːvɪŋ/ *n.* 一份食物

aisle /aɪl/ *n.* 过道，走廊　　　　　　　　wholesale /ˈhəʊlseɪl/ *adv.* 以批发价

dedicated /ˈdedɪkeɪtɪd/ *adj.* 专用的　　　　micronutrient /ˌmaɪkrəʊˈnjuːtriənt/ *n.* 微量营养素

📝 **长难句分析**

① An analysis of prices at seven supermarkets found that four in five vegan products were more expensive than their meat alternatives, while more than half came in smaller sizes. (P1S2)

主体句式 An analysis...found that..., while...

结构分析 本句是多重复合句。主句是 An analysis found...，后跟 that 引导的宾语从句，宾语从句中，while 表示对比关系，将素食产品和肉类产品的价格和分量进行了对比。

句子译文 对七家超市的价格进行分析后发现，五分之四的素食产品比它们的肉类替代品更贵，而一半以上的素食产品分量更小。

② Taking into account the weight of the products, the vegan versions were 26 per cent more expensive on average, despite containing ingredients that are many times cheaper. (P1S3)

主体句式 ...the vegan versions were 26 per cent more expensive...

结构分析 本句是复合句。主句为 the vegan versions were 26 per cent more expensive，句首的分词短语 Taking into account... 作伴随状语；句尾的介词短语 despite containing ingredients... 作让步状语，其中包含一个 that 引导的定语从句。

句子译文 考虑到产品的重量，纯素食品的价格平均要高出 26%，尽管其原料的价格要便宜很多倍。

③ However, meat farmers have disputed that and have showcased research that suggests that eating tofu is worse for the planet than consuming most lamb, pork or chicken. (P5S3)

主体句式 ...meat farmers have disputed that and have showcased research...

结构分析 本句是多重复合句。主句为 meat farmers have disputed that and have showcased research，第一个 that 是代词，作 have disputed 的宾语，指代上一句中纯素食品的支持者们提出的观点；第二个 that 引导定语从句，修饰 research，该定语从句中包含一个宾语从句，由第三个 that 引导，作 suggest 的宾语。

句子译文 然而，肉农对此提出了异议，并引用研究表明吃豆腐比主要吃羊肉、猪肉或鸡肉对地球的伤害更大。

1. C **语义理解题。** 第一段第一句话前半部分说 Vegan food is a "rip off", 后半句说比起等量的肉类产品, 顾客要多付高达 180% 的钱。再根据这段其余部分提到的素食产品价格贵、分量少, 可以推知第一句话中提到的素食产品是一种变相的"宰客"行为, 所以正确答案是 C。

2. A **细节题。** 第二段主要在介绍素食活动的盛行。最后一句话提到, 超市一直在投巨资进行市场营销活动, 鼓励顾客购买纯素食品, 它们推出系列产品, 并为其产品提供重要的过道空间。超市过道及过道两侧的货架是重要位置, 摆放的是畅销品或者想要重点推广的产品, 所以此处提及过道空间是为了说明超市重视素食产品的销售, 为它提供了黄金位置, 故选 A。是超市想推广素食产品, 才为其提供过道空间, 并不是为了表明素食产品很受欢迎、种类多样或数量多, 故排除其他三项。

3. D **细节题。** 题干问超市是如何合理化纯素食品的高价的, 相关内容在第三段。该段最后一句指出, 超市认为, 由于生产过程复杂, 纯素食品的生产成本往往较高, 因此答案为 D。第三段第一句话提到, 超市进行了大规模的营销活动去宣传纯素食品, 但这并不是超市对高价的回应, 故排除 A。该段第二句指出相比前一年, 1 月份对替代肉类的素食产品的需求增加了三分之一以上, 但并没有说素食产品供不应求, 选项 B 属于无中生有。C 是对第三段第一句信息的误读, 作者并没有提及超市是否面临激烈的市场竞争。

4. B **细节题。** 关于素食主义的争论出现在原文的后两段。其中第五段第二句指出, 纯素食品的支持者说, 纯素食品更健康, 也更有利于环境, 但是并没有提出科学方面的依据, 所以 A 不符合题意。第五段最后一句指出, 肉农对此提出了异议, 并引用研究表明吃豆腐比主要吃羊肉、猪肉或鸡肉对地球的伤害更大, B 是对原文的同义转述, 故为答案。C 和 D 所述内容均涉及第六段。该段第一句描述的是营养学家的担忧, 但素食协会对此进行了反驳, 所以其科学性存疑; 第二句是素食协会的说法, 也没有提及有科学研究的支持, 故排除。

5. B **态度题。** 题目考查作者态度, 需要纵览全篇。文章先指出纯素食品价格偏高, 然后介绍了素食主义的流行, 最后两段给出了各方的看法, 可知作者是在对素食主义进行客观的分析, 并没有明确表明自己的态度, 故答案为 B。作者行文中没有带有偏见, 也没有描写主观感受, 也不是对其漠不关心, 故排除选项 A、C、D。

📖 **参考译文**

[1] 研究显示, 纯素食品就是一种"宰客"行为, 比起等量的肉类产品, 顾客要多付高达 180% 的钱。对七家超市的价格进行分析后发现, 五分之四的素食产品比它们的肉类替代品更贵, 而一半以上的素食产品分量更小。考虑到产品的重量, 纯素食品的价格平均要高出 26%, 尽管其原料的价格要便宜很多倍。分析表明, 选择用素食替代肉类的家庭一年可能要在食物上多花数百英镑。

这项研究是今年的"一月素食"活动结束时进行的, 该活动见证了创纪录的 50 万人承诺在一个月内只吃素。[2] 超市一直在投巨资进行市场营销活动, 鼓励顾客购买纯素食品, 它们推出系列产品, 并为其产品提供重要的过道空间。

上个月, 乐购和玛莎百货都发布了首个"一月素食"电视和广播广告, 而 Waitrose、Aldi、Asda、Iceland 和 Morrisons 则推出了专门的"一月素食"网页。乐购表示, 相比前一年, 1 月份对替代肉类的素食产品的需求增加了三分之一以上。研究人员指出, 素食主义的日益流行给超市带来了获取"巨额利润"的机会。[3] 不过, 超市认为, 由于生产过程复杂, 纯素食品的生产成本往往较高。

研究发现，玛莎百货的工厂厨房"无猪肉"香肠卷每120克售价2.25英镑，但同样重量的玛莎百货猪肉香肠卷只需花费80便士，意味着选择素食要付的价格几乎是正常价格的三倍。猪肉香肠卷的主要成分是猪肉，其次是小麦粉，而素香肠卷的主要成分是小麦粉，其次是棕榈油、水、豌豆蛋白、洋葱和蘑菇。猪肉的批发价格大约是小麦的8倍。

据估计，有60万英国人是纯素食主义者，另有120万英国人是素食主义者，但越来越多的人开始奉行"弹性素食"，即某些日子不吃肉。纯素食品的支持者说，纯素食品更健康，也更有利于环境。[4]然而，肉农对此提出了异议，并引用研究表明吃豆腐比主要吃羊肉、猪肉或鸡肉对地球的伤害更大。

营养学家也对素食主义表示担忧，他们警告说，素食主义可能使人们缺乏必需的微量营养素，并有可能导致骨骼不健康和其他疾病。素食协会反驳了这些说法，称"精心设计"的素食饮食包含了我们身体所需的所有营养物质。

═Text 10═

📖 文章概览

本文选自 *The Economist*，主要探讨城市生活的孤独问题。第一段简要引出话题，说明蔓延了几十年的孤独问题在疫情中加剧；第二段指出孤独的部分原因在于零工经济的就业环境；第三、四段着重分析大城市居民倍感孤独的原因；第五段说明随着社会发展产生孤独问题的新原因；最后一段展望未来趋势，指出城市生活的孤独问题还将持续。

📖 重难点词汇

pandemic /pæn'demɪk/ *n.*（全国或全球性）流行病
lockdown /'lɒkdaʊn/ *n.* 活动（或行动）限制
aggravate /'ægrəveɪt/ *vt.* 使恶化；使严重
contemporary /kən'temprəri/ *adj.* 同一时代的；当代的
gig /gɪg/ *n.*（尤指临时的）工作

paradox /'pærədɒks/ *n.* 矛盾的人（或事物、情况）；悖论
urbanisation /,ɜːbənaɪ'zeɪʃn/ *n.* 城市化
neoliberalism /,niːəʊ'lɪbərəlɪzəm/ *n.* 新自由主义
relish /'relɪʃ/ *vt.* 享受；从……获得乐趣
grapple with 搏斗；设法解决

📖 长难句分析

① Mass urbanisation is a relatively recent development; if the history of human existence was squeezed into a single day, the Industrial Revolution did not occur until almost midnight. (P4S6)

主体句式 Mass urbanisation is...; if..., the Industrial Revolution did not occur until...

结构分析 本句有分号隔开，第一个分句为简单句；第二个分句为复合句，主句为 the Industrial Revolution did not occur，之前是 if 引导的条件状语从句，之后是 until 引导的时间状语。

句子译文 大规模城市化是一个相对较新的发展过程；如果把人类生存的历史压缩在一天之内，那么工业革命直到接近午夜才发生。

② Indeed, one reason for the decline in communal activities is that people choose to be with their families rather than head to the bar. (P5S9)

主体句式 ..., one reason...is that...

结构分析 本句是复合句，主句为主系表结构 one reason...is...；for 引导的介宾短语作主语的

后置定语，系动词 is 后是 that 引导的表语从句；从句中的 rather than 之后是省略了 to 的动词不定式，与不定式 to be with their families 同为动词 choose 的宾语。

句子译文 事实上，公共活动减少的一个原因是人们选择与家人待在一起，而不是去酒吧。

题目详解

1. D **语义理解题。** 设问短语出现于第一段第一句，原句说当大多数人都在关注新冠肺炎时，一种悄无声息的流行病也开始出现，可见这种病指的不是新冠肺炎。第二句结尾指出这种病指的是在许多发达国家中蔓延数十年的孤独问题，故答案为 D。根据上述分析，易先排除 A。B 是对本段第一句的误读，原句是说人们的注意力都集中在新冠肺炎上，故排除。由本段第二句可知，封锁加剧了这种"流行病"的问题，可见封锁本身不是"流行病"，因此选项 C 错误。

2. A **细节题。** 第三段开头提到一个悖论，即人们处在人群中时会增加孤独感，随后提到了题干中的歌词，并在该段剩余的部分列举了人们在热闹的地方更感到孤独的事例，可知这句歌词是用来支持本段开头提出的观点，故选项 A 为答案。

3. D **细节题。** 第四段谈到了大城市的孤独问题，其中最后两句指出大规模城市化是个相对较新的发展过程，人类历史上大部分时间都是生活在小群体中，城市可能会冲击人们的感官。换言之，人们受到大规模城市化的影响而感到孤独，可知 D 表述正确，故为答案。虽然本段第三句提到了许多大城市的居民是独居，但没有明确说他们是否经常搬家，故排除 A。原文说城市居民很少跟人寒暄，但并没有说他们太过冷漠，故排除选项 B。选项 C 是对本段最后一句的误解，原文说人类历史上多数时间生活在小群体中，而不是人们更喜欢住在较小的住宅里，故排除。

4. B **细节题。** 第五段主要讲了影响孤独问题的两个新发展事态，其中在第四句中提到，专注于智能手机的人花在社交上的时间更少。由此可知，智能手机使一些面对面的互动减少了，故选项 B 正确。作者并未提及人们能否在网上找到真正的友谊，故排除 A。选项 C 不符合常识，疫情影响了人们的公共活动，故排除。原文没有提到男女在陪伴家人方面的区别，故排除 D。

5. C **主旨题。** 本文首段末尾提出了文章主题：孤独，从第二段开始至第五段分别从就业环境、居住环境和社会新发展几个方面分析了造成孤独问题的原因，最后对事态的未来发展做出预测，可知文章主要是围绕孤独问题的成因展开的，因此答案为 C。文章着重于分析原因，而不是提出建议，故排除 A。城市化和城市居民只涉及文章的部分内容，因此 B 和 D 以偏概全，故均排除。

参考译文

[1] 当大多数人的注意力都集中在新冠肺炎时，一种悄无声息的流行病也开始出现。封锁加剧了几十年来在许多发达国家中蔓延的一个问题：孤独。

该问题一部分源于当代的就业方式。在全球范围内，五分之二的上班族在工作中感到孤独。在英国，这一比例上升至五分之三。零工经济类的工作会让人们的收入不稳定，缺乏同事陪伴。这种流行病（孤独）使得建立和维持友谊变得更加困难，特别是对新员工而言。

[2] 当处在人群中时，人们的孤独感会增加，这似乎有些奇怪。但对这一悖论最好的诠释体现在 Roxy Music 乐队唱到"孤独是一个拥挤的房间"之时。独自在家吃饭，也许同时读一本好书，或看一个电视节目，至少在一段时间内大多数人会对此感到非常满意。独自坐在餐馆或酒吧里，周围其他人都在聊天，就成了一件更加令人感到孤独的事情。

[3] 出于同样的原因，大城市可能令人备感孤独。在 2016 年的一项调查中，55% 的伦敦人和 52% 的纽约人表示他们有时感到孤独。在许多城市，大约一半的居民独自居住，伦敦租客的平均租期为 20 个月。城市居民不太可能会对人寒暄，因为他们不大可能再见到同一位路人。也许这与人类历史有关。[3] 大规模城市化是一个相对较新的发展过程；如果把人类生存的历史压缩在一天之内，那么工业革命直到接近午夜才发生。而大部分时间里，人类生活在狩猎者和采集者的小群体中；城市可能会冲击人们的感官。

最近事态还有两方面的发展。首先是社交媒体。互联网导致了许多网络暴力。[4] 而且，专注于智能手机的人花在社交上的时间更少。第二是"新自由主义"。行为上的一些变化取决于个人的选择。在新冠肺炎疫情之前，没有人阻止人们去教堂或参加体育活动。他们只是更喜欢做其他事情。事实上，公共活动减少的一个原因是人们选择与家人待在一起，而不是去酒吧。

因此，重建一个公共社会可能很困难。疫情结束后，人们可能会享受与邻居和同事相处一段时间的机会。但趋势是明确的。科技意味着人们可以在家里娱乐，也可以在家里工作。这很方便，但也会导致孤独。未来几十年，社会将努力协调这一矛盾。

Text 11

文章概览

本文选自 *The Wall Street Journal*，讨论了由太阳风黑客攻击事件引发的关于亚马逊信息公开的问题。第一段引出话题，提出人们希望亚马逊披露与网络攻击有关的信息；第二、三段从网络安全专家的角度，指出亚马逊可能有一些对调查网络犯罪有帮助的信息，但并未公开；第四、五段围绕一个相关的听证会，表明了亚马逊与相关方不同的态度；最后两段再次从安全研究人员的角度，分析亚马逊能够掌握的信息以及这些信息对于调查和应对黑客攻击的有用性。

重难点词汇

unravel /ʌnˈrævl/ *vt.* 揭开；说明

forthcoming /ˌfɔːθˈkʌmɪŋ/ *adj.* 乐于提供信息的

breach /briːtʃ/ *vt.* 违反；在……上打开缺口

espionage /ˈespiənɑːʒ/ *n.* 间谍活动

obliquely /əˈbliːkli/ *adv.* 间接地；不直截了当地

summon /ˈsʌmən/ *vt.* 传唤，传讯（出庭）

beachhead /ˈbiːtʃhed/ *n.* 滩头阵地

malicious /məˈlɪʃəs/ *adj.* 怀有恶意的

adversary /ˈædvəsəri/ *n.* （辩论、战斗中的）敌手

长难句分析

① While cybersecurity experts say it is nearly impossible to prevent hackers from misusing cloud services, as is alleged to have occurred in this case, they also say Amazon is likely sitting on critical information that could shed light on the scope of the attacks and the tactics used by the cybercriminals. (P3S1)

主体句式 While cybersecurity experts say it is…, as is alleged…, they also say…that…

结构分析 本句是多重复合句。主句的主干是 they also say，之前是 While 引导的让步状语从句，该从句中又包含其他从句：谓语动词 say 之后是省略了关联词 that 的宾语从句，两个逗号之间是 as 引导的定语从句，补充说明之前的动名词短语 misusing cloud services；主句的主干之后也

有其他从句：谓语动词 say 之后是省略关联词 that 的宾语从句，该宾语从句中又包含了 that 引导的定语从句，修饰名词 information。

句子译文 虽然网络安全专家表示，要防止本案所指控的这类黑客滥用云服务的情况几乎是不可能的，但他们也表示，亚马逊很可能瞒报了一些关键信息，而这些信息可能有助于弄清攻击的范围和网络犯罪分子所使用的战术。

② The cloud-computing company could have financial information on how its services were paid for, network traffic data showing whom the SolarWinds hackers interacted with on the internet, and data stored on the servers themselves showing what other activity the hackers were engaged in and possibly what other tools they were using. (P6S3)

主体句式 The cloud-computing company could have financial information…, network traffic data…, and data…

结构分析 本句的主体是简单句，句子主谓结构为 The cloud-computing company could have。其后是三个并列的宾语 financial information、network traffic data 和 data。每个宾语后都有后置定语，其中 financial information 的后置定语是 on 引导的介词短语，包含名词性从句 how its services were paid for，作 on 的宾语；network traffic data 的后置定语是现在分词短语 showing…，其后是 whom 引导的宾语从句；data 之后有两个后置定语，第一个是过去分词短语 stored on the servers themselves，第二个是现在分词 showing 及其后的两个由 what 引导的并列的宾语从句。

句子译文 这家云计算公司可能掌握了有关其服务如何付费的财务信息、显示太阳风黑客在互联网上与谁互动的网络流量数据，还有存储在服务器上的数据本身就能显示黑客从事的其他活动以及可能使用的其他工具。

💡 题目详解

1. C 细节题。由第一段可知一些人对亚马逊表示失望，原因是他们觉得该公司应该更加公开地披露其对可疑网络攻击的了解，换言之，就是他们希望亚马逊让公众更多地了解这方面的有用信息，故答案为 C。A 曲解了文章开头，原文的意思是立法者和安全研究人员在破解太阳风黑客攻击事件，并没有说亚马逊应该调查该事件，故排除。原文没有提到要加深对黑客的了解或加强对网络攻击的防御，因此 B 和 D 均应排除。

2. D 推断题。第三段提到了网络安全专家的看法，其中第一句后半部分说，亚马逊可能知道但隐瞒了一些可能有助于弄清网络攻击的范围和网络犯罪分子战术的信息，可见他们认为亚马逊的数据对于调查网络犯罪是有用的，故答案为 D。选项 A 在原文中没有依据，故排除。B 误读了本段第一句，原文说亚马逊的信息对弄清网络犯罪有用，而不是黑客利用了亚马逊发布的信息。选项 C 曲解了本段开头，专家是认为滥用云服务难以杜绝，而不是这种行为可能不会被起诉，故也应排除。

3. A 细节题。第四段提到了亚马逊拒绝出席听证会，以及相关方对此举的愤怒态度。随后的第五段是亚马逊发言人的辩解，提到他们不受太阳风问题的影响，并对事件进行了调查，也分享了信息。概括而言，亚马逊方认为自己已经做了该做的事，故而没有必要出席听证会，因此答案为 A。选项 B 与第五段第二句相悖，原文说亚马逊已经与执法部门分享了信息，故排除。选项 C 和 D 在原文中均没有依据，故排除。

4. **B** 细节题。第六段第二句提到，安全研究人员说，亚马逊的服务器被（黑客）用来承载和传输黑客工具，而这些工具最终被下载到受害者的电脑上，然后被用于探测和入侵这些网络上的新系统。由此可知，亚马逊的服务器可能与黑客行为有关，故选项 B 正确。选项 A 曲解了定位段第一句，原文只说亚马逊数据中心的服务器在受太阳风攻击期间被使用过，并没有说数据中心经常受到攻击，故排除。C 在原文中没有提及，故排除。D 是对本段最后一句的误读，原文只说亚马逊可能掌握了其服务如何付费的财务信息，并不是了解黑客的财务状况，因此该项也错误。

5. **D** 态度题。本文由太阳风黑客攻击事件的调查引出话题，重点探讨亚马逊的信息公开问题。前三段中就提到了敦促亚马逊公开信息的说法。虽然在第五段中亚马逊表示自己已经进行了必要的信息分享和情况介绍，但在最后两段中作者再次引用研究人员的分析，认为亚马逊能够掌握大量信息并分析了这些信息对于调查和应对黑客攻击的有用性。可见作者对于亚马逊的说法和做法是不赞同的，故答案为 D。

参考译文

[1] 随着立法者和安全研究人员继续破解太阳风黑客攻击事件，一些人对亚马逊网站股份有限公司越来越失望，他们表示，这家云计算巨头应该更公开地披露其对可疑网络攻击的了解。

按照安全研究人员的说法，没有迹象表明亚马逊的系统被直接攻破，但黑客利用亚马逊庞大的云计算数据中心发动了该次攻击的关键部分。这次行动被称为美国历史上最严重的网络间谍活动之一。

[2] 虽然网络安全专家表示，要防止本案所指控的这类黑客滥用云服务的情况几乎是不可能的，但他们也表示，亚马逊很可能瞒报了一些关键信息，而这些信息可能有助于弄清攻击的范围和网络犯罪分子所使用的战术。亚马逊私下与美国政府分享了这些信息，但与其他科技公司不同的是，亚马逊不愿将其公开。

在参议院情报委员会本周举行的听证会上，包括该委员会民主党主席马克·华纳和共和党副主席马可·鲁比奥在内的参议员们对亚马逊拒绝出席会议表示愤怒，并表示亚马逊对黑客活动的见解可能被证明对立法者和公众有价值。一些人间接建议，专家组应考虑传唤该公司提供证词。

"亚马逊不受太阳风问题的影响，我们也不使用他们的软件，"亚马逊网络服务发言人说。 [3] "在得知这起事件后，我们立即进行了调查，确保我们没有受到影响，并与执法部门分享了我们所了解到的情况。我们还向包括国会议员在内的政府官员提供了详细的情况介绍。"

安全研究人员说，亚马逊数据中心的服务器曾在太阳风袭击的关键阶段被使用过——当时黑客在受害者的网络上建立了一个滩头阵地，他们正在寻找探测系统的方法以获取更多信息。[4] 安全研究人员说，亚马逊的服务器被（黑客）用来承载和传输黑客工具，而这些工具最终被下载到受害者的电脑上，然后被用来探测和入侵这些网络上的新系统。这家云计算公司可能掌握了有关其服务如何付费的财务信息、显示太阳风黑客在互联网上与谁互动的网络流量数据，还有存储在服务器上的数据本身就能显示黑客从事的其他活动以及可能使用的其他工具。

与所有的大型科技公司一样，亚马逊也雇佣了一支"威胁情报"团队来追踪和保护客户和自身免受已知黑客组织的攻击。[5] 由于它们的市场支配地位，这些科技公司对海量数据越来越了解，这些数据通常有助于调查、检测和清除恶意的网络对手。

Text 12

文章概览

　　本文选自 *TIME*，主要围绕拜登政府是否应该减免学生贷款展开讨论。第一段简要说明讨论的话题；第二段通过引用数据，说明学生贷款的影响之大；第三段介绍赞成减免贷款的改革派的意见；第四、五段是反对全面减免的温和派人士的看法；最后两段介绍了拜登政府的做法以及作者自己的看法。

📖 **重难点词汇**

volatile /ˈvɒlətaɪl/ *adj.* 易变的；无定性的
installment /ɪnˈstɔːlmənt/ *n.* 分期付款
progressive /prəˈɡresɪv/ *n.* 改革派；进步人士
boon /buːn/ *n.* 非常有用的东西；益处
faction /ˈfækʃn/ *n.* 派别，小集团
devastate /ˈdevəsteɪt/ *vt.* 彻底破坏；摧毁
incentive /ɪnˈsentɪv/ *n.* 激励；刺激

incline /ɪnˈklaɪn/ *v.* （使）倾向于，有……的趋势
walk a fine line 小心行事
stop short of 决定不做某事
endorse /ɪnˈdɔːs/ *vt.* （公开）赞同，支持
aisle /aɪl/ *n.* 走道，过道
sustainable /səˈsteɪnəbl/ *adj.* 可持续的

📝 **长难句分析**

① And with 5.3 million more people unemployed than in February, right before the U.S. fell into a pandemic-induced recession, progressives say that student-debt forgiveness could be a boon for the economy. (P2S3)

主体句式 …progressives say that…

结构分析 本句的主体是复合句。主句的主干短小，即 progressives say，其后是 that 引导的宾语从句。在主干前是一个较长的状语部分，即 with 引导的介宾短语，作伴随状语，其中 right before the U.S. fell into a pandemic-induced recession 是关系副词 before 引导的定语从句，修饰 February，副词 right 修饰定语从句。

句子译文 与陷入由疫情引发的经济衰退之前的 2 月份相比，美国失业人数增加了 530 万，改革派人士表示，免除学生债务可能对经济有利。

② The last time the U.S. dipped into a recession, state governments cut their investments in colleges and universities—which, in turn, raised their tuition prices and forced students to take on ever larger loans. (P7S2)

主体句式 The last time…, state governments cut their investments…—which…

结构分析 本句是复合句。主句的主干是 state governments cut their investments；主句前是时间状语，其中包含了省略了关系副词 when 的定语从句 the U.S. dipped into a recession；主句后是 which 引导的非限制性定语从句，which 所指代的是整个主句。

句子译文 上一次美国经济陷入衰退时，各州政府削减了对高校的投资——这反过来又推高了学费，迫使学生背负了越来越多的贷款。

💡 **题目详解**

1. A 词义题。第一段提到，早在拜登就职之前，学生贷款的减免问题就在其意识形态各异的支持者中掀起了政治风暴。后文又介绍了各方的不同看法和主张，可见学生贷款减免这一问题是引

发争议的，尚未有定论，故答案为 A。从后文各方的看法可知该问题不可能是被忽视的，故先排除 D。作者在文中并没有提到与尴尬情绪有关的信息，故排除 B。各方的看法十分明确，没有模棱两可之处，可见选项 C 的说法不符合原文。

2. C 细节题。作者在第二段中引用了几个数据，其中前两句指出目前约有 4,500 万美国人背负 1.6 万亿美元的学生债务，获得学生贷款的学生人均债务在 2 万至 2.5 万美元之间，积极还债的人平均每月的分期付款金额在 200 美元至 300 美元之间。从这些数据可以看出学生债务的数额之大，故 C 为正确答案。定位段第三句虽然提到了失业数据，但并不能说明债务危机是失业引发的，只是想表明有人认为在经济环境恶化的当前，减免学生贷款有利于刺激经济，故排除 A。B 所述内容太过宽泛，与文章主题不贴合，故排除。定位部分并没有提到高等教育的花费，故选项 D 也应排除。

3. A 细节题。根据人名关键词定位至第三段。该段第一句引用苏珊娜·卡恩的原话，指出取消学生债务是刺激经济最容易采取的行政措施之一，可见她认为学生贷款减免是有助于经济发展的，故正确答案为 A。有选择性地推行减免是温和派的看法，故排除 B。文中虽然提到有色人种学生的债务问题，但不能根据有色人种学生申请贷款比例高就推断他们最需要减免，故排除 C。定位段第二句提到减免政策可以缩小美国白人与有色人种的财富差距，但这与教育公平无关，因此选项 D 也排除。

4. D 观点题。对学生贷款减免提出质疑的观点在第五段。该段提到，如果政府免除了当前学生的贷款，那么未来的大学生有可能会特意去贷款，并希望自己的债务也能够被免除。反过来，大学可能会倾向于进一步提高学费。概括而言，质疑减免政策的人担心债务减免会导致学费提高，故 D 为正确答案。第四段中提到有大学学位的人受到的经济冲击相对较小，但不能据此判断他们都能够偿还债务，故排除 A。疫情影响时间的长短和政府承受学生贷款的能力在原文中没有明确提及，故选项 B 和 C 均应排除。

5. D 态度题。作者在最后两段总结全文，提到了政府的做法和自己的看法。其中第六段说拜登在这个问题上谨小慎微。最后一段指出，尽管有各种不同的观点，但国会两院还是存在共识。拜登政府能否提出新的解决方案，仍需拭目以待。可见作者认为解决学生贷款问题的前景并不明朗，故 D 说法最为恰当。

参考译文

[1] 早在就任之前，候任总统的乔·拜登就已经在其意识形态各异的支持者中面临着一场政治风暴，这场风暴围绕着学生债务减免这一备受争议的问题展开。

[2] 根据美联储的数据，目前约有 4,500 万美国人背负 1.6 万亿美元的学生债务，获得学生贷款的学生人均债务在 2 万至 2.5 万美元之间。那些积极偿还债务的人平均每月分期付款 200 至 300 美元。与陷入由疫情引发的经济衰退之前的 2 月份相比，美国失业人数增加了 530 万，改革派人士表示，免除学生债务可能对经济有利。

[3] "取消学生债务似乎是目前刺激经济最容易采取的行政措施之一。"苏珊娜·卡恩表示，她是自由派的罗斯福研究所教育、就业和工人权力计划及大民主倡议的负责人。卡恩等人提出，此举还将有助于缩小美国白人和有色人种之间的财富差距。根据美国消费者金融保护局 2016 年的一项分析，约有 90% 的黑人学生和 72% 的拉丁裔学生申请了大学贷款，而申请贷款的白人学生只有 66%。

但拜登阵营中较为温和的一派认为，全面免除学生贷款并不能帮到最需要援助的人。总体而言，与没有受过大学教育的美国人相比，拥有大学学历的美国人受到新冠肺炎带来的经济影响的冲击较小。皮尤研究中心 9 月份的一份报告发现，在拥有大学学位的人中，只有 12% 因为新冠疫情在支付账单方面有困难，而在拥有高中或更低文凭的美国人中这一比例则达到 34%。

[4] 其他人则对打开先河表示担忧：他们认为，如果政府免除现有的学生贷款，未来的大学生可能会特意去贷款，并希望债务也能得以免除。反过来，大学可能倾向于进一步提高学费。

最近几周，拜登在这一问题上谨小慎微，他支持众议院民主党提出的减免 1 万美元学生贷款的议案，但并未支持参议员伊丽莎白·沃伦和查克·舒默倡导的通过行政行为向每个借款人发放 5 万美元贷款等任何类似的计划。

按照两院（参议院和众议院）专家的说法，显而易见，经济危机加剧了学生债务问题。上一次美国经济陷入衰退时，各州政府削减了对高校的投资——这反过来又推高了学费，迫使学生背负了比以往更多的贷款。[5] 这绝非长久之计。拜登能否找到一个政治解决方案，仍需拭目以待。

⫸⫸⫸ Text 13 ⫸⫸⫸

🖾 文章概览

本文选自 *The Economist*，介绍了一项关于职场"人际关系网"的社会科学研究。第一段以相关背景信息引入话题，说明对人的激励和管理具有复杂性；第二至四段转入对相关研究的介绍，重点介绍了"人际关系网"的概念和作用；第五段通过两个案例说明发展团队协作、建立健康人际关系的重要性；最后一段提出建议，强调礼貌等传统观念对良好合作的促进作用。

📖 重难点词汇

motivate /ˈməʊtɪveɪt/ vt. 激励；激发
akin to 类似于
widget /ˈwɪdʒɪt/ n. 小器物，小装置
manipulate /məˈnɪpjuleɪt/ vt. 操纵；影响
connotation /ˌkɒnəˈteɪʃn/ n. 含义；隐含意义
suck up to 奉承，巴结

ambivalent /æmˈbɪvələnt/ adj. 矛盾情绪的
toil away 辛苦工作
seminarian /ˌsemɪˈneəriən/ n. 神学院学生
incivility /ˌɪnsəˈvɪləti/ n. 粗鲁的举动；不文明
invoke /ɪnˈvəʊk/ vt. 援引，援用
aphorism /ˈæfərɪzəm/ n. 格言；警句

📝 长难句分析

① The term "networking" has developed unfortunate connotations, suggesting the kind of person who sucks up to senior staff and ignores colleagues who are unlikely to help them win promotion. (P2S2)

主体句式　The term "networking" has developed…, suggesting…who…

结构分析　本句的主体是简单句。逗号后是现在分词 suggesting 引导的伴随状语，该结构中包含多重复合句，第一重是 who 引导的定语从句，修饰限定之前的名词 person；第二重从句也是 who 引导的定语从句，修饰限定之前的名词 colleagues。

句子译文　"建立人际关系网"这个说法逐渐有了负面的含义，暗指讨好上司而忽视不太可能帮助自己升职的同事的那类人。

② In one test, only one in four mobile-phone users noticed a clown who unicycled past them while they were looking at their screens. (P5S2)

主体句式　…users noticed a clown who…while…

结构分析　本句是复合句。主句主干是 users noticed a clown，之后是 who 引导的定语从句，修

饰 clown，该从句中又包含时间状语从句 while they were looking at their screens。

句子译文 在一项测试中，只有四分之一的手机用户在看屏幕的同时注意到一个骑着独轮车从他们身边经过的小丑。

💡 题目详解

1. B 细节题。第一段第二句说，服务经济的成功取决于人的因素，即需要挑选合适的员工并正确激励他们，可见选项 B 的表述符合原文，故为答案。根据开篇第一句，选项 A 应该是制造行业成功的关键因素，故排除。选项 C 是对第一段第三句的曲解，原文是打比方，强调对人的激励具有复杂性，并没有说要使用艺术技巧。D 是根据本段最后一句中的 management 设置的干扰，原文的意思是管理层没有预料到员工与同事建立联系，这与正确激励员工没有关系。

2. A 语义理解题。设问词组在第二段第二句。作者说"建立人际关系网"逐渐有了负面含义，并提到一类人的做法，一方面是他们对上司的态度，另一方面说他们对那些不利于自己升职的人直接忽视。两个方面并列，应表示对比，可知设问词组的意思应与"巴结，奉承"相近，故答案为 A。B 和 D 无法表示两个方面的对比，故排除。选项 C"效仿"与建立人际关系网的关联不大，因此也排除。

3. C 细节题。第三段开头就指出公司不同部门员工间的关系网对生产力至关重要，可以激发出更大的创造力，而且这种关系网对于员工本身也是有利的，故正确答案为 C。选项 A 误读了第二段最后一句，原文的意思是因为人际关系网现在开始给人负面印象，令新晋升的专业人士对发展关系网心态复杂或较为抗拒，故排除。原文中没有提到同事间的冲突，故排除选项 B。选项 D 与第三段最后一句不符，原文是说向不同部门的同事看齐与薪酬增长和员工满意度有关联，而并非薪酬满意度。

4. C 例证题。第五段提到了两个案例研究，并在段落开头指出这两个案例研究可以证明人们的关注点过于狭窄。最后一句提出，在合理的人际关系网中，让不同类型的人参与可以开阔团队的眼界。可知作者是在强调建立合理的人际关系网的必要性，故选项 C 正确。A 和 B 不符合与文章的主题，易先排除。第五段末句虽然提到了开阔眼界，但这里是为了强调有不同类型的参与者的人际关系网带来的益处，而不是强调开阔眼界的必要性，故排除。

5. A 语义理解题。"别当令人讨厌的人"这一说法出现在最后一段，而且该段开头的主题句强调，礼貌等传统观念有助于社交，并在随后的语句中做了较为详细的解释，指出礼貌的举止可以增进合作。可见金女士鼓励人们通过举止礼貌建立合作，故 A 为答案。最后一段第三句提到了对工作的投入减少的问题，但这是经历不礼貌行为的后果，并非金女士鼓励人们对工作更投入，因此排除 B。C 和 D 曲解了本段第四句，原文的意思是通过一个人对职权较小的人的态度，可以判断他是否"令人讨厌"，说的仍是举止问题，而不是强调要甄别同事品行和善待弱势者，故均排除。

✍️ 参考译文

制造业的成功取决于实物：使用最好的设备，以最有效的方式组装组件，创造出最好的产品。[1] 服务经济的成功取决于人的因素：挑选合适的员工并正确激励他们。如果制造业与科学相似，那么服务业更像是艺术。对人的激励具有额外的复杂性。（生产设备的）小装置意识不到自己在被操纵。员工出于社会或工作原因与同事建立联系，而管理层可能没有预料到这一点。

玛丽萨·金是耶鲁大学管理学院的组织行为学教授，她在那里试图弄清楚那些人际关系网。[2] "建立人际关系网"这个说法逐渐有了负面的含义，暗指讨好上司而忽视不太可能帮助自己升职的同事的那类人。金女士引用了一项研究，该研究发现，三分之二的新晋升的专业人士对于从战略角度考量自身的社会关系感到矛盾，或完全抵制。

[3] 从生产力的角度来看，最重要的关系网是由公司不同部门的员工所形成的网络。多样化的观点应该能激发出更大的创造力。它们对员工也有裨益。一项研究显示，向不同部门的同事看齐与薪资增长和员工满意度有所关联。

一些雇主想出了好主意，即通过将员工搬到开放式办公室来鼓励这种合作。但研究表明，与传统的、隔间式的办公室设计相比，采用开放式布局会使员工降低工作效率、创造力和工作积极性。互动的质量比数量更重要。这场疫情迫使许多人在家中勤奋工作，可能已经破坏了一些促进合作的安排。

[4] 两个有趣的案例研究勾勒出一个常见的问题——人们关注的焦点往往过于狭窄。在一项测试中，只有四分之一的手机用户在看屏幕的同时注意到一个骑着独轮车从他们身边经过的小丑。在另一个具有启示性的故事中，匆忙赶去做演讲的天主教神学院的学生们从一位痛苦的旁观者身旁跨大步走过，而演讲内容是（《圣经》中）"好撒马利亚人"的寓言故事。[4] 在合理的人际关系网中，不同类型的参与者的存在可能会让团队的眼界更开阔。

[5] 金女士认为，礼貌等传统观念也是有帮助的。简单的举止——一个微笑，一句谢谢——会让同事们更讨人喜欢，从而增进合作。相比之下，对经历过不文明行为的员工的研究发现，他们付出的努力、工作时间和对工作的投入都会减少。金女士引用了这样的格言：识别"令人讨厌的人"可以通过观察他们如何对待职权较小的人。[5] "别当令人讨厌的人"不是科学的说法。但这仍然是一句极好的管理座右铭。

Text 14

文章概览

本文选自 *The Guardian*，介绍了可居住的全 3D 打印房屋。第一段介绍了一对退休夫妇成为了全 3D 打印房屋的首批租客；第二段讲述了这座房屋的设计灵感和设计者；第三段指出了这座房屋的领先之处；第四段简要说明了 3D 打印房屋的制造工艺和瑕疵；最后一段分析了 3D 打印房屋的优势。

重难点词汇

tenant /ˈtenənt/ *n.* 房客，租户

development /dɪˈveləpmənt/ *n.* 新建住宅区

bungalow /ˈbʌŋɡələu/ *n.* 平房

bunker /ˈbʌŋkə(r)/ *n.* 地堡；掩体

boulder /ˈbəuldə(r)/ *n.* 卵石，巨砾

property /ˈprɒpəti/ *n.* 房地产；房屋及院落

nascent /ˈnæsnt/ *adj.* 新兴的，新生的

proliferate /prəˈlɪfəreɪt/ *vi.* 猛增；增殖

nozzle /ˈnɒzl/ *n.* 喷嘴，管嘴

squirt /skwɜːt/ *v.* 喷射

whip /wɪp/ *v.* 搅动；鞭打

inkjet /ˈɪŋkˌdʒek/ *n.* 喷墨

长难句分析

① A retired couple have become the world's first tenants of a fully 3D-printed house in a development that its backers believe will open up a world of choice in the shape and style of the homes of the future. (P1S1)

主体句式 A retired couple have become the world's first tenants of a fully 3D-printed house in a development that…

结构分析 本句是多重复合句。主句为 A retired couple have become the world's first tenants of a fully 3D-printed house in a development，后面为 that 引导的定语从句，修饰 a fully 3D-printed house；定语从句引导词 that 在 believe 后的宾语从句中作主语。

句子译文 一对退休夫妇成为了一处新建住宅区完全 3D 打印房屋的第一批租客，支持者认为，这将开辟一个新世界，未来房屋在形状和风格上可供任意选择。

② But those behind the Dutch house, which has 94 sq metres (1,000 sq ft) of living space, are said to have pipped their rivals to the post by making the first legally habitable and commercially rented property where the load-bearing walls have been made using a 3D printer nozzle. (P3S2)

主体句式 But those behind the Dutch house, which…, are said to have pipped their rivals to the post by…

结构分析 本句是多重复合句。主句为 But those…are said to have pipped their rivals to the post；两个逗号隔开的部分为 which 引导的定语从句，修饰 the Dutch house；by making the first legally habitable and commercially rented property 作句子的方式状语；后面的 where 引导定语从句，修饰 property。

句子译文 但据报道，这座拥有 94 平方米（1,000 平方英尺）居住空间的荷兰住宅的建造者击败了竞争对手，他们打造了第一座供人合法居住和商业租赁的房产，其承重墙是用 3D 打印机喷嘴建造的。

③ The point at which the nozzle head had to be changed after hours of operation is visible in the pattern of the new bungalow's walls, as are small errors in the cement printing, perhaps familiar to anyone who has used an inkjet printer. (P4S3)

主体句式 The point at which…is visible…, as are small errors…

结构分析 本句是多重复合句。主句为 The point…is visible；point 后为 at which 引导的定语从句；as 引导方式状语从句；句尾的形容词短语 perhaps familiar to anyone who has used an inkjet printer 中包含一个 who 引导的定语从句，修饰 anyone。

句子译文 在这座新平房的墙壁图案中，可以看到工作数小时后必须更换喷嘴头的位置，以及水泥打印中的小错误，使用过喷墨打印机的人可能都很熟悉。

💡 题目详解

1. C 细节题。第一段最后两句是这对夫妇对新房子的评价，可知两人对这所房屋都很满意，因此 C 为正确答案。文中并没有说这对夫妇支持用 3D 打印技术建造一座地堡，而且这所房屋的形状和风格不是由这对夫妇决定的，所以排除选项 A、B。原文说这对夫妇来自阿姆斯特丹，以前是店主，没有提及两人的事业很成功，故也排除选项 D。

2. D 细节题。关于巨石的内容在第二段。该段提到，该房屋的设计受巨石形状的启发，巨石的形状是这座房屋的设计灵感来源，因此答案为 D。选项 A 和 B 说法本身可能没错，但这并不是作者提及巨石的目的，故排除。原文中并没有提到在运河边建造是否困难，选项 C 也排除。

3. B 语义理解题。根据题干提示定位到第三段。根据短语后面的 making the first… 可以推知，这里是说这座住宅的建造者"击败了竞争对手"，建造了第一座供人合法居住和商业租赁的房产，因此答案为 B。pip…to the post 意为"在最后一刻击败，险胜"。

4. **A 细节题。** 第四段最后一句指出，在这座新平房的墙壁图案中，可以看到工作数小时后必须更换喷嘴头的位置，由此可知，一个喷嘴头只能被使用较短时间，隔一段时间就要更换，因此选项 A 为正确答案。文中说水泥打印会出现小错误，故排除选项 B。水泥是根据建筑师的设计被一层又一层地打印成一面墙以增加其强度，故选项 C 不符合原文。原文中只说水泥质地像打发的奶油，并没有说喷嘴头可以改变水泥的质地，因此排除选项 D。

5. **D 推断题。** 最后一段第一句提到，建筑业的许多人认为，3D 打印技术是一种可以降低成本和减少环境危害的方法，因为它能减少水泥用量，由此可推知水泥的使用会危害环境，因此答案为 D。该段第二句指出，在荷兰，技术娴熟的砌砖工短缺，没有说荷兰的砌砖工们失去了工作，选项 B 不符合文意。该段没有提到 3D 打印技术有很多反对者和建筑业会被其他行业取代的内容，选项 A、C 属于无中生有，因此也排除。

参考译文

一对退休夫妇成为了一处新建住宅区完全 3D 打印房屋的第一批租客，支持者认为，这将开辟一个新世界，未来房屋在形状和风格上可供任意选择。70 岁的伊莉莎·卢茨和 67 岁的哈里·德克斯来自阿姆斯特丹，以前是店主，两人昨天拿到了他们的数字钥匙——这是一款应用程序，只需按一下按钮，就可以打开他们的两居室平房的前门。[1] "它很漂亮。"卢茨说。"这儿有地堡的感觉——感觉很安全。"德克斯补充道。

[2] 该房屋的设计受巨石形状的启发，但采用传统方法建造巨石尺寸的房屋既困难又昂贵，它是一家建筑公司为一块土地规划的五栋住宅中的第一栋，位于埃因霍温（荷兰南部城市）郊区的比阿特利克斯运河旁。

在过去的两年里，法国和美国已经建造了部分由 3D 打印技术建造的房屋，新兴项目在世界各地层出不穷。[3] 但据报道，这座拥有 94 平方米（1,000 平方英尺）居住空间的荷兰住宅的建造者击败了竞争对手，他们打造了第一座供人合法居住和商业租赁的房产，其承重墙是用 3D 打印机喷嘴建造的。Weber Benelux 公司的首席执行官巴斯·休斯曼说："这也是第一个完全得到地方当局许可的房子，而且居住在这里的人都是真正付费的。"

这种 3D 打印方法有一个巨大的机械臂，上面带着一个喷嘴，喷嘴喷出一种特殊配方的水泥，据说这种水泥具有搅拌至松软的奶油的质地。水泥根据建筑师的设计被"打印出来"，一层又一层打印成一面墙以增加其强度。[4] 在这座新平房的墙壁图案中，可以看到工作数小时后必须更换喷嘴头的位置，以及水泥打印中的小错误，使用过喷墨打印机的人可能都很熟悉。

[5] 不过，尽管 3D 打印技术还处于起步阶段，但在建筑业的许多人看来，使用 3D 打印方法可以减少水泥用量，从而降低成本和减少环境危害。在荷兰，在技术娴熟的砌砖工短缺之际，它也提供了另一种选择。

Text 15

文章概览

本文选自 *The New Yorker*，讲解了共享滑板车的发展历程和纽约的保守态度。第一段介绍了历史上纽约市在交通方面的开放性；第二段指出了纽约市在新交通模式上的保守态度；第三、四段概述了共享滑板车行业的发展；第五段分析了不同人对共享滑板车的看法；最后一段阐述了共享滑板车的发展趋势。

📖 重难点词汇

primitive /'prɪmətɪv/ *adj.* 原始的；落后的

giveaway /'gɪvəweɪ/ *n.* 赠品

scooter /'sku:tə(r)/ *n.* 小型摩托车；（儿童）滑板车

conservative /kən'sɜ:vətɪv/ *adj.* 保守的

bypass /'baɪpɑ:s/ *vt.* 越过，绕开

buzzy /'bʌzi/ *adj.* 时尚的；热闹的

stumble onto 偶然发现

pop up 突然出现，冒出来

hail /heɪl/ *v.* 称赞，赞颂

predecessor /'pri:dəsesə(r)/ *n.* 前任，先辈；原有事物，前身

fad /fæd/ *n.* 一时的流行

mania /'meɪniə/ *n.* 狂热，热衷

scramble /skræmbl/ *vt.* 扰乱

✍ 长难句分析

① New York also engineered and built a subway system, above ground and below ground, which, before the Covid-19 pandemic hit, carried five and a half million riders every weekday—a landmark of American people-moving the city may never reach again, if remote work is here to stay. (P1S4)

主体句式 New York also engineered and built a subway system,…which, before…, carried five and a half million riders every weekday—a landmark…, if…

结构分析 本句是多重复合句。句子主干部分为 New York also engineered and built a subway system，其后 above ground and below ground 为补充说明；which 引导的定语从句 which…weekday 修饰前面的 a subway system，其中还嵌套一个 before 引导的时间状语从句；破折号后的 a landmark of American people-moving 是 a subway system 的同位语；the city may never reach again 为省略了引导词 that 的定语从句，修饰 people-moving；句尾为 if 引导的条件状语从句。

句子译文 纽约还设计和建造了跨越地上和地下的地铁系统，在新冠疫情出现之前，工作日日均乘客达到 550 万——它是美国人口迁移的地标，而如果远程办公持续下去，纽约市可能将永远无法恢复昔日人头攒动的情景。

② Beginning in Southern California, Bird and, later, Lime, both venture-capital-backed tech startups, dropped fleets of rentable electric scooters onto the streets of Santa Monica and San Diego. (P3S1)

主体句式 Beginning in…, Bird and…Lime, …, dropped fleets of rentable electric scooters onto the streets of Santa Monica and San Diego.

结构分析 本句为简单句。句首为现在分词短语作状语，后面是这句话的主干 Bird and Lime dropped fleets of rentable electric scooters onto the streets of Santa Monica and San Diego，both venture-capital-backed tech startups 为 Bird and Lime 的同位语。

句子译文 伯德和后来的莱姆都是风投支持的科技初创公司，它们从加利福尼亚南部开始，分别在圣莫尼卡和圣迭戈的街道上投放了一批可租赁的电动滑板车。

💡 题目详解

1. **C** 细节题。第一段第三句指出，（在 19 世纪 60 年代末的）50 年后，纽约欣然接受了汽车，为汽车提供了免费停车位——这是一份了不起的馈赠，因为公共空间很昂贵，故选项 C 为正确答案，quite unusual 对应原文的 remarkable。其他三项文中均没有提及，故排除。

2. **D** 细节题。关于伯德的内容在第三、四段。第三段最后一句提到伯德在一年之内将黑白电动滑板车投放到了全球 100 个城市，因此答案为 D。原文并没有提及伯德在生产滑板车上处于领先

地位，故排除 A。第三段第一句指出圣莫尼卡是伯德的目标城市，而圣迭戈是另一家公司莱姆的目标城市，故排除 B。第四段第一句指出伯德还远没有达到盈利，因此排除选项 C。

3. B 语义理解题。根据题干提示定位到第四段。短语前的句子提到，投资者们疯狂投资"微型移动"（自行车和轻型电动车的时髦术语），破折号后的现在分词短语 hoping to… 表达出了这些投资者们的投资期望，即希望找到像优步那样具有市场潜力的公司，由此推知，stumble onto 的意思应该和"找到，碰上"接近，B 项正确。A 项意为"踉跄"，C 项意为"几乎摔倒"，D 项意为"迷路"，均不符合文意。

4. A 细节题。对共享滑板车的批评出现在第五段。最后一句指出批评者认为电子滑板车只是一时的时尚，故 A 为答案。这句话还提到共享滑板车会让私人投资者获得更多利益，因此选项 B 与原文内容相反。C 和 D 所述内容均缺少原文依据。

5. A 态度题。题目问作者对共享滑板车的态度。倒数第二段给出了人们对共享滑板车的不同看法。最后一段最后一句话指出，从纽约日益拥挤的自行车道来看，滑板车模式已经到来。由此可知作者对这种新的交通模式持肯定态度，故答案选 A。

参考译文

纽约市曾经是最早采用新交通方式的城市之一。在 19 世纪 60 年代末，纽约市民开始使用自行车的原始版本 velocipede。[1] 半个世纪后，这座城市欣然接受了汽车，并最终为燃烧化石燃料的汽车提供了免费停车位——这是一份了不起的馈赠，因为公共空间很昂贵。纽约还设计和建造了跨越地上和地下的地铁系统，在新冠疫情出现之前，工作日日均乘客达到 550 万——它是美国人口迁移的地标，而如果远程办公持续下去，纽约市可能将永远无法恢复昔日人头攒动的情景。

但是，在共享电动滑板车这方面——成年人站着用一只脚助力的电动滑板车——纽约就不那么积极了。纽约对这种城市交通新模式采取了保守的态度，正如其于 2013 年才推出了城市自行车共享计划 Citi Bike，晚于其他大城市若干年。

伯德和后来的莱姆都是风投支持的科技初创公司，它们从加利福尼亚南部开始，分别在圣莫尼卡和圣迭戈的街道上投放了一批可租赁的电动滑板车。这些公司在绕过市监管机构的同时，希望能尽快吸引客户。[2] 在优步国际增长业务的前负责人特拉维斯·范德赞登的领导下，伯德公司经过一年的努力，将其黑白电动滑板车投放到了全球 100 个城市。

尽管伯德还远没有达到盈利，但它很快就达到了 10 亿美元的估值。莱姆紧随其后。[3] 投资者们疯狂投资"微型移动"——自行车和轻型电动车的时髦术语——希望能偶然碰上下一个优步。不到一年，全世界就出现了 30 多家经营滑板车共享业务的初创公司。

对于大多数人来说，当火车站和家之间的路程比步行路程要稍远约 0.25 英里（约为 402 米）时，专家们称赞共享滑板车是解决他们"最后一英里问题"的最佳方案。未来主义者认为它是第一种将移动计算和全球定位技术融入其核心设计的交通方式。他们声称电子滑板车是未来电池驱动、软件控制汽车的先驱。[4] 但对批评者来说，电子滑板车只是一时的时尚，而滑板车共享计划则是一种科技热潮，它利用有限的公共资源，即城市街道，让私人投资者获得更多利益。

在西方的大型交通枢纽中，只有纽约和伦敦在如今这股滑板车狂潮中坚定不移。随后，新冠疫情席卷全球，扰乱了人们的交通习惯，为交通理论家所说的"模式转变"创造了难得的机会。[5] 从纽约日益拥挤的自行车道来看，滑板车模式已经到来。

Text 16

📠 文章概览

    本文选自 *The Times*，围绕无人机送快递进行了讨论。第一段描述了无人机初创公司在爱尔兰小镇取得的成功；第二段概述了英国被视为无人机送快递业务绝佳市场的原因；第三段阐述了无人机送快递在爱尔兰小镇的服务对象和送货时间；第四段详细说明了无人机送货的流程和方式；最后一段用希利的话阐述了无人机送快递的发展前景。

📖 重难点词汇

descend /dɪ'send/ *v.* 下降，下来

testbed /testbed/ *n.* 试验台，试验田

drone /drəʊn/ *n.* 无人机

hover /'hɒvə(r)/ *vi.* 盘旋，翱翔

hatch /hætʃ/ *n.* 舱口

biodegradable /ˌbaɪəʊdɪ'greɪdəbl/ *adj.* 可生物降解的

detach /dɪ'tætʃ/ *v.* 分离；拆卸

adept /ə'dept/ *adj.* 熟练的；擅长的

spillage /'spɪlɪdʒ/ *n.* 溢出

📝 长难句分析

① Now Manna has raised £18 million to expand into towns in the UK, as its founder believes that drone deliveries will soon become commonplace in much of the country. (P2S1)

主体句式 Now Manna has raised £18 million to expand into towns in the UK, as its founder believes that…

结构分析 本句是复合句。逗号之前的部分为主句 Now Manna has raised £18 million to expand into towns in the UK；逗号后为 as 引导的原因状语从句；该状语从句的主谓为 its founder believes，后为 that 引导的宾语从句。

句子译文 现在曼纳已经筹资 1,800 万英镑以进军英国城镇，因为其创始人相信，无人机快递将很快在英国大部分地区变得司空见惯。

② The drop on the rope only takes seven seconds but Healy said the system was so adept that customers could order coffee without worrying about any spillage. (P4S4)

主体句式 The drop…only takes seven seconds but Healy said…

结构分析 本句是并列句，but 连接前后两个分句；后一分句中谓语 said 后为省略了引导词 that 的宾语从句；该宾语从句中还包括一个 so...that... 结构，that 引导结果状语从句。

句子译文 货物在绳子上的下降只需要 7 秒钟，但希利说，这套系统非常熟练，顾客可以点咖啡而不用担心咖啡洒出来。

💡 题目详解

1. **D 细节题。** 第一段最后一句指出无人机可以向奥兰莫尔的居民提供包括新冠病毒试剂盒在内的任何东西，可见这里提到新冠病毒试剂盒，是为了说明无人机可以配送各种各样的物品，因此 D 为正确答案。选项 A 和 B 在原文中没有提及，故排除。曼纳公司试验的是无人机配送服务，提及试剂盒是为了说明其配送的物品种类多，不是为了说明它做的试验很成功，因此也不选 C。

2. **B 细节题。** 第二段引用曼纳创始人的话指出，英国的外卖和快递市场比欧洲其他地区合起来还要大，而且英国每年有 8.5 亿份外卖订单，所以他们认为英国是一个绝佳市场，由此可知答案为 B。

原文没有提到英国人是否喜欢用无人机送外卖，故排除 A。选项 C 是利用该段倒数第二句设置的干扰，郊区城镇的人口多并不是曼纳选择英国作为目标市场的原因，因此排除。原文提到曼纳已经在蒙茅斯建了一个基地，但没有说这个基地能让曼纳满足英国人的需求，而且这也不是曼纳把英国当做目标市场的原因，故也排除选项 D。

3. C 细节题。第三段第三句指出，无人机从超市出发，将物品送到顾客家门口，平均用时 3 分钟，可知居民能很快地拿到无人机快递的货物，选项 C 符合题意。原文没有提及在 3000 年无人机将要接管所有的快递业务，故排除选项 A。第三段最后一句列举了无人机送货的合作企业，但没有提及 Tesco 是否是最早使用无人机送货的超市，故选项 B 没有原文依据。原文说奥兰莫尔有两架送快递的无人机，而不是说英国只有两架，因此也排除选项 D。

4. C 细节题。关于无人机使用的绳子的相关信息出现在第四段。其中第二句指出，绳子是可生物降解的，因此不会对环境造成危害，C 为答案。关于绳子长度的信息文中没有提及，排除选项 A。该段第四句提到，货物在绳子上的下降过程只需要 7 秒钟，证明速度很快，由此可以排除选项 B。原文提及咖啡不会洒，但选项 D 的意思是绳子太过结实，以致无法避免咖啡洒出来，这与原文表述相反，故也排除。

5. C 细节题。题目问文章给出了以下哪个问题的答案，涉及文章的细节。根据选项 A 所述可以定位到第一段，但该段并没有提及曼纳选择这个爱尔兰小镇作为试验地区的原因，故选项 A 不符合题意。原文只在第二段提及曼纳已经筹资 1,800 万英镑以进军英国城镇，其余部分没有提及曼纳在爱尔兰小镇试点项目的花费，故选项 B 不符合题意。由第四段可知，递送点着蜡烛的奶油蛋糕是为了证明顾客不用担心咖啡洒出来，故正确答案选 C。第四段详细介绍了无人机送快递的过程，但是文中并没有讲解无人机是如何从超市取快递的，因此选项 D 也不符合题意。

参考译文

在爱尔兰西海岸的小镇奥兰莫尔，居民们已经习惯于看到他们早上的咖啡或傍晚的外卖从天而降，轻轻地降落在自家门前的花园里。[1] 该镇是爱尔兰无人机初创公司曼纳的试验地区，它可以在几分钟内向奥兰莫尔的几千名居民提供包括从咖喱和冰淇淋到书籍和新冠病毒试剂盒在内的任何东西。

现在曼纳已经筹资 1,800 万英镑以进军英国城镇，因为其创始人相信，无人机快递将很快在英国大部分地区变得司空见惯。[2] 2018 年创办曼纳公司的博比·希利说："英国的外卖和快递市场比欧洲其他地区合起来还要大。英国每年有 8.5 亿份外卖订单。我们认为，这使得英国成为我们的绝佳市场。"曼纳称它将把重点放在 5 万至 10 万人口的郊区城镇，并计划在年底前在英国开设服务。该公司已经在蒙茅斯建了一个基地，在那里设计和制造设备。

对奥兰莫尔的居民来说，去年 10 月份无人机的到来意味着改变。46 岁的报纸助理编辑玛丽·康罗伊说："这就像生活在 3000 年一样。"[3] 该镇的两架无人机从乐购超市的屋顶起飞，以大约每小时 50 英里（约 80.47 千米）的速度飞行，将物品送到顾客家门口平均用时 3 分钟。该公司去年 10 月开始在奥兰莫尔测试无人机服务，并向任何有需求的零售商或餐厅提供快递服务，其中包括咖啡馆、书店和药房。它与乐购、Just Eat、三星和 Ben&Jerry's 进行了合作，并已经在递送新冠病毒试剂和药物。

一旦到达顾客的房屋，无人机就在房屋上方 50 米处盘旋，然后利用传感器找到合适的平面去放置货物。[4] 然后无人机下降到离地面 15 米处，此时舱门打开，订购的货物被系在一根可生物降解的绳子上送下来。一旦袋子碰到地面，绳子就会脱落，然后无人机就飞离。[4][5] 货物在绳子上的下降过程只需要 7 秒钟，但希利说，这套系统非常熟练，顾客可以点咖啡而不用担心咖啡洒出来。他说："我们甚至送了一个点着蜡烛的奶油蛋糕来证明我们能够做到这一点。"

　　希利说，公司计划筹集更多资金，因为他认为曼纳公司需要 4 万至 5 万架无人机，才能满足英国市场十分之一的需求。

═══Text 17═══

📠 文章概览

　　本文选自 *TIME*，是一篇报导，介绍了随着疫情的发展，心脏病患者可能增加。第一段开门见山，指出美国可能将出现心脏病患者增多的情况；第二至四段从生活方式调查、疫情对医疗环境的影响等角度通过数据和分析来论证第一段提出的观点；第五段引用数据说明疫情对心脏病发病及死亡率的影响已经开始显现；最后一段提出建议，呼吁人们选择更加健康的生活方式。

📖 重难点词汇

pulmonologist /ˌpjuːməˈnɒlədʒɪst/ *n.* 胸肺科医生
cardiologist /ˌkaːdiˈɒlədʒɪst/ *n.* 心脏病专家
cardiovascular /ˌkaːdiəʊˈvæskjələ(r)/ *adj.* 心血管的
lag /læg/ *v.* 滞后；缓慢移动

cardiac /ˈkaːdiæk/ *adj.* 心脏的；心脏病的
mitigate /ˈmɪtɪgeɪt/ *vt.* 减轻；缓和
surmountable /səˈmaʊntəbl/ *adj.* 可克服的；可战胜的

📝 长难句分析

① Take a nation that already eats too much, drinks too much, exercises too little and fails too often to show up for regular checkups, put them in lockdown for a year or more, and those behaviors—all of which are drivers of cardiovascular disease—will only get worse. (P1S2)

主体句式 Take a nation…, put them…, and those behaviors…will…

结构分析 本句的主体是并列句，由逗号和 and 连接三个分句。前两个分句均为祈使句，第一个祈使句中包含 that 引导的定语从句 that already eats too much, …for regular checkups，修饰名词 nation；第三个并列部分的主体为 those behaviors…will only get worse，两个破折号中间为插入语，是由 (all of) which 引导的定语从句，补充说明 behaviors。

句子译文 美国人民已经吃得太多、喝得太多、运动太少，经常不去定期检查身体，如果限制他们外出一年或更久，这些行为——所有这些都是诱发心血管疾病的因素——只会变得更糟。

② Elkind estimates as many as 500,000 additional U.S. deaths in the past year due to people not getting prompt medical help for severe or emergency medical conditions, many of which were cardiovascular in nature. (P5S3)

主体句式 Elkind estimates…deaths…due to…, many of which…

结构分析 本句为复合句。句子的主干是 Elkind estimates…deaths，之后复合介词 due to 引导的介词短语作原因状语，复合介词 due to 的宾语是逻辑主语 people 加动名词短语 not getting…结构；逗号后是 many of which 引导的非限制性定语从句，补充说明之前的名词短语 medical conditions。

句子译文 艾尔金德估计，在过去一年中，由于人们在严重或紧急医疗情况下没有及时得到医疗帮助而导致的美国死亡人数增加了 50 万，其中许多本质上是心血管疾病。

💡 题目详解

1. C 细节题。第一段首句后半部分提到，预计心脏病专家将比以往任何时候都更加忙碌。后文解释其原因，美国人本来就吃得太多、喝酒太多、运动太少，经常不去定期检查身体，再加上疫情隔离的因素，这些诱发心血管疾病的行为会变得更糟，也就是说，心脏病可能会面临高发期。可知 C 的概括符合原文信息，故为答案。A 在原文中没有提及，故排除。虽然不去定期检查身体是导致心脏病的一个动因，但文中并未明确说新冠病毒让人们无法定期检查，故选项 B 为过度推断。原文并没有说心脏病专家是否需要抗击新冠病毒大流行，故排除 D。

2. B 词义题。设问词作名词 cause 的定语。前一句说，导致新冠肺炎的病毒有时会直接感染和损害心脏组织，而设问词所在句句首为转折词 But，可见与前一句形成对比，指出在绝大多数冠状病毒死亡病例中，心力衰竭不是……原因。根据上下句转折关系，可知此处 proximate 的意思应与前一句中的 directly 最为接近，故答案为 B。

3. D 例证题。第三段开头提及 2020 年 9 月的一项研究，并列出了几组数据，说明在新冠病毒大流行期间成年人的酒精和零食消费增加，而运动量减少。概括而言，该研究说明了疫情对人们生活方式的影响，故正确答案为 D。文中提到的研究只涉及疫情期间生活方式产生的变化，与习惯养成无关，故排除选项 A。研究的数据与心脏病治疗和心理问题均没有关联，因此选项 B 和 C 不符合原文。

4. A 细节题。第五段第二句明确说，在过去一年中，由于人们在严重或紧急医疗情况下没有及时得到医疗帮助而导致的美国死亡人数增加了 50 万，其中许多本质上是心血管疾病。可知新冠肺炎疫情导致更多人因心脏病死亡，故 A 为正确答案。B 是对第四段第三句的曲解，原文的意思是医院被视为易感染病毒的高风险区，影响了对心血管产生影响的慢性疾病的监测，未提及慢性疾病的诊断问题。第四段末尾提到人们对急性心脏疾病也有所忽略，但并未说病人无视医生的建议，故排除 C。第四段提到了疫情导致情绪压力和抑郁，并未明确心理问题较从前是否减少，故排除 D。

5. C 主旨题。第一段以心脏病专家可能要更加忙碌这样较为委婉的说法，指出美国可能出现心脏病患者增多的情况。第二至四段围绕该观点展开论述。第五段引用数据说明这一判断已经初露端倪。最后一段针对此情况提出对策。可见整篇文章是围绕新冠病毒可能导致心脏病患者增加这一主题展开的，故 C 为答案。根据原文，心血管疾病死亡和患病人数将在未来数月或数年内激增，那么心脏病患者增加应是新冠病毒疫情的一种滞后指征，这与选项 A 中的 ongoing 不符，因此排除 A。B 和 D 只涉及了文章部分内容，以偏概全，故排除。

📖 参考译文

　　在过去的 12 个月当中，胸肺科医生、急救人员和重症监护小组一直是美国抗击新冠病毒大流行 "医疗长矛" 的尖端，但不久之后，预计另一组专家将比以往任何时候都更加忙碌：心脏病专家。[1] 美国人民已经吃得太多、喝酒太多、运动太少，经常不去定期检查身体，如果限制他们外出一年或更久，这些行为——所有这些都是诱发心血管疾病的因素——只会变得更糟。

美国心脏协会（AHA）在《循环》杂志最近刊登的一项调查中预测，心血管疾病死亡和患病人数将在未来数月或数年内激增，这是新冠疫情给世界带来生活方式改变的一项滞后指征。[2] SARS-CoV-2 是导致新冠肺炎的病毒，有时会直接感染和损害心脏组织。但在绝大多数冠状病毒死亡病例中，心力衰竭不是直接原因。而与此相关的事实是：长此以往，这种流行病似乎会导致人们养成会引发心脏病的生活方式。

[3] 以 2020 年 9 月的一项研究为例，该研究显示，在新冠病毒大流行期间，1,540 名成年人的样本组中，酒精消费量增加了 14%。或者看看一项针对 3,052 名成年人的研究，该研究显示，以前积极参加体育活动的成年人中有 32.3% 的人体育运动量减少了。再看看新冠肺炎症状研究项目进行的调查，该调查显示，31% 的成年人报告说疫情封锁期间零食吃得更多了。

不仅仅是饮食、喝酒和坐着不动会成为致命因素。艾尔金德和美国心脏协会还列举了经济困难造成的情绪压力，还有因为隔离的旷日持久而造成的抑郁。当医院和医生办公室被视为易感染病毒的高风险区时，人们就不太可能去进行可能对心血管产生影响的慢性疾病的常规监测。急性心脏疾病也被忽略了。

根据美国疾病控制与预防中心的数据，在美国，每年约有 65.5 万人死于心脏病，这一数字超过了 2020 年报告的死于新冠病毒的人数 36 万。但这些数据并不能说明全部情况。[4] 艾尔金德估计，在过去一年中，由于人们在严重或紧急医疗情况下没有及时得到医疗帮助而导致的美国死亡人数增加了 50 万，其中许多本质上是心血管疾病。

坏消息背后的好消息是，与新冠病毒相关的一些心血管危险是可以控制的。正如口罩可以减轻新冠病毒的传播一样，选择更健康的生活方式也可以减轻患心脏病的风险。新冠病毒疫情是一项严峻的挑战，但通过努力，至少某些方面是可以克服的。

第 2 章　自然环境类

═══ Text 18 ═══

📠 文章概览

　　本文选自美国国家公共广播电台网站，介绍了一项即将进行的有关铀加工厂对周边居民健康是否有影响的研究的背景情况。前两段先简要介绍了研究的缘起、主要目的和基本情况；第三段补充说明了铀加工厂的生产范畴，同时也说明了可能的污染源头；第四至七段是各方对于该工厂是否污染环境、违犯法律的不同观点：工厂辩驳称自己有预防措施，当地居民担心其污染环境、影响健康，而社会组织和环保部门认为工厂污染了环境，违犯了法律。

📖 重难点词汇

uranium /juˈreɪniəm/ n. 铀（放射性化学元素）
longstanding /ˌlɒŋˈstændɪŋ/ adj. 长期存在的；由来已久的
approximately /əˈprɒksɪmətli/ adv. 大概，大约
contaminant /kənˈtæmɪnənt/ n. 致污物，污染物
advocacy /ˈædvəkəsi/ n. 提倡，支持；游说（组织）
notoriously /nəʊˈtɔːriəsli/ adv. 众所周知地；恶名

昭彰地
take precautions 采取预防措施
radioactive /ˌreɪdiəʊˈæktɪv/ adj. 放射性的；有辐射的
liner /ˈlaɪnə(r)/ n. 内衬
emit /iˈmɪt/ vt. 散发（光、热、声音、气等）；射出
submerge /səbˈmɜːdʒ/ v. 淹没；（使）潜入水中

📝 长难句分析

① The agency says the exposed cell could be emitting up to ten times more radiation than if it were under water, and requires that the mill's radioactive waste remain submerged at all times. (P6S5)

主体句式 The agency says…, and requires that…

结构分析 本句是多重复合句，主句谓语由 and 连接的两个谓语动词 says 和 requires 构成。第一个谓语动词 says 之后有多重复合结构，第一重是省略了连接词 that 的宾语从句；第二重为比较结构 …ten times more radiation than…；第三重是 if 引导的状语从句，该从句使用了虚拟语气。第二个谓语动词 requires 之后是宾语从句 that the mill's radioactive waste remain submerged at all times。

句子译文 该机构表示，暴露在外的尾料池可能释放出的辐射比在水下时高出多达十倍，并要求工厂的放射性废物始终处于水下。

② The company says it's working on it, but filling the cell may take several months because there are limits on how much water at a time can be pumped from wells in the high desert area. (P7S1)

主体句式 The company says…, but…because…

结构分析 本句是多重复合句。主句为 The company says…，其后是省略了引导词 that 的宾语从句。该从句为并列句，由连词 but 连接，but 之前的分句为简单句；but 之后的分句为多重复合句，其主干 filling the cell may take several months 后是 because 引导的原因状语从句，该从句又包含了第二重从句，即 how much 引导的名词性从句，作介词 on 的宾语。

句子译文 该公司表示正在开展这项工作，但填充这个尾料池可能需要几个月的时间，因为在高海拔沙漠地区，一次可以从井中抽水的水量是有限的。

题目详解

1. **D** 细节题。 文章首句就提到了一项新研究，指出一个美洲原住民社区希望这项研究能够解答长期存在的疑问，即铀加工厂是否正在影响他们的健康。第二段最后一句明确指出，这项研究将分析部落成员的健康数据和环境条件，看看是否与能源燃料公司的铀加工厂有任何联系。可知这项新研究旨在确定铀加工厂对周边居民的健康的影响，故 D 为答案。根据第二段首句，环境保护局的确资助了这项研究，但开展研究的并非这个机构，故排除 A。由第二段第二句可知，这项研究需要分析部落成员的健康数据和环境条件，而不是对美国人进行大规模的健康调查，故 B 不符合原文。原文未提及选项 C，故排除。

2. **A** 推断题。 第四、五段中均提到过大峡谷信托基金机构。第四段首句指出当地地下水存在污染物是确定的。在第二句中，该机构说，从工厂下面采集的样本中酸度和化学物质的含量令人担忧，可知它可能认为工厂污染了环境，故 A 为正确答案。第五段末句再次说到该机构，提到它无法确定旧的尾料池是否存在泄露，故排除 B。C 是对第四段末句的误解，原文的意思是因环境存在污染就认定对健康造成了影响是有难度的，而不是说污染物泄露的健康影响无法被确定。第五段只说旧尾料池没有泄露检测系统，但未提及是否应该重建，故排除 D。

3. **C** 细节题。 根据题干关键词定位至第五段。该公司表示，无需担心这些污染物，并提出理由：这些元素不构成健康风险，而且工厂采取了预防措施，可知 C 的表述符合原文，故为答案。公司认为工厂内的污染物质不构成健康威胁，但不等同于这些物质对环境是无害的，故排除 A。根据定位段第五句可知，目前的泄露检测技术已经达到了标准，B 与原文表述相反，故排除。D 与本段最后一句不符，原文提到无法得知旧的尾料池是否在泄露，故排除。

4. **B** 细节题。 第五段提到能源燃料公司采取了预防措施，而第五段末尾指出，无法确定它的旧尾料池是否存在泄露，第六段中说有放射性物质留在了尾料池的水面之上。可见该公司的尾料池并不像它自己所说的那样安全，故答案为 B。A 在原文中没有提及，因此排除。C 曲解了第五段倒数第二句的意思，原文是说旧的尾料池修建时泄露检测技术还未成为修建标准，而不是说尾料池没有满足设计标准。文中只提及了尾料池可能存在问题，但未说尾料池是用劣质原料造成的，故排除 D。

5. **A** 细节题。 文章末尾处引用了克劳的话。上文第六段提到犹特人还担心空气污染问题，尾料池水面之上有放射性物质，环保局认为这违犯了联邦法律。可见克劳是要强调工厂违犯了《清洁空气法》，污染了空气，故答案为 A。环保局的判定与当地居民的立场一致，并未受到误导，故排除 B。最后一段中能源燃料公司表示正在填充尾料池，并未故意掩盖事实，故 C 不符合原文。克劳的话只能说明铀加工厂污染了环境，第四段结尾也说过，将健康状况与环境污染确定无疑地联系起来是很困难的，因此 D 属于过度推断，故排除。

参考译文

[1] 一个美洲原住民社区与美国唯一一家正在运营的铀加工厂毗邻，该社区希望一项新的研究能够解答长期存在的疑问，即铀工厂是否正在影响他们的健康。犹特部落成员表示，近年来他们的健康问题急剧增加。

该部落的环境主管斯科特·克劳说，环境保护局在 6 月份向这个大约有 2,000 名成员的部落提供了 75,000 美元的拨款，用于策划一项将由疾病控制和预防中心进行的研究。[1] 这项研究将分析部落成员的健康数据和环境条件，看看是否与能源燃料公司的铀加工厂有任何联系。预计 2025 年会有结果。

能源燃料公司的场地也是放射性废物的处置场，其中一些废物是从海外进口的。由于对气候变化的担忧增加了对包括核能在内的无碳能源的需求，该公司计划扩大铀加工业务。

[2] 已经确认的是当地地下水中存在污染物。游说组织大峡谷信托基金机构表示，从工厂下面采集的样本中酸度及化学物质的含量令人担忧。但是，要将健康状况与环境污染确定无疑地联系起来，难度众所周知。

[3] 能源燃料公司表示，无需担心这些污染物。该公司表示，这些元素不重大，不足以构成健康风险，而且工厂采取了预防措施。例如，放射性废物储存于专门设计的池子中，叫做尾料池。这些尾料池有密封层，以防止污染材料渗入地下。[4] 有些尾料池还有泄漏检测系统，但较旧的尾料池没有，因为它们是在该技术成为标准之前建造的。大峡谷信托基金机构表示，这意味着不可能知道它们是否在泄漏。

犹特山的犹特人还担心空气污染问题。尾料池中的水起到屏障的作用，防止辐射渗入空气中。[5] 但是在一个 40 英亩的尾料池中，放射性物质在过去两年里一直被留在水面之上。环保局表示，这违反了联邦法律。该机构表示，暴露在外的尾料池可能释放出的辐射比在水下时高出多达十倍，并要求工厂的放射性废物始终处于水下。12 月，该机构告诉能源燃料公司，它必须填充尾料池。

该公司表示正在开展这项工作，但填充这个尾料池可能需要几个月的时间，因为在高海拔沙漠地区，一次可以从井中抽水的水量是有限的。[5] 克劳说："不管怎么说，《清洁空气法》规定，那种东西（指放射性物质）应该被液体覆盖。"

Text 19

文章概览

本文选自 New Scientist。研究人员分析了 12,000 年前的土地利用情况，从而得出了生物多样性消失是因为土地利用方式不可持续而不是未被开发的自然遭到破坏的结论。第一段指出全球生物多样性消失是源于土地利用加剧而不是未被开发的大自然遭到破坏；第二段指出 12,000 年前土地利用的程度和现在一样高；第三段介绍了历史上土地利用的程度被低估的原因；第四段进一步介绍研究人员的发现，目前的土地利用模式导致了生物多样性危机；第五段指出了荒野的概念存在问题，荒野并不代表没人去过；最后一段给出了保护生物多样性的方案。

重难点词汇

reconstruction /ˌriːkənˈstrʌkʃn/ n. 改造，复原
contemporary /kənˈtemprəri/ adj. 当代的
temperate /ˈtempərət/ adj. 温带的
woodland /ˈwʊdlənd/ n. 林地，树林
intact /ɪnˈtækt/ adj. 完整的，完好无损的
indigenous /ɪnˈdɪdʒənəs/ adj. 本地的，土著的
underestimate /ˌʌndərˈestɪmeɪt/ vt. 低估，看轻
prior /ˈpraɪə(r)/ adj. 先前的；优先的
landscape /ˈlændskeɪp/ n. 地貌；风景

sustainable /səˈsteɪnəbl/ adj. 可持续的
vertebrate /ˈvɜːtɪbrət/ n. 脊椎动物
colonisation /ˌkɒlənaɪˈzeɪʃn/ n. 殖民化
wilderness /ˈwɪldənəs/ n. 荒地，荒野
biome /ˈbaɪəʊm/ n. 生物群系
paramount /ˈpærəmaʊnt/ adj. 最重要的，最主要的
custodianship /kʌˈstəʊdiənʃɪp/ n. 管理人之职位和地位

📝 长难句分析

① As early as 12,000 years ago, nearly three-quarters of land on Earth was inhabited and shaped by human societies, suggesting that global biodiversity loss in recent years may have been driven primarily by an intensification of land use rather than by the destruction of previously untouched nature. (P1S1)

主体句式 …nearly three-quarters of land on Earth was inhabited and shaped by human societies, suggesting that…

结构分析 本句是复合句。句子的主干部分为 nearly three-quarters of land on Earth was inhabited and shaped by human societies；后面的 suggesting… 部分为现在分词短语，作伴随状语，suggesting 后为 that 引导的宾语从句。

句子译文 早在 12,000 年前，地球上就有近四分之三的土地被人类社会居住和改造，这表明近年来全球生物多样性的消失可能主要是因为土地利用的加剧，而不是因为之前未被开发的大自然遭到破坏。

② The researchers also found that in regions now characterised as natural, current global patterns of vertebrate species richness and overall biodiversity are more strongly linked to past patterns of land use than they are with present ones. (P4S1)

主体句式 The researchers also found that…, current global patterns…are more strongly linked to past patterns…than…

结构分析 本句是复合句。句子的主谓部分是 The researchers also found，宾语为 that 引导的宾语从句；宾语从句的主干部分为 current global patterns…are more strongly linked to past patterns…；句子结尾部分的 than 引导比较状语从句。

句子译文 研究人员还发现，在现在被定性为自然的地区，目前全球脊椎动物物种的丰富程度和总体生物多样性的模式与过去的土地利用模式的联系，比与现在的模式联系更为紧密。

💡 题目详解

1. **B** 细节题。根据题目提示定位至第一段第一句。这句话指出全球生物多样性消失的可能原因是土地利用的加剧，而不是未被开发的大自然遭到破坏，也就是说，完好无损的自然遭到破坏并不会导致物种多样性的消失，因此 B 为正确答案。A、C、D 所述内容原文没有提及。

2. **D** 细节题。根据题干提示定位到第二段。该段最后一句提到现在被认为完好无损的土地一般都有很长的使用历史，说明曾被认为荒无人烟的地方实际也曾有人使用，故选项 D 符合题意。选项 A 所述内容原文没有提及。由该段第二句可知人类在公元前 10,000 年就改造了地球上的大部分土地，但并没有说人类扩大地球表面，故排除选项 B。原文说人类改造的土地包括温带和热带林地，没有提到过去未被开发的土地仅限于温带和热带地区，故排除选项 C。

3. **B** 细节题。关于游猎采集部族人口的相关内容在第三段。该段第二句指出，游猎采集部族人口可能是以一种我们认为更可持续的方式与土地互动，由此可知选项 B 所述内容符合原文，故为正确答案。同时根据这句话可以排除选项 C，too...to 意为"太……而不能"，埃利斯认为虽然这些人四处迁徙，但他们仍在与土地互动，因此选项 C 与原文意思相反。根据该段第一句话可知，这些人对地貌产生了影响，故排除选项 A。该段并没有提及这些人在过去被认为无足轻重，只是说之前的分析没有充分考虑他们对地貌的影响，所以排除选项 D。

4. C 例证题。 根据题干中的关键词 Amazonian forests 定位到第五段第二句。该句指出，北美的国家公园、亚马逊森林或非洲的野生动物保护区现在是无人居住的地区，可知亚马逊森林是无人居住区的一个例子，因此 C 为正确答案。其余三个选项都不是提到亚马逊森林的目的，故排除，其中选项 A 是强干扰项，wildness 意思是"野蛮"，与该段中提到的 wilderness "荒野"意思不同。

5. A 推断题。 根据题干提示定位到最后一段最后一句。该段主要在介绍保护生物多样性的方法。最后一句指出，如果当地人的管理在过去很重要的话，那么现在就更重要了，说明当地人的部落在保护生物的多样性方面起重要的作用，因此答案选 A。原文并没有提及土著部落保护生物多样性是完全出于自身利益，故排除选项 B。原文没有提到土著部落防止了气候变化和其他自然灾害，也没有提及他们认为生物多样性的消失是一件自然的事，因此排除选项 C、D。

参考译文

[1] 早在 12,000 年前，地球上就有近四分之三的土地被人类社会居住和改造，这表明近年来全球生物多样性的消失可能主要是因为土地利用的加剧，而不是因为之前未被开发的大自然遭到破坏。

马里兰大学巴尔的摩分校的埃利斯和他的同事分析了过去 12,000 年来人类对全球土地利用的最新复原情况，并将其与当代全球生物多样性和保护模式进行了比较。他们发现，地球上的大部分——72.5%——土地早在公元前 10,000 年就被人类社会所改造，其中包括 95% 以上的温带和 90% 的热带林地。埃利斯说："我们的研究证实，12,000 年前未被开发的大自然几乎和今天的一样罕见。" [2] 他和他的团队发现，现在被认为完好无损的土地一般都有很长的使用历史，保护区和人数相对较少的土著人居住的土地也是如此。

埃利斯称，历史上人类利用土地的程度之前很可能被低估了，因为先前的分析没有充分考虑到游猎采集部族人口对地貌的影响。[3] 他说："即使是四处迁徙的游猎采集部族人口，也仍在与土地互动，但可能是以一种我们认为更可持续的方式。"

研究人员还发现，在现在被定性为自然的地区，目前全球脊椎动物物种的丰富程度和总体生物多样性的模式与过去的土地利用模式的联系，比与现在的模式联系更为紧密。埃利斯说，这表明目前的生物多样性危机不能仅仅用无人居住的荒野的消失来解释。他说，相反，这表明最近的殖民化和土地利用的强化起到了更重要的作用。

牛津大学的亚德温德·马尔西说："荒野是没有人去过的地方，这样的概念是错误的。[4] 在有些地方，我们的确发现了没有人类居住和使用的大型生物群落区——比如北美的国家公园、亚马逊森林或非洲的野生动物保护区——这是因为历史上人们因疾病或武力离开了这些土地。"

来自巴西 Embrapa Amazônia Oriental 的乔伊斯·费雷拉说，保护区和可持续的土地利用在保护生物多样性方面都发挥着重要作用。她说："森林砍伐、土地退化……和气候变化的综合作用使保护区变得至关重要。[5] 如果当地人的管理在过去很重要的话，那么现在就更重要了。"

═══ Text 20 ═══

文章概览

本文选自 *The Guardian*。文章探讨了为保护环境而少吃肉的倡议。第一段描述美国一家美食网站不再发布牛肉食谱；第二段预测了人们对此的反应；第三段指出改变饮食是帮助解决气候危机的少数策略之一；最后一段介绍了人们的饮食习惯已经发生了改变。

📖 重难点词汇

recipe /'resəpi/ *n.* 食谱；秘诀

guaranteed /ˌgærənˈtiːd/ *adj.* 肯定的；保证的

quash /kwɒʃ/ *vt.* 制止；平息；镇压

traffic /'træfɪk/ *n.* 信息流量

vegetarian /ˌvedʒəˈteəriən/ *adj.* 素食的 *n.* 吃素的人

spell out 详细说明，清楚地阐述

implication /ˌɪmplɪˈkeɪʃn/ *n.* [pl.] 影响，后果

pledge /pledʒ/ *n.* 保证，诺言

swap /swɒp/ *v.* 交换，调换

obstacle /'ɒbstəkl/ *n.* 障碍，干扰

warrior /'wɒriə(r)/ *n.* 武士，勇士

vegan /'viːgən/ *n.* 严格的素食主义者

flexitarian /ˌfleksəˈteəriən/ *n.* 弹性素食者

veggie /'vedʒi/ *adj.* 素食的 *n.* 素食者（=vegetarian）

eccentric /ɪkˈsentrɪk/ *adj.* 古怪的，反常的

📝 长难句分析

① The Treasury, meanwhile, has still yet to rule on the potentially politically toxic question of introducing pay-as-you-go road charges, to replace the fuel tax that the increasing number of electric or hybrid drivers won't be paying. (P3S3)

主体句式 The Treasury, …, has still yet to rule on the potentially politically toxic question…, to replace the fuel tax that…

结构分析 本句是复合句。句子的主干部分为 The Treasury has still yet to rule on the potentially politically toxic question，其中 have yet to do 的意思是"还不曾做某事"，后面的介词短语 of introducing pay-as-you-go road charges 作 question 的后置定语；to replace… 为句子的目的状语；后面 that 引导的定语从句修饰 the fuel tax。

句子译文 与此同时，财政部尚未对这个潜在的政治难题做出裁决，即是否引入现收现付的道路收费，以取代越来越多的电动或混合动力汽车司机将不会缴纳的燃油税。

② Dietary changes, however, are one of the few climate change measures where the biggest obstacle to change isn't economic but cultural, and where doing the right thing potentially saves rather than costs individuals money. (P3S6)

主体句式 Dietary changes, …, are one of the few climate change measures where…, and where…

结构分析 本句是复合句。句子的主干部分是 Dietary changes are one of the few climate change measures；后面跟了两个由 and 连接的 where 引导的定语从句，修饰 climate change measures。

句子译文 然而，改变饮食是为数不多的应对气候变化的措施之一，在这些措施中，改变的最大障碍不是经济上的，而是文化上的，而且做正确的事情可能会为个人省钱，而不是让人花钱。

💡 题目详解

1. **A** 细节题。根据题干中的关键信息 beef 定位到第一段。该段最后一句指出，全球约 15% 的温室气体排放来自畜牧业，其中牛肉占了近三分之二，由此可知 A 为原文的同义转述，为正确答案。原文并没有提到牛肉食谱在一家美国网站提供的食谱中占主导地位，也没有提到牛肉是大多数家庭厨房中最受喜爱的肉类原料，故排除 B、C 两项。选项 D 说法本身没错，但并不是文章提到的内容，故排除。

2. **C** 推断题。根据题干中的关键信息 the website 定位到第一至二段。第一段介绍了美国食谱网站 Epicurious 的决定，第二段继续介绍有关这项决定的背景信息。第二段第一句提到该网站这个决定肯定会刺激对烤牛肉和约克郡布丁有感情的人，C 项是它的同义转述，因此答案为 C。根据原文可知，不是网站决定引起的疯狂恐慌报道，原文也没有提及这一决定将导致烤牛肉销量下

降，因此排除选项 A、B。根据第二段第二句可知，该网站在宣布该决定的前一年已经停止了发布牛肉食谱，而它的素食食谱很受欢迎是客观事实，并非由宣布该决定引发的，故排除选项 D。

3. [B] 例证题。关于现收现付道路收费的相关内容在第三段。该段第一句指出可以省钱且相对轻松地解决气候危机的方法并不多见。后面两句分别举了两个例子：一个例子是将燃气锅炉换成环保型热泵，另外一个例子就是取代燃油税的现收现付道路收费。由此可知原文提及现收现付道路收费是为了论证该段第一句话，即实施对环境友好的措施并不容易，故答案为选项 B。其余三项原文都没有提及。

4. [C] 细节题。关于饮食改变的相关信息在第三段和第四段。第三段最后一句指出，改变饮食是应对气候变化的措施之一，而且这么做可以省钱，故 C 为答案。其余三项原文中均未提及，故排除。

5. [A] 推断题。关于千禧一代的信息在最后一段。由该段最后一句可知，为了保护地球而不是动物而吃素在上代人看来可能是古怪的观点，而千禧一代并不认为这是古怪的想法，再结合本段的主要内容，人们的饮食习惯已经发生变化，可知选项 A 为正确答案。原文并没有指出千禧一代更喜欢吃鸡肉，故排除选项 B。最后一句中并没有将上代人和千禧一代的无私进行对比，故排除选项 C。同样这句话提到千禧一代吃素是为了保护地球而不是保护动物，故排除选项 D。

参考译文

在气候政治的世界里，有些事情正在酝酿。或者，也许更准确地说，有些东西不被烹饪了。本周，美国食谱网站 Epicurious 宣布，出于环保考虑，不会再发布任何新的牛肉食谱。不再有牛排、汉堡或肉馅的创新做法；不再有多汁的排骨。[1] 由于全球约 15% 的温室气体排放来自畜牧业，其中牛肉占了近三分之二，因此它希望帮助家庭厨师们尽自己的一份力。

[2] 所有这一切似乎肯定会刺激对烤牛肉和约克郡布丁有感情的人，尤其是在白宫不得不制止一些有关乔·拜登为了拯救地球而禁止汉堡的疯狂恐慌报道的同一周。但故事的转折点是，Epicurious 实际上在一年前就停止发布牛肉食谱了，而且没有通知任何人，并且该网站说，它的流量数字显示，提供的素食食谱反而很受欢迎。那些喊得最大声的人，并不像以前那样代表的是每个人的意见。

[3] 在鲍里斯·约翰逊宣布英国承诺到 2035 年削减 78% 的碳排放量，并详细阐述了这一雄心勃勃的目标会带来的具体影响后，他可能会发现，要解决气候危机，省钱且相对轻松的方法并不多见。将燃气锅炉换成环保型热泵要花费数千英镑，而且热泵并不适用于每个家庭。与此同时，财政部尚未对这个潜在的政治难题做出裁决，即是否引入现收现付的道路收费，以取代越来越多的电动或混合动力汽车司机将不会缴纳的燃油税。约翰逊偏爱的绿色解决方案是那些神奇地能让生活像以前一样继续下去的方案，而新技术则承受了所有的重担——他在上周的气候峰会上把这一战略描述为"有蛋糕吃"。但这也是他的脱欧策略，我们也都看到了其效果如何。[4] 然而，改变饮食是为数不多的应对气候变化的措施之一，在这些措施中，改变的最大障碍不是经济上的，而是文化上的，而且做正确的事情可能会为个人省钱，而不是让人花钱。

饮食习惯已经在发生变化，如果对气候科学家来说还不够快的话，那么也比愤怒的汉堡卫士所说的要快。八分之一的英国人自称是素食者或纯素食主义者，另有五分之一的英国人自称是弹性素食者，即有时不吃肉；尽管肉类消费在过去 10 年中有所增长，但增长的主要是鸡肉而不是红肉。[5] 为了地球而不是动物而吃素，对上代人来说可能有些古怪，但现在却几乎不会让千禧一代皱一下眉头。

Text 21

📠 文章概览

　　本文选自 *Nature*，文章探讨了全球气温上升导致美国和加拿大出现创纪录高温的现象。第一段简要说明高温的状况和可能的原因；第二至四段详细分析了这次创纪录高温的原因，探究了全球变暖对热浪发生可能性的影响；最后两段从相关专家的角度，强调气候变化与热浪的联系，以及热浪可能对人类造成的影响，呼吁相关人员做好应对准备。

📖 重难点词汇

contribute to 有助于；促成

devastating /'devəsteɪtɪŋ/ *adj.* 破坏性极大的；毁灭性的

exceed /ɪk'siːd/ *vt.* 超过（数量）；超越（限制、规定）

unambiguous /ˌʌnæm'bɪgjuəs/ *adj.* 毫不含糊的；明确的

footprint /'fʊtprɪnt/ *n.* 足迹；覆盖区

simulation /ˌsɪmju'leɪʃn/ *n.* 模拟；仿真

severity /sɪ'verəti/ *n.* 严重；苛刻

emergency /ɪ'mɜːdʒənsi/ *n.* 突发事件；紧急情况

top /tɒp/ *vt.* 超过（某一数量）；居……之首

📝 长难句分析

① The chance of temperatures in the Pacific Northwest region coming close to 50°C has increased at least 150-fold since the end of the nineteenth century, found a rapid analysis conducted in response to the heatwave. (P1S3)

　　主体句式 The chance…has increased…, found a rapid analysis…

　　结构分析 本句分为两部分，前半部分为简单句，主语较长，为 The chance of temperatures in the Pacific Northwest region coming close to 50℃；后半部分为倒装句，谓语为 found，主语是 a rapid analysis，之后是动词过去分词短语，作主语的后置定语。前半部分是后半部分谓语 found 所涉及的具体内容，功能相当于一个宾语从句。

　　句子译文 一项针对热浪的快速分析发现，自19世纪末以来，太平洋西北地区气温接近50摄氏度的可能性至少增加了150倍。

② A group of 27 scientists with the World Weather Attribution(WWA) project rushed to analyse whether global warming had influenced the likelihood of such an intense heatwave occurring in the region. (P3S1)

　　主体句式 A group of 27 scientists…rushed to analyse…

　　结构分析 本句是复合句。主句主干是 A group of 27 scientists…rushed to analyse，主语之后是 with 引导的介宾短语，作主语的后置定语；谓语 rushed 后接动词不定式短语，该短语中包含 whether 引导的宾语从句。

　　句子译文 一个由27名科学家组成的世界天气归因项目小组紧急分析了全球变暖是否会影响该地区发生此类强烈热浪的可能性。

💡 题目详解

1. **A** 细节题。文章开头提到了创纪录的高温，随后的一句提到，研究人员认为如果没有全球变暖，这次毁灭性的热浪极不可能发生，可知选项 A 是对该句的转述，故为答案。第一段末尾说的是研究发现，太平洋西北地区气温急剧升高的可能性大大增加，也就是说，该地区热浪天气的可能性大大增加，所以选项 B 和题目中的 heatwave 是一回事儿，没有因果关系，故排除。选项 C 说法太过绝对，且与原文表述不符，因此排除。第二段第二句虽然说如果全球变暖超过 2 度，将来可能每 5 年至 10 年热浪就会发生一次，但不能据此推测近期是否会发生，选项 D 为过度推断。

2. B 细节题。第三段提到了研究小组对全球变暖与热浪的关系的分析。第四段详述了其研究过程，其中第二句说，研究小组将观测到的热量与气候模型预测的每日最高温度进行了比较，可知他们将观察到的数据与模拟数据进行了比较，故答案为 B。关于极端天气（热浪）发生可能性的推论，是研究小组的结论，而不是其研究方法，故排除 A。根据定位段，研究小组没有分析气候变化趋势或归纳人类对气候的影响因素，选项 C 和 D 均应排除。

3. B 细节题。第五段最后一句说，尽管未经证实，气候变化也有可能导致当地极端高温变得比在较凉爽的气候下更频繁、更强烈，可知 B 所述符合原文，故为答案。奥尔登博格在本段首句就提到了西欧和俄罗斯的热浪，可知选项 A 不符合原文。选项 C 和 D 不符合第五段第三句中所讲的热浪与早期干旱及异常大气环流条件的因果关系，故排除。

4. C 细节题。文章最后一段是马尔滕先生的观点，首句指出，世界各地的城市规划者和急救人员需要更有效地准备应对更频繁的热浪对人类健康、农业和基础设施的影响，可知 C 符合题意。选项 A 和 B 均是对本段首句的曲解，城市规划者是他的呼吁对象，而不是他呼吁相关人士探索更多的城市规划方法；基础设施是热浪可能的影响对象，他并未呼吁改善农业基础设施。他说热浪在全球灾难死亡排行榜上名列前茅，但未呼吁相关人士收集有关热浪伤亡人数的数据，可知 D 不符合原文。

5. D 主旨题。文章开篇提到了创纪录的热浪，随后简要说明全球变暖与热浪有可能的关联，随后三段详细分析了这次创纪录高温的原因；最后两段从相关专家的角度，再次强调气候变化与热浪的联系，以及热浪可能对人类造成的影响，呼吁相关人员做好应对准备。可见文章主要是说全球气温上升导致创纪录高温的现象增多，故 D 为答案。第二段首句虽然说到人为引起的气候变化与热浪的关联，但文章并没有说明人为因素是创纪录高温的唯一原因，因此排除选项 A。选项 B 本身说法无误，但只是文章的细节，不能作为主旨。选项 C 颠倒了第五段中提及的热浪与干旱及异常的大气环流条件的因果关系，而且这也不是文章主要讨论的内容，故也排除。

📝 参考译文

全球气温的上升可能是加拿大和美国连续一周出现创纪录高温的原因之一。[1] 研究人员得出结论，如果没有全球变暖，上月末袭击加拿大和美国部分地区的毁灭性热浪极不可能发生。一项针对热浪的快速分析发现，自 19 世纪末以来，太平洋西北地区气温接近 50 摄氏度的可能性至少增加了 150 倍。

德比尔特荷兰皇家气象研究所的气候科学家、分析报告的合著者舍克杰·菲利普说："如果没有人为造成的气候变化影响，这种热浪几乎是不可能的。这可能仍然是一个稀有事件，但如果全球变暖可能超过 2 度，将来可能每 5 年至 10 年就会发生一次。"创纪录的热浪从 6 月 25 日持续到 7 月 1 日，影响了一些很少经历极端高温的大城市，包括俄勒冈州的波特兰市、华盛顿州的西雅图和加拿大的温哥华。

一个由 27 名科学家组成的世界天气归因项目小组紧急分析了全球变暖是否会影响该地区发生此类强烈热浪的可能性。

他们的分析揭示了人类引起的气候变化的明确印记。[2] 研究小组将观测到的热量与气候模型预测的每日最高温度进行了比较，其中包括对未因温室气体浓度上升而改变的大气环境中的温度进行的模拟。他们得出的结论是，自前工业时代以来，全球平均气温上升了 1.2 摄氏度，使得极端热浪发生的可能性至少增加了 150 倍。

德比尔特荷兰皇家气象研究所的气候模型师、分析报告的合著者吉尔特·奥尔登博格说，这项分析比类似的研究更具挑战性，包括过去几年在西欧和俄罗斯所做的热浪研究。观测到的峰值温度比该地区以往的温度纪录高出 5 摄氏度。他说，热浪如此严重的部分原因可能是早期干旱和异常大气环流条件的影响。[3] 尽管未经证实，气候变化也有可能导致当地极端高温变得比在较凉爽的气候下更频繁、更强烈。

[4] 位于荷兰海牙的红十字会与红新月会气候中心主任、分析报告的合著者马尔滕·范阿尔斯特说，世界各地的城市规划者和急救人员需要更有效地准备应对更频繁的热浪对人类健康、农业和基础设施的影响。他说："热浪位列全球灾难死亡排行榜的榜首，尽管我们可能遗漏了很多案例。显然，当地的热浪应对计划需要为比过去更极端的情况做好准备。"

~~~Text 22~~~

📄 文章概览

本文选自 CNN 网站，文章介绍了一项利用辐射冷却技术实现环保降温的新技术。第一段提出话题，说明在气候变化加剧的背景下 SkyCool 新技术的优势；第二至三段说明这项新冷却技术的基本工作原理和方式；随后一段举例说明这项新技术带来的成本效益；第五至六段探讨技术本身及其推广面临的问题；最后一段展望前景，也指出了克服推广障碍的方式。

📖 重难点词汇

vicious cycle 恶性循环
alternative /ɔːlˈtɜːnətɪv/ *adj.* 可替代的
infrared /ˌɪnfrəˈred/ *adj.* 红外线的；使用红外线的
rooftop /ˈruːftɒp/ *n.* 屋顶外部
nanotechnology /ˌnænəʊtekˈnɒlədʒi/ *n.* 纳米技术
resemble /rɪˈzembl/ *vt.* 看起来像

constraint /kənˈstreɪnt/ *n.* 限制；约束
obstacle /ˈɒbstəkl/ *n.* 障碍
prevailing /prɪˈveɪlɪŋ/ *adj.* 盛行的
barrier /ˈbæriə(r)/ *n.* 障碍；阻力
volume /ˈvɒljuːm/ *n.* 量；容量
retail store 零售商店

📝 长难句分析

① SkyCool Systems is trying to break that vicious cycle, using technology that promises to offer buildings an alternative means to cool down by essentially imitating how the planet cools itself. (P1S3)

主体句式 SkyCool Systems is trying…, using…that…by…

结构分析 本句主体为简单句，伴随状语部分中包含复合句。句子主体为逗号前的部分，其后是动词现在分词 using 引导的伴随状语，其中包含 that 引导的定语从句，修饰前面的名词 technology，该从句中又包含方式状语 by essentially imitating how the planet cools itself，其中 how 引导的名词性从句作名词 imitating 的宾语。

句子译文 SkyCool 系统正试图打破那种恶性循环，它使用的技术有望为大楼提供一种可替代的冷却方式，基本上是模仿地球自身的冷却方式。

② Boosting production could help bring the cost down, Goldstein said, particularly for developing countries in Asia and Africa where SkyCool hopes to eventually expand. (P7S2)

主体句式 Boosting production could help…, Goldstein said, …for developing countries…where…

结构分析 本句主体为简单句。句子主干是 Boosting production could help bring the cost down，Goldstein said 为插入语，第二个逗号后是介宾短语作状语，其中包含了 where 引导的定语从句，修饰前面的 developing countries in Asia and Africa。

句子译文 戈尔茨坦表示，扩大生产有助于降低成本，特别是对亚洲和非洲的发展中国家，SkyCool 希望在这些国家最终实现业务扩展。

💡 题目详解

1. A 细节题。第一段比较了空调与 SkyCool 系统的冷却方式。第一段第二句说空调在运作时会排放温室气体，而 SkyCool 模仿地球自身的冷却方式，可以打破空调的恶性循环，可知 SkyCool 系统的制冷方式更加自然，因此 A 为答案。选项 B 是空调运作的特点，原文并没有明确说 SkyCool 系统是否排放温室气体。热浪的频发是气候变化的表现之一，文中虽然说了空调与气候变化的联系，使用 SkyCool 系统进行替代虽对气候变化有益，但不可直接推论为它能减少热浪的发生，故排除 C。选项 D 曲解了定位段结尾处，原文是说 SkyCool 系统模仿地球自身的冷却方式，而不是改变大气流通的方式，故排除。

2. C 细节题。根据关键词 radiative cooling 定位至第二段。该段首句指出地球通过红外线或辐射的形式把热量散发出去，从而自然冷却，这个过程被称为辐射冷却。由此可知，所谓的"辐射冷却"就是地球自己的冷却方式，故答案为 C。A 是对本段最后一句的曲解，原句虽然提到了阳光，但只说利用辐射冷却的技术可以将热量散发出去，而不是隐藏阳光。第三段末句说这种新技术的面板看起来像太阳能电池板，并没有说辐射冷却是太阳能电池板的工作原理，故排除 B。根据第三段首句，需要依靠纳米技术的是按照辐射冷却原理制造的屋顶面板，因此选项 D 混淆了概念。

3. B 例证题。根据关键词 Grocery Outlet store in California 可定位到第四段。第四段提到一家使用新面板的杂货经销店，说它的电费明显下降，因而节约了不少开支。可知这是在举例论证 SkyCool 系统的益处，故 B 为答案。由后文第六、七段可知，这项新技术还没有得到普遍推广，那么使用这项技术的 SkyCool 系统应该也没有得到普及，故选项 A 排除。定位段中没有提及新技术对保护环境的影响，辐射冷却的弊端在下文第五段提到，而非在第四段提到，故排除选项 C 和 D。

4. D 细节题。根据人名 Goldstein 定位至第五至七段。第七段第二句提到，戈尔茨坦表示，SkyCool 希望在亚洲和非洲的发展中国家最终实现业务扩展，可知 D 的表述符合原文信息，故为答案。戈尔茨坦虽然提到扩大生产可以降低成本，但并未提及即将大规模生产的计划，故排除 A。根据第六段，戈尔茨坦只说了使用新技术的面板比太阳能电池板更昂贵，但未将新技术与其他冷却系统作对比，故排除 B。第五段探讨了辐射冷却的技术缺陷，但未说明解决方式，可知 C 不符合原文。

5. C 主旨题。文章开篇提出话题，说明在气候变化加剧的背景下 SkyCool 系统所使用的新技术的优势，随后介绍这种新型冷却技术的基本工作原理和方式，并说明这项新技术的一大益处（节省电费）。由此后半部分转而探讨技术本身及其推广面临的问题，展望其前景，也指出了克服推广障碍的方式。由此可见全文主要围绕利用辐射冷却技术实现环保降温的新技术展开论述，并强调了成本方面的益处，因此 C 的概括较为恰当。选项 A 原文没有提及，故排除。B 说法太过绝对且未指出文章重点介绍的新技术。文章虽然提到了新技术推广方面的一些障碍，但用"遇冷（get the cold shoulder）"来概括言过其实，因此排除 D。

参考译文

　　热浪在美国一些地区变得更普遍——这意味着更多的人使用空调的时间在增加。但那些空调会让问题变得更加严重，空调运作时会排放温室气体，从而严重加剧气候变化。[1] SkyCool 系统正试图打破那种恶性循环，它使用的技术有望为大楼提供一种可替代的冷却方式，基本上是模仿地球自身的冷却方式。

　　[2] 这个过程被称为辐射冷却，SkyCool 的联合创始人兼首席执行官伊莱·戈尔茨坦说："我们的地球通过红外线或辐射的形式把热量散发出去，从而自然冷却。利用那种效应，我们在白天和晚上，甚至在阳光直射的情况下，也能基本上将热量散发出去。"

　　这家成立五年的公司表示，它是通过使用纳米技术制造的屋顶面板来实现这一点的。据该公司称，这些面板看起来像太阳能电池板，但作用实际上恰恰相反，它们把照射到面板上的 97% 的阳光反射回去，并冷却了其下面的屋顶表层。

　　[3] 加利福尼亚州斯托克顿市的一家杂货经销店自去年以来一直在使用 SkyCool 系统，该店表示其电费明显下降。经销店经理吉泽斯·瓦伦苏埃拉估计，这些面板每月为店铺节省了大约 3,000 美元。

　　科学家们多年来一直在研究辐射冷却的好处，但也存在一些挑战，包括太阳能行业所熟悉的一个制约因素：没有阳光，辐射冷却就无法很好地运作。戈尔茨坦说："我们技术运行的最佳气候条件是炎热干燥、天空晴朗，所以在有云的时候，辐射冷却窗口会受到阻挡。"

　　但是普遍推广这项技术的最大障碍可能是其相对较高的成本。大多数辐射冷却解决方案都受到制造成本高和大规模生产限制的影响。戈尔茨坦拒绝透露 SkyCool 面板的确切价格，但承认它们目前比太阳能电池板"更加昂贵"。他说："像辐射冷却这样的新技术通常价格更加昂贵。人们对成本非常敏感，因此这是推广新事物的另一个障碍。"

　　他说，这在很大程度上是因为产量低。[4] 戈尔茨坦表示，扩大生产有助于降低成本，特别是对亚洲和非洲的发展中国家，SkyCool 希望在这些国家最终实现业务扩展。目前，该公司专注于这项技术的商业应用，尽管它希望能开始在个人家庭的屋顶上安装面板。该公司在加利福尼亚州周边的其他地方已经安装了面板，包括一家零售店和一个数据中心。戈尔茨坦说："能够一直使用这项新技术，我们确实很兴奋。"

Text 23

文章概览

　　本文选自 New Scientist。文章探讨了转基因作物可能给欧洲带来的碳排放量的变化。第一段指出，欧盟可以通过采用转基因作物大幅减少碳排放量；第二段指出未来农业产量水平如果与今天持平的话，世界可能面临的危机；第三段介绍了科瓦克的研究方法和结果；第四段描述转基因作物支持者的观点；第五段表明转基因作物反对者的态度；最后一段概述了基因编辑技术的成果与发展前景。

📖 重难点词汇

emission /ɪ'mɪʃn/ *n.* 排放；排放物

wipe out 消灭，彻底摧毁

maize /meɪz/ *n.* 玉米

rapeseed /'reɪpsiːd/ *n.* 油菜籽

sugar beet 糖用甜菜

genetic engineering 基因工程

substantial /səb'stænʃl/ *adj.* 大量的；重大的

intensive farming 精耕细作，集约耕作

intensification /ɪn,tensɪfɪ'keɪʃn/ *n.* 强化，加剧

spare /speə(r)/ *vt.* 留出；放过，使幸免

pesticide /'pestɪsaɪd/ *n.* 杀虫剂

boost /buːst/ *vt.* 使增长，促进

photosynthesis /,fəʊtəʊ'sɪnθəsɪs/ *n.* 光合作用

📝 长难句分析

① Kovak and her colleagues have now worked out what the change in carbon emissions would have been if the adoption rates of five key GM crops—cotton, maize, soya beans, rapeseed and sugar beet—had been as high in Europe as they were in the US in 2017, which has a much more favourable view of genetic engineering. (P3S1)

主体句式 Kovak and her colleagues have now worked out what…if…, which…

结构分析 本句是多重复合句。主句的主干为 Kovak and her colleagues have now worked out…，宾语为 what 引导的从句。在 what 引导的宾语从句中，if 引导条件状语从句。条件状语从句的主干为 the adoption rates had been as high…, of five key GM crops 为后置定语，破折号中间的内容为插入成分，相当于 five key GM crops 的同位语；as…as… 结构引导比较状语从句；句尾的 which 引导非限制性定语从句，修饰 the US。

句子译文 科瓦克和她的同事们现在已经计算出，如果欧洲五种主要转基因作物（棉花、玉米、大豆、油菜籽和糖用甜菜）的种植率与 2017 年的美国一样高的话，碳排放量将发生什么样的变化，美国对基因工程的看法更为正面。

② Tim Searchinger at Princeton University, one of the authors of the 2018 World Resources Institute report, says there is more uncertainty about the yield rises from GM crops than the study suggests. (P4S5)

主体句式 Tim Searchinger…, says there is more…than…

结构分析 本句是多重复合句。句子主语为 Tim Searchinger，at Princeton University 作后置定语，两个逗号之间的部分 one of the authors… 为主语的同位语；谓语 says 后为省略了引导词 that 的宾语从句，这个宾语从句是 there be 句型，其中 than 引导比较状语从句。

句子译文 来自普林斯顿大学的蒂姆·舍琴格是 2018 年世界资源研究所报告的作者之一，他表示，转基因作物增产的不确定性比这项研究表明的要大。

💡 题目详解

1. **C** 细节题。文中多处提到 GM crops，根据题目顺序和文章顺序基本一致的原则，暂时将答案定位至第一段。第一段第二句指出，转基因作物的平均产量更高，这意味着生产同样数量的粮食所需的土地更少。紧接着下一句通过直接引语指出，这可以减少开垦新的农业用地。由此可见选项 C 为正确答案。同时根据这句话可知，是土地被开垦后，碳储存就消失了，而不是转基因作物能提高土地的碳储存能力，也不是转基因作物有储存碳的功能，排除 B、D 两项。选项 A 原文没有提及，故也排除。

2. A 细节题。根据 a 2018 report 将答案定位至第二段。该段指出，为了满足 2050 年的粮食需求，如果农业产量依然保持今天的水平，而这就不得不砍伐大面积的森林，将导致大量物种灭绝，全球温度上升超过 2℃，由此可知答案为选项 A。同时据此可以排除 B、C、D 三项，这三项所述内容与原文相反。

3. B 推断题。根据题目提示将答案线索定位至第三段。根据该段第一句可知，五种主要转基因作物在欧洲国家的种植率不高，美国却对基因工程持有更为正面的看法，也就是说，欧洲对基因工程持有不那么正面的看法，因此答案为选项 B，同时排除选项 A。由该段最后一句话可知，研究团队计算出的二氧化碳排放量相当于 2017 年欧盟农业温室气体排放总量的 8%，并不是欧洲排放量占全球的 8%，选项 C 曲解原文，故排除。该段并没有信息表明欧洲通过有机耕作可以养活自己的人口，故 D 项也不选。

4. D 细节题。文章关于舍琴格的相关信息在第四段。该段描述了转基因作物支持者（包括科瓦克和舍琴格）的观点。由该段最后一句引用的舍琴格的话可知，他对基因工程持支持态度，故 D 为正确答案。原文第四段第五句说的是舍琴格表示转基因作物的增产不确定，而不是转基因作物带来不确定性，排除选项 A。舍琴格的信息出现在后半段，主要围绕转基因作物展开，而集约耕作是前半段科瓦克论述的内容，因此选项 B 张冠李戴，不属于舍琴格论述的内容，也排除。文中引用舍琴格的话不是为了论证报告结果不切实际，故选项 C 也不选。

5. C 主旨题。本文主要探讨了转基因作物可能给欧洲带来的碳排放量的变化，指出转基因作物产量高，因此可以减少开垦新的土地，从而减少碳排放，并给出了不同的分析意见，故选项 C 为最佳标题。文章只在第二段描述了在粮食产量保持不变的情况下，2050 年要满足人类粮食需求可能要付出的代价，文章其余部分并没有围绕这一点展开，因此选项 A 不能概括全文。文章在第四段前半部分论述了集约耕作的好处，但并没有与其带来的坏处进行对比，同时这也不是全文论述的重点，选项 B 也不选。文章在最后一段举出烟草产量增加的例子，说明未来基因工程可能给人们带来的好处，但选项 D 所述内容同样不是全文的重点，故也排除。

参考译文

欧盟可以通过采用转基因作物来大幅降低碳排放量。[1] 原因在于转基因作物的平均产量更高，这就意味着生产同样数量的粮食所需的土地更少。研究报告的合著者、加利福尼亚州突破研究所的艾玛·科瓦克说：“这可以减少开垦新的农业用地。当土地被开垦后，碳储存就消失了。”

事实上，根据世界资源研究所 2018 年的一份报告，如果农业产量保持在今天的水平，世界现存的大部分森林将不得不被砍伐，以满足预计的 2050 年的粮食需求。[2] 报告称，即使所有的人为排放都停止，这也将导致数千个物种灭绝，并释放出足以使全球温度上升超过 2℃ 的碳。

[3] 科瓦克和她的同事们现在已经计算出，如果欧洲五种主要转基因作物（棉花、玉米、大豆、油菜籽和糖用甜菜）的种植率与 2017 年的美国一样高的话，碳排放量将发生什么样的变化，美国对基因工程的看法更为正面。该团队利用之前的研究数据，计算出相当于 3,300 万吨二氧化碳的排放数据。这相当于 2017 年欧盟农业温室气体排放总量的 8%，因此总量相当可观。

许多人认为集约化的耕作对环境有害。科瓦克说，如果你衡量每一使用面积的低强度有机耕作的影响，它确实更低。但是，如果按粮食产量计算，高强度耕作的影响要小得多。她说：“耕作集约化可以保留野生动物的栖息地。”来自普林斯顿大学的蒂姆·舍琴格是 2018 年世界资源研究所报告的作者之一，他表示，转基因作物增产的不确定性比这项研究表明的要大。不过，总体证据确实表明产量会有所上升。[4] 他说：“我认为基因工程可能会非常有用。”

绿色和平组织欧洲分部的路易莎·科拉西蒙说，转基因作物并不是一个好的解决方案。她说："转基因食品意味着将粮食生产交给少数只对利润感兴趣的公司。转基因作物增加了有害化学物质的使用。"但是一些研究断定转基因作物减少了杀虫剂的使用。

基因编辑等技术在未来可能会带来更大幅度的增产。例如，2019年，一个研究小组通过修复光合作用中的一个缺陷，将烟草产量提高了约40%。这一（增产基因）属性现在正被应用到粮食作物中。

Text 24

文章概览

本文选自 *Financial Times*，主要分析了年轻人肩负的环保重任。第一段指出父母一代的经济腾飞导致年轻人面临着严峻的环境问题；第二段描述环境现状；第三段介绍了一些积极的做法；第四段指出目前的措施远远不够；第五、六段指出了能源和农业领域应该做出的改变。

重难点词汇

devastation /devə'steɪʃn/ *n.* 毁坏，破坏
extraction /ɪk'strækʃn/ *n.* 提取，开采
raze /reɪz/ *vt.* 将……夷为平地，彻底摧毁
acidify /ə'sɪdɪfaɪ/ *v.* （使）酸化
on course to do sth. （因为已开始做而）很可能做
overwhelming /ˌəʊvə'welmɪŋ/ *adj.* 压倒性的，势不可挡的

radically /'rædɪkli/ *adv.* 根本地，完全地
phaseout /'feɪzaʊt/ *n.* 逐步停止
subsidy /'sʌbsədi/ *n.* 补贴，津贴
moderation /ˌmɒdə'reɪʃn/ *n.* 适度，温和
obsolescence /ˌɒbsə'lesns/ *n.* 过时，淘汰

长难句分析

① Greenhouse gas emissions are on course to warm temperatures enough to make today's melting ice sheets and extreme weather look like the opening act to a climate tragedy of unthinkable proportions. (P2S4)

主体句式 Greenhouse gas emissions are on course to warm temperatures enough to…
结构分析 本句是简单句。句子的主干是 Greenhouse gas emissions are on course to warm temperatures enough，后面的不定式短语为结果状语。在结果状语中，make 的宾语为 today's melting ice sheets and extreme weather，后面的 look like the opening act to a climate tragedy of unthinkable proportions 为宾语补足语，其中 of unthinkable proportions 为后置定语，修饰 tragedy。
句子译文 温室气体排放很可能使温度上升到这样的程度：今天融化的冰原和极端天气看起来就像是一场难以想象的大规模气候悲剧的序幕。

② To stop that figure rising above 1.5℃, which would bring more climate disruption, scientists say emissions should fall by about 45 percent by 2030 from 2010 levels and reach net zero by around 2050. (P4S3)

主体句式 To stop…, which…, scientists say emissions should fall…and reach…
结构分析 本句是多重复合句。句首的不定式短语 To stop… 作目的状语，which 引导非限制性定语从句，修饰 that figure rising above 1.5℃；句子主语为 scientists，谓语 say 后为省略了引导词 that 的宾语从句；该宾语从句中的主语为 emissions，and 连接并列谓语 should fall 和 (should) reach。

句子译文 为了阻止这一数字上升超过 1.5℃（这将带来更多的气候破坏），科学家们表示，到 2030 年，排放量应该比 2010 年的水平下降约 45％，到 2050 年左右实现净零排放。

📝 题目详解

1. **A** 细节题。the Great Acceleration 出现在第一段第二句，句中通过破折号引出了对其的解释，之后第三、四句对破折号后的内容进行了展开描述。第二段第一句承上启下，指出年轻人不得不为环境（破坏）买单。由此可知，作者是要通过"大加速"引出现在的环境问题，告诉我们经济的成功是以牺牲环境为代价的，因此答案选 A。其他三项均不是提及 the Great Acceleration 的目的，故排除。

2. **D** 语义理解题。画线短语所在的第三段主要介绍了一些积极的做法，包括对可再生能源和其他清洁技术的投资创纪录、国家和企业设定净零排放目标，画线短语所在句意为"投资者正在要求公司_____"。从整个段落的基调来看，应该是要求公司更加注重环保。比较四个选项，只有选项 D "改善它们的行为或表现"符合这个基调。clean up one's acts 意为"改过自新，改头换面；端正作风"，故正确答案为 D 项。

3. **C** 细节题。根据题干提示定位到第四段。该段倒数第二句指出了减排的具体目标：科学家们表示，到 2030 年，排放量应该比 2010 年的水平下降约 45％，到 2050 年左右实现净零排放，因此答案为 C，同时据此排除 A、D 两项。B 项原文没有提及，故排除。

4. **D** 细节题。关于温和改变的相关内容出现在第五段。由该段最后一句可知目前需要在较短的时间内完成能源转换，故选项 D 为正确答案。选项 A 是针对该段第一句话设置的干扰项，绿色可替代能源的成本正在快速下降并不是作者反对温和措施的原因，故排除。原文并没有提到取消化石燃料补贴的原因是财政负担太大，因此排除选项 B。原文也没有相关信息说明因目前形势严峻故而要采用激进措施，radical 一词所含色彩过于冒进，所以选项 C 也不选。

5. **C** 细节题。关于产品计划性报废的内容出现在最后一段。该段指出了农业领域对环境的破坏，并给出了应对策略。其中最后一句提到，坚持不懈的回收利用和终止产品计划性报废必须成为常态，故选项 C 为正确答案。同时根据这句话可以排除 A 项，原文没有提到产品的计划性报废可以抵消回收再利用的努力。原文并没有说产品的计划性报废导致了大部分食物的浪费，故排除选项 B。原文也没有提到产品计划性报废刺激了新冠疫情复苏期间的消费，因此选项 D 也不选。

✒️ 参考译文

[1] 没有任何一代人应该面对一个被混乱的气候和环境破坏所摧毁的未来，然而今天的年轻人却是如此。他们的父母受益于"大加速"——战后人类活动的爆炸性增长，近期几乎没有先例。在过去 50 年里，数百万人的财富增加了，人口翻了一番。自然资源的开采量是原来的三倍，推动了全球经济近五倍的增长。

[1] 年轻人不得不为环境（破坏）买单。他们生活在河流有毒、空气肮脏、森林被砍伐和酸化的海洋被塑料污染的世界里。联合国称，约 800 万种动植物中目前有 100 万种面临灭绝的危险。温室气体排放很可能使温度上升到这样的程度：今天融化的冰原和极端天气看起来就像是一场难以想象的大规模气候悲剧的序幕。

还是有一线希望的。尽管有人预测新冠危机会逐渐破坏人们对环保行动的热情，但世界上许多地方的情况却恰恰相反。全球对可再生能源和其他清洁技术的投资已经达到创纪录的水平。各个国家和企业都在竞相设定净零排放目标。[2] 投资者正在要求公司改头换面。

这是令人鼓舞的，但还不够，尤其是在全球变暖的巨大威胁面前。现在的气候系统改变之所以发生，是因为自 1880 年以来，地球的平均气温升高了 1℃多。[3] 为了阻止这一数字上升超过 1.5℃（这将带来更多的气候破坏），科学家们表示，到 2030 年，排放量应该比 2010 年的水平下降约 45%，到 2050 年左右实现净零排放。减排行动的速度和规模必须强力推进。

由于燃烧化石燃料以获得能源是最大的人为排放源，而且绿色可替代能源的成本正在快速下降，因此应该从这里开始行动。需要尽快取消煤炭和化石燃料的补贴，同时采取其他措施投资负排放技术，保护森林。竭力主张采取温和措施的批评者须牢记，从一种主要燃料到另一种的大规模能源转换通常需要 50 到 60 年的时间。[4] 而眼下这次能源转换必须在不到 30 年的时间内完成，而且是在全球范围内。

农业造成了大量的环境破坏和气候问题，但据估计，全球生产的粮食有三分之一损失掉或被浪费了。这种粮食浪费现象需要结束，而且不断激增的肉类消费需要回落。[5] 坚持不懈的回收利用和终止产品计划性报废必须成为常态。

Text 25

文章概览

本文选自 *The Economist*，文章援引联合国政府间气候变化专门委员会（IPCC）发出的警告，指出气候变化的现实，呼吁人们立即采取措施。前两段简要介绍 IPCC 报告的内容，呼吁人们重视并积极应对气候变化的影响；第三至六段首先介绍 IPCC 报告的科学性和严谨性，指出全球气候变化的核心是热量，随后说明由全球平均气温上升引发的极端天气现象；最后一段介绍政策制定者对此的态度，并再次强调应重视 IPCC 报告。

重难点词汇

unambiguous /ˌʌnæmˈbɪgjuəs/ *adj.* 毫不含糊的，表达明确的

pervasive /pəˈveɪsɪv/ *adj.* 遍布的，充斥各处的

catastrophic /ˌkætəˈstrɒfɪk/ *adj.* 灾难性的，引起灾害的

irreversible /ˌɪrɪˈvɜːsəbl/ *adj.* 不可逆转的，无法复原（或挽回）的

ripple effect 连锁反应

exacerbate /ɪgˈzæsəbeɪt/ *vt.* 使加剧，使恶化

strait /streɪt/ *n.* 海峡；困境

gear up （使）为……做好准备

ammunition /ˌæmjəˈnɪʃn/ *n.*（可用于争辩的）论据

长难句分析

① It's a revelation both shocking to read and perhaps painfully obvious for the countless people who are already feeling the effects—from Germans whose homes were wiped away by floods this year to farmers suffering from ongoing drought in Central America. (P2S1)

主体句式 It's a revelation…who…—from Germans whose…to farmers…

结构分析 本句为复合句。主句主体为 It's a revelation，其后是 both…and… 连接的两个形容词短语 shocking to read 和 obvious for… 作并列的后置定语，修饰 revelation，其中包括 who 引导的定语从句，修饰 people，破折号后的 whose 引导定语从句，修饰之前的名词 Germans。

句子译文 对于无数已经感受到这种影响的人而言，这一发现既是令人震惊的，或许又是令人痛苦的显而易见——从今年被洪水冲毁家园的德国人到遭受持续干旱的中美洲农民。

② Any one of those ripple effects would create serious problems if it struck on its own, but when multiple ones land at the same time, the result is exacerbated. (P5S1)

主体句式 Any one...would create serious problems if..., but when..., the result is exacerbated.

结构分析 本句为并列连词 but 连接的表示转折关系的并列句，且前后两个分句中均包含从句。第一个分句的主句是 Any one of those ripple effects would create serious problems，其后是 if 引导的条件状语从句；第二个分句中则包含了 when 引导的时间状语从句。

句子译文 这些连锁反应中的任何一个单独发生，都会造成严重的问题，而当多个连锁反应同时发生时，其结果就会变本加厉。

💡 题目详解

1. A 细节题。第一段首句提到，联合国政府间气候变化专门委员会发出的警告指出，气候变化的影响已经在地球上的各个地区显现出来，我们需要在前景恶化之前采取行动，可见选项 A 符合原文，故为答案。原文中并没有呼吁人们正面看待气候变化的现实，因此 B 缺乏依据。由第一段第二句可知，报告所说的行动起来指的是减少温室气体排放，而不是探究气候变化的原因或提高应对空气污染的能力，故排除选项 C 和 D。

2. C 词义题。设问词在第三段最后一句，该词作动词 obscures 的宾语，前面的定语是 enormous 和 immediate。原句的前半部分介绍：自工业革命以来全球平均气温上升了 1.1℃，随后讲到这个微小的数字遮掩了特定地区气温的急剧 spikes。结合上文和语义搭配，可知这里应表示大幅及突然的上升，故答案为 C。A 和 B 显然与原文气温上升的句意相悖，故排除。选项 D "异常"不符合原句语境，该句在讨论气温上升，spikes 表示上升的幅度更大、更突然，不表示"异常"的意思。

3. B 细节题。根据关键词 ripple effects 定位至第四段第二句，该句指出，较高的温度会产生一系列的连锁反应，可知选项 B 为定位句的同义转述，故为答案。根据第五段首句，原文的意思是连锁反应可能单独发生，也可能同时发生；当多个连锁反应同时发生时，IPCC 称之为"复合极端事件"，可见选项 A 理解有误。第四段第一句虽然提到了脆弱地区，但未说连锁反应主要在北极地区发生，故排除选项 C。定位句提到连锁反应引起的灾害不包括风暴，故排除 D。

4. B 例证题。根据地名定位至第五和第六段，第五段提到，当多个连锁反应同时发生，结果会变本加厉，而这就是美国西部目前正在发生的情况；第六段首句指出，这个地区并非是唯一一个经历恶劣气候影响的地区。可知作者提到美国西部是作为经历极端天气事件的典型，故 B 为答案。原文中只是分析了全球变暖引发的涓滴效应，并简述了其引发的极端天气事件，并未分析区域性的气候变化，故排除 A。作者举美国西部所经历的"复合极端事件"这个例子，并非为了反驳连锁反应的概念，故排除 C。选项 D 在原文中没有提及，故排除。

5. D 态度题。文章开篇提及了联合国政府间气候变化专门委员会（IPCC）的报告，它对极端气候变化发出警示，呼吁人们迅速应对；随后，作者介绍 IPCC 报告引用了 14,000 多篇研究和参考文献，突出报告的的科学性和严谨性；在文末引用专家纳特·基欧汉的话，强调 IPCC 报告的重要性。可见作者对 IPCC 报告持支持态度，故答案为 D。

[1] 联合国政府间气候变化专门委员会（IPCC）于8月9日发出的警告再清楚不过了：气候变化的现实是不容争辩的，其影响已经在地球上的各个地区显现出来，我们需要在前景恶化之前采取行动。今天，气候变化的影响已经无处不在；如果我们继续以当前的速度排放温室气体，气候变化的影响将是灾难性的和不可逆转的。

对于无数已经感受到这种影响的人而言，这一发现既是令人震惊的，或许又是令人痛苦的显而易见——从今年被洪水摧毁家园的德国人到遭受持续干旱的中美洲农民。

IPCC报告由234位作者共同撰写，引用了14,000多篇研究和参考文献，涵盖了环境中正在发生的所有变化。所有这些变化的核心是热量。[2] 据IPCC称，自工业革命以来，全球平均气温上升了约1.1℃，但这一看似微小的数字掩盖了特定地区气温的急剧上升。

带来数日高温的热浪变得更加频繁，一些地区，尤其是北极等脆弱地区，比其他地区升温更快。[3] 较高的温度会产生一系列的连锁反应，仅举几例：急流发生改变，干旱加剧，甚至降水量增加。

这些连锁反应中的任何一个单独发生，都会造成严重的问题，而当多个连锁反应同时发生时，其结果就会变本加厉。[4] 这就是美国西部目前正在发生的情况，那里的居民正在经历IPCC所称的"复合极端事件"。

[4] 美国西部并非是唯一一个陷入极其恶劣的气候困境中的地区。今年，IPCC首次从区域层面上对气候变化进行了全面分析。根据这份报告，地球上的每个地区都已经以不同形式遭受到（气候）变暖的冲击。在人们已经面临灾难的地方，气候变化的现实已经初露端倪。

目前全球各地的政策制定者正在为全球气候谈判做准备，旨在推动全世界走上正轨，力争本世纪末将气温升高幅度控制在1.5℃以下。[5] 气候和能源解决方案中心主席纳特·基欧汉说，IPCC的报告"将为我们这些将此视为危机的人们提供佐证"。但对于那些已经在这片土地上失去家园、生计和亲人的人们，他们的故事也应是有力的证据。

∭ Text 26 ∭

🖨 **文章概览**

本文选自 *Wired*。文章介绍了欧洲的综合碳观测系统。第一、二段先总体上介绍了该系统的构成、地位、分布情况和主要作用；第三至五段从综合碳观测系统总干事威尔纳·库茨奇的视角，强调了该系统当前的一项重要发展——区分自然碳排放和人为碳排放——以及相关的发现；最后一段强调科学家所发挥的作用，呼吁各国政府尊重科学家的意见。

📖 **重难点词汇**

infrastructure /ˈɪnfrəstrʌktʃə(r)/ n. 基础设施
consortium /kənˈsɔːtiəm/ n. 财团；联盟
centralised /ˈsentrəlaɪzd/ adj. 集中管理（或控制）的
collaborate /kəˈlæbəreɪt/ v. 协作；通敌

reverse /rɪˈvɜːs/ n. 相反的情况（或事物）
coronavirus /kəˈrəʊnəvaɪrəs/ n. 冠状病毒
overbearing /ˌəʊvəˈbeərɪŋ/ adj. 专横的
photosynthesis /ˌfəʊtəʊˈsɪnθəsɪs/ n. 光合作用

长难句分析

① Founded in 2008 and given European Research Infrastructure Consortium status by the EU Commission in 2015, the Integrated Carbon Observation Systems (ICOS) is a network of 130 carbon-measuring stations set up to measure greenhouse gas concentrations in the atmosphere, as well as how carbon flows between the atmosphere, Earth and oceans. (P1S1)

主体句式 …, the Integrated Carbon Observation Systems is a network…

结构分析 本句主体是简单句，但其前后的修饰部分较长且包含复杂句。第一个逗号之前是由 and 连接的两个并列过去分词短语 Founded… 和 given… 作状语。主句中 network 后面是 of 引导的介词短语，作后置定语。过去分词短语 set up to measure… 作 stations 的后置定语；该后置定语较长，其中包含了 how 引导的宾语从句，作 measure 的宾语。

句子译文 综合碳观测系统（ICOS）成立于 2008 年，2015 年被欧盟委员会授予欧洲研究基础设施联盟地位，它是一个由 130 个碳测量站组成的网络，用于测量大气中的温室气体浓度，以及碳是如何在大气、地球和海洋之间流动的。

② ICOS director general Werner Kutsch is actively pushing ICOS to collaborate with researchers from the social sciences, mechanical sciences, behavioural sciences and more behind the climate change banner, in the belief that doing so will help stimulate innovation and help force vital policy change. (P3S1)

主体句式 ICOS director general Werner Kutsch is…pushing ICOS…, in the belief that…

结构分析 本句的主体是简单句。句子的主干后是不定式短语 to collaborate with…，该短语很长，直至最后一个逗号前结束，之后是本句的伴随状语 in the belief that…，其中 that 引导的从句为同位语从句，补充说明 belief 的具体内容。

句子译文 综合碳观测系统总干事威尔纳·库茨奇以气候变化为指引，正积极推动与社会科学、机械科学、行为科学等领域研究人员的合作，他相信这样做将有助于激励创新，并帮助推动重要的政策变革。

题目详解

1. **A 推断题**。题目询问综合碳观测系统的有关信息。关于这个系统的介绍主要集中在文章前两段。第一段第一句指出它是一个由 130 个站点组成的系统。第二句介绍了站点的主要分布位置都在欧洲。综合两处的信息，可知答案为 A。B 曲解了第一段第一句的后半部分内容，原文是说站点测量碳是如何在大气、地球和海洋之间流动的，而不是比较陆地和海洋之间的大气。站点建立在偏远的地方，而不是建立在城市地区，故排除 C。原文并未说明数据更新的频率，不能判断是否每天都有变化，因此 D 也应排除。

2. **B 细节题**。提问内容在第三段，考查综合碳观测系统总干事威尔纳·库茨奇的观点。该段第一句提到库茨奇在积极推动该系统与社会科学、机械科学、行为科学等领域的研究人员开展合作，可见他希望能促进碳观测系统与相关领域研究人员的合作，故 B 为答案。A 的表述不够具体，且相关信息不在定位段，故排除。第三段第二句提到了政府，但也只是为其提供数据，区分自然碳排放和人为碳排放，因此 C 和 D 的内容在本段均没有依据。

3. **C 词义题**。题目考查设问代词 it 的具体指代内容。该词出现在第四段第二句。该句说，森林和泥炭地是"槽"，它们储存二氧化碳，而森林火灾和湖泊则会将"它"的一部分排放出去。根据句意，并且与设问词所在分句位置最为接近的是名词短语 carbon dioxide，可判断设问代词所指的是二氧化碳，故 C 为正确答案。A 与设问词位置较远，且说法比较笼统，故排除。B、D 两项均无法与动词 emit 搭配，因此也排除。

4. D **细节题。** 题目考查作者在第五段中提及航空业的意图。在第五段第一句中，库茨奇提到，通过使一些航班停航和尽量减少工业用电等手段，碳排放量正在减少。前一段的最后一句则说，如果碳排放量突然减少，库茨奇和他的团队就有机会看到地球不受人类活动的专横影响会是什么样子。综合两处信息可知，此处提到航空业是想要承接上文，说明人类活动对碳排放的影响，故答案为D。选项C所述与本文的主题无关，可先排除。选项A曲解了第五段第二句，季节性排放属于自然碳排放，与航空业无关，故排除。文章只是客观介绍了综合碳观测系统的情况、作用和一些测量结果，并没有提出任何主观建议，因此B错误。

5. D **细节题。** 在最后一段中，库茨奇希望当前的（新冠病毒）危机能让政府对气候变化的看法有所改观。过去科学家们面临很多否定和负面的评论，而我们从新型冠状病毒危机中发现，倾听科学家的意见绝对是有帮助的，可知他在呼吁对科学家的尊重和信任，因此正确答案为D。最后一段没有提到数据，故排除A。库茨奇提到要改变政府对气候变化的看法，尊重科学家的意见，重点不是呼吁政府要重视气候变化，故排除B。选项C的说法过于笼统，与文章话题相关性不高，故排除。

参考译文

[1] 综合碳观测系统（ICOS）成立于2008年，2015年被欧盟委员会授予欧洲研究基础设施联盟地位，它是一个由130个碳测量站组成的网络，用于测量大气中的温室气体浓度，以及碳是如何在大气、地球和海洋之间流动的。测量站点坐落于欧洲一些最偏远的地方——从遥远的北欧山脉到法国草原和捷克湿地——每个站点的设计目的都是为了提供不同国家和环境中碳排放的统一数据。

综合碳观测系统通过集中的门户网站向世界各国科学家和政府提供这一同行审查的数据，正在加快我们对碳排放的理解，并帮助科学家了解气候的即时变化。

[2] 综合碳观测系统总干事威尔纳·库茨奇以气候变化为指引，正积极推动与社会科学、机械科学、行为科学等领域研究人员的合作，他相信这样做将有助于激励创新，并帮助推动重要的政策变革。综合碳观测系统的一个关键性发展是帮助各国政府区分自然碳排放和人为碳排放。

许多温室气体是自然产生的，在海洋、各种生态系统和大气之间交换。[3] 例如，森林和泥炭地是"槽"，它们储存二氧化碳，而森林火灾和湖泊则会将其中一部分二氧化碳排放出去。如果一个"槽"明显减弱——正如亚马逊雨林目前发生的情况一样——威尔纳认为，政府应该能够使用综合碳观测系统数据在几个月而不是几年的时间内纠正。反之亦然。[4] 如果碳排放量突然减少，正如全球新型冠状病毒爆发期间那样，库茨奇和他的团队就有机会看到地球不受人类活动的专横影响会是什么样子。

[4] 库茨奇说："我们可以看到，通过使一些航班停航和尽量减少工业用电等手段，碳排放量正在减少。"排放量的减少与春季前后自然的、季节性的减少相吻合，因为更多的植物通过光合作用去除二氧化碳。库茨奇说，综合碳观测系统需要"几个月"才能收集到准确数据，来区分哪些二氧化碳减排量是自然产生的，哪些是新冠肺炎流行的结果。

无论数据显示的是什么，库茨奇希望，当前的危机能够帮助改变各国政府对气候变化的看法。他说："我认为这是一次学习体验。[5] 过去，科学家们面临着很多否定和负面的评论，然后我们突然从冠状病毒危机中发现，倾听科学家的意见绝对是有帮助的。我希望，当我们再次开始讨论气候变化时，这种学习体验会持续下去。"

📑 文章概览

本文选自 *Science Daily*。文章介绍了一项关于树木碳吸收与树木生长关系的科学研究。前两段引入要介绍的这项研究，说明了它的基本观点和研究方法；第三段进一步详细解释了研究发现，即树木生长与寿命的关联是普遍存在的；第四、五段说明了大量吸收二氧化碳并促使树木快速生长可能给树木本身乃至全球带来的不良影响。

📖 重难点词汇

abundant /ə'bʌndənt/ *adj.* 大量的；丰盛的

stimulate /'stɪmjuleɪt/ *vt.* 促进；激发

cast doubts on 质疑；引起对……的怀疑

accelerated /ək'seləreɪtɪd/ *adj.* 加速的

trade-off /'treɪd ɒf/ *n.*（在需要而又相互对立的两

者间的）权衡

mortality /mɔː'tæləti/ *n.* 死亡率；生命的有限

kick in 开始生效，起作用

prominent /'prɒmɪnənt/ *adj.* 重要的；显著的

persist /pə'sɪst/ *v.* 顽强地坚持

📝 长难句分析

Our findings, very much like the story of the tortoise and the hare, indicate that there are traits within the fastest growing trees that make them vulnerable, whereas slower growing trees have traits that allow them to persist. (P5S1)

主体句式 Our findings…indicate that…

结构分析 本句是多重复合句。主句的主谓之间有介宾结构作插入语，that 引导的宾语从句中有多个从句，定语从句 that make them vulnerable 修饰名词 trees，其后是 whereas 引导的比较状语从句，该从句中又包含定语从句 that allow them to persist，修饰 traits。

句子译文 我们的发现非常像龟兔赛跑的故事，表明生长最快的树木所具备的一些特性使它们变得脆弱，而生长较慢的树木则具有使自身能够持续生长的特性。

💡 题目详解

1. C **篇章结构题**。题目考查文章引入话题的方式。第一段的前三句都在介绍一种观点，即认为吸收更多的二氧化碳能刺激树木生长，从而持续引发森林的净碳吸收。第四句使用了表示转折的 but，说明下文要介绍的研究对上述观点提出了质疑，可见文章是以反对某种观点而开篇的，故答案为 C。开篇显然没有举出事例，也没有提出问题，故排除 A 和 B。首段主要在阐述观点，而没有描述某个具体现象，故 D 也应排除。

2. B **观点题**。题目考查对某个人的观点的理解。在第三段中，罗尔·布莱恩博士指出，树木生长与寿命的关联是普遍存在的，即加速生长会导致树木加速死亡。而本段第三句提到，在树木死亡率增加造成的最严重的碳储量损失之前，可能会有一个时间滞差，选项 B 表述与之相符，故为答案。罗尔·布莱恩博士并未直接提到树木吸收更多二氧化碳的问题，故排除 A。定位段只提到生长与寿命的关联存在于所有的树种中，但并未说所有的树种都会加速生长，故排除 C。D 不符合原文，故也排除。

3. D **推断题**。第四段第四句说，生长速度快的树木在抵御疾病或虫害方面的能力可能会降低，并且会导致其水分传输系统更容易遭受干旱的破坏，选项 D 是对该句的正确转述，故为答案。本段第一句提到温度，但说的是温度与树木寿命的关系，并没有说这类树木喜暖，故排除 A。选项 B 的表述与本段第四句恰好相反，故排除。C 是对本段第二句的误读，原文只说树木达到最大潜在尺寸时，死亡几率会增加，但不能据此判断快速生长的树木都能达到最大尺寸。

4. **D** 细节题。"乌龟和野兔"的比喻出现在第五段。研究报告的合著者说，他们的发现很像龟兔赛跑的故事，随后解释说，生长快的树木会变得脆弱，而生长较慢的树木则能更持久，可见这个比喻是对比生长速度不同的树木，故选项 D 正确。定位句中没有提及森林的好处，也未说到碳储量的问题，故排除 A 和 B。选项 C 的说法与定位句的意思相反，因此也排除。

5. **A** 主旨题。本文介绍了与树木生长、寿命及碳储量相关的研究，解释了研究的主要发现及方法，指出大量吸收二氧化碳正在导致树木生长加速，而生长快的树木寿命将会缩短，因此 A 正确概括了文章要点，可为标题。文章虽然提到了树木生长与寿命的关联对其碳储量的影响，但并没有用主要篇幅探讨碳储量问题，因此 B 不够全面。以 C 为标题的文章应该重点介绍净碳吸收这一概念，显然与原文不符。文章确实提到了 trade-off，但是指树木的生长速度与寿命之间的关联，可见 D 也不能作为文章的标题。

参考译文

目前，森林从大气中吸收大量的二氧化碳。有观点认为这是由于较高的温度和丰富的二氧化碳刺激了树木生长，使树木在生长过程中吸收更多的二氧化碳。大多数地球系统模型预测，这种生长刺激将继续引发本世纪森林的净碳吸收。[1] 但是，由利兹大学主导并于今天发表在《自然－通讯》上的研究对这些预测提出了质疑。

这是迄今为止规模最大的探究树木生长和寿命之间关系的国际研究。研究人员检查了来自全球各地 82 个树种的超过 20 万个树木的年轮记录。它证实加速生长会缩短树木的寿命，而且生长与寿命的关联确实几乎是普遍存在的，出现于几乎所有树种和气候条件之中。这表明森林碳储量的增加可能是短暂的。

这项研究的主要作者，来自利兹地理学院的罗尔·布莱恩博士说："我们开展了一项全球范围内的分析，惊讶地发现这些关联非常普遍。[2] 它几乎出现在我们所观察到的所有树种之中，包括热带树木。我们的模拟结果表明，在我们看到树木死亡率增加可能造成的最严重的碳储量损失之前，可能会有一个时间滞差。"他们估计，全球范围内树木死亡的增加要等到树木生长加速后才会出现。

目前的分析证实，在整个生物群落中，寿命的缩短并不是由温度直接导致的，而是在更高温度下生长加快的结果。他们的研究结果显示，生长与寿命的关联广泛发生的一个突出原因是，当树木长到其可能会达到的最大尺寸时，死亡的几率急剧增加。尽管如此，其他因素可能仍然发挥作用。[3] 例如，生长速度快的树木在防御疾病或虫害方面的能力可能会降低，并且可能会导致木质密度降低或其水分传输系统更容易遭受干旱的破坏。

[4] 研究报告的合著者史蒂夫·沃克尔博士说："我们的发现非常像龟兔赛跑的故事，表明生长最快的树木所具备的一些特性使它们变得脆弱，而生长较慢的树木则具有使自身能够持续生长的特性。近几十年来，我们的社会受益于森林不断增加碳储存并降低大气中二氧化碳的积累速度的能力。然而，森林的碳吸收率可能正在下降，因为生长缓慢而坚韧的树木正在被生长迅速但脆弱的树木所取代。"

📠 文章概览

　　本文选自 *Science Daily*。文章介绍了一项有关气候变暖的科学研究。第一段开门见山，介绍了此项研究的主要发现和研究的主要负责人；第二段介绍了研究的主要参与者和研究方法；第三段揭示了研究发现带来的启示；最后两段主要探讨了未来的研究方向，对气候模型的完善提出了建议，也强调了节能减排的重要性。

📖 重难点词汇

underestimate /ˌʌndərˈestɪmeɪt/ *vt.* 低估；对……认识不足

ultimately /ˈʌltɪmətli/ *adv.* 最终

anticipate /ænˈtɪsɪpeɪt/ *vt.* 预料；预期

fluctuation /ˌflʌktʃuˈeɪʃn/ *n.* 波动，涨落

abrupt /əˈbrʌpt/ *adj.* 突然的；意外的

appreciate /əˈpriːʃieɪt/ *v.* 重视；欣赏；感激

scenario /səˈnɑːriəʊ/ *n.* 场景；情况

simulate /ˈsɪmjuleɪt/ *vt.* （用计算机或模型等）模拟

incorporate /ɪnˈkɔːpəreɪt/ *vt.* 将……包括在内

📝 长难句分析

Our analyses of Arctic Ocean conditions demonstrate that we have been clearly underestimating the rate of temperature increases in the atmosphere nearest to the sea level, which has ultimately caused sea ice to disappear faster than we had anticipated. (P1S3)

主体句式 Our analyses...demonstrate that...

结构分析　本句是多重复合句。句子的主干是 Our analyses of Arctic Ocean conditions demonstrate，其后是 that 引导的宾语从句，which 引导的非限制性定语从句对前面的宾语从句进行了补充说明，而该定语从句中又包含一个比较状语从句 than we had anticipated。

句子译文　对北冰洋状况的分析表明，我们明显低估了最接近海平面的大气温度上升的速度，这最终导致海冰的消失速度比我们预期的要快。

💡 题目详解

1. B **细节题。** 文章第一句引用了气温上升的具体数据，随后的一句说明这是一项新研究的结论，可见开头提及数据是为了引出这项新研究，故答案为 B。作者在文中客观地介绍了一项科研发现，并没有涉及个人论点或比较相反的观点，故排除 A 和 C。作者在文章中没有描述某种现象，因此选项 D 也不符合原文。

2. A **推断题。** 题目要求在第二段内容的基础上进行合理推断。本段第一句提到研究人员将北极目前的温度变化与 12 万至 1.1 万年前的格陵兰岛的情况进行了对比，由此可以推知，研究人员探究了温度变化的历史，因此答案为 A。由本段第二句可知，这样的气候波动过去曾经出现过，故排除 B。虽然原文提到了最后一季冰期时气温骤然升高，但并未将那时的气温与现在的气温做比较，故 C 不符合原文。选项 D 说法太过绝对，故也排除。

3. C **观点题。** 题目要求判断哪一项符合克里斯滕森的看法。第四、五段提到了气候模型，克里斯滕森在第四段指出目前的气候模型只有在基于最坏的情况下，才与过去 40 年的气候变化相符，而第五段第二句指出应该建立更好的模型，可知选项 C 正确。选项 A 与第三段内容相悖，故排

除。克里斯滕森并未谈到预期情况与现实相左，故排除 B。第四段虽然提到了联合国气候小组，但是并没有说他们有什么发现，因此 D 在原文中没有依据。

4. B 篇章结构题。 题目考查文章结篇的方式。文章的最后一句引述了克里斯滕森的话，他强调了按照《巴黎气候变化协定》减排，减少对北极海冰影响的重要性，这是对当前问题提出了解决方法，故选项 B 正确。文章结尾处没有提到未来研究的困难，也没有就提及的研究提出反对意见，故排除 A 和 C。克里斯滕森虽然提到了《巴黎气候变化协定》，但他并没有呼吁相关各方进行协作，故选项 D 也是错误的。

5. D 主旨题。 本文介绍了一项与气候变化相关的研究，第一段指出过去的研究可能低估了大气温度上升的速度，随后的三段重申了这种观点，强调气候变化的速度比预期要快，北冰洋海冰消失的速度也比预测的速度快，因此 D 概括了全文的主要观点，可为标题。建立气候模型和遵守《巴黎气候变化协定》虽然在文中有提及，但这些只是研究发现所带来的启示，因此 A 和 C 不适合作标题。研究人员虽然以北极地区作为研究对象，但并没有重点论述这一地区的环境问题，故排除 B。

参考译文

[1] 在过去的 40 年里，气温每 10 年上升 1 度，巴伦支海和挪威斯瓦尔巴特群岛周围的气温变化更甚，在这期间，气温每 10 年上升 1.5 度。这是一项发表在《自然气候变化》上的新研究的结论。"对北冰洋状况的分析表明，我们明显低估了最接近海平面的大气温度上升的速度，这最终导致海冰的消失速度比我们预期的要快。"詹斯·赫塞尔比伯格·克里斯滕森解释道，他是哥本哈根大学尼尔斯·玻尔研究所（NBI）的教授，也是该课题的研究人员之一。

[2] 他与来自卑尔根和奥斯陆大学、丹麦计量学院和澳大利亚国立大学的研究人员以及 NBI 的同事一起，将北极目前的温度变化与我们所知道的气候波动，例如 12 万至 1.1 万年前冰河时期的格陵兰岛，进行了比较。詹斯·赫塞尔比伯格·克里斯滕森解释说："北极地区现在经历的这种气温骤然上升，只在最后的冰期曾被观察到。对冰芯的分析显示，在此期间，格陵兰冰盖上的温度在 40 到 100 年的时间里上升了几倍，上升至 10 到 12 度之间。"

他强调，气温急剧上升的重要性尚未得到充分认识。而且从更普遍的方面来说，加强对北极地区的关注和遏制全球变暖是必须的。

气候模型应该考虑到突然的变化。到目前为止，气候模型曾经预测北极气温将缓慢而稳定地上升。然而，研究人员的分析表明，这些变化的速度比预期的要快得多。詹斯·赫塞尔比伯格·克里斯滕森说："我们研究了联合国气候小组分析和评估的气候模型。[3] 只有那些基于最坏的情况，二氧化碳排放量最高的模型，才能接近我们对过去 40 年（从 1979 年到今天）温度测量所显示的结果。"

将来，应该更多地关注如何能够模拟气候突变对北极的影响。[3] 这样做将有利于我们建立更好的模型，准确预测温度上升。詹斯·赫塞尔比伯格·克里斯滕森说："夏季的气候变化非常迅速，海冰的消失速度可能比大多数气候模型曾经预测的要快。我们必须继续密切监测温度变化，并将正确的气候（变化）过程纳入这些模型中。"[4] 他总结道："因此，成功地实施必要的温室气体减排以满足《巴黎气候变化协定》的要求，是确保北极全年海冰密布的关键。"

📠 文章概览

　　本文选自 *Science Daily*，介绍了美国一个研究并防止外来植物种子入侵的项目。前两段说明了这个项目的主要参与机构；第三段介绍这个项目的背景情况；第四、五段说明该项目的研究发现和过程；最后两段详细介绍这个项目的目的和意义。

📖 重难点词汇

grille /grɪl/ *n.* 铁栅栏，金属网罩

refrigerate /rɪˈfrɪdʒəreɪt/ *vt.* 使变冷；冷藏

viability /ˌvaɪəˈbɪləti/ *n.* 生命力，生存能力

noxious /ˈnɒkʃəs/ *adj.* 有毒的；有害的

sufficient /səˈfɪʃnt/ *adj.* 足够的；充足的

prolific /prəˈlɪfɪk/ *adj.* 多产的；富饶的

ecosystem /ˈiːkəʊsɪstəm/ *n.* 生态系统

herbicide /ˈhɜːbɪsaɪd/ *n.* 除草剂

exterior /ɪkˈstɪəriə(r)/ *adj.* 外面的；外部的

📝 长难句分析

① This quantity of incoming seeds is more than sufficient to cause introduction and establishment of this nonnative invader, even if the escape rate from the shipping containers is limited. (P4S2)

主体句式 This quantity…is more than sufficient…, even if…

结构分析 本句是复合句。主句主干是系表结构，This quantity…is…sufficient，其后是不定式短语，逗号后是 even if 引导的让步状语从句，该从句主干是 the escape rate…is limited。

句子译文 即使从集装箱中"逃逸"的几率有限，外来种子的数量也足以令这种外来入侵者进入并生存下来。

② Investment in the prevention and early detection of nonnative plant species with known negative impacts results in nearly a 100-fold increase in economic return when compared to managing widespread nonnatives that can no longer be contained. (P7S2)

主体句式 Investment in the…results in…increase…

结构分析 句子主语是 Investment，介词 in 后到 impacts 之前都是 Investment 的后置定语，谓语部分为 results in。句子主干之后是 when 加动词过去分词结构，作用相当于时间状语从句。

句子译文 在预防和尽早发现已知具有负面影响的非本土植物物种方面的投资，与管理无法再控制、广泛分布的非本土植物相比，经济回报要高出近 100 倍。

💡 题目详解

1. D 细节题。题目考查对前两段细节的理解。第一段第二句中提到，研究小组由美国农业部林业局、阿肯色州立大学和来自其他组织的研究人员组成。第二段中又提到了美国国土安全部、美国农业部动植物卫生监督局和佐治亚州港务局，可知有多个权威机构参与这个项目,故答案为 D。选项 A 曲解了第一段第一句，原文的意思是飘浮在空气中的种子在不寻常的地方"搭便车"。根据第一段，外来种子是在进气格栅处"搭便车"，而不是被保存于此，故排除 B。第一段第二句说到这个研究项目的研究人员利用两个季节在萨凡纳港寻找种子，但文中没说这些种子是季节性传播，故排除 C。

2. C 细节题。 题目考查对野生甘蔗相关信息的理解。第三段第二、三句指出，野生甘蔗种子被列入美国农业部联邦有毒杂草名单，而所谓的联邦有毒杂草对农业、苗圃和林业构成直接、重大的威胁。综合两处信息可知，野生甘蔗对入侵区域的生态系统是有威胁的，因此答案为C。文中提到的研究项目是从集装箱进气格栅收集种子，但不能由此推断野生甘蔗通常都是在这里找到的，故排除A。第二、三句中说到将野生甘蔗归为有毒杂草，但没有提到它对人体有害，故排除B。第三句后半部分说，野生甘蔗在其原生区域是有用的，但没有提出应引进并对其加以有效利用，故排除D。

3. D 推断题。 题目考查对研究目的的理解。第五段第一句指出研究估算种子在美国存活和生长的可能性。第六段第一句又说到，研究人员提出了可能的策略来降低当地生态系统和农产品的风险，可知研究的最终目的是阻止外来植物威胁本地植物，故答案为D。选项A和C所述在原文中均没有依据，故排除。第五段只说到要研究外来种子的存活能力，并没有提出要比较不同植物物种的生存能力，因此排除B。

4. B 细节题。 最后一段提到了防止外来植物入侵的信息。最后一段第二句说，在预防和尽早发现已知具有负面影响的非本土植物物种方面的投资，与管理无法再控制、广泛分布的非本土植物相比，经济回报要高出近100倍。可见提早预防的主要意义是能提高经济效益，故正确答案为B。

5. A 态度题。 题目考查作者的态度。文章介绍了美国一个研究并防止外来植物种子入侵的研究项目，说明了研究的背景、参与的机构、研究的主要方法和发现，以及根据研究发现所提出的建议，指出根据研究发现，提前预防外来植物入侵，能提高经济效益，并在最后一段最后一句引用该项目主要作者卢卡迪的话来说明该项目的好处，可见作者对这个项目是持完全赞成态度的，故答案为A。

参考译文

飘浮在空气中的种子可以在诸如冷藏集装箱的进气格栅这样不寻常的地方"搭便车"。[1] 一个由美国农业部林业局、阿肯色州立大学和来自其他组织的研究人员组成的研究小组最近进行了一项研究，他们利用两个季节的时间在佐治亚州萨凡纳港从进气格栅中寻找种子。

这类种子的生存能力对联邦监管和执法机构具有重大意义。进口冷藏集装箱由美国海关和边境保护局农业项目（国土安全部）进行检查。[1] 该研究小组与该机构、美国农业部动植物卫生监督局和佐治亚州港务局进行了密切合作。

他们的发现最近发表在《科学报告》杂志上。[2] 从进气格栅中收集的30种植物种子中，包括了美国农业部联邦有毒杂草名单上的野生甘蔗种子。联邦有毒杂草对农业、苗圃和林业构成直接、重大的威胁，尽管野生甘蔗是一种可爱的草，并且在其原生区域很有用。

"我们估计在这两个运输季节，有超过4万个来自这类物种的种子进入了萨凡纳港的花园城市码头，"林务局研究员、该项目的主要作者里玛·卢卡迪说，"即使从集装箱中'逃逸'的几率有限，外来种子的数量也足以令这种外来入侵者进入并生存下来。"

[3] 为了估算种子在美国存活和生长的可能性，卢卡迪和她的同事对四种植物的活性种子进行了分析和模拟。它们都是多产的种子繁殖者，通过风力传播，能够在多种环境条件和气候状况下生存。

[3] 研究人员提出了几种可能的策略来降低当地生态系统和农产品的风险。例如，不要大费周章地清洁空气进气格栅，而是集装箱尚在港口时，可以使用液体预应急除草剂。如果从农场到商店均做到预防和最佳管理措施，就可降低外来种子在美国扎根的可能性。在其原产地或沿途停留时检查外来种子搭上的集装箱，也可以降低入侵的风险。

从长远来看，防止外来植物入侵比在它们散播并大面积扎根之后再设法加以管理要划算得多。[4][5] 卢卡迪说："在预防和尽早发现已知具有负面影响的非本土植物物种方面的投资，与管理无法再控制、广泛分布的非本土植物相比，经济回报要高出近 100 倍。"

Text 30

文章概览

本文选自 *Science Daily*，介绍了鸟类科学家运用气象雷达等相关技术预测鸟类夜间迁徙情况，有效保护候鸟迁徙的研究。第一段概述总体情况，简要说明新研究的技术手段、观测数据、结论和影响；第二至四段详细介绍该研究的发现、目的和意义；第五、六段重点介绍候鸟迁徙预测的情况以及得克萨斯州做出的相关保护措施；最后一段借研究者之口，对未来行动的前景进行了展望。

重难点词汇

surveillance /sɜː'veɪləns/ *n.* 监控；监视

nocturnal /nɒk'tɜːnl/ *adj.* 夜间活动的

avian /'eɪvɪən/ *adj.* 鸟（类）的；关于鸟（类）的

status quo /ˌsteɪtəs 'kwəʊ/ *n.* 现状；原来的状况

collision /kə'lɪʒn/ *n.* 碰撞（或相撞）事故

mindful /'maɪndfl/ *adj.* 留神的；注意的

turbine /'tɜːbaɪn/ *n.* 涡轮机；汽轮机

pilot project 试点项目

commitment /kə'mɪtmənt/ *n.* 承诺；允诺承担

outspoken /aʊt'spəʊkən/ *adj.* 直率的；坦诚的

leverage /'liːvərɪdʒ/ *vt.* 利用

长难句分析

① Using these tools, the team discovered that a mere 10 nights of action are required to reduce risk to 50% of avian migrants passing over a given area in spring and autumn. (P2S1)

主体句式 Using..., the team discovered that...

结构分析 本句为复合句。主句的主干是 the team discovered，前面是 using 引导的现在分词短语作伴随状语；其后是 that 引导的宾语从句，作动词 discovered 的宾语。现在分词短语 passing over a given area in spring and autumn 作名词 migrants 的后置定语。

句子译文 利用这些工具，这个小组发现，只需 10 个晚上的行动，就可以将迁徙的鸟类在春季和秋季通过特定区域的风险降低到 50%。

② Former First Lady Laura Bush is also an outspoken advocate, who encouraged Texans to turn off all nonessential lights from 11 p.m. to 6 a.m. during the state's peak spring bird migration, which occurs April 19 to May 7. (P6S2)

主体句式 Former First Lady Laura Bush is also an outspoken advocate, who..., which...

结构分析 本句是多重复合句。主句为 Former First Lady Laura Bush is also an outspoken advocate。第一个逗号后到句末是 who 引导的非限制性定语从句，补充说明主句主语的情况，该从句中又包含非限制性定语从句 which occurs April 19 to May 7，补充说明前面的名词短语 the state's peak spring bird migration。

句子译文 前第一夫人劳拉·布什也是一位坦率的倡导者，她鼓励得克萨斯州人在 4 月 19 日至 5 月 7 日春季鸟类迁徙高峰期，从晚上 11 点到早上 6 点关闭所有不必要的灯。

1. D 推断题。根据题干中的 Colorado State University 和 breakthrough 定位至第一段最后一句。该句指出，科罗拉多州立大学的研究成为利用气象雷达和相关技术预测鸟类迁徙的一项新突破。第二段继续指出，研究小组的发现将保护行动的时间明确至 10 个晚上，可以有效降低鸟类迁徙通过特定区域的风险。可见该研究的突破在于它的预测更加具体和明确，故答案为 D。该研究利用了气象雷达和相关技术，但原文并没有说这些技术是创新技术，故排除 A。第一段末句提到了该研究小组使用来自 143 部气象监测雷达的数百万次观测数据，而不是发现了大量数据或进行了更广泛的观测，故排除 B 和 C。

2. A 观点题。根据人名关键词定位至第三段。该段最后一句引用霍顿的话指出，作为科学家，他们希望多加思索如何最好地保护候鸟。结合该段首句霍顿所说的，目前保护候鸟的手段有些效率低下，可知选项 A 表述符合原文。霍顿认为目前的手段不够有效，而没有指出其是否过时，故 B 不符合原文。原文中没有提到选项 C，故排除。霍顿说，让人们在鸟类迁徙高峰期关灯两到三周也是没有效果的，不可等同于认为关灯完全没有用，故排除 D。

3. C 语义理解题。设问短语在第四段第二句。原句说研究人员要预测"这些全球旅行者"采取行动的夜晚。结合文章的主题——对候鸟迁徙进行预测和保护，可知全球旅行者在此处应该指候鸟，故正确答案为 C。A 和 B 是对候鸟迁徙有影响或对其进行监测的工具，故排除。文章没有提及鸟类研究者是否旅行，因此选项 D 不符合原文。

4. B 推断题。第五段最后一句提到，春季经由美国迁徙的鸟类中，几乎每三只中就有一只要途经得克萨斯州，而秋季经由美国迁徙的鸟类中，每四只中就有一只途经得克萨斯州，总数接近 20 亿只。引用的数据均与得克萨斯州有关，说明了迁徙的候鸟途经得克萨斯州的比例，可看出得克萨斯州是保护候鸟迁徙的重点区域，故正确答案为 B。虽然由此也可看出迁徙候鸟的数量巨大，但这不是作者提及这些数据来强调的内容，故排除 A。从定位句不能推断出候鸟是否只从某些区域经过，也不能看出 BirdCast 网站的作用，因此排除 C 和 D。

5. B 篇章结构题。作者在结篇时主要引用了霍顿的话，指出得克萨斯州的这一举措可供全国其他城市参考，并再次强调上文所说的手段可以有效地指导"熄灯计划"。概括而言，文章结尾谈到了对未来行动的展望，故 B 为答案。最后一段没有上文未涉及的新研究发现，也没有说行动有何困难，因此排除 A 和 D。作者虽然谈到了计划性的内容，但没有介绍系统性的项目，因此 C 表述不当。

参考译文

天气预报不仅仅是为了天气。科学家们可以利用气象雷达和相关技术来绘制数十亿只候鸟的行程图，这有助于保护它们免受不断增多的威胁。[1] 科罗拉多州立大学领导的一个小组利用来自 143 部气象监测雷达的数百万次观测数据，对美国夜间鸟类迁徙的预测系统进行了评估，成为这方面的一项新突破。

[1] 利用这些工具，这个小组发现，只需 10 个晚上的行动，就可以将迁徙的鸟类在春季和秋季通过特定区域的风险降低到 50%。具体的行动十分简单，比如关掉不必要的室外灯。

[2] 主要作者凯尔·霍顿说，目前用于保护候鸟的手段有些效率低下。这些候鸟会受到光污染、风能和与建筑物碰撞的负面影响。霍顿说："即使是在迁徙的高峰期，让人们关灯两到三周也是没有效果的。大量的鸟类会在某些夜晚迁徙，而在其他时候，却完全没有鸟类迁徙。[2] 作为科学家，我们希望多加思索如何才能最好地保护候鸟。"

风力涡轮机和夜间照明灯满足了能源生产、商业营销或公共安全的特定要求。[3] 但是研究人员说，他们可以用这些工具来预测这些全球旅行者（候鸟）采取行动（迁徙）的最重要的夜晚。这样更容易确定和支持具体的缓解对策。

公众可从霍顿实验室网站和 BirdCast 网站获得预测鸟类迁徙的信息。人们可以使用 BirdCast 网站来查看全美国鸟类每日迁徙的预测信息，还可以了解特定地点的迁徙警报。BirdCast 团队的科学家与州政府和自然保护官员合作，在 2020 年末帮助发起了得克萨斯州"熄灯计划"和试点项目。[4] 春季经由美国迁徙的鸟类中，几乎每三只中就有一只要途经得克萨斯州，而秋季经由美国迁徙的鸟类中，每四只中就有一只途经得克萨斯州——总数接近 20 亿只。

达拉斯、沃思堡和休斯顿的市长都承诺支持这一新举措。前第一夫人劳拉·布什也是一位坦率的倡导者，她鼓励得克萨斯州人在 4 月 19 日至 5 月 7 日春季鸟类迁徙高峰期，从晚上 11 点到早上 6 点关闭所有不必要的灯。

[5] 霍顿说，得克萨斯州的这一举措将成为供全国其他城市参考的试点措施。他说："同样的原则可适用于丹佛、柯林斯堡、博尔德、纽约市或洛杉矶。这些是机构或城市和保护组织管理者可以用来有效地指导'熄灯计划'的一类手段。"

⸗Text 31⸗

📖 文章概览

本文选自 *Nature*，介绍了联合国环境规划署在成立半个世纪后所取得的成就、面临的问题以及仍需努力的方向。第一段指出环境署仍没有成立全球环保监察机构；第二、三段详细说明了对成立这一机构的争议；第四、五段介绍环境署取得的成就以及之后的努力方向；最后一段简述了环境署所面临的问题。

📖 重难点词汇

watchdog /'wɒtʃdɒg/ *n.* 监察人，监察团体

inhibit /ɪn'hɪbɪt/ *vt.* 抑制，阻止

justify /'dʒʌstɪfaɪ/ *vt.* 证明……合理

irreversible /ˌɪrɪ'vɜːsəbl/ *adj.* 不可逆的

steer /stɪə(r)/ *vt.* 掌控；驾驶

fractious /'frækʃəs/ *adj.* 捣乱的；易怒的

pivotal /'pɪvətl/ *adj.* 关键的

phase out 逐渐淘汰

nudge /nʌdʒ/ *vt.* 渐渐推动；使达到

flagship /'flæɡʃɪp/ *n.* 最重要产品；旗舰

degradation /ˌdegrə'deɪʃn/ *n.* 退化；降级

📖 长难句分析

① UK representative Solly Zuckerman, a former chief scientific adviser to prime ministers including Winston Churchill, said the science did not justify warnings that human activities could have irreversible consequences for the planet. (P2S3)

主体句式 Solly Zuckerman…said the science did not justify warnings…

结构分析 本句是多重复合句。主句为 Solly Zuckerman said，主语和谓语之间是插入语；said 后跟一个省略了引导词 that 的宾语从句，宾语从句为主谓宾结构 the science did not justify warnings，后面 that 引导同位语从句，解释 warnings 的具体内容。

句子译文 英国代表索尔利·扎克曼是包括温斯顿·丘吉尔在内的英国首相的前首席科学顾问，他表示，科学并不能证实那些声称人类活动可能对地球造成不可逆转的后果的警告。

② Two decades later, Strong re-emerged to chair the 1992 Earth Summit in Rio de Janeiro, Brazil, which created three landmark international agreements: to protect biodiversity, safeguard the climate and combat desertification. (P3S5)

主体句式 Strong re-emerged to chair the 1992 Earth Summit…, which…

结构分析 本句是一个复合句。主句是 Strong re-emerged to chair the 1992 Earth Summit；which 引导的定语从句修饰 the 1992 Earth Summit；冒号后为不定式结构，解释 agreements 的具体内容。

句子译文 20 年后，斯特朗再次出现，主持了 1992 年在巴西里约热内卢举行的地球高峰会议（又称联合国环境与发展会议），会议达成了三项具有里程碑意义的国际协议：保护生物多样性、保护气候和防治荒漠化。

题目详解

1. C 细节题。 第二段分别介绍了中低收入国家、一些高收入国家、英国代表和伦敦方面反对成立全球环保监察机构的理由。该段第一句提到中低收入国家担心这样的监察机构会抑制它们的工业发展，选项 C 的描述与该句符合，是正确答案。选项 A 说所有高收入国家都支持成立监察机构，与该段第二句意思相反，故排除。选项 B 说英国代表承认有人类活动影响地球的科学证据，这与该段第三句的说法不符。选项 D 说伦敦的代表认为联合国应该为全球的环境污染问题负责，这与该段最后一句不符，故也排除。

2. A 细节题。 根据题干关键词 Maurice Strong 定位到原文第三段。文中提到，东道国瑞典做出了一个明智的选择，选择了加拿大实业家莫里斯·斯特朗来引领那些通常难搞的会谈使其取得圆满成功，说明这个人帮助谈判取得了成功，因此答案选 A。选项 B 意为"反驳第二段提及的观点"，选项 C 意为"表明环境署成立全球环保监察机构的决心"，选项 D 意为"举例说明环境署的支持者"，都不是作者提到这个人物的目的，故都排除。

3. A 细节题。 题干问环境署在立法方面的一项成就，对应文章第四段。该段第三句指出，环境署促成了 1987 年《蒙特利尔议定书》的制定——这项国际法逐步淘汰消耗臭氧层的化学物质。因此答案为 A。其余三项都是对段落信息的曲解，故排除。

4. C 例证题。 题目问文章提到中国"一带一路"倡议的目的，对应文章第五段。第五段第二句指出，环境署已经推动金融界思考如何停止投资造成污染的行业。第三句指出，环境署倡导与中国合作，通过"一带一路"倡议去发展全球基础设施。由此可知，这些都属于环境署的举措，故 C 为答案。其余三项所述内容均缺少原文依据，故应排除。

5. B 写作目的题。 最后一段主要介绍了环境署现在所面临的问题，未来还有一些要实现的目标，故答案为 B。这一段落没有提到呼吁政策制定者一起解决环境危机，也没有分析目前环境署工作不令人满意的根本原因，故排除 A 和 C。这段主要探讨的是环境署的不足，而不是它的重要影响和成就，故排除选项 D。

参考译文

联合国环境规划署（简称环境署）到明年就成立 50 年了。但是，有助于创立政府间气候变化专门委员会的全球环保监察机构几乎没有存在过。

[1] 在 1972 年由瑞典主办的会谈中，中低收入国家担心这样一个机构会抑制它们的工业发展。一些高收入国家也对该机构的创立提出了质疑。英国代表索尔利·扎克曼是包括温斯顿·丘吉尔在

内的英国首相的前首席科学顾问，他表示，科学并不能证实那些声称人类活动可能对地球造成不可逆转的后果的警告。伦敦方的观点是，总的来说，环境污染应该由个别国家来解决——而不是由联合国来解决。

但环境署的想法也有强有力的支持者。印度总理英迪拉·甘地预见到了它使工业变得更清洁和更人性化的潜力。[2] 东道国（瑞典）做出了一个明智的选择，选择了加拿大实业家莫里斯·斯特朗来引领那些通常难搞的会谈使其取得圆满成功。他也将成为环境署的第一位执行主任。20 年后，斯特朗再次出现，主持了 1992 年在巴西里约热内卢举行的地球高峰会议（又称联合国环境与发展会议），会议达成了三项具有里程碑意义的国际协议：保护生物多样性、保护气候和防治荒漠化。

环境署在科学和立法方面取得了一些令人印象深刻的成就。1988 年，它与世界气象组织合作，共同成立了政府间气候变化专门委员会，该委员会的科学评估对全球气候行动至关重要。[3] 它还回应了科学家关于臭氧层空洞的警告，促成了 1987 年《蒙特利尔议定书》的制定，这项国际法逐步淘汰消耗臭氧层的化学物质。

斯特朗的继任者们将继续找到新出现的环保政策问题，并推动它们成为（会谈）主流。环境署已经推动金融界思考如何停止投资造成污染的行业。[4] 它还倡导与中国合作，使其快速的工业增长是环保的——其中包括通过"一带一路"倡议去发展全球基础设施。这项工作要继续下去，这很重要。

环境署还加速在世界各地设立环保部门。[5] 这些部门的部长们是环境署理事会的成员；在上周的年会上，他们认真思考了环境署为应对环境危机必须做的事。尽管环境问题日益成为各国政府、企业和民间社会的优先事项，但联合国在最重要的可持续发展目标上——生物多样性、气候、土地退化、污染、金融等方面——几乎没有进展。此外，环境署委托发布的一份报告称，自然的退化正在使来之不易的成果面临风险。

Text 32

📃 文章概览

本文选自 NPR（美国国家公共广播电台）网站，探讨了拜登政府在温室气体减排和气候行动方面的做法。第一段以一封多家企业联合签署的公开信引出对政府减排的敦促；第二段分析拜登政府面临的巨大减排压力；第三、四段指出拜登政府在减排和气候行动方面表现出的积极态度；第五至六段指出，《巴黎协定》的缔约国往往说多做少，而白宫的具体举措也有待观察。

📖 重难点词汇

emission /ɪˈmɪʃn/ n.（光、热、气等的）射出，排放；排放物

signatory /ˈsɪɡnətri/ n.（协议的）签署方

catalyze /ˈkætəlaɪz/ vt. 催化；催生

spur /spɜː(r)/ vt. 鞭策；刺激；促进

robust /rəʊˈbʌst/ adj. 强劲的；富有活力的

mitigate /ˈmɪtɪɡeɪt/ vt. 减轻；缓和

priority /praɪˈɒrəti/ n. 优先事项；首要事情

prominent /ˈprɒmɪnənt/ adj. 著名的；杰出的；突出的

progressive /prəˈɡresɪv/ n. 进步人士；改革派

submit /səbˈmɪt/ vt. 提交，呈递（文件、建议等）

📝 长难句分析

① Like President Joe Biden's campaign promise to guide the United States to carbon-neutrality by the middle of the century, a 50% reduction target would put the Biden administration in line with what groups such as the United Nations and National Academies of Science say is necessary to mitigate the worst impacts of climate change. (P2S1)

主体句式 Like…, a 50% reduction target would put the Biden administration…what…, including…

结构分析 本句为复合句。主句主干是 a 50% reduction target would put the Biden administration，前面是 like 引导的介词短语作状语；后面的 in line with… 为宾语 Biden administration 的补语，其中包含 what 引导的名词性从句，作介词 with 的宾语。

句子译文 就像乔·拜登总统竞选时承诺的一样，到本世纪中叶引领美国实现碳中和，50% 的减排目标将使拜登政府与联合国和美国国家科学院等组织保持一致，这些组织认为，减排对减轻气候变化最严重的影响来说是有必要的。

② The agreement also encourages nations to revise their goals every five years, in hopes that the proposals become more ambitious as the cost of environmental reform goes down. (P4S3)

主体句式 The agreement also encourages nations…, in hopes that…as…

结构分析 本句主体是简单句。逗号后 in hopes that 引导目的状语从句，该从句中又包含时间状语从句 as the cost of environmental reform goes down。

句子译文 该协定还鼓励各国每五年修订各自的目标，希望随着环境改革成本的降低，相关的提议能够变得更加进取。

💡 题目详解

1. **B 细节题**。第一段开头就提到 300 多家企业签署了公开信，后文第三句引用了信中的原话，呼吁政府制定大胆的 2030 年目标，催生零排放的未来，刺激经济强势复苏，创造数以百万计的高薪就业机会。可见信中强调的是减排和经济发展有关联，故答案为 B。虽然本段结尾提到了这封信呼应了总统关于经济复苏的口号，但不能就此推断这些企业坚定地支持拜登政府，故 A 为过度推断。信中说让美国从这场流行病中"重建更好未来"，而不是在全美国战胜疫情，故排除 C。从信件内容可知，零排放是这些企业提出和支持的目标，因此选项 D 与原文相悖。

2. **A 推断题**。第二段开头就提到了拜登竞选时的减排承诺，随后一句指出 50% 的减排目标将要求美国比以往任何时候都更大幅度地减排。可见拜登政府的减排压力很大，A 为正确答案。B 和 C 均是对定位段第一句后半部分的误解，原文的意思是拜登政府 50% 的减排目标将使政府与联合国和美国国家科学院的减排策略保持一致，故排除。选项 D 原文没有提及，故也应排除。

3. **D 细节题**。第三、四段都提及了拜登政府对气候问题的态度。第三段第一句提到，拜登政府已将气候行动列为其四大优先事项之一，并任命了经验丰富的华盛顿知名政府内部人士监督白宫的气候政策工作，可知 D 为正确答案。第四段虽然提到拜登政府决定重新加入《巴黎协定》，该协定的签署国必须设定减排目标，但未说明是零排放，故排除 A。第三段最后一句提到拜登在气候问题上最终站到了进步派一边，而不是忽视反对派，排除选项 B。C 是对第三段首句的误解，原句是说气候行动被列入拜登政府的四大优先事项，而非拜登政府采取四项气候行动。

4. **D 细节题**。第四段最后一句指出，《巴黎协定》鼓励各国每五年修订各自的目标。而倒数第二段首句说，自 2015 年《巴黎协定》首次达成以来，该协定近 200 个签署国中只有 50 个提交了修改后的目标。可见一些签署国并没有严格执行协定，故正确答案为 D。第五段结尾提到，许多国家在减排方面做出的努力太少，以致无法避免气候变化导致的最坏影响，但不可等同于《巴黎协定》对环保影响很小，故排除 A。第四段开头提到特朗普政府曾让美国退出《巴黎协定》，可见特朗普政府不支持该协定，故排除 B。根据原文第四段，减排目标都是各国自己设定的，没有说难以达成，故选项 C 错误。

5. C 态度题。文章开头指出多家企业联合签署公开信来敦促拜登政府减排，随后重点介绍了拜登政府在减排和气候行动方面的积极态度，但在文末说白宫还没有公布其具体计划。可见作者对拜登政府的气候行动持观望的态度，故答案为 C。从原文大部分篇幅可知，作者认为拜登政府在气候问题上的态度还是积极的，因此排除选项 B 和 D。态度积极不能等同于行动落实，因此不能推断作者对拜登政府的气候行动持乐观态度，故排除 A。

参考译文

300 多家企业签署了一封公开信，呼吁拜登政府到 2030 年将美国温室气体排放量至少减少到 2005 年的一半。签署者包括美国一些最大的公司，包括沃尔玛、苹果、麦当劳和星巴克。[1] "需要有一个大胆的 2030 年目标催生零排放的未来，刺激经济强势复苏，创造数以百万计的高薪就业机会，并让美国从这场流行病（新冠肺炎疫情）中'重建更好未来'，"这封信中写道，呼应了总统关于经济复苏的口号。

就像乔·拜登总统竞选时承诺的一样，到本世纪中叶引领美国实现碳中和，50% 的减排目标将使拜登政府与联合国和美国国家科学院等组织保持一致，这些组织认为，减排对减轻气候变化最严重的影响来说是有必要的。[2] 这也将要求美国比以往任何时候都更大幅度地减排。2019 年，温室气体排放量比 2005 年的排放水平低约 13%，仅比前一年减少 1.8%。

[3] 拜登政府已将气候行动列为其四大优先事项之一，并任命了包括前国务卿约翰·克里和环保局前局长吉娜·麦卡锡在内的经验丰富的华盛顿知名政府内部人士监督白宫的气候政策工作。左翼活动人士在对拜登作为民主党党魁期间的气候记录表示怀疑后，对其政府的气候计划持谨慎乐观态度。本月早些时候，纽约民主党众议院议员亚历山德里亚·奥卡西奥 - 科尔特斯对美国国家公共广播电台表示，她认为拜登在气候问题上最终站到了进步派那边。

说到对气候问题的重视，拜登与特朗普政府的做法大相径庭，后者让美国退出《巴黎协定》，并没有设定减排目标。拜登在宣誓就职的当天就宣布重新加入《巴黎协定》，该协定的签署国都必须设定这些目标——正式的称谓是国家自主贡献（NDC）。该协定还鼓励各国每五年修订各自的目标，希望随着环境改革成本的降低，相关的提议能够变得更加进取。

[4] 不过，自 2015 年《巴黎协定》首次达成以来，该协定近 200 个签署国中只有 50 个提交了修改后的目标。联合国最近对国际气候行动的一项分析发现，许多国家在为世界减排方面做的努力太少，以致无法避免气候变化导致的最坏影响。

[5] 到目前为止，白宫还没有表明他们的计划到底有多么宏大。预计在未来几天，白宫将公布一项声明，为定于 4 月 22 日（星期四）与世界各国领导人举行的地球日气候峰会做准备。

Text 33

文章概览

本文选自 *The Guardian*，分析了冰川融化是不可避免的以及其后果。第一、二段指出全球冰川融化不可避免并简要介绍其后果和原因；第三段提出要采取行动去改变本世纪后半叶的状况；第四段给出了冰川学家马泽翁的研究数据来源和结果；第五段介绍减排行动虽然不能减缓这个过程，但仍对未来的冰川质量有影响；最后一段进一步介绍了冰川融化的后果。

📖 重难点词汇

exclusively /ɪkˈskluːsɪvli/ *adv.* 专门地，特定地
equivalent /ɪˈkwɪvələnt/ *adj.* 相等的，相同的
knock-on /ˌnɒk ˈɒn/ *adj.* 使产生连锁反应的
delta /ˈdeltə/ *n.* 三角洲
doomsday /ˈduːmzdeɪ/ *n.* 世界末日

synthesis /ˈsɪnθəsɪs/ *n.* 综合；合成
scenario /səˈnɑːriəʊ/ *n.* 设想，可能发生的情况
projection /prəˈdʒekʃn/ *n.* 预测；规划
accelerate /əkˈseləreɪt/ *v.* 加速，加快

📝 长难句分析

① Scientists said the overwhelming bulk of this melt-off, which does not include Greenland or Antarctica, is unavoidable because it has been locked in by the global heating caused by humans in recent years. (P2S2)

主体句式 Scientists said the overwhelming bulk of this melt-off, which…, is unavoidable because…

结构分析 本句是多重复合句。句子主干的主谓部分为 Scientists said，其后为省略了引导词 that 的宾语从句；宾语从句的主干为 the overwhelming bulk of this melt-off is unavoidable，主语 the overwhelming bulk of this melt-off 后跟 which 引导的定语从句；宾语从句中还包含一个 because 引导的原因状语从句，解释为什么大部分融化不可避免。

句子译文 科学家们称，大部分冰川融化（不包括格陵兰岛或南极洲）是不可避免的，因为近年来人类造成全球变暖，冰川的融化是注定的。

② But it is also important that people are aware of how decisions taken now can affect how our world will look two or three generations from now. (P3S4)

主体句式 But it is also important that people are aware of how…

结构分析 本句是多重复合句。主句为 it 作形式主语的主语从句 it is also important that…，主语从句的主谓部分为 people are aware of，宾语为 how 引导的宾语从句；该宾语从句中还包括一个 how 引导的宾语从句，作 affect 的宾语。

句子译文 但同样重要的是，人们要意识到，我们现在所做的决定将如何影响两三代人之后的世界。

💡 题目详解

1. C **细节题。** 第一段最后一句指出，融化的冰川相当于 13,200 多立方千米的水，足以填满 1,000 多万个温布利球场，可见 C 为正确答案。文中提到球场的数量不是用来说明《卫报》的数据精准，排除选项 A。选项 B 是对该段最后一句的曲解，1,000 多万个温布利球场所占面积跟河流三角洲和野生动物栖息地所占面积并无关系。原文提及球场不是为了说明公众担心娱乐活动而非环境，选项 D 为无中生有。

2. A **细节题。** 第二段最后一句指出，人类行为导致全球变暖，而全球变暖引发冰川融化，因此是人类行为间接导致了大范围的冰川融化，故答案为 A。根据第三段中马泽翁说的话，目前我们无法阻止冰川融化，故 B 与原文不符。原文说大量冰川融化不可避免，故排除选项 C。原文只提到一些重灾区的冰川质量预计将减少一半以上，并没有说人类行为导致一些地区更容易受到自然灾害的影响，故 D 也排除。

3. D 细节题。题干问马泽翁计算出冰川质量损失的方法，相关内容在第四段。由该段第一句可知马泽翁利用了全世界研究机构的研究成果，故答案为 D。根据第二句可知，考虑不同排放途径的是各地的研究机构，而不是马泽翁，故选项 A 不正确。原文没有提及马泽翁测量奥运会场馆的面积，故排除选项 B。原文指出，是研究机构生成了计算机模型，并不是马泽翁进行了计算机模拟，排除选项 C。

4. C 态度题。关于积极减排行为的内容在第五段。该段前半部分指出，积极的减排行动将有助于减缓这一进程。然而，最好和最坏情况的差别不到 20%。剩下的 80% 已经注定。后文作者又通过列举数字说明减排可以影响冰川融化的速率。由此可知，虽然积极减排不能改变已经注定的结果，但作者还是倡导减排，答案选 C。作者对减排并不是持悲观、怀疑或不在乎的态度，因此 A、B、D 都不符合题意。

5. B 写作目的题。文章主要探讨了全球冰川融化的不可避免性、相关的研究、原因和后果。作者的写作目的是呼吁人们就全球冰川融化问题做出行动，故答案为 B。文章虽然在第一段提到《巴黎气候协定》的目标，但全文重点并不是论证多年前制定的目标的不切实际，故排除 A。文章只在第二段提及人类导致全球变暖，没有探讨全球变暖的根本原因，选项 C 不能概括全文。作者介绍了冰川融化的相关研究数据，但作者写这篇文章不是为了强调研究的重要性，故选项 D 也不能选。

参考译文

根据《卫报》独家汇编的数据，到本世纪中叶，即使人类实现《巴黎气候协定》的目标，世界上仍有十分之一的高山冰川将融化。[1] 融化的冰川相当于 13,200 多立方千米的水——足以填满 1,000 多万个温布利球场——对人口稠密的河流三角洲、野生动物栖息地和海平面造成连锁反应。

在一些重灾区，包括中欧、北美和低纬度地区，冰川质量预计将减少一半以上。[2] 科学家们称，大部分冰川融化（不包括格陵兰岛或南极洲）是不可避免的，因为近年来人类造成全球变暖，冰川的融化是注定的。

不过，他们表示，各国政府今天采取的行动——包括美国、英国和其他国家最近宣布的更宏伟的减排目标——可能会对本世纪后半叶的景象产生重大影响。不来梅大学的冰川学家本·马泽翁说："我们现在看到的高山（冰川变化）是由二三十年前的温室气体造成的。在某种程度上，我们可以将其视为冰川的末日，因为阻止大量冰川融化为时已晚。但同样重要的是，人们要意识到，我们现在所做的决定将如何影响两三代人之后的世界。"

[3] 马泽翁去年从一项对 100 多个计算机模型的综合分析中提取了这些数据，这些模型是由世界各地的研究机构生成的。这些研究根据不同的排放途径和天气环流模式，预测了地球上 20 万座高山冰川的各种可能的表现。汇编的结果被认为是迄今为止对冰川如何失去白色雪盖和蓝色冰河的最准确的估计。马泽翁计算出了 2021 年至 2050 年间各种情况下的平均质量损失。这相当于在接下来的 30 年里，每秒钟就融化近 5 个奥运会游泳池的冰。

[4] 积极的减排行动将有助于减缓这一进程。然而，最好和最坏情况的差别不到 20%。剩下的 80% 已经注定。这与对本世纪后半叶的预测形成了鲜明对比，[4] 今天做出的决定将对本世纪后半叶产生巨大的影响。在低排放的情况下，预计到 2100 年现有的冰川质量将减少约 18%，速度有所放缓。相比之下，在高排放的情况下，冰川质量损失将加速达到 36%。

这有一系列的后果。上周发布的最新"欧洲气候状况报告"显示，冰山融化导致海平面上升幅度超过三分之一。这增加了沿海地区和河流发生洪水的风险。

📄 文章概览

本文选自 *The Guardian*，介绍了关于英国减排问题的论战。前两段是英国学术界对英国政府的指责，认为它出于与企业的利益关系，不积极推进减排行动；第三段提出改进的方法是要破除政府与企业之间的关联；第四、五段对第三段的观点进行论证；第六段回溯首段提出的概念，指出少数富人的碳排放量高于普通人；最后一段是政府方面对这些指责的反驳。

📖 重难点词汇

vested interests 既得利益	prominent /ˈprɒmɪnənt/ *adj.* 著名的；杰出的
elite /eɪˈliːt/ *n.* 上层集团；社会精英	stringent /ˈstrɪndʒənt/ *adj.* 严格的；紧缩的
actor /ˈæktə(r)/ *n.* 参与者	underestimate /ˌʌndərˈestɪmeɪt/ *vt.* 低估
status quo 现状；原来的状况	slash /slæʃ/ *vt.* 大幅度削减；大大降低
transparency /trænsˈpærənsi/ *n.* 透明度	diesel /ˈdiːzl/ *n.* 柴油；内燃机车

📝 长难句分析

① Prominent figures in international climate action have also revealed to *The Guardian* their concerns that the government's actions on the climate are "uncoordinated", giving a poor impression before the UN climate talks to be hosted by the UK in Glasgow in November. (P3S4)

主体句式 Prominent figures...have also revealed...their concerns that...

结构分析 本句是复合句。主句主干为 Prominent figures...have also revealed...their concerns，主语 figures 之后是 in 引导的介宾短语作后置定语；that 引导的同位语从句 that the government's...in November 说明主句宾语 concerns 的具体内容；该从句谓语部分是 are "uncoordinated"，逗号后的部分为伴随状语，其中的动词不定式短语 to be hosted by... 作 talks 的后置定语。

句子译文 国际气候行动的知名人士也向《卫报》透露了他们的担忧：由英国主办的联合国气候谈判计划于 11 月在格拉斯哥召开，而在此之前英国政府在气候问题上的行动"不协调"，给人留下了很差的印象。

② The government could use the tax system to make SUVs less attractive, but instead has frozen fuel duty for more than a decade and is spending £27bn on new roads, the carbon emissions of which have been grossly underestimated, *The Guardian* has revealed. (P5S2)

主体句式 The government could use..., but...has frozen...and is spending..., the carbon emissions of which...

结构分析 本句主体是并列句。前一分句是第一个逗号前的部分，随后是 but 引导的转折分句。转折分句有两个并列谓语 has frozen 和 is spending，非限制性定语从句 the carbon emissions of which have been grossly underestimated 补充说明之前的 new roads。最后一个逗号后面的内容属于补充说明部分，翻译该句时应放在句首。

句子译文 《卫报》披露，政府本可以利用税收制度来减少运动型多用途汽车的吸引力，但燃油税十多年没有变化，同时政府还支出 270 亿英镑用于新建道路，而此举的碳排放量被严重低估。

题目详解

1. **D** 细节题。 第二段首句说，纽威尔教授表示，在这些利益团体和政府关系如此密切的情况下，我们永远不会有变革。随后指出原因是政府与大型企业联系密切，现状的受益者不想改变。要认真对待《巴黎协定》，就要打破政府与企业间的密切关系。概括可知，他认为政府与既得利益集团之间的紧密联系是气候行动的重大障碍，故答案为 D。第一段末尾提到了"造成污染的精英"这一概念，但未做出解释，也未说明它与气候行动的关系，故排除 A。第二段强调要打破政府与企业的关联，并强调是现状的受益者不急于改变，可见英国政府是受既得利益集团影响的一方，不是气候行动的主要障碍，故排除 B。由第二段第二句可知，化石燃料企业只是既得利益集团中的一部分，故选项 C 以偏概全。

2. **A** 推断题。 前两段均提到了政府和企业的密切关系，第二段结尾提出要打破企业和政府的密切关系，第三段开头提到要提高透明度，包括政党融资和（企业）捐款去向。可见纽威尔所说的密切关系可能涉及不公开的经济联系，故答案为 A。B 与原文表述相反，故排除。根据前两段，政府在气候问题上的不作为，大企业是促成者，选项 C 与原文意思相反，故排除。政府的气候行动虽然不够有力，但文中并未说政府拒绝颁布低碳发展政策，因此 D 为臆断。

3. **C** 细节题。 作者在第三段最后一句说，英国政府在气候问题上的行动"不协调"，给人留下了很差的印象。第四段开头提到英国政府没有出台严格的法规，以迫使房屋建筑商建造低碳新房，虽然技术是现成的。可知这个事例用于支持上一段结尾的观点，故正确答案为 C。

4. **B** 细节题。 第五段提到了 SUV。其中第三句提到，《卫报》披露，政府本应利用税收制度来减少运动型多用途汽车的吸引力，故 B 项正确。A 曲解了本段最后一句，根据原文，被低估的是建设新道路产生的碳排放量。本段第三句说政府十多年没有提高燃油税，可知 C 与原文相悖，故排除。文中虽然提到了建设新道路，但并未明确它与运动型多用途汽车销售量之间有无关联，故排除 D。

5. **A** 态度题。 作者在最后一段中引用了政府对纽威尔的批评的回应。其中第一句表示了政府对减排的积极态度，强调减排成果。后一句则说明了政府后续的计划，可见政府是要证明在减排问题上并不像纽威尔的指责那样不作为，因此政府对纽威尔的批评是持否认态度的，故 A 为答案。

参考译文

一份关于"造成污染的精英"报告的作者警告说，鲍里斯·约翰逊的政府与商界的既得利益集团关系"过于密切"，以致无法对气候危机采取有力行动。

苏塞克斯大学国际关系学教授彼得·纽威尔表示："在这些利益团体和政府关系如此密切的情况下，我们永远不会有变革。政府不愿意与这些利益集团较量，因为它与包括化石燃料领域在内的大型企业有着密切的联系。"[1]他警告说："现状的受益者并不急于改变。如果我们认真对待《巴黎协定》，我们就必须打破企业与政府之间的密切关系。"

[2]纽威尔呼吁提高从政党融资到政府机构的透明度。他说："需要彻底搞清楚。（企业）捐款去向需要透明。"国际气候行动的知名人士也向《卫报》透露了他们的担忧：由英国主办的联合国气候谈判计划于 11 月在格拉斯哥召开，而在此之前英国政府在气候问题上的行动"不协调"，给人留下了很差的印象。

第 2 章 自然环境类·77

[3] 纽威尔指出,政府没有出台严格的规划法规,这些法规能够迫使房屋建筑商建造低碳的新房。建造低碳房屋的技术是现成的,但会使房屋建筑成本增加几千英镑。相反,当现在建造的房屋需要在几年后进行昂贵的翻新时,更高的成本将不得不由户主承担。

纽威尔还提到了运动型多用途汽车(SUV)。十年来,交通工具的碳排放量几乎没有变化,主要是因为人们改用电动汽车所减少的碳排放量被运动型多用途汽车的销售量所抵消。[4]《卫报》披露,政府本可以利用税收制度来减少运动型多用途汽车的吸引力,但燃油税十多年没有变化,同时政府还支出 270 亿英镑用于新建道路,而此举的碳排放量被严重低估。

剑桥可持续发展委员会本周发布了一份报告,纽威尔是其主要作者,该报告指出,少数富裕人群——即"造成污染的精英"——产生的排放量远远高于英国普通公民。

[5] 一位政府发言人说:"在应对气候变化方面,我们都出了一份力,在我们现有成功的基础上再接再厉,过去 30 年,我们的减排速度比任何其他的七国集团国家都要快。通过英国首相的十点计划,我们形成了一项策略,到 2050 年消除我们对气候变化造成的影响,包括到 2030 年停止销售新的汽油和柴油汽车和货车,并投资于零排放的公共交通事业。"

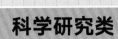

═Text 35═

📖 文章概览

本文选自 *Science Daily*，主要介绍一项有关含铅汽油给人们带来危害的研究。前两段简要说明研究的主题和重要发现；第三段介绍背景知识，说明铅危害的严重性和铅进入人体的方式；第四段主要说明研究方法；最后三段详细介绍研究发现，强调了铅接触对智商的影响，以及对身体的长期影响。

📖 重难点词汇

automotive /ˌɔːtəˈməʊtɪv/ *adj.* 汽车的；机动车辆的
exhaust /ɪɡˈzɔːst/ *n.* （排出的）废气
neurotoxic /ˌnjʊərəʊˈtɒksɪk/ *adj.* 毒害神经的
erode /ɪˈrəʊd/ *v.* 逐渐毁坏；腐蚀；损害
impair /ɪmˈpeə(r)/ *vt.* 损害；削弱

bloodstream /ˈblʌdstriːm/ *n.* 体内循环的血液；血流
toll /təʊl/ *n.* 毁坏；伤亡人数
blunt /blʌnt/ *vt.* 使减弱；使降低效应
cumulative /ˈkjuːmjələtɪv/ *adj.* 累计的；渐增的

📝 长难句分析

① The findings, from Aaron Reuben, a PhD candidate in clinical psychology at Duke University, and his colleagues, suggest that Americans born before 1996, when leaded gas for cars was banned in the U.S., may now be at greater risk for lead-related health problems, such as faster aging of the brain. (P2S1)

主体句式 The findings, …, suggest that…

结构分析 本句为复合句。主句的主干是 The findings…suggest，主语 findings 之后是插入语部分，补充说明相关信息。谓语动词 suggest 之后是 that 引导的宾语从句，该宾语从句中又嵌套了定语从句 when leaded gas for cars was banned in the U.S.，补充说明 1996 这一年份的信息。

句子译文 杜克大学临床心理学博士研究生亚伦·鲁本及其同事的研究结果表明，在 1996 年美国禁止汽车使用含铅汽油之前出生的美国人，现在可能更容易出现与铅有关的健康问题，比如大脑加速衰老。

② As of 2015, more than 170 million Americans had clinically concerning levels of lead in their blood when they were children, likely resulting in lower IQs and putting them at higher risk for other long-term health impairments. (P5S2)

主体句式 …more than 170 million Americans had…levels of lead…, likely resulting in…and putting…

结构分析 本句是复合句，主句主干是 more than 170 million Americans had…levels of lead，其后是 when 引导的时间状语从句。主句主干后是两个并列的现在分词短语 resulting in… 和 putting… 作结果状语。

句子译文 截至 2015 年，超过 1.7 亿美国人在儿童时期的血铅水平从临床角度来看已经令人担忧，这可能导致智商下降，并增加了他们长期面临其他健康损害的风险。

1. C 细节题。根据人名关键词可知，这一研究的发现在第一段结尾及第二段均有提及。根据上下文关系，第一段最后一句所提到的新研究就是鲁本的研究，该研究发现了含铅汽油对美国人智商的负面影响，第二段则指出，使用含铅汽油导致美国人出现健康问题。综合而言，这一研究揭示了含铅汽油的危害，故答案为 C。A 表述不严谨，研究针对的是含铅汽油，提及汽车尾气也是为了说明接触含铅的汽车尾气的危害。B 所述显然与本文主题无关，故排除。第二段指出含铅汽油对大脑衰老有加速作用，但并未全面分析大脑衰老的其他原因，故 D 说法过于宽泛。

2. A 细节题。第三段后两句提到，存在于灰尘和水中的铅能够进入血液，铅侵入血液的一个主要途径就是通过汽车尾气，可知铅可以进入血液，故选项 A 符合原文。B 是对第三段第二句的曲解，原文的意思是铅接触的程度再低也可能是危险的，而不是随时会威胁生命安全，故排除。根据定位段第三句，在铅影响大脑发育和认知能力方面，幼儿最易受到损害，但不可笼统地推断铅对儿童最有害，故排除 C。本段虽然主要介绍铅对大脑的影响，但不能推知铅主要侵入了大脑组织，可见 D 不符合原文。

3. C 细节题。作者在第四段介绍研究的方法，其中第二、三句具体说明研究者利用已公开的统计数据进行估算，通过分析统计数据得出研究结论，故正确答案为 C。研究者没有进行医学实验，也未综合更早期的研究结果，故排除 A 和 D。定位段虽然提到了使用统计数据，但并未说是对不同时期的数据进行比较，故 B 不符合原文。

4. B 观点题。最后一段引用了鲁本的原话，他说铅接触史对身体的侵害以各种方式影响着人们的生活。结合前文所述，虽然 1996 年含铅汽油在美国已经停用，但到 2015 年这种影响仍然存在，可知这种伤害的影响是持续并难以消除的，因此答案为 B。鲁本表示铅带来的影响还需我们继续了解，因此无法得出"简单"的结论，排除 A 项。这种影响也并非不重要的或者奇怪的，故排除 C 和 D。

5. D 主旨题。文章开头就提及一项有关含铅汽油的研究，并简要说明其主要发现，指出使用这种汽油对智商的不利影响。随后作者介绍了研究的背景知识、研究方法，最后详细说明研究发现，再次强调了儿童时期接触铅使得智商降低，可见选项 D 概括准确，可作全文标题。原文只在第一句提到了使用含铅汽油的原因，选项 A 不能作为文章标题，因此排除。B 的说法和原文相反，第一段指出含铅汽油可以保持汽车发动机健康。文章虽然提到铅接触会加速人脑衰老，但并未解释其方式，故排除选项 C。

✏️ 参考译文

　　1923 年，为了帮助保持汽车发动机的健康，铅首次被添加到汽油中。然而，汽车的健康很大程度上损害了我们自身的健康和幸福。[1] 一项新的研究计算出，儿童时期就接触含铅的汽车尾气，使当今活着的 1.7 亿多美国人（约为美国一半的人口）的智商总共下降了 8.24 亿分。

　　杜克大学临床心理学博士研究生亚伦·鲁本及其同事的研究结果表明，在 1996 年美国禁止汽车使用含铅汽油之前出生的美国人，现在可能更容易出现与铅相关的健康问题，比如大脑加速衰老。

　　铅会毒害神经，进入人体后会侵蚀脑细胞。因此，健康专家说，生命中的任何时刻都不存在安全的铅接触水平。幼儿尤其容易受到铅损害大脑发育和降低认知能力的影响。鲁本说："铅一旦以灰尘的形式被吸入，或在水中被摄入或吸收，就能够进入血液。"[2] 铅侵入血液的一个主要途径就是通过汽车尾气。

为了回答 70 多年来使用含铅汽油如何给人类健康造成永久性影响这个复杂的问题，研究人员选择了一个相当简单的策略。[3] 他们利用公开的美国儿童血铅水平、含铅汽油使用和人口统计数据，确定了 2015 年在世的美国人每人因铅接触而可能终身承受的负担。他们根据这些数据，通过计算接触含铅汽油造成的智商损失来评估铅对我们智力的伤害，以此作为铅对公共健康的有害影响的替代指标。

结果令研究人员感到震惊。截至 2015 年，超过 1.7 亿美国人在儿童时期的血铅水平从临床角度来看已经令人担忧，这可能导致智商下降，并增加了他们长期面临其他健康损害的风险。

更令人震惊的是铅对智力的不利影响：据估计，儿童时期的铅接触可能使美国的累计智商得分降低了 8.24 亿分——几乎人均（降低）3 分。智商下降几分看似可以忽略不计，但该研究结果的几位作者指出，这些变化已经足够显著，可能会让认知能力低于平均水平的人群被归类为有智力障碍。

鲁本说："我们中有数百万人有铅接触史。[4] "这与你在车祸中受伤而后痊愈不同。这似乎是一种体内的伤害，通过不同方式影响着人们的生活，而我们仍在努力理解这些方式。"

Text 36

📖 文章概览

本文选自 *Science Daily*，介绍了一项帮助自动驾驶汽车创造"记忆"并利用其进行有效导航的研究。首段先简要介绍研究的目的，随后一段对研究内容和主要目的进行了详细说明；第三段重点说明当前研究的主要成果，一种名为"事后之明"的算法可以帮助自动驾驶汽车"记住"曾途经的物体的特征，从而学会识别不同的物体；第四段介绍该算法更进一步的研究方向，名为 MODEST，说明了它与"事后之明"的区别；最后一段说明研究的意义是降低自动驾驶汽车的开发成本，提高效率。

📖 重难点词汇

autonomous /ɔːˈtɒnəməs/ *adj.* 自主的；自治的
navigation /ˌnævɪˈɡeɪʃn/ *n.* 导航；航行
adverse /ˈædvɜːs/ *adj.* 不利的；有害的
traversal /trækˈvɜːsl/ *n.* 穿行
compress /kəmˈpres/ *vt.* 精简；压缩

dub /dʌb/ *vt.* 把……戏称为；给……起绰号
traverse /trəˈvɜːs/ *vt.* 穿过；横越
from scratch 从零开始；白手起家
augment /ɔːɡˈment/ *vt.* 加强；提高
stationary /ˈsteɪʃənri/ *adj.* 静止的；固定的

📖 长难句分析

① While HINDSIGHT still assumes that the artificial neural network is already trained to detect objects and augments it with the capability to create memories, MODEST assumes the artificial neural network in the vehicle has never been exposed to any objects or streets at all. (P4S2)

主体句式 While HINDSIGHT still assumes that…and augments…, MODEST assumes…

结构分析 本句是多重复合句。句子开头是 While 引导的让步状语从句，该从句有两个并列谓语 assumes 和 augments，第一个谓语动词 assumes 之后是 that 引导的宾语从句。主句的主干部分是 MODEST assumes，其后是省略了引导词 that 的宾语从句。

句子译文 尽管"事后之明"仍然设定人工神经网络已经经过训练来检测物体并增强其创建记忆的能力，但 MODEST 的设定则是，汽车中的人工神经网络从未接触过任何物体或街道。

② The researchers hope the approaches could drastically reduce the development cost of autonomous vehicles, which currently still relies heavily on costly human annotated data, and make such vehicles more efficient by learning to navigate the locations in which they are used the most. (P5S1)

主体句式　The researchers hope the approaches could…reduce…, which…, and make…in which…

结构分析　本句是多重复合句。主句简短，为 The researchers hope，其后是省略了引导词 that 的宾语从句。该从句中有 and 连接的两个谓语部分，第一个是 could…reduce，第二个是（could）make，两个谓语之间插入了 which 引导的定语从句，补充说明之前的 autonomous vehicles；定语从句 in which they are used the most 修饰前面的名词 locations。

句子译文　研究人员希望这些方法可以大幅降低自动驾驶汽车的开发成本，目前自动驾驶汽车仍严重依赖昂贵的人工标注数据，他们还希望通过学习对这些汽车行驶最多的位置进行导航，使自动驾驶汽车更加高效。

题目详解

1. D 细节题。第一段中简要提及了本文介绍的研究的主要内容，详细说明在第二段。第二段指出，现在的自动驾驶汽车对途经的物体没有"记忆"，而研究人员在帮助它建立记忆，以便它在再次遇到同类物体时能够识别出来。可见研究目的是帮助自动驾驶汽车识别曾途经的物体，故 D 为答案。第一段末句虽然提到了传感器，但 A 不是研究人员的研究目的，故排除。第二段首句提到了特定道路，但是为了说明自动驾驶汽车无论在某个特定道路上行驶过多少次，都没有"记忆"，故排除 B。首段提到恶劣天气，是为了强调要让自动驾驶汽车在任何天气条件下都能正确识别出相同物体，而不是说研究人员主要研究汽车在恶劣天气下如何自动驾驶，故排除 C。

2. C 推断题。前两段均提到了自动驾驶汽车的"记忆"，在第三段介绍"事后之明"方法时才对其进行了具体说明，指出该方法是指在汽车经过物体时计算其描述符号，然后精简描述，将其存储在虚拟地图上，就像存储在人脑中的"记忆"。可见所谓的"记忆"就是对物体的描述，因此选项 C 为正确答案。选项 A 只是记忆的一部分，表述不全，故排除。根据第三段最后一句，"记忆"会被添加到物体探测器中，可见物体探测器并非"记忆"，故排除 B。第三段首句提到"事后之明"是通过神经网络来计算物体描述符号的，而对物体的特征描述才是"记忆"，故人工神经网络是获得"记忆"的工具，D 不符合题意。

3. C 细节题。作者在第三段详细介绍了"事后之明"，由第一、二句可知，这是一种算法，它在汽车经过物体时计算其描述符号，并对其进行精简，产生所谓的 SQuaSH，并将其存储于虚拟地图上。再由第三句，汽车经过同一位置时查询 SQuaSH，即可"记起"上次学习的内容，可知"事后之明"产生"记忆"的内容，故答案为 C。A 与原文表述相反，故排除。由第三段后半部分，可知物体探测器会使用这些特征描述数据，但未提及物体探测器的升级问题，故排除 B。本段只在第二句提到了虚拟地图，但未说到纠错，故排除 D。

4. A 细节题。第四段中介绍了一个新的算法 MODEST，并说明了它与"事后之明"算法的区别。第一句中提到，MODEST 使汽车能够从头开始学习整个感知系统。随后一句进一步解释两者的区别，指出"事后之明"设定人工神经网络是已经经过训练的，而 MODEST 的设定则是，汽车中的人工神经网络从未接触过任何物体或街道。可知 MODEST 是让汽车"从头学起"，故答案为 A。根据定位段第三、四句，在 MODEST 模式下，汽车通过多次穿行同一路线，自己学会怎么分辨交通参与者和可以忽视的安全物体，而不是忽视交通参与者，因此 B 不符合原文。由原文可知，这两种算法都要使用人工神经网络，故排除 C。D 在原文中没有提及，故排除。

5. B 主旨题。文章开头就介绍了一项帮助自动驾驶汽车创建"记忆"的研究。随后详细说明了"事后之明"这种算法可对自动驾驶汽车曾途经的物体进行特征描述，形成数据并存储，从而让汽车利用这些数据"学会"识别不同物体，实现更安全有效的导航。文中也提到了它的延伸研究和研究意义。可知全文主要围绕让自动驾驶汽车形成"记忆"并从中学习展开，故答案为B。文中没有提到人工智能的新算法，故排除A。C说要提高汽车的效率，说法笼统，不能选。D所述只涉及文章第四段内容，属于以偏概全。

📝 **参考译文**

　　康奈尔大学的研究人员开发出一种方法，可以帮助自动驾驶汽车创建对以往经历的"记忆"，并将其用于未来的导航，尤其是在恶劣天气条件下，汽车无法稳妥地依赖其传感器时。

　　使用人工神经网络的汽车对过去没有记忆，一直处于第一次看到这个世界的状态——无论它们以前在某个特定道路上行驶过多少次。资深作者、计算机科学教授基里安·温伯格说："根本问题是，我们能够通过重复的行驶学到什么吗？ [1] 例如，当汽车的激光扫描仪第一次从远处看到一棵形状怪异的树时，它可能会将其误认为行人，但一旦它靠得足够近，物体类别就会变得清晰。因此，当你第二次驾车经过同一棵树时，即使在雾天或雪天时，你也希望汽车现在已经学会正确识别它。"

　　[2] "事后之明"是一种在汽车经过物体时使用神经网络计算其描述符号的方法。它精简研究小组称之为SQuaSH（空间量化零散历史）特征的这些描述，并将其存储在虚拟地图上，就像存储在人脑中的"记忆"。 [3] 下次当自动驾驶汽车穿过同一位置时，即可沿途查询本地的SQuaSH数据库，并"记起"上次学习的内容。数据库不断更新并在车辆之间共享，从而丰富了可用于进行识别的信息。这些信息可以作为特征被添加到物体探测器中。

　　[4] "事后之明"算法是该团队正在进行的一项额外研究（MODEST）的先期研究，MODEST的研究会更深入，使汽车能够从头开始学习整个感知系统。尽管"事后之明"仍然设定人工神经网络已经经过训练来检测物体并增强其创建记忆的能力，但MODEST的设定则是，汽车中的人工神经网络从未接触过任何物体或街道。通过在同一路线上的多次穿行，汽车可以记住环境中哪些部分是静止的，哪些才是移动的物体。慢慢地，它自己学会什么是交通活动的其他参与者，什么是可以忽略的安全物体。然后，该算法可以可靠地检测到这些物体——即使所在的路段不属于它起初重复穿行的道路。

　　研究人员希望这些方法可以大幅降低自动驾驶汽车的开发成本，目前自动驾驶汽车仍严重依赖昂贵的人工标注数据，他们还希望通过学习对这些汽车行驶最多的位置进行导航，使自动驾驶汽车更加高效。

Text 37

📖 **文章概览**

　　本文选自 *New Scientist*。文章介绍了一种口味佳且耐高温的咖啡品种：狭叶咖啡。第一段指出这种罕见的咖啡品种口味佳且更能耐受更高的温度和更多变的降雨量；第二段介绍了这一咖啡品种的种植史；第三、四段通过研究人员的研究，介绍专业评审团对狭叶咖啡口味的评价；第五段具体说明狭叶咖啡的耐受温度和种植条件；最后一段简单介绍了狭叶咖啡的发展前景。

brew /bruː/ *vt.* 煮（咖啡）；泡（茶）
panel /'pænl/ *n.* 专家组；讨论小组
scale /skeɪl/ *n.* 刻度，数值范围；等级
anti-inflammatory /ˌænti ɪn'flæmətri/ *adj.* 抗炎的
property /'prɒpəti/ *n.* 性能，特性

resistant /rɪ'zɪstənt/ *adj.* 抵抗的；有抵抗力的；抗……的
commercialise /kə'mɜːʃəlaɪz/ *vt.* 使商业化
breed /briːd/ *v.* 交配繁殖；饲养，培育（动植物）
resilient /rɪ'zɪliənt/ *adj.* 有适应力的；有弹性的

📝 **长难句分析**

① A rare species of coffee has been found to have a similar flavour to the varieties chosen by coffee growers for their high quality but it is also more tolerant of the higher temperatures and more varied rainfall that are becoming increasingly typical of coffee growing regions. (P1S1)

主体句式 A rare species of coffee has been found to have a similar flavour to the varieties...but it is also more tolerant of the higher temperature and more varied rainfall that...

结构分析 本句是并列复合句，but 连接前后两个并列分句。第一个分句的主干部分为 A rare species of coffee has been found to have a similar flavour to the varieties，后面的过去分词短语 chosen by coffee growers for their high quality 作后置定语，修饰 varieties；第二个分句的主干部分为 it is also more tolerant of the higher temperatures and more varied rainfall，后面 that 引导的定语从句修饰 the higher temperatures and more varied rainfall。

句子译文 人们发现，一种罕见的咖啡品种与咖啡种植者选择的品质优良的咖啡品种具有相似的口味，但它更能耐受更高的温度和更多变的降雨量，而这些正日益成为咖啡种植区的典型特征。

② The team's models, based on what is already known about C. stenophylla, suggest it could tolerate an average annual temperature of around 25℃, which the researchers say is roughly 6℃ higher than arabica. (P5S1)

主体句式 The team's models...suggest it could tolerate an average annual temperature..., which...
结构分析 本句是复合句。句子的主语是 The team's models；前两个逗号隔开的部分 based on what is already known about C. stenophylla 为插入语，其中包括一个 what 引导的从句，作 based on 的宾语；谓语 suggest 后为省略了引导词 that 的宾语从句；该宾语从句的主干部分为 it could tolerate an average annual temperature of around 25℃；后面 which 引导的定语从句修饰 an average annual temperature of around 25℃。

句子译文 该团队基于狭叶咖啡的已知信息制作的模型表明，它能忍受25℃左右的年平均气温，研究人员称这大约比阿拉比卡咖啡的耐受温度高6℃。

💡 **题目详解**

1. C 细节题。根据题目中的关键词 rare 定位至第一段。该段提到了一种罕见的咖啡品种更能耐受更高的温度，因此 C 为正确答案。该段提到这种咖啡品种与其他品质优良的咖啡品种口味相似，并没有说它是因为口味独特而被挑选出来，故排除选项 A。第二段说农民在20世纪20年代停止种植狭叶咖啡，说明这个咖啡品种不是最近才被发现的，故排除选项 B。狭叶咖啡最近才刚再次出现，最后一段只说有望商业化，而不是已经流行，选项 D 排除。

2. B 细节题。关于许多咖啡品种面临灭绝的内容在第二段。由该段第一、二句可知灭绝的原因是它们对生存条件要求高且无法适应温度变化，故选项 B 为正确答案。原文没有提到它们的口味

不能吸引农民是其灭绝的原因，因此排除选项 A。由该段第四句可知，在市场上没有竞争力是农民放弃种植狭叶咖啡的原因，不是野生咖啡品种灭绝的原因，选项 C 也不符合题意。原文并没有提及野生咖啡品种被狭叶咖啡取代，从而导致它们灭绝，故选项 D 也排除。

3. **B** 细节题。关于狭叶咖啡口味测试的内容集中在第三、四段。第三段第一句指出历史记录表明狭叶咖啡的口味很好。第四段第一句指出，评委们认为狭叶咖啡的口感良好，说明测试的结果与历史记录一致，因此正确答案为选项 B。该段没有提及评委们都喜欢阿拉比卡咖啡，也没有说他们都被狭叶咖啡的味道所吸引，选项 A 和 C 属于过度推断，不符合题意。第四段倒数第二句指出狭叶咖啡和阿拉比卡咖啡（而不是罗布斯塔咖啡）有相同的化学成分，故选项 D 也排除。

4. **D** 观点题。根据题目中的关键词 Davis think of 定位至第四段。该段第四至五句引用了戴维斯的话，表明他对狭叶咖啡味道的评价很高，他觉得味道很棒，故选 D。其余三项都不是戴维斯的评价。

5. **A** 细节题。根据题干信息定位到最后两段。根据最后一段第二句可知，戴维斯说狭叶咖啡可以与其他品种杂交来产生更具适应力的品种，由此可知答案为 A。根据这句话可知，未来高质量、高价值的咖啡品种指的是杂交品种，选项 C 所述内容不符合原文，故排除。原文并没有提及狭叶咖啡遇到了目前仍未解决的问题或未来有占据咖啡市场主导地位的潜力，故排除选项 B、D。

📝 参考译文

[1] 人们发现，一种罕见的咖啡品种与咖啡种植者选择的品质优良的咖啡品种具有相似的口味，但它更能耐受更高的温度和更多变的降雨量，而这些正日益成为咖啡种植区的典型特征。

[2] 许多种因其口味而受到青睐的咖啡豆生长环境范围很小，这意味着如果温度升高，它们可能无法存活。事实上，大约 60% 的野生咖啡品种正面临灭绝。狭叶咖啡可能提供了一种解决方案。农民在 20 世纪 20 年代停止种植狭叶咖啡，认为它当时无法在市场上竞争，而且人们以为它在一些曾经生长的国家已经灭绝，包括几内亚和塞拉利昂。但在 2018 年，人们在塞拉利昂重新发现了这种咖啡的两个小型的野生种群。

[3] 历史记录显示，这一品种的口味很好，但伦敦皇家植物园邱园的亚伦·戴维斯和他的团队希望正确地测试这一点。研究人员煮了狭叶咖啡豆来制作咖啡样本，把它们提供给五个专业评审团，一起送评的还有品质优良的阿拉比卡咖啡和罗布斯塔咖啡样本，后者通常用于速溶咖啡。

[3] 评委们称，用狭叶咖啡豆做出来的咖啡口味复杂，有甜味和良好的口感，与阿拉比卡咖啡的味道类似。大约 81% 的评委认为狭叶咖啡实际上是阿拉比卡咖啡。在美国特色咖啡协会 100 分制的咖啡评价表上，他们还给它打了 80.25 分，这意味着它被认为是一种特色咖啡。[4] 戴维斯说："我真的被这种味道迷住了。很少能找到像高品质阿拉比卡咖啡一样好喝的咖啡，所以这真是令人兴奋。"狭叶咖啡和阿拉比卡咖啡有相同的化学成分，这使得它们的味道相似。狭叶咖啡还含有大量的咖啡豆醇，这种物质以抗炎特性著称。

该团队基于狭叶咖啡的已知信息制作的模型表明，它能忍受 25℃ 左右的年平均气温，研究人员称这大约比阿拉比卡咖啡的耐受温度高 6℃。它也更能抵抗不同的降雨量，这表明可以在阿拉比卡咖啡不能生存的条件下种植狭叶咖啡。

戴维斯认为狭叶咖啡有商业化的潜力。[5] 他说："这也为与其他品种（如阿拉比卡咖啡）杂交提供了机会，"使它们更能适应气候变化，确保未来有高质量、高价值的咖啡。"这是全新的时尚咖啡。"

📄 文章概览

    本文选自 *U.S. News & World Report*，文章介绍了一项有关抑郁症发病率的研究，指出大城市可能因为其社会互动丰富而降低居民患抑郁症的风险。第一段简要介绍该研究的概况；第二至五段详细介绍了该研究提出的设想和研究方法，以及相关人士提出的未来研究方向；最后两段对研究发现进行说明，同时也指出新冠疫情这一新情况的出现可能影响当前的研究发现。

📖 重难点词汇

hustle /'hʌsl/ *n.* 匆忙；喧嚣

bustle /'bʌsl/ *n.* 喧闹；忙乱嘈杂

buffer against 减缓；缓冲

incidental /ˌɪnsɪ'dentl/ *adj.* 非有意的；伴随而来的

isolated /'aɪsəleɪtɪd/ *adj.* 偏远的；孤立的

prevalence /'prevələns/ *n.* 流行；患病率

bear the brunt of 首当其冲

acid test 严峻的考验

📝 长难句分析

① They developed a mathematical model that predicted big cities would show lower depression rates, based on the varied social interactions residents have—not only with friends, but through work, recreation and even random conversations at the corner coffee shop. (P2S2)

    主体句式 They developed a mathematical model that...

    结构分析 本句是多重复合句。主句为 They developed a mathematical model，其后是 that 引导的定语从句。之后是过去分词短语 based on 引导的状语部分，其中包含了省略了关系词 that 或 which 的定语从句 residents have，修饰说明之前的名词短语 social interactions。破折号之后的部分相当于后置定语，补充说明 social interactions。

    句子译文 他们开发了一个数学模型，基于居民的各种社交互动——不仅是与朋友的互动，而且是通过工作、娱乐，甚至是在街角咖啡馆的随意交谈——预测大城市将显示出较低的抑郁症发病率。

② People living in a neighborhood that is more isolated or lacking in green space, for example, have a different experience from those in areas filled with parks and easy access to stores, entertainment and other public places. (P5S2)

    主体句式 People...have a different experience...

    结构分析 本句是复合句。主句的主干是 People...have a different experience...，现在分词短语 living in a neighborhood 为 people 的后置定语，定语从句 that is more isolated or lacking in green space 修饰 neighborhood。主句宾语 experience 之后是介词 from 引导的长短语。

    句子译文 例如，居住在一个更为偏远或缺乏绿地的社区的人们，与那些居住在周围满是公园并且能方便到达商店、娱乐场所和其他公共场所的地区的人们有着不同的体验。

💡 题目详解

1. **D** 细节题。文章开头提到，一项新的研究发现大城市居民的抑郁症患病率相对较低，并简要说明原因——大城市人来人往。随后的第二段进一步做了说明，提出广泛的社交互动降低抑郁症发病率的说法，故 D 为答案。原文中没有提及社会生活很单调和吵闹的生活环境，因此选项 A

和 B 没有依据。选项 C 是根据第二段最后一句设置的干扰，该句虽然提到了对象，但没有说交谈主题的多样化，且谈话内容不是重点。

2. A 细节题。 第三段倒数第二句提到了汽车文化。该句说，除了人口很少，小城市往往分散开来，并依赖于汽车文化。可知汽车文化属于小城市的特点之一，故答案为 A。B 颠倒了定位句的因果关系，原句的意思是因为小城市比较分散，才更需要依赖汽车文化。选项 C 在原文中没有提及。定位句前一句说小城市噪音更少，并未将汽车文化与之相联系，因此排除 D。

3. B 细节题。 根据人名关键词定位至第四段。该段开头说，这项新的研究要研究大量的社交互动是否会对人们患抑郁症的风险产生影响，随后就提出杰弗里·博伦斯坦博士的观点：与家人和朋友的亲密关系是至关重要的。故答案为 B。第六段提到目前的研究发现不能说明大城市居民更快乐，他们可能有其他精神问题，但这并非杰弗里博士的看法，故排除 A。选项 C 说法笼统，而且不是杰弗里博士赞同的内容，故排除。选项 D 原文没有提及，故排除。

4. C 推断题。 最后一段提到了新冠疫情对研究的影响。开头说研究的数据收集是在新冠病毒大流行之前，而新冠病毒可能带来了改变。最后一句说观察这场流行病是否会改变研究中出现的模式可能是对本研究提出理论的"严峻考验"。综合可知，作者认为这场流行病带来的变化可能会对之前的研究结论提出挑战，答案为 C。A 是对最后一段首句的曲解，原句是说数据收集的时间很关键，没有说这场流行病为收集数据提供了最佳时机，故排除。虽然定位段第三句说，大城市首当其冲有了早期的感染病例，但未说这场流行病主要影响大城市，故排除 B。原文中没有说这场流行病会增加人们患抑郁症的风险，因此选项 D 也排除。

5. C 主旨题。 文章开篇引出一项有关抑郁症发病率的研究，提出大城市可能因为其大量的社交互动而降低居民患抑郁症的风险，之后详细说明了该研究的研究方法、相关分析、未来的研究方向，以及疫情新状况可能对该研究的结论带来的挑战。可知文章探讨的主题是大城市居民抑郁症患病率是否会较低，故 C 为答案。文章没有提及社交互动与孤独的关系，故排除 A。选项 B 和 D 分别涉及文章细节，以偏概全，故均排除。

✎ 参考译文

[1] 一项新的研究表明，生活在大城市的美国人患抑郁症的几率相对较低，尽管这里人来人往——或许原因正是如此。

[1] 研究人员认为，繁忙城市提供的广泛的社交互动可以在某种程度上解释这种情况。他们开发了一个数学模型，基于居民的各种社交互动——不仅是与朋友的互动，而且是通过工作、娱乐，甚至是在街角咖啡馆的随意交谈——预测大城市将显示出较低的抑郁症发病率。

事实证明，这一预测是正确的：根据两项政府健康调查，美国大城市的抑郁症发病率的确低于较小的城市。研究结果并没有证明社交互动就是原因，但研究人员提出了一些其他可能的解释——比如城市人口的年龄，以及居民的教育程度、收入水平和种族构成。小城市可能会有一些相宜之处——例如，噪音更少或绿地更多。[2] 但是，除了人口很少，这些小城市往往分散开来，并依赖于汽车文化。毫无疑问，社交支持可以缓解抑郁——尽管日常生活中偶然的、即使是愉快的互动的作用尚不清楚。

这项新的研究提出了"重要的问题"，即大量的社交互动——各种各样的互动——是否会对人们患抑郁症的风险产生影响。[3] 大脑与行为研究基金会主席杰弗里·博伦斯坦博士认为，那些与家人和朋友的亲密关系是至关重要的。他说，更多的研究应该深入探讨人们生活的环境如何影响抑郁风险。

当然，城市在其范围内并不是千篇一律的。例如，居住在一个更为偏远或缺乏绿地的社区的人们，与那些居住在周围满是公园并且能方便到达商店、娱乐场所和其他公共场所的地区的人们有着不同的体验。接下来，研究人员希望搞清楚抑郁症的患病率在城市社区之间的差异。

目前的发现并不意味着大城市居民就比其他人"更快乐"。城市生活的持续刺激可能不利于其他精神健康状况。

收集数据的时机也很关键：在新冠病毒大流行之前，研究人员对城市的抑郁症发病率进行了评估。而新冠病毒可能带来了改变。大城市首当其冲地有了早期的感染病例——部分原因与其全部的社会联系有关——而流行病的限制意味着居民们突然陷入了一种陌生的孤立状态。[4] 看看这场流行病是否改变了这项研究中发现的模式，将是十分有趣的。这可能是对"社交互动保护大城市居民免于抑郁"理论的"严峻考验"。

Text 39

文章概览

　　本文选自 *SciTech Daily*。文章介绍了一项关于新型冠状病毒感染风险预测的研究。第一段简要介绍了这项研究的主要目的和方法；第二段对细胞受体血管紧张素转换酶 2（ACE2）与新冠病毒的关联进行了说明；第三段介绍了研究发现，举例说明了几种动物被感染的风险水平；第四、五段指出了此项研究的意义和局限性；最后一段介绍本次研究对病毒来源和传播途径分析可能产生的作用。

重难点词汇

angiotensin /ˌændʒɪəʊˈtensɪn/ *n.* 血管紧张肽
enzyme /ˈenzaɪm/ *n.* 酶
coronavirus /kəˈrəʊnəvaɪrəs/ *n.* 冠状病毒
susceptible /səˈseptəbl/ *adj.* 易受影响（或伤害

等）的
primate /ˈpraɪmeɪt/ *n.* 灵长类动物
genomic /dʒiːˈnəʊmɪk/ *adj.* 基因组的
intermediate /ˌɪntəˈmiːdiət/ *adj.* 中间的

长难句分析

① The authors urge caution against overinterpreting the predicted animal risks based on the computational results, noting the actual risks can only be confirmed with additional experimental data. (P5S1)

主体句式　The authors urge caution…, noting…

结构分析　本句的主体是简单句。句子的主干是 The authors urge caution，其后是 against 引导的介词短语，作 caution 的后置定语。逗号之后的现在分词短语 noting the actual… 作状语，在该分词短语结构中包含省略引导词 that 的宾语从句 the actual risks can only be confirmed with additional experimental data。

句子译文　作者们强烈建议不要过度解读基于计算结果的动物风险预测，指出实际的风险只能通过额外的实验数据来证实。

② Whether bats directly transmitted the novel coronavirus directly to humans, or whether it went through an intermediate host, is not yet known, but the study supports the idea that one or more intermediate hosts was involved. (P6S3)

主体句式 Whether…, or whether…, is not yet known, but…

结构分析 本句是并列句，由转折连词 but 连接两个分句。第一个分句主语较长，第二个逗号之前均是该句的主语部分，是连词 or 连接的两个由 whether 引导的主语从句；第二个分句的主干是 the study supports the idea，其后是 that 引导的同位语从句，说明 idea 的具体内容。

句子译文 目前尚不清楚蝙蝠是直接将这种新型冠状病毒传染给人类，还是通过中间宿主传染，但这项研究支持了一种观点，即一个或多个中间宿主参与其中。

💡 题目详解

1. **B** 细节题。题目要求理解新研究的发现。关于研究发现的信息主要在第三段。作者列举针对各种不同物种的研究结果，并区分了"风险非常高""高风险""中等风险"等不同的感染风险等级，可见不同的动物物种对于病毒的感染风险是不同的，B 概括正确，故为答案。文章前两段中提到了 ACE2，指出它是人类病毒主要细胞受体，第一段说科研人员比较了 410 种动物中的 ACE2，可见其不仅仅存在于人类体内，故排除 A。第三段第三句提到灰鲸和宽吻海豚等海洋哺乳动物属于高风险，但不能据此说明所有的海洋生物都是如此，故排除 C。D 所述内容与第四段第一句相悖，该句明确指出新冠病毒的传染是双向的，既能从人到动物，也能从动物到人。

2. **C** 细节题。题目考查对本项研究意义的理解。第四段后半部分引用研究者的原话，说明有了这项研究结果，研究人畜共患病的研究人员更能集中精力，根据研究制定计划，更加明确研究的方向，可知选项 C 表述正确。A 和 B 所述内容在原文中没有依据，故排除。根据本文内容，人传染动物和动物传染人这两种情况都需要重视，故选项 D 也应排除。

3. **A** 推断题。题目要求理解最后两段的相关内容。第五段谈到了此项研究的局限性，其结果不可以被过度解读，实际情况需要实验验证，可见分析结果与现实可能有出入，故正确答案为 A。选项 B 是对原文最后一段第一句的误解，原文的意思是新冠病毒的宿主可能来自一种蝙蝠。选项 C 与最后一段第三、四句内容相悖，原文的意思是目前尚不清楚新冠病毒能否直接从蝙蝠传染给人类。选项 D 属于过度推断，虽然病毒从蝙蝠传染到人类可能需要中间宿主，但不能证明在所有病毒传播中都是如此。

4. **D** 语义理解题。设问短语位于最后一段最后一句中，为动词短语，逻辑主语是 researchers，逻辑宾语为 which 引导的从句。该句之前的两句指出，目前人们尚不清楚新冠病毒能否直接由蝙蝠传染给人类，而本项研究支持了传染需要中间宿主的观点。有了这个基础，研究的关注点就成为：哪个物种可能是野生环境中的中间宿主。可知 zero in 的意思与 focus 最为接近，且 focus 可与之后的介词 on 相搭配，故选项 D 正确。

5. **A** 主旨题。本文介绍的是一项关于新型冠状病毒感染风险预测的研究。第一段简要介绍了这项研究的主要目的、方法和相关的背景知识。第三段详细说明了研究发现，指出所研究的不同动物在感染病毒方面的风险等级不同。随后的三段就研究发现提出一些相应的对策和看法，但始终都围绕着多个动物物种均有感染风险展开。因此 A 概括了全文的主要信息。文章虽然介绍了一项科研发现，但并没有强调它是否是预防传染病的关键，故排除 B。C 所述与第三段内容不符，原文已经表明不同的动物在感染风险上有差异。D 是对原文最后一段最后一句的误解，原文的意思是明确了传播途径有利于控制疾病的爆发，而不是已经找到了控制的方法。

一个国际科学家小组比较了 410 种不同动物的人类病毒主要细胞受体——血管紧张素转换酶 2（或称 ACE2），来预测它们感染新型冠状病毒的风险。

在水貂、猫、狗、狮子和老虎感染新型冠状病毒的记载病例中，病毒可能利用 ACE2 受体，或者利用 ACE2 以外的受体进入宿主细胞。较低的结合趋势可转化为较低的感染趋势，或传染病在动物体内或动物间传播的能力降低。

在可能易感染新型冠状病毒的物种中，有大约 40% 被归类为"有风险的"，也许尤其容易受到人与动物间病毒传播的威胁。[1] 预测显示一些极度濒危的灵长类动物，如西部低地大猩猩，感染新型冠状病毒的风险非常高。其他标记为高风险的动物包括诸如灰鲸和宽吻海豚等海洋哺乳动物。家养动物如猫、牛和羊被发现有中等风险，狗、马和猪被发现 ACE2 结合风险较低。这与感染及疾病风险的关系需要根据未来的研究来确定，但对于那些拥有已知数据的物种来说，两者之间的相关性很高。

由于动物有可能从人类那里感染这种新型冠状病毒，反之亦然，包括国家动物园和圣地亚哥动物园在内的为这项研究提供了基因组材料的机构，加强了保护动物和人类的计划。研究的合著者、资深研究科学家克劳斯－彼得·科普菲说："人畜共患病以及如何防止人与动物间传播对动物园和动物护理专业人士来说并不是一个新的挑战。[2] 这一新信息使我们能够集中精力，并据此制定计划，保护动物和人类的安全。"

[3] 作者们强烈建议不要过度解读基于计算结果的动物风险预测，指出实际的风险只能通过额外的实验数据来证实。

研究表明，新型冠状病毒的直接宿主很可能来源于一种蝙蝠。研究人员发现，蝙蝠通过 ACE2 受体感染新型冠状病毒的风险非常低，这与实际的实验数据一致。目前尚不清楚蝙蝠是直接将这种新型冠状病毒传染给人类，还是通过中间宿主传染，但这项研究支持了一种观点，即一个或多个中间宿主参与其中。[4] 有了这些数据，研究人员能够确定哪个物种可能是野生环境中的中间宿主，从而有助于控制未来新型冠状病毒在人类和动物群体中的爆发。

⁓⁓⁓Text 40⁓⁓⁓

📠 文章概览

本文选自 *Reader's Digest*，介绍了与情商、共情相关的常识和研究。前两段以两位名人引出话题；第三段简要评述了高情商的优势，但在段末话锋一转，提出情商过高的缺点；第四、五两段介绍了一项相关的研究，说明了研究过程和结果，再次强调过度善解人意会影响能力表现；最后一段对如何避免过度善解人意提出了建议。

📖 重难点词汇

hyper-empathetic /ˈhaɪpə(r) ˌempə'θetɪk/ *adj.* 过度善解人意的

perceive /pə'siːv/ *vt.* 注意到；意识到

empathy /'empəθi/ *n.* 同感；共鸣；同情

orient /'ɔːrient/ *vt.* 朝向；面对；确定方向

drawback /'drɔːbæk/ *n.* 缺点；不利条件

scenario /sə'nɑːriəʊ/ *n.* 场景；剧情梗概

jolt /dʒəʊlt/ *n.* 一阵强烈的情感

saliva /səˈlaɪvə/ *n.* 唾液

diverse /daɪˈvɜːs/ *adj.* 多种多样的；相异的

kick into 进入……状态

overdrive /ˈəʊvədraɪv/ *n.* （汽车的）超速挡；高度集中注意力

cringe /krɪndʒ/ *n.* 畏缩

📖 长难句分析

① To test the link between EI and stress, researchers from the Frankfurt School of Finance and Management had 166 male students take a standard EI test that involves identifying emotions on pictured faces and predicting emotional reactions to various scenarios. (P4S1)

主体句式 To test…, researchers…had 166 male students take a standard EI test that…

结构分析 本句为复合句。句子的主干是 researchers…had 166 male students take a standard EI test；主干之前是动词不定式作目的的状语，主干之后是 that 引导的定语从句，修饰 test，该从句的宾语是由 and 连接的两个动名词短语 identifying… 和 predicting…。

句子译文 为了测试情商和压力之间的关联，法兰克福金融管理学院的研究人员让 166 名男性学生参加了一项标准的情商测试，测试内容包括识别照片上的面部表情和预测对各种情景的情绪反应。

② For those of you who just felt a jolt of anxiety, there is a reason this test has become a scientific standard for measuring stress—even reading about it is painful. (P4S5)

主体句式 For…who just felt…, there is a reason…

结构分析 本句是复合句。主句为 there is a reason，之前是 For 引导的介宾短语，其中包含定语从句 who just felt a jolt of anxiety，修饰 you；reason 之后是省略了关系词 why 的定语从句，修饰名词 reason；破折号后是补充说明部分，该部分的主语是动名词短语 reading about it。

句子译文 对于那些刚刚感到一阵焦虑的人来说，这项测试有理由成为衡量压力的科学标准——甚至仅仅读有关这个测试的内容也是痛苦的。

💡 题目详解

1. A 推断题。作者在第一段引用了史蒂夫·马丁说的一句话，随后在第二段中作者指出亚里士多德是过度善解人意的人，并暗示史蒂夫·马丁与其情况相反，故答案为 A。第一段引用的话中虽然提到了批评，但不是说史蒂夫·马丁喜欢批评别人，故排除 B。选项 C 与第二段第一句的意思刚好相反，因此错误。原文没有涉及选项 D 的内容，故也排除。

2. D 细节题。第三段主要介绍了有关情商的一些概念和知识，其中第三句提到，高情商可以帮助人们减少与亲人争吵的痛苦，以有意义的方式与他人沟通，概括而言就是可以与人良好地沟通，故选项 D 表述正确。选项 A 是对第三段第二句的误解，本句所说的财富并非物质财富。B 所述内容与定位段最后一句恰好相反，故排除。原文第三段没有提及情商与认知能力的关系，故选项 C 也应排除。

3. B 细节题。第四段详细介绍了研究的过程，其中第一句说受试者先进行了情商测试，第二句提到，在 20 分钟的放松休息时间后测试开始，可知选项 B 表述正确，故为答案。根据第五段首句，唾液收集在测试前后各进行了一次，故排除 A。选项 C 是对第四段第三句后半部分的曲解，原文是说受试者面对一名男评判员和一名女评判员做演讲，而不是和不同性别的评判员交谈，故排除。根据测试程序，在演讲结束之前，受试者就要解答数学问题，故排除 D。

4. **C 细节题。** 作者在第五段中说明了研究结果，指出情商较高的受试学生不仅在演讲过程中压力更大，而且在测试结束后较长时间内仍保持紧张状态。可知该研究结果印证了之前第三段结尾所说的，情商高的人更容易压力大，故选项 C 正确。选项 A 是根据第五段首句后半部分设置的干扰项，原文只说情商高的人紧张状态持续时间较长，不能因此判断压力测试的影响持续的时间，故排除。第五段最后一句所说的"替某人感到尴尬"的感觉是一种过度同情，B 的表述与此义不符，故排除。D 原文中没有提及，故也排除。

5. **C 篇章结构题。** 作者在文末最后两句提到，只要自己能意识到同理心何时会变得有些过度，就能有效地让它平静下来，并建议在感到畏缩情绪时深呼吸，后退一步，想想史蒂夫·马丁的做法。可知作者是对如何克服过度同情提出建议，因此 C 为答案。作者没有提出具体的计划或方案，故排除 A。最后一句中虽然包含一个疑问句，但属于无疑而问，实则是建议大家效仿史蒂夫·马丁的做法，故排除 B。作者也没有进行推测，故排除 D。

📝 参考译文

"在你批评一个人之前，先穿着他的鞋子走一英里。那样的话，当你批评他的时候，你就离他一英里远了，还得到了他的鞋子。"

——史蒂夫·马丁

[1] 如果你认为过度善解人意的亚里士多德内心生活的压力比"偷鞋子"的史蒂夫·马丁更大，你可能是对的。那是因为你像亚里士多德一样，拥有正常的情商。

情商是一个人准确地感知、理解和调节自己和他人情绪的能力——有点像同理心和自我意识调制的情绪平衡鸡尾酒。在当今日益以团队为导向的职场和日常的社会交往中，拥有良好的情商是一笔巨大的财富。[2] 高情商可以帮你减少与亲人之间争吵的痛苦，以有意义的方式与陌生人沟通。尽管如此，一项新的研究表明，情商高也是有缺点的。首先，它会让你压力更大。

[3] 为了测试情商和压力之间的关联，法兰克福金融管理学院的研究人员让 166 名男性学生参加了一项标准的情商测试，测试内容包括识别照片上的面部表情和预测对各种情景的情绪反应。在 20 分钟的放松休息后，压力测试开始了。学生们有五分钟的时间准备一篇五分钟的演讲，讲述他们作为求职者的个人优缺点，然后按要求向一名男评判员和一名女评判员做现场演讲。演讲开始后的五分钟之内，学生们被打断，并按要求再用五分钟大声解答数学题。对于那些刚刚感到一阵焦虑的人来说，这项测试有理由成为衡量压力的科学标准——甚至仅仅读有关这个测试的内容也是痛苦的。

[4] 在对比了压力测试前后的唾液样本后，研究人员发现了这种模式：表现出较高情商的学生在演讲过程中压力更大，并且在测试结束后的较长一段时间内保持紧张状态。换言之，过于感同身受会使人丧失能力。这有助于解释为什么"替某人感到尴尬"的感觉——比如，在 2017 年奥斯卡颁奖典礼的最后时刻，台上的每个人——会让你在当晚剩下的时间都感到不安。

当然，还需要做进一步的测试，将女性和更多不同年龄的群体纳入我们对情商和压力的理解中。[5] 在那之前，只要自己能意识到同理心何时会变得有些过度，就能有效地让它平静下来。所以下一次当你感到一种间接的畏缩情绪来临之时，深呼吸，后退一步，然后问问自己："史蒂夫·马丁会怎么做？"

Text 41

文章概览

本文选自 *The Times*，介绍了一项利用 DNA 分析预测理查德三世生理及性格特点的研究。第一段简述了这项研究可能给人们提供关于理查德三世的更多信息；第二至四段详细说明依靠基因检测可以推测出理查德三世的众多信息；最后一段指出这一遗传学领域仍有待研究且无法提供确切的性格预测。

重难点词汇

villain /'vɪlən/ *n.* 恶棍，坏蛋

inclined /ɪn'klaɪnd/ *adj.* 倾向于……的

genome /'dʒiːnəʊm/ *n.* 基因组，染色体组

range from...to... 包括从……到……的各类事物

lactose /'læktəʊs/ *n.* 乳糖

hunchback /'hʌntʃbæk/ *n.* 驼背者

propensity /prə'pensəti/ *n.* 倾向，习性

reconstruction /ˌriːkən'strʌkʃn/ *n.* 复原，再现

narcissism /'nɑːsɪsɪzəm/ *n.* 自我陶醉，自恋

propaganda /ˌprɒpə'gændə/ *n.* 宣传，宣传运动

长难句分析

① The complete genome of the last Plantagenet King has been sequenced by scientists led by Professor Turi King, who eight years ago matched DNA from bones discovered at Richard's burial site under a car park in Leicester with that of living relatives. (P1S3)

主体句式 The complete genome...has been sequenced by..., who...

结构分析 本句是复合句。逗号之前的部分为主句 The complete genome...has been sequenced by...；逗号后为 who 引导的定语从句，修饰 Professor Turi King，从句的主干部分是 who matched DNA with that of living relatives，DNA 后的部分 from...Leicester 为后置定语。

句子译文 最后一位金雀花王朝国王的完整基因组已经由图里·金教授带领的科学家们进行了测序。八年前，图里·金教授将在莱斯特一个停车场下的理查德墓地里发现的骨骼 DNA 与他在世亲属的 DNA 进行了比对。

② A reconstruction of Richard's face released in 2013 used analysis of his skull and lower-resolution DNA analysis, which suggested that he probably had blue eyes and blond hair that may have darkened as he aged. (P4S1)

主体句式 A reconstruction...used analysis of his skull and lower-resolution DNA analysis, which...

结构分析 本句是多重复合句。主句为 A reconstruction...used analysis of his skull and lower-resolution DNA analysis，其中 released in 2013 是 reconstruction 的后置定语；which 引导的非限制性定语从句补充说明主句，在 which 引导的从句中还包含一个 that 引导的从句，作 suggested 的宾语，blond hair 后接一个 that 引导的定语从句，句子结尾处 as 引导时间状语从句。

句子译文 2013 年公布的一份理查德相貌复原图使用了头骨分析和较低分辨率的 DNA 分析，表明他可能有蓝色的眼睛和金色的头发，随着年龄的增长，发色可能变深。

③ In future, research may reveal whether Richard carried such genes: the findings would be of great interest, given the debate over whether the King was the evil figure of Shakespeare's depiction or an upright man slandered by Tudor propaganda. (P4S3)

主体句式 …research may reveal…: findings…

结构分析 本句是多重复合句。主句为 research may reveal，后接 whether 引导的宾语从句。冒号后的部分中，句子主干为 the findings would be of great interest，given the debate over 后接 whether 引导的宾语从句。

句子译文 在未来，研究可能会揭示理查德是否携带这样的基因：考虑到该国王是莎士比亚笔下的邪恶人物还是被都铎式的宣传诋毁的正直人物的争论，这些发现将引起极大的兴趣。

💡 题目详解

1. **A 细节题。** 根据题目提示定位至第一段，其中第三句指出，最后一位金雀花王朝国王的完整基因组已经由图里·金教授带领的科学家们进行了测序，这里的"最后一位金雀花王朝国王"指的就是理查德三世，可见 A 为正确答案。选项 B 是依据本段第二句后半句设置的干扰，原文只是说"甚至可以为他是否真的倾向于有更黑暗的人格特征提供线索"，所以 B 的内容并不确定。选项 C 误解了本段第二句，原文的意思是遗传学家有望为理查德三世的外貌和健康状况提供新的见解，没有说他一生为疾病所扰，故 C 也排除。定位段首句说根据莎士比亚的说法，理查德三世是"决心证明自己是恶棍"的国王，这并不代表他对莎士比亚来说很神秘，因此排除 D。

2. **C 细节题。** 第三段第二句话提到，这些细节可能包括对理查肤色和任何秃顶倾向的预测，所以 C 为正确答案。第二段最后一句话提到，在这位国王的骨架中发现了脊柱侧弯现象，这可能是莎士比亚描写他"驼背"的原因，莎士比亚描写理查德驼背是事实，不需要基因检测佐证，故 A 排除。第二段第一句话说这一基因组将在数月内公布，是对主要历史人物基因组的首次测序，没有提到对其他主要历史人物的基因组测序，B 也排除。骨骼和头骨的信息是已知的，不需要依靠基因检测，故 D 也排除。

3. **B 推断题。** 由第四段最后一句可知，这位国王是什么样的人还存在争论，他有可能是在过去的宣传中被诋毁了，选项 B "过去对这位国王的描述可能不是真的"符合文意，故为正确答案。该段第一句提到了 lower-resolution DNA analysis，但只是说这种分析表明他可能有蓝色的眼睛和金色的头发，随着年龄的增长，发色可能变深，无法表明理查德三世是邪恶的，故排除 A。根据该段第二、三句话，国王是否有攻击倾向还需要未来研究的证明，文中也没有提到基因与性格特征的联系是有趣的，故排除选项 C、D。

4. **C 态度题。** 关于作者对基因研究的态度，需要结合整篇文章来理解。文章前面部分展望了利用 DNA 检测预测理查德三世外貌、健康状况以及性格特征的前景，最后一段作者提到这项技术的实现仍需要数年的时间而且基因研究无法证明理查德是否"可怕"。所以作者对文中提到的研究是中立态度，故答案为 C。结合文章最后一段可知，作者并不是乐观态度，排除 A。全篇没有提及作者对这项研究的不信任，也没有体现出讽刺的意味，B、D 也排除。

5. **A 语义理解题。** 文章最后一段第一句提到，金教授强调这一遗传学领域仍然"极其模糊"，这里的"遗传学领域"指的就是利用 DNA 分析预测性格，句末的 associations 指的就是这两者的关联，所以这里的 tease out 应该说的是确定两者的联系，tease out 的意思是"梳理；提炼（信息）"，所以答案是 A。

✒️ 参考译文

　　根据莎士比亚的说法，他（理查德三世）是"决心证明自己是恶棍"的国王。现在，遗传学家有望为理查德三世的外貌和健康状况提供新的见解，甚至可以为他是否真的倾向于有更黑暗的人格特征提供线索。[1] 最后一位金雀花王朝国王的完整基因组已经由图里·金教授带领的科学家们进行了测序。八年前，图里·金教授将在莱斯特一个停车场下的理查德墓地里发现的骨骼 DNA 与他在世亲属的 DNA 进行了比对。

这一基因组将在数月内公布，这是首次对主要历史人物的基因组进行测序。图里·金在莱斯特大学遗传学和基因组生物学系工作，她说："这真的很有趣，从他的血型到乳糖不耐症，再到他秃顶或心脏病的遗传倾向，无所不包。"金教授说，除此之外，这一分析有助于揭示这位国王脊柱侧凸的遗传因素——在其骨架中发现了脊柱侧弯现象，这可能是莎士比亚描写他"驼背"的原因。

这将提供关于他可能的外貌的更详细信息，到目前为止，这些都是从他的骨架、更粗糙的基因分析和一幅据说是原件已丢失的都铎时期肖像画复制品中推断出来的。[2] 这些细节可能包括对他可能的头发和眼睛颜色更加详细和准确的预测，以及肤色和任何秃顶倾向的预测。未来的发展可能会让我们深入了解他面部形状的样子，比如鼻子的形状，这些信息是无法从头骨中精确推断出来的。

2013 年公布的一份理查德相貌复原图使用了头骨分析和较低分辨率的 DNA 分析，表明他可能有蓝色的眼睛和金色的头发，随着年龄的增长，发色可能变深。有趣的是，科学家们正在研究基因与人格特征的可能联系，包括暴力攻击倾向、精神病和自恋。[3] 在未来，研究可能会揭示理查德是否携带这样的基因：考虑到该国王是莎士比亚笔下的邪恶人物还是被都铎式的宣传诋毁的正直人物的争论，这些发现将引起极大的兴趣。

[4][5] 然而，金教授强调，这一遗传学领域仍然"极其模糊"，要理清任何关联都需要数年时间。她说，这些永远无法证明理查德究竟是否"可怕"，而且他的成长经历等因素也会对他的性格产生重大影响。

Text 42

📄 文章概览

本文选自 *Science Daily*，介绍了一项利用量子物理学进行人工智能开发的研究。第一段介绍了这项研究的相关背景信息；第二段简要说明新研究的发现；第三、四段以举例说明的方式，解释了量子物理学中的叠加原理在机器人学习方面的应用及其特点；最后一段说明量子物理学与人工智能相结合的良好前景。

📖 重难点词汇

optimal /ˈɒptɪməl/ *adj.* 最优的
in parallel 同时
quantum /ˈkwɒntəm/ *n.* 量子
merge /mɜːdʒ/ *v.* 合并；相融
autonomous /ɔːˈtɒnəməs/ *adj.* 自治的；自主的
algorithm /ˈælɡərɪðəm/ *n.* 算法；计算程序
exploit /ɪkˈsplɔɪt/ *vt.* 利用；开发

bizarre /bɪˈzɑː(r)/ *adj.* 极其怪诞的；异乎寻常的
superposition /ˌsuːpəpəˈzɪʃn/ *n.* 叠加，重叠
intuitively /ɪnˈtjuːɪtɪvli/ *adv.* 直觉地；直观地
counterpart /ˈkaʊntəpɑːt/ *n.* 对应物；职位相当的人
fertile /ˈfɜːtaɪl/ *adj.* 能产生好结果的；肥沃的

📝 长难句分析

① The experiment could show that the learning time is significantly reduced compared to the case where no quantum physics is used. (P2S3)

主体句式 The experiment could show that...

结构分析 本句是复合句。主句为 The experiment could show that...，其中 that 引导的宾语从句作主句的宾语；在该从句中，过去分词短语 compared to the case...作比较状语，该状语结构中的 where no quantum physics is used 为定语从句，修饰 case。

句子译文 这个实验表明，与没有应用量子物理学的情况相比，（机器人的）学习时间大大缩短了。

② This experimental demonstration that machine learning can be enhanced by using quantum computing shows promising advantages when combining these two technologies. (P5S1)

主体句式 This experimental demonstration that...shows promising advantages when...

结构分析 本句是复合句。主句主干是 This experimental demonstration...shows promising advantages。主句主语之后是 that 引导的同位语从句，"when + 动词现在分词"结构的功能相当于一个时间状语从句。

句子译文 实验证明，运用量子计算可以提高机器学习的能力，显示出将这两种技术结合起来的良好前景。

💡 **题目详解**

1. C 细节题。第一段先分别提到了人工智能领域和量子物理学的发展，随后在最后一句指出现在产生了让这两个领域相结合的想法，可知量子技术有应用于人工智能领域的可能，故答案为 C。尽管首段第三句说量子物理学的理论令人感到新奇而费解，但不能由此推断以往大多数人都不能理解量子技术，故排除 A。本段没有明确地指出量子技术已经应用于人工智能，更谈不上量子技术大大推动了人工智能的发展，因此选项 B 错误。原文中没有提到选项 D 的内容，故排除。

2. A 例证题。机器人学习左转的事例出现在第三段。在上一段中作者提到了一个将量子力学用于机器人学习的实验，并简单说明了实验结果。第三段第一句说这个实验可以通过想象机器人学习一直向左转来理解，并在后文指出利用量子技术的叠加原理，就相当于机器人同时左转和右转，可知作者用这个例子来帮助我们理解量子物理学的叠加原理，故答案为 A。其他三项都与原文不符。

3. C 细节题。第四段引用汉斯·布里格尔的话指出："这一关键特性让量子搜索算法得以运用，减少学习正确路径的尝试次数。因此，一个能够在叠加原理中探索其环境的个体将比传统世界中的个体学习速度快得多。"由此可知，机器人在量子世界中能够减少学习正确路径的尝试次数，所以才会学得更快。故正确答案为 C。选项 A 和 D 所述内容在原文中没有提及，故排除。文章只介绍了机器人利用量子力学中的叠加原理的案例，并未说机器人预先学习了量子力学的各种原理，因此选项 B 也错误。

4. D 推断题。文章的最后一句引述了菲利普·沃尔瑟的话，他表示将量子技术应用于人工智能领域才刚刚开始，任何新的实验结果都会带来贡献，且量子人工智能领域最有可能产生丰厚的成果，可以看出他的话是在呼吁更多相关的科学尝试，故选项 D 正确。沃尔瑟只说到了实验结果的贡献，没有提及有关量子学习的理论思想，故排除 A。沃尔瑟虽然说对量子人工智能领域的探索才刚开始，但主要强调其前景而不是局限性，因此排除选项 B。沃尔瑟在强调两种技术结合的前景，而不是仅仅说量子技术的未来，故排除 C。

5. B 主旨题。本文开篇分别提到了人工智能和量子物理学的发展，并提出将两者结合的想法；随后开始介绍一项利用量子物理学进行人工智能开发的研究，说明了其发现和原理，并解释了量子物理学的叠加原理在机器人学习方面的应用，指出利用量子技术，机器人可以学得更快，故

B 是对全文主旨的正确概括，可为标题。选项 A 和 C 的说法太过笼统，故排除。文章虽然提到了对学习型机器人的改进，但这是为了说明两种技术的结合带来的好处，而不是重点介绍新试验，故排除 D。

📝 参考译文

能破解电脑游戏，能识别人类声音，或者能帮忙寻找最佳医疗方法的机器人：这些只是人工智能领域在过去几年中涌现的惊人例子中的少数几个。研发更好的机器的持续竞争带来了一个问题，即如何以及用什么手段才能实现改进。与此同时，最近量子技术的巨大进步证实了量子物理学的力量，不仅是因为它那经常让人感到新奇而费解的理论，也因为它在现实生活中的应用。[1] 由此便产生了融合这两个领域的想法：一个方面是人工智能及其自主运行的机器；另一个方面就是量子物理学及其强大的算法。

在过去的几年里，许多科学家已经着手研究如何连接这两个领域，并探究证明量子力学对学习型机器人有益处的方法，反之亦然。在菲利普·沃尔特牵头的一项国际合作中，一组实验物理学家首次成功地通过实验证明了机器人实际学习时间的加快。第一作者瓦莱里娅·萨吉奥说："这个实验表明，与没有应用量子物理学的情况相比，（机器人的）学习时间大大缩短了。"

简而言之，我们可以这样来理解这个实验：想象一个机器人站在十字路口，被赋予的任务是学习一直向左转。机器人通过做出正确的动作时获得奖励来学习。现在，如果机器人被放置在我们通常的传统世界，那么它将尝试左转或右转，并且只有在选择左转时才会得到奖励。相比之下，当机器人利用量子技术时，量子物理学奇特的方面就发挥了作用。[2] 机器人现在可以利用其最著名和最独特的特性之一，即所谓的叠加原理。通过想象机器人同时左转和右转，可以直观地理解这一点。

[3] 汉斯·布里格尔说："这一关键特性让量子搜索算法得以运用，减少学习正确路径的尝试次数。因此，一个能够在叠加原理中探索其环境的个体将比传统世界中的个体学习速度快得多。"他开发了量子学习个体的理论思想。

实验证明，运用量子计算可以提高机器学习的能力，显示出将这两种技术结合起来的良好前景。[4] 菲利普·沃尔瑟说："我们才刚刚开始了解量子人工智能的可能性，因此每一个新的实验结果都有助于这一领域的发展，而该领域目前被视为量子计算最可能产生丰厚成果的领域之一。"

Text 43

📖 文章概览

本文选自 *The Guardian*，介绍了关于人类噪音对动物影响的研究及其发现。第一段提出话题，指出人类产生的噪音污染会给动物的认知和交配带来影响；第二、三段介绍一项测试人类噪音对动物认知能力影响的研究；第四、五段介绍的实验研究则证实人类噪音会影响动物的交配，从而在很大程度上改变进化进程。

📖 重难点词汇

grind /graɪnd/ *vt.* 磨碎；碾碎

penetrate /'penətreɪt/ *v.* 进入；渗透

pervasive /pə'veɪsɪv/ *adj.* 遍布的；充斥各处的

finch /fɪntʃ/ *n.* 雀科小鸟

forage /'fɒrɪdʒ/ *vi.* 觅（食）；（尤指用手）搜寻

cricket /'krɪkɪt/ *n.* 蟋蟀；板球

acoustic /ə'kuːstɪk/ *adj.* 声音的；听觉的

ambient /'æmbiənt/ *adj.* 周围环境的

on the hunt 正在寻找（或搜索）

viability /ˌvaɪə'bɪləti/ *n.* 生命力，生存能力

长难句分析

① Lockdown has brought noise pollution close to home, whether it is your partner making calls while you are working, or grinding coffee during your Zoom interview. (P1S1)

主体句式 Lockdown has brought…, whether it is…, or…

结构分析 本句为多重复合句。主句为第一个逗号前的部分，其后是 whether…or 连接的让步状语从句，连接两个并列部分；在第一个并列部分中包含时间状语从句 while you are working。

句子译文 不管是你的伴侣在你工作的时候打电话，还是在你使用 Zoom（视频会议软件）面试的时候磨咖啡，（疫情导致的）封锁都将噪音污染带到了家的近处。

② Humans have penetrated deeper into wildlife habitats, creating a pervasive rise in environmental sound that not only affects animals' ability to hear, but to communicate. (P1S3)

主体句式 Humans have penetrated…, creating…that…

结构分析 本句为复合句。第一个逗号后的现在分词 creating 引导的结果状语中包含一个定语从句 that not only affects animals' ability to hear, but to communicate，修饰前面的名词 rise。

句子译文 人类已经深入到野生动物栖息地，造成环境音的普遍增加，这不仅影响动物的听力，而且影响它们的交流。

题目详解

1. D 细节题。由第一段第二句可知，有研究表明，动物界也被人类和他们的小器具发出的噪音所干扰。由此可知 D 是对上述信息的同义转述，故为答案。第一段首句提到了封锁，但只说将噪音污染带到了家中，没有说对动物栖息地的影响，故排除 A。B 是对定位段第二句的曲解，原文的意思是人类的小器具会产生噪音。原文第三句说人类深入野生动物栖息地会影响动物的交流能力，故 C 表述不准确。

2. D 细节题。根据人名关键词定位至第三段第二句。克里斯托弗·邓普顿说，研究人员起初并不确定影响会那么强烈。最后一句也提到，仅仅听到汽车驶过的声音就令斑马雀无法进行测试，可知噪音对鸟的影响比预想的还要大，故答案为 D。第三段首句说除了颜色联想学习，其他任务都受到交通噪音的负面影响，但不能据此推断噪音对颜色认知几乎没影响，A 属于过度推断。本段倒数第二句提到了这些鸟本身及生活环境都非常吵闹，但随后一句说它们还是受到了噪音的影响，而且影响非常大，故排除 B，insensitive 意为"无感觉，无反应"，与原文不符。原文只说鸟受到汽车驶过的噪音的影响，但并没有说它们容易受到惊吓，故 C 为过度推断。

3. C 细节题。第四、五段介绍与田蟀交配有关的研究。其中第五段第二句说，研究人员发现，在有环境噪音的情况下，播放高质量求偶鸣叫的时候，雌性蟋蟀的交配效率更高，故正确答案为 C。原文中没有提到雄性蟋蟀在安静的环境中发出鸣叫，故排除 A。第五段第三句说在交通噪音和白噪音环境下，高质量的求偶鸣叫声没有任何益处，因此 B、D 也应排除。

4. A 推断题。第五段说，人类噪音影响动物交配，会产生连锁效应，从种群层面看，性选择会推动进化，可知人类噪音会对物种进化产生影响，A 的表述正确。原文只说人类噪音扰乱择偶会影响进化，并未说会令雌性蟋蟀丧失性选择能力，故排除 B。择偶会影响后代的生存能力，但研究并未表明性选择机制与动物的寿命是否有关联，故排除 C。选项 D 说法不准确，研究说的是交通噪音和白噪音对交配有影响，没有说环境噪音会破坏配偶选择的进程，故也排除。

5. **B 主旨题**。文章开篇指出人类产生的噪音污染会给动物的认知和交配带来影响，随后介绍了两个研究：第一个研究通过觅食任务，测试交通噪音对动物认知能力的影响；第二个研究则证实人类噪音会影响动物的交配，从而改变进化进程。概括而言，这两项研究揭示了人类噪音对动物交配和觅食的影响，故 B 为答案。人类噪音对动物的影响程度超出预想只涉及第一项研究，故 A 无法概括全文。作者只在开篇提到了封锁会增加人类居所附近的噪音，因此 C 不符合原文。选项 D 所述只涉及第二个研究，且概括不准确，故也排除。

参考译文

　　不管是你的伴侣在你工作的时候打电话，还是在你使用 Zoom（视频会议软件）面试的时候磨咖啡，（疫情导致的）封锁都将噪音污染带到了家的近处。[1] 现在有研究表明，动物界也被人类和他们的小器具发出的噪音所干扰。人类已经深入到野生动物栖息地，造成环境音的普遍增加，这不仅影响动物的听力，而且影响它们的交流。新的研究显示，噪音污染，例如交通噪音，会干扰动物的认知和交配。

　　为了掌握交通噪音对认知能力的影响，研究人员给了成年斑马雀——一种原产于澳大利亚的小型鸣禽——一系列觅食任务。这些鸟要么处在相对安静的实验室环境中，要么处在设计为模拟 20 到 30 米外一连串汽车驶过的噪音中。

　　研究人员报告说，除了颜色联想学习外，所有的任务都受到交通噪音的负面影响。该研究的作者克里斯托弗·邓普顿说，他们起初并不确定会看到如此强烈的影响。"这些鸟生活在大的群体之中；它们都一直在鸣叫，制造出很大的噪音。[2] 因此，看到仅仅因为听到汽车驶过的声音就真正足以让它们无法进行这些测试，这是相当令人惊讶的。"

　　另一项发表在《行为生态学》杂志上的研究观察了雌性地中海田蟋如何在不同的声音环境下做出交配选择。雄性蟋蟀通过摩擦翅膀来发出求偶鸣叫，以吸引雌性蟋蟀。为了测试不同噪音环境的影响，研究人员将雌性蟋蟀与雄性蟋蟀配对，雄性蟋蟀的翅膀已被剪断，以减弱它们的歌唱能力。让这些蟋蟀在周围环境噪音条件、人工噪音条件或交通噪音条件下互动。然后，当雄性蟋蟀试图向雌性蟋蟀求爱时，会播放人造的求偶鸣叫声。

　　雌性蟋蟀通常会寻找多个高质量的雄性蟋蟀，因此它们交配的速度越快，拥有的配偶就越多，后代也就越多。[3] 研究人员发现，在环境噪音的条件下，如果伴随着高质量的求偶鸣叫，雌性蟋蟀会更快、更频繁地与雄性蟋蟀交配。但在白噪音（指用以掩盖令人心烦的杂音）和交通噪音条件下，高质量的鸣叫声没有任何益处，因为雌性蟋蟀无法辨别鸣叫的质量。这将产生连锁效应，对其后代及后代的生存能力有潜在的影响。[4] 但从种群层面上看，配偶选择是一种非常强大的性选择机制，而性选择推动进化。以这种方式（产生人类噪音）扰乱择偶可能会极大地改变进化的进程。

Text 44

文章概览

　　本文选自 *Discover*，讲述了一种新的垃圾解决方案。第一段介绍了一种新型的处理大量垃圾的解决方案——垃圾微型工厂；第二段概述了微型工厂的运营和发展前景；第三段介绍了微型工厂的理念；第四段给出了一个具体应用的例子；最后一段指出，重造可以弥补传统回收方式的不足。

📖 重难点词汇

landfill /'lændfɪl/ *n.* 垃圾填埋场

thermal /'θɜːml/ *adj.* 热的，热量的

all-in-one /ˌɔːl ɪn 'wʌn/ *adj.* 多功能的，几合一的

commercialize /kə'mɜːʃəlaɪz/ *vt.* 使商业化，使商品化

patent /'pætnt//'peɪtənt/ *vt.* 获得专利权

trek /trek/ *n.* 艰苦跋涉；远足

extract /ɪk'strækt/ *vt.* 提取；索取

casing /'keɪsɪŋ/ *n.* 套，盒

nanowire /ˌnænəʊ'waɪə(r)/ *n.* 纳米线

ceramic /sə'ræmɪk/ *adj.* 陶瓷的，陶器的

📝 长难句分析

① These little trash processors—some as small as 500 square feet—house a series of machines that recycle waste and transform it into new materials with thermal technology. (P1S3)

主体句式 These little trash processors...house a series of machines that...

结构分析 本句是复合句。主干部分是 These little trash processors house a series of machines，主谓之间两个破折号中间的部分为插入语；machines 后为 that 引导的定语从句，修饰 machines。

句子译文 这些小型垃圾处理厂——有些小到 500 平方英尺——里面有一组机器，能够回收垃圾并通过热技术将其转化为新材料。

② The approach will also allow cities to recycle waste into new products on location, avoiding the long, often international, high-emission treks between recycling processors and manufacturing plants. (P2S5)

主体句式 The approach will also allow cities to recycle waste into new products..., avoiding...

结构分析 本句是包含分词短语作状语的简单句。主句为 The approach will also allow cities to recycle waste into new products，第一个逗号后的部分至句尾是现在分词短语作结果状语。

句子译文 该方法还将使城市能够就地将垃圾回收为新产品，免去了回收处理厂和制造厂之间高排放的长途（通常是跨国的）跋涉。

💡 题目详解

1. B **语义理解题**。第一段介绍了一种新的垃圾处理方法，最后一句（即题目所考查短语所在句）对比这种新的一体化方法与目前的回收过程，从短语前一句和第二段中都可看出，这种新技术很先进，因此可推测 leave in the dust 的含义为"远超"等，可见 B 为正确答案。"使别人的努力徒劳""大幅提高……"和"使……过时"与原文语境不符，故排除其他三个选项。

2. C **细节题**。第二段第四句指出，与大多数大型制造厂不同，这些机器的小规模将使它们未来有一天更容易使用可再生能源，由此可知 C 项符合题意。该段第一句提到，萨哈瓦拉在悉尼建造了世界上第一个针对电子垃圾的垃圾微型工厂，第三句提到将获得专利的微型工厂技术商业化，但已投入运营和巨大的商业潜力并非这项新技术相对于其他回收技术的优点，故排除 A、B。原文提到有了微型工厂，需要单独设施来收集和储存材料、提取元素和生产新产品的日子一去不复返了，是说不需要单独设施，并不是不需要收集过程，因此 D 项也排除。

3. D **例证题**。题目问文中举陶瓷材料的例子是为了论证什么。第四段开头的 For example 提示该段举了一个例子，因此例子支持的观点要到第三段去找。第三段第二句指出，她的发明是对这种理念的演变：从旧产品中提取材料，制造出某些不同的东西，即不再只将回收材料用于同类产品，由此确定答案为 D，同时排除其他三项。

4. **A** 推断题。关于 re-form 的信息集中在最后两段。根据第五段第一句可以推断出电子垃圾被回收的比例不够高，是因为传统的回收方式无法做到，而重造可能有这个潜力，因此选项 A 为正确答案。选项 B 说法太绝对，因此排除。原文并没有提到重造可以带来数码制造的变革，故排除 C。原文提到，re-form（重造）是"第四个 R"，是对常用"3R"短语的补充，而不是替换，故排除选项 D。

5. **B** 主旨题。文章主要围绕一种新的垃圾解决方案——垃圾微型工厂展开，故答案为 B。文章只在最后两段介绍了第四个 R——re-form（重造），可知 A 不能概括全文主旨。文章中介绍了萨哈瓦拉的微型工厂技术，但重点不是描述她的生平，选项 C 不符合题意。文中没有着重描述人类所面临的垃圾危机，选项 D 同样不能概括全文内容，因此也排除。

参考译文

　　每年全世界 22.2 亿吨垃圾中的大部分最终会被填埋或露天倾倒。澳大利亚悉尼新南威尔士大学的材料科学家兼工程师维娜·萨哈瓦拉发明了一种方法，可以解决我们严重的垃圾问题：垃圾微型工厂。这些小型垃圾处理厂——有些小到 500 平方英尺——里面有一组机器，能够回收垃圾并通过热技术将其转化为新材料。[1] 这种新的一体化方法可能会令我们目前的回收过程望尘莫及。

　　2018 年，萨哈瓦拉在悉尼建造了世界上第一个针对电子垃圾的垃圾微型工厂。第二家工厂于 2019 年开始回收塑料。现在，她的实验室小组正与大学和工业界的伙伴合作，将他们获得专利的微型工厂技术商业化。[2] 她说，与大多数大型制造厂不同，这些机器的小规模将使它们未来有一天更容易使用可再生能源。该方法还将使城市能够就地将垃圾回收为新产品，免去了回收处理厂和制造厂之间高排放的长途（通常是跨国的）跋涉。有了微型工厂，需要单独设施来收集和储存材料、提取元素再生产新产品的日子一去不复返了。

　　传统上，回收工厂将材料分解后再用于类似的产品——比如熔化塑料以制造更多的塑料制品。[3] 她的发明是对这种理念的演变：从旧产品中提取材料，制造出某些不同的东西。她说："孩子们（新的产品）长得不像父母（旧产品）。"

　　例如，这些微型工厂可以分解旧的智能手机和电脑显示器，提取二氧化硅（从玻璃中）和碳（从塑料外壳中），然后将它们组合成碳化硅纳米线。这就产生了一种具有多种工业用途的普通陶瓷材料。萨哈瓦拉将这个过程称为"第四个 R"，给常用短语"reduce（减少）"、"reuse（重复利用）"、"recycle（回收）"加了一个"re-form（重造）"。

　　[4] 2019 年，只有 17.4% 的电子垃圾被回收利用，因此在面对回收复杂电子设备的挑战时，重造的能力将是一种至关重要的新发展。萨哈瓦拉说："（我们）可以用材料做更多的事情。传统的回收方式并不能应对所有的回收挑战。"她和她的团队已经在致力于 2021 年初在澳大利亚库塔曼德拉镇建立下一个垃圾微型工厂，目标是在未来几年内在澳大利亚全国范围内增加微型工厂的数量。

▓▓ Text 45 ▓▓

文章概览

　　本文选自 *The Guardian*，借助一项研究分析了中世纪的癌症患病率。第一段指出研究表明中世纪癌症的患病率约是之前人们认为的 10 倍；第二至四段介绍了研究对象和研究方法；第五段给出了研究结果；第六段提出了研究数据可能被低估的原因。

重难点词汇

plague /pleɪɡ/ *n.* 瘟疫；灾害
tribulation /ˌtrɪbjuˈleɪʃn/ *n.* 苦难；忧患
diagnosis /ˌdaɪəɡˈnəʊsɪs/ *n.* 诊断；判断
prevalent /ˈprevələnt/ *adj.* 流行的，盛行的

inspection /ɪnˈspekʃn/ *n.* 检查
excavate /ˈekskəveɪt/ *vt.* 挖掘，开凿
cemetery /ˈsemətri/ *n.* 墓地
life expectancy 平均寿命，预期寿命

长难句分析

① While the remains span several centuries, Mitchell said the conditions, life expectancy and cancer risks faced by individuals would have been similar, meaning the bones could be taken together for analysis. (P4S1)

主体句式 While…, Mitchell said the conditions, life expectancy and cancer risks…would have been similar, meaning…

结构分析 本句是多重复合句。第一个逗号前为 While 引导的让步状语从句；主句为 Mitchell said…，其中省略了引导词 that 的宾语从句作主句的宾语；宾语从句的主干部分为 the conditions, life expectancy and cancer risks would have been similar，其中 cancer risks 后的 faced by individuals 为过去分词短语作后置定语；句尾部分的 meaning… 为现在分词短语作伴随状语，meaning 后为省略了引导词 that 的宾语从句。

句子译文 虽然这些遗骸持续存在了几个世纪，但米切尔说，个体所面临的状况、预期寿命和癌症风险都是相似的，意味着这些遗骸的骨头可以被一起用来分析。

② Once the team took into account the proportion of cancers that spread to the bone, as well as the sensitivity of CT scans for picking up signs of such spread, they estimated that between 9% and 14% of the medieval population had the disease when they died. (P5S3)

主体句式 Once…, they estimated that…

结构分析 本句是多重复合句。句首为 Once 引导的时间状语从句，该从句的主干为 the team took into account the proportion of cancers as well as the sensitivity of CT scans，cancers 后跟一个 that 引导的定语从句；主句为 they estimated that…，其中 that 引导的宾语从句作 estimated 的宾语；句尾为 when 引导的时间状语从句。

句子译文 若研究小组考虑到癌症扩散到骨骼的比例，以及 CT 扫描对发现这种扩散迹象的敏感性，他们就能估计出，中世纪人口中有 9% 到 14% 的人在死亡时患有癌症。

题目详解

1. C **细节题**。第一段第三句指出这种疾病在中世纪被认为是相对罕见的，"这种疾病"指上句提到的癌症，可见 C 为正确答案。根据第一段首句，英国人在中世纪饱受战争困扰，因此 A 与原文表述相反，故排除。选项 B 是依据第一段第二句设置的干扰项，文中并没有关于从癌症中恢复的信息，故排除。文中并没有将中世纪的癌症发病率和现在的情况进行对比，只是说比人们认为的要高得多，故选项 D 也排除。

2. C **细节题**。第二段最后一句提到研究者对遗体进行检查、X 光扫描和 CT 扫描，可知原文提到 X 光和 CT 扫描，是用来说明研究方法的，并不是用来说明研究数据的可靠、研究程序的严格和团队如何取样，因此选项 A、B、D 均不符合题意，答案为 C 项。

3. B **细节题。** 第四段第二句指出，研究小组重点研究了遗骸的脊柱、骨盆和股骨这三个部位，这是因为如果癌细胞扩散到骨骼，这些部位最有可能出现癌症的迹象，因此正确答案为 B。其余三项都是原文没有提到的信息，因此排除。

4. A **细节题。** 根据题干提示定位到第五段。由第一句可知遗骸表明有五个人生前患有癌症，故 A 为答案。根据本段最后一句，骨表面有癌症病变的迹象是之前考古研究得出结论的基础，不属于文章所讨论的遗骸研究的范畴，故排除选项 B。研究小组考虑到了癌症扩散到骨骼的比例，而不是遗骸表明了影响骨骼的癌症的比例，选项 C 不符合题意。由本段第二句可知这些遗骸的主人都不是英年早逝，故排除选项 D。

5. D **细节题。** 最后一段第一句指出"并不是所有的骨骼类型都被分析过，而受癌症影响的骨骼留存下来的可能性更小"。这句话给出了数据仍然对患癌比例有所低估的原因，选项 D 是对原文的概括，即研究结果的准确性受可研究的骨骼类型的影响，因此为正确答案。该段第二句分析的是现在癌症患病率增加的原因，因此选项 A 不符合题意。B、C 所述信息原文没有提及，因此也不选。

参考译文

那是一个战争、瘟疫和可怕的事故造成许多苦难的年代，但现在研究表明，中世纪的英国居民对另一种苦难也并不陌生：癌症。根据英国癌症研究中心的数据，1960 年以后出生的英国人中，大约有一半的人一生中会被诊断出患有癌症。[1] 然而，这种疾病在中世纪被认为是相对罕见的。但专家称，一项对 6 世纪到 16 世纪的人类骨骼的分析显示，癌症在之前也很多见，发病率约是人们以前认为的 10 倍。

这项研究的合著者、剑桥大学的皮尔斯·米切尔博士说："这确实凸显了癌症在过去并不像大多数人认为的那样罕见。"[2] 米切尔和他的团队在《癌症》杂志发表的报告里，介绍了他们对 96 名男性、46 名女性和一名未知性别的人的遗体进行检查、X 光扫描和 CT 扫描的研究过程——这些遗体是从剑桥及其周围的六个墓地挖掘出来的。

米切尔说："我们的研究使用的遗骸有住在城里的穷人的，有住在城里的富人的，有来自城里的奥古斯丁修道院的，还有来自一所医院的，所以我们的研究对象真正包括了中世纪不同类型的人口群体。"他还指出，还有遗骸来自农业背景的人。

虽然这些遗骸持续存在了几个世纪，但米切尔说，个体所面临的状况、预期寿命和癌症风险都是相似的，意味着这些遗骸的骨头可以被一起用来分析。[3] 米切尔说，研究小组重点研究了遗骸的脊柱、骨盆和股骨部位，如果癌细胞扩散到骨骼，这些部位最有可能出现癌症的迹象。

[4] 结果显示，有五个人被认为患有癌症，其中一个人有一种血癌的症状。他们死亡时均为中老年人。若研究小组考虑到癌症扩散到骨骼的比例，以及 CT 扫描对发现这种扩散迹象的敏感性，他们就能估计出，中世纪人口中有 9% 到 14% 的人在死亡时患有癌症。研究小组说，这一比例远远高于此前考古研究中根据骨表面可见的癌症病变所提出的不到 1% 的估计。

[5] 虽然这项研究有局限性，但米切尔却说这些数据可能还是有所低估：并不是所有的骨骼类型都被分析过，而受癌症影响的骨骼留存下来的可能性更小。研究小组称，现在的癌症患病率增加了三到四倍，这可能是由一系列因素造成的，包括预期寿命的延长和使用烟草等。

Text 46

文章概览

本文选自 *Science Daily*，介绍有关人们思维习惯的一项研究。第一、二段以俗语开头，提出研究问题，并简要介绍了研究的主题和结论；第三至五段详细介绍该项研究的情况，第三段说明人们"做加法"思维的普遍性，第四至五段详细说明这种思维方式形成的原因；最后一段补充与此研究相关的其他信息，说明了研究的出版情况和重要意义。

重难点词汇

feature /ˈfiːtʃə(r)/ v. 以……为特色；起重要作用

overwhelming /ˌəʊvəˈwelmɪŋ/ adj. （数量）巨大的；压倒性的

bog down in 陷入困境

proliferate /prəˈlɪfəreɪt/ v. 猛增；迅速繁殖（或增殖）

red tape 繁文缛节

detriment /ˈdetrɪmənt/ n. 伤害；损害

subtract /səbˈtrækt/ v. 减；减去

default to 默认；预设

disproportionately /ˌdɪsprəˈpɔːʃənətlɪ/ adv. 不成比例地

reinforce /ˌriːɪnˈfɔːs/ vt. 加强；巩固

interdisciplinary /ˌɪntədɪsəˈplɪnəri/ adj. 多学科的；跨学科的

tremendous /trəˈmendəs/ adj. 巨大的；极好的

长难句分析

① The team's findings suggest a fundamental reason that people struggle with overwhelming schedules, that institutions bog down in proliferating red tape, and, of particular interest to researchers, that humanity is exhausting the planet's resources. (P2S1)

主体句式 The team's findings suggest a fundamental reason that…, that…, and…, that…

结构分析 本句为复合句。主句是 The team's findings suggest a fundamental reason，其后是三个并列的同位语从句，均由 that 引导，解释说明 reason 的内容；第三个同位语从句前插入了 of particular interest to researchers。

句子译文 科研小组的研究结果揭示了一个根本原因：人们疲于应付繁重的日程安排，机构受困于激增的繁文缛节，而研究人员特别关注的是，人类正在耗尽地球的资源。

② When considering two broad possibilities for why people systematically default to addition—either they generate ideas for both possibilities and disproportionately discard subtractive solutions or they overlook subtractive ideas altogether—the researchers focused on the latter. (P4S2)

主体句式 When considering…possibilities for why…—either…or…—the researchers focused on the latter.

结构分析 本句为复合句。句子主干为 the researchers focused on the latter。句子开头是伴随状语部分，由 When 加动词现在分词 considering 引导，介宾语短 for why… 作定语，修饰 possibilities，名词性从句 why people systematically default to addition 作介词 for 的宾语；两个破折号之间为插入语部分，由 either…or… 连接，说明伴随状语中的 two broad possibilities。

句子译文 研究人员在考虑人们为什么系统性地默认做加法的两种广泛的可能性时——要么他们对这两种可能性都产生了想法，不成比例地抛弃了用减法解决，要么他们完全忽略了做减法的想法——将重点放在了后者上。

💡 题目详解

1. **C 细节题。** 第一段简要介绍了弗吉尼亚大学的研究。第二句说我们在试图改进某个情况、物体或想法时，很少去掉某些东西。第三句说我们几乎总是添加一些元素，不管这样做是否有用。可知 C 表述符合原文，故为答案。人们总是忽视去除元素这种解决方法，而不是忽视恰当的解决方案，故排除 A。添加东西不等同于做加法运算，因此选项 B 是对原文的误解。选项 D 误解了第一段结尾，原文的意思是，不管添加元素是否有用，人们都倾向于以添加来改进。

2. **A 词义题。** 设问词在第三段第五行，该词构成了短语 to our detriment。句中的 we do this 应是指之前一句中所说的做法，即我们首先想到的是，可以添加什么以做出改进。本句的后半句则说即使彼时唯一正确的答案是做减法，可知添加是不利于改进的。在四个选项中，表示 "不利" 或 "损害" 的只有选项 A，其余三项均表示正面或中性含义，故答案为 A。

3. **B 观点题。** 原文从第三段开始出现克洛茨的观点。第四段第一句说，克洛茨与同事的研究显示，我们天性喜欢添加，可知 B 所述内容符合原文。选项 A 是对第三段的曲解，原文是强调 "添加" 这种改进方式在各个领域都普遍发生，并非工程学与其他学科相似。有关日程繁多的信息出现在第二段，是说人们疲于应付繁重的日程安排，选项 C 表述与原文相反，故排除。第三段结尾指出，即使在有经济激励的情况下，人们也还是不会考虑通过减少来进行改变，没有说经济激励会推动创造性思维，故排除选项 D。

4. **A 细节题。** 第四、五段试图分析人们为什么会主要依赖添加的思想。第五段第二句引用了研究人员的话，"因为人们通常行动很快，头脑中出现第一个想法就开始工作，所以他们最终接受用加法解决而根本不考虑减法。" 概括可知，人们之所以更依赖添加的思想，是因为他们快速行动的习惯，没有去多加思考，故正确答案为 A。原文没有提及人们是否愿意努力思考，故排除 B。研究探讨的是通过添加还是减少元素来做出改进，C 与题干不相关，故排除。D 与第三段最后一句的说法相反。

5. **D 主旨题。** 本文介绍了有关人们 "添加" 思维习惯的一项研究。文章开头就提出问题：为什么我们人类会做得过多呢？随后解释其含义：为什么人们在看到需要改进的情况时，很少将去除某些东西看作解决办法。随后的主要篇幅都在介绍相关研究，分析人们这么做的原因，可知选项 D 准确概括了研究试图回答的问题，故为答案。文章主要篇幅在解释原因，没有提出解决方法，也没有说明思维习惯何时会改变，因此排除 A 和 B。第四段虽然提到了该研究跨学科，但这不是文章讨论的中心议题，故排除 C。

✍ 参考译文

如果像俗话所说，少即是多，为什么我们人类会做得过多呢？[5] 在《自然》杂志封面重点介绍的一篇新论文中，弗吉尼亚大学的研究人员解释了为什么人们很少在各种情况下看到需要改进的情况、物体或想法，并将去除某些东西看作解决办法。[1] 相反，我们几乎总是添加一些元素，不管它是否有用。

科研小组的研究结果揭示了一个根本原因：人们疲于应付繁重的日程安排，机构受困于激增的繁文缛节，而研究人员特别关注的是，人类正在耗尽地球的资源。

工程系统与环境系副教授莱迪·克洛茨说："这会发生在工程设计中，它是我主要关注的领域。但这也发生在写作、烹饪和其他一切事务中——只要想想你自己的工作，你就会看到这种现象。我们首先想到的事情是，我们可以添加什么来使情况变得更好。[2] 我们的论文表明，这样做是对自己不利的，即使彼时唯一正确的答案是做减法。即便有经济上的激励，我们仍不会考虑去减少。"

[3] 克洛茨的研究探索了工程学和行为科学之间的交叠，他与巴顿领导力与公共政策学院的三位同事合作进行了跨学科研究，显示了我们天性有多么喜欢添加。研究人员在考虑人们为什么系统性地默认做加法的两种广泛的可能性时——要么他们对这两种可能性都产生了想法，不成比例地抛弃了用减法解决，要么他们完全忽略了做减法的想法——将重点放在了后者上。

研究人员说："添加的想法很快且很容易浮现在脑海中，而削减的想法则需要更多的认知努力。[4] 因为人们通常行动很快，头脑中出现第一个想法就开始工作，所以他们最终接受用加法解决而根本不考虑减法。"研究人员认为这可能是一种自我强化效应。"人们越是经常依赖加法策略，认知能力就越强。久而久之，寻找做加法思想的习惯可能就会越来越强，而长此以往，我们最终会错过许多通过做减法来改善世界的机会。"

克洛茨的书《减去：关于更少的未开发科学》对这个话题有更广泛的看法，将在《自然》杂志的论文发表一个星期之后出版。他说，尽管时间安排上巧合，但这篇论文和这本书都是弗吉尼亚大学跨学科合作研究环境的产物。克洛茨说："这是一个令人难以置信的有趣发现，我认为我们的研究在各个方面都有巨大的意义，尤其是在工程学方面，能改善我们对造福人类的技术的构思。"

Text 47

文章概览

本文选自 *The Times*，探讨了狗和人类的眼神交流。第一段指出了狗鼻子的长度可能是影响因素之一；第二段提出了眼神交流在狗与人的关系中的重要作用；第三段阐述了眼神交流的生理机制，并指出随着年龄增长，狗的眼神交流能力下降；第四段具体叙述了科学家认为的可能的影响因素：鼻子长度；第五段介绍了一项相关的研究及其发现；最后一段概述可能是狗的眼睛结构和人类的行为共同导致了这一结果。

重难点词汇

wolf down 狼吞虎咽
irresistible /ˌɪrɪˈzɪstəbl/ *adj.* 极度诱人的；不可抵抗的
domesticate /dəˈmestɪkeɪt/ *vt.* 驯养，教化
affection /əˈfekʃn/ *n.* 喜爱；感情
oxytocin /ˌɒksɪˈtəʊsɪn/ *n.* 催产素
proficient /prəˈfɪʃnt/ *adj.* 精通的，熟练的
breed /briːd/ *n.* 品种 *v.* 培育；交配繁殖

confer /kənˈfɜː(r)/ *v.* 授予，给予；商讨
subject /səbˈdʒekt/ *vt.* 使顺从
correlate /ˈkɒrəleɪt/ *v.* 相互关联影响；显示紧密联系
dachshund /ˈdæksnd/ *n.* 腊肠狗
burrow /ˈbʌrəʊ/ *n.* （动物的）洞穴，地洞
hack /hæk/ *vt.* 非法侵入

长难句分析

① If your labrador is not making eye contact, it might not be because it's feeling guilty about wolfing down the biscuits when you weren't looking. (P1S1)

主体句式 If..., it might not be because it's feeling guilty about...when...

结构分析 本句是多重复合句。逗号之前为 If 引导的条件状语从句；主句为 it might not be...；because 引导的从句在整个句子中充当表语，该表语从句中还包括一个 when 引导的时间状语从句。

句子译文 如果你的拉布拉多犬没有和你进行眼神交流，可能不是因为它趁你不在时狼吞虎咽地偷吃饼干而感到内疚。

② One of the theories about dogs is that the ones we think are cutest are those that have "hacked" our own evolution—and our tendency to confer affection on things that look childlike, with big eyes. (P6S3)

主体句式 One of the theories…is that the ones…are those that…—and our tendency to confer affection on things that…

结构分析 本句是多重复合句。句子的主语部分是 One of the theories about dogs，系动词为 is，表语为 that 引导的从句；表语从句的主干部分为 the ones are those，其中主语 the ones 后跟一个省略了引导词 that 的定语从句 we think are cutest，表语 those 后跟一个 that 引导的定语从句；破折号后 and 连接的部分为 that 引导的表语从句的并列部分，其中 things 后跟一个 that 引导的定语从句。

句子译文 关于狗的一个理论是，我们认为最可爱的狗是那些"侵入"了我们进化过程的狗——而且我们倾向于在那些看起来天真无邪、有着大眼睛的东西上施加感情。

💡 题目详解

1. **B** 细节题。关于拉布拉多犬的信息出现在第一段。根据第三句，可知拉布拉多犬不与人直接对视的原因是它的鼻子较长，可见 B 为正确答案。该段第一、二句指出，如果拉布拉多犬没有和你进行眼神交流，不是因为它偷吃饼干，由此可以排除选项 A。选项 C、D 所述内容原文都没有提及，故排除。

2. **D** 细节题。关于狗和人之间的关系的内容在第二段。该段第一句提到，在涉及狗与人的关系的共同进化过程中，眼神交流是一项至关重要的技能，且最后一句引用科学家的话来说明眼神交流在狗与人的关系中的重要性，因此可知答案为 D。选项 A 与原文表述相反，故排除。选项 B 和 C 原文没有提及，故也排除。

3. **B** 细节题。关于眼睛在头两侧的狗的相关内容在第四段。其中第三句提到，这种狗不能聚焦视野中心，这和 B 所述内容一致，故 B 为正确答案。该段第二句指出，当狗的眼睛在头的两侧时，它的视觉范围更大，因此排除选项 A。原文没有提及这种狗视力差或对周围环境更警觉，故排除选项 C、D。

4. **C** 细节题。根据题干信息定位在第五段。根据倒数第三句可知，狗被培育的角色似乎决定了它们与陌生人的眼神交流情况，答案为选项 C。文中并没有指出面部较平的狗不害怕陌生人，故排除选项 A。该段指出只有几条狗被排除在外，没有参与测试，故选项 B 与原文内容不符，注意这里的 quite a few 意思是"不少，相当多"。文中举了牧羊犬的例子，但没有说牧羊犬鼻子很短，故排除选项 D。

5. **A** 主旨题。文章主要探究了狗与人类的眼神交流，指出不同品种的狗与人的眼神交流有差异。文中提到狗鼻子的长度是可能的影响因素，并通过一项测试检验了这一理论，鼻子长短与培育目的可能都起到了一定的决定作用，选项 A 是对原文主旨的合理概括，故为正确答案。文章只在第五段提及牧羊犬，故选项 B 不能概括全篇。文中没有提及狗与狗之间的眼神交流，故排除选项 C。拉布拉多犬偷吃饼干只是原文开头提到的一个可能发生的情况，不能概括全文，因此选项 D 也不选。

如果你的拉布拉多犬没有和你进行眼神交流，可能不是因为它趁你不在时狼吞虎咽地偷吃饼干而感到内疚。可能只是因为它是一只拉布拉多犬。[1] 一项研究发现，鼻子较长的狗不太可能直视你的眼睛。相比之下，那些脸部较平的狗更有可能会用让你难以抗拒的可怜巴巴的眼神看着你。

[2] 在涉及狗与人的关系的共同进化过程中，眼神交流是一项至关重要的技能。当人类建立联系时，他们会直视对方的眼睛。当狗被驯养后，它们用同样的技巧来赢得我们的喜爱。在《科学报告》杂志发表文章的匈牙利科学家团队称，这意味着眼神交流"在狗与人的关系中起着十分重要的作用"。

过去的研究表明，保持眼神交流可以提高狗和其主人体内的催产素水平，这显示了其在两者之间建立联系的作用。但我们也知道，并不是所有的狗都擅长这么做。随着年龄的增长，所有的狗都变得不擅长捕捉你的眼神了——要么是因为它们的视觉处理能力减弱，要么只是因为它们不那么在意了。眼神交流能力似乎也因狗的品种而异。

科学家们调查了可能解释这一现象的一个因素：与其说是狗的品种本身，不如说是因为这个品种的狗的鼻子的长度。[3] 当狗的眼睛在头的两侧时，它的视觉范围更大。这在一定程度上是有益的，但代价是不能聚焦视野中心。这类鼻子长的狗也更容易被周围发生的事情分心。

为了验证这一理论，科学家们对 130 只狗进行了眼神交流测试：记录它们与陌生人进行眼神交流所花的时间，并将其和鼻子长度与头部宽度的比值一起分析。有几条狗根本没有眼神交流，因而不得不被排除在外。不过，大多数都做到了眼神交流。但有一个明显的区别。15 秒后，鼻子最长的狗中约有 80% 直视了科学家的眼睛，而面部最平的狗中这一比例为 90%。[4] 研究人员还发现了一个不太重要的差异，这似乎取决于狗被培育的角色。被培育成遵循视觉线索的牧羊犬表现相对较好，被培育成遵循听觉线索并钻入洞穴的腊肠犬表现相对较差。

科学家们说有可能它们的眼睛结构解释了这种差异。不过，也有可能是人类自身的行为造成的。关于狗的一个理论是，我们认为最可爱的狗是那些"侵入"了我们进化过程的狗——而且我们倾向于在那些看起来天真无邪、有着大眼睛的东西上施加感情。

⚞⚞ Text 48 ⚟⚟

📄 文章概览

本文选自 *New Scientist*，介绍了核热火箭的太空计划。第一段表明美国计划推出核热火箭；第二段指出了核热火箭的工作原理；第三段分析了核热火箭带来的好处及其自身的弊端；第四段给出了风险的解决办法；第五段展望了核热火箭带来的可能性。

📖 重难点词汇

thermal /'θɜːml/ *adj.* 热的；热量的

navigation /ˌnævɪ'ɡeɪʃn/ *n.* 航行；导航

propulsion /prə'pʌlʃn/ *n.* 推进，推进力

manoeuvre /mə'nuːvə(r)/ *v.* 移动；操纵，控制

agility /ə'dʒɪləti/ *n.* 敏捷；灵活；机敏

propellant /prə'pelənt/ *n.* 推进剂

stealth /stelθ/ *adj.* 隐形的

reactor /ri'æktə(r)/ *n.* 反应堆

malfunction /ˌmæl'fʌŋkʃn/ *vi.* 发生故障，不起作用

spiral /'spaɪrəl/ *vi.* 螺旋式上升（或下降）；急剧增长

📓 长难句分析

① The engine will run as long as the supply of propellant—typically hydrogen—lasts, which would probably be for a few weeks. (P2S3)

主体句式 The engine will run as long as…, which…

结构分析 本句是多重复合句。句子的主干是 The engine will run…；后面的 as long as 引导条件状语从句 the supply of propellant lasts，两个破折号中间的内容为插入语；句尾的 which 引导定语从句，修饰前面的主句。

句子译文 只要推进剂——通常是氢气——持续供应，发动机就可以运转，且可能持续几个星期。

② He says that a detailed safety analysis would still be needed before any launch, looking at what might happen if the rocket failed at lift off or blew up in the atmosphere afterwards. (P4S3)

主体句式 He says that a detailed safety analysis would still be needed…

结构分析 本句是多重复合句。主句为 He says that…，that 引导的宾语从句作主句的宾语，宾语从句的主干为 a detailed safety analysis would still be needed；后面的 before 引导时间状语；looking at… 为现在分词短语作伴随状语，该状语中还包括一个由 what 引导的宾语从句和一个由 if 引导的条件状语从句。

句子译文 在任何一次发射之前仍将需要进行详细的安全分析，确认如果火箭发射失败或发射后在大气层中爆炸，可能会发生什么。

💡 题目详解

1. [D] **细节题。** 第一段最后一句指出核热推进使我们在太空中具有灵活性，也就是说，核热推进技术能让航天器灵活移动，故可知选项 D 为正确答案。该段第三句指出这项技术还不足以支持从地球发射火箭，由此可以排除选项 A。根据内森·格雷纳的说法，无论在空中还是地面，移动能力都很重要，文中并没有对二者的比较，故排除 B。该段第二句指出核热火箭的构想由来已久，并不是最近才提出的，故排除选项 C。

2. [A] **细节题。** 根据题干关键词定位到第二段第二句。这句话是在介绍核热火箭概念的起源，因此答案为 A。原文提到钱学森并不是为了证明核热技术的创新性、身在美国的中国科学家的杰出能力以及学术界对该技术的支持，故 B、C、D 三项都不选。

3. [B] **推断题。** 第三段第三句指出这项技术可以跟踪和识别隐形卫星，换句话说，就是可以带来更有力的军事防御，故正确答案是选项 B。该段第一句只说项目重点是发射距离地球更远的卫星，并没有提及已经将核热火箭技术用于外太空任务，因此排除选项 A。该段最后一句中的 it 指的是上一句的 a Soviet spy satellite，只是说遇到特殊情况时，苏联间谍卫星会按照预设程序烧毁，不是说一开始火箭就被预设了烧毁的结局，故排除选项 C。原文并没有提到核热火箭因为苏联卫星事件被放弃，故排除选项 D。

4. [B] **细节题。** 第四段介绍的是避免风险的措施。第一句提到了反应堆的启动时间，它在进入太空之前不会被启动，也就是说，需要在合适的时间启动它，故选项 B 为正确答案。原文没有提到使用低放射性的材料作燃料，故排除选项 A。该段最后一句指出每次发射前都要进行详细的安全分析，这与选项 C 所述内容不符，故排除。原文是说要确认火箭在大气层中爆炸后会发生什么，并不是说在故障发生时将火箭引爆，故也排除选项 D。

5. [C] **态度题。** 题目考查作者对核热推进的态度，需重点关注全文最后一段。作者在分析了核热火箭的原理、利弊及风险解决措施之后，在最后一段对未来进行了展望，指出该项目的成功可能催生新一代的核动力航天器，并有可能给火星等地的探索带来希望，故可知作者对这项技术持乐观积极的态度，故选 C。选项 A 意为"谨慎的"，选项 B 意为"模棱两可的"，选项 D 意为"漠不关心的"，都不能概括作者的态度。

📝 参考译文

美国正在采取措施，到 2025 年前将核热火箭送入太空轨道，为改善太空航行做准备。国防高级研究计划局（DARPA）计划将研究多时的核热火箭构想转变为现实。这项技术虽然还不足以支持从地球发射火箭，但一旦火箭进入太空，却可以提供长时间的推动力。这将使其成为太空轨道或外太空任务中火箭移动的理想选择。DARPA 项目经理内森·格雷纳说："无论在空中、地面，还是海上，移动能力都是一项关键的能力。[1] 核热推进将使我们在太空中具有这种灵活性。"

这种火箭利用核能将冷的推进剂加热到高温，从而使推进剂膨胀并提供推力。[2] 核热推进的想法是由美国空军在 1946 年提出的，钱学森当时还在麻省理工学院，他于 1947 年也提出了这个想法。只要推进剂——通常是氢气——持续供应，发动机就可以运转，且可能持续几个星期。

该项目的研究重点是距地球远至 40 万公里轨道上的卫星，其高度远远高于目前军用航天器进行的空间作业的高度。有了这项技术，军事运营商可以将核动力通信或间谍卫星随意移动到感兴趣的地区。[3] 它还可能带来新的可能性，例如跟踪和识别竞争对手的隐形卫星。发射核动力火箭带来了挑战。1983 年，一个苏联间谍卫星上的核反应堆发生故障并旋转着撞向地球，让人们颇为担忧。幸运的是，它按照预设程序在大气中烧毁了，没有造成任何危害。

[4] 为了降低相关风险，DARPA 反应堆在进入太空之前不会被启动。伦敦帝国理工学院核安全专家劳伦斯·威廉姆斯说："如果反应堆没有运行，那么它基本上只是一堆低浓缩铀。"他说，在任何一次发射之前仍将需要进行详细的安全分析，确认如果火箭发射失败或发射后在大气层中爆炸，可能会发生什么。

[5] 如果 DARPA 项目成功的话，我们很快就能在绕地球轨道和更远的地方看到全新一代的核动力航天器。一直以来，美国宇航局都对火星和其他地方的核热能推进探索任务很感兴趣。

▰▰▰▰▰ Text 49 ▰▰▰▰▰

📑 文章概览

本文选自 www.canadapsilocybin.com 网站，介绍了一项有关将致幻蘑菇的某种成分用于抑郁症治疗的研究。第一段引入话题，总体说明相关的药物研究；第二段重点说明新药物与传统药物的作用机制的区别；第三、四段详细介绍临床试验的具体过程；最后两段介绍临床试验的结果。

📖 重难点词汇

clinical /ˈklɪnɪkl/ adj. 临床的
moderate /ˈmɒdərət/ adj. 中等的；温和的
disorder /dɪsˈɔːdə(r)/ n. 紊乱；不适；疾病
alternative /ɔːlˈtɜːnətɪv/ adj. 可供替代的；非传统的
tolerate /ˈtɒləreɪt/ vt. 忍受；包容

psychotherapy /ˌsaɪkəʊˈθerəpi/ n. 心理治疗
randomly /ˈrændəmli/ adv. 随机；随意
allocate /ˈæləkeɪt/ vt. 拨……（给）；分配……（给）
placebo /pləˈsiːbəʊ/ n. 安慰剂
questionnaire /ˌkwestʃəˈneə(r)/ n. 问卷调查
superiority /suːˌpɪəriˈɒrəti/ n. 优越（性）；优势

📝 **长难句分析**

① Results from the trial have revealed that two doses of psilocybin appear to be as effective as the common antidepressant escitalopram in treating moderate to severe major depressive disorder, at least when combined with psychological therapy. (P1S2)

主体句式 Results...have revealed that..., at least when...

结构分析 本句是复合句。主句主干是 Results...have revealed that...，from the trial 是主句主语的后置定语；that 引导的宾语从句中，谓语为 appear to be，后面是比较结构 as...as...；介词短语 in treating... 作状语，逗号后包含 when 引导的时间状语结构。

句子译文 这项试验的结果显示，两剂的裸盖菇素在治疗中度至重度抑郁症方面似乎与普通抗抑郁药依他普仑一样有效，至少在与心理治疗相结合的情况下是如此。

② Both act on the brain system, he said, but escitalopram seemed to work by helping people tolerate stress more easily, while with psilocybin, it is more about a release of thought and feeling that, when guided with psychotherapy, produces positive outcomes. (P2S2)

主体句式 Both act on the brain system, ..., but escitalopram seemed..., while..., it is...

结构分析 本句是并列句，三个并列分句由转折词 but 和 while 连接，he said 是插入语；前两个分句都为简单句，其中，第二个分句中的 by helping...easily 为介宾短语作方式状语，修饰 work；连词 while 在此处表示对前后两种药物的情况进行对比，其后的分句为复合句，主干为 it is more about a release of thought and feeling，其后为 that 引导的定语从句，修饰 a release of thought and feeling，该从句中还包含了 when 引导的时间状语结构。

句子译文 他说，这两种药物都作用于大脑系统，但依他普仑的作用似乎是帮助人们更容易忍受压力，而用裸盖菇素，更多的是与释放思想和感觉有关，在心理治疗的指导下，会产生积极的结果。

💡 **题目详解**

1. B 细节题。第一段首句说，致幻蘑菇中的某种成分可能用于治疗抑郁症，一项临床试验的结果显示这种方法是有效的，最后还引用研究者的话说明这可能是一种大有前景的抑郁症替代疗法。可知这项试验的目的是测验一种新的疗法，故答案为 B。根据原文，试验的目的不是为了研发新的蘑菇，故排除 A。文章开头虽然提到了蘑菇的某种成分，但试验的目的是测试其药用价值，而不是研究蘑菇成分，故排除 C。第一段没有提到医学理论，只有临床医药和疗法，因此 D 不符合原文。

2. C 细节题。原文多处提到了卡哈特-哈里斯的话。第二段第二句他比较了新药物与传统药物的作用机制的区别，指出前者是帮助患者释放思想和感觉，而后者是让患者更容易忍受压力。可知新药物重在通过"释放"来缓解心理压力，故答案为 C。他说两种药物都作用于大脑系统，但不能确定是否会改变大脑的运行方式，故 A 属于过度推断。新药物在心理治疗的指导下会产生积极的效果，但不是说新药物改善了旧的心理疗法，故排除 B。选项 D 是对第二段结尾处 positive outcomes 的误解，原文指的是积极的治疗效果，而不是积极的人生态度。

3. D 细节题。有关试验过程的内容主要集中于第三、四段。第三段第二句提到，在服用第一剂裸盖菇素的第二天，这组人开始每天服用安慰剂，可见裸盖菇素试验组使用了一定剂量的安慰剂，故正确答案为 D。原文虽然提到了心理治疗，但并未说明时间是六周，故排除选项 A。第三段最后一句提到另外 29 名受试者在服用第一剂裸盖菇素后的第二天开始每日服用依他普仑，剂量随着时间的推移而增加，可见选项 B 与此不符，故排除。选项 C 与最后一段第二句所述相反，原文说抑郁症状缓解，故也排除。

4. **A** **观点题**。关于新疗法的效果，文章在多处透露出研究人员的看法：第一段末句说这种疗法可能大有前景，第二段末尾说它会产生积极效果，第五段说这种疗法具有潜在优势。综合而言，研究人员对这种新疗法的效果还是比较认可的，故选项 A 表述正确。

5. **A** **主旨题**。文章开篇即提到致幻蘑菇中的某种成分可能在抑郁症的治疗中发挥重要作用，在一项临床试验中显示出前景良好的结果，随后介绍了这种新药物的作用机制、相关临床试验的具体过程及试验结果，指出这种新药物对于缓解抑郁症状是有效的，可见 A 的概括较为全面和恰当，故为答案。选项 B 只涉及第二段的信息，且误将一种试验药物说成是多种，故排除。文章所涉及的主要研究对象只是一种疗法，而不是多种疗法，因此 C 说法不准确。原文中没有提及致幻蘑菇的特征，故排除 D。

参考译文

　　科学家说，致幻蘑菇中的某种成分可能在抑郁症的治疗中发挥重要作用，在一项临床试验中显示出前景良好的结果。这项试验的结果显示，两剂的裸盖菇素在治疗中度至重度抑郁症方面似乎与普通抗抑郁药依他普仑一样有效，至少在与心理治疗相结合的情况下是如此。[1][4] 这项研究的合著者罗宾·卡哈特-哈里斯博士说："我认为，公平地说，研究结果表明，我们可能有望找到另外一种大有前景的抑郁症替代疗法。"

　　卡哈特-哈里斯说，人们认为裸盖菇素的作用方式与依他普仑根本不同。[2][4] 他说，这两种药物都作用于大脑系统，但依他普仑的作用似乎是帮助人们更容易忍受压力，而用裸盖菇素，更多的是与释放思想和感觉有关，在心理治疗的指导下，会产生积极的效果。

　　在为期六周的试验中，59 名中度至重度抑郁症患者中的 30 人被随机分配，每隔三周服用两次 25 毫克剂量的裸盖菇素。[3] 在服用第一剂裸盖菇素的第二天，这组人开始每天服用安慰剂。另外 29 名受试者则每隔三周服用两次剂量很低或"药性不活跃"的裸盖菇素。在服用第一剂裸盖菇素的第二天，该组开始每日服用依他普仑，剂量随着时间的推移而增加。

　　每次服用裸盖菇素的治疗期都由至少两名心理健康专家监督。受试者在完成一个裸盖菇素治疗期后的第二天接受心理治疗，并在使用第一剂药后的一周内接受一通电话或视频通话。

　　发表在《新英格兰医学杂志》上的研究结果显示，根据受试者完成的问卷调查得出的分数，六周后两组患者的抑郁症状的严重程度平均下降幅度相似。不过，有其他的不同之处。卡哈特-哈里斯说："正如我们所预测的，裸盖菇素疗法比依他普仑见效更快。"[4] 他还补充说，其他量化比较的结果"暗示了裸盖菇素疗法的潜在优势"，不仅对于抑郁症，而且对健康的其他方面亦是如此。

　　他提示说，由于研究小组没有考虑到正在进行比较的样本数量，研究结果并不是不容置疑的。然而，研究小组注意到，在六周结束时，裸盖菇素组有 57% 的患者的抑郁症状得到缓解，而依他普仑组则有 28% 的患者的抑郁症状得到缓解。两组都没有严重的副作用。

第 **4** 章　商业经济类

▰▰▰Text 50▰▰▰

📖 文章概览

　　本文选自 *The Economist*，主要介绍了金融科技公司在非洲的兴起和发展。文章开头两段讲到了金融科技公司在非洲快速扩张，投资量巨大，并说明了其主要客户人群；第三段介绍金融科技进入非洲的政策背景；第四、五段指出新的金融科技相对传统金融机构的突破以及它可能给相关行业带来的挑战；最后一段结合前文，表明作者对金融科技未来发展态势的预判。

📖 重难点词汇

frenzy /ˈfrenzi/ *n.* 狂热，疯狂

catch the bug 追赶风潮；突然感兴趣

entrepreneurial /ˌɒntrəprəˈnɜːriəl/ *adj.* 创业的；具有企业家素质的

upstart /ˈʌpstɑːt/ *n.* 新手

fertile /ˈfɜːtaɪl/ *adj.* 富饶的；能产生好结果的

stem from 源于

ratify /ˈrætɪfaɪ/ *vt.* 正式批准；使正式生效

incumbent /ɪnˈkʌmbənt/ *n.* 在职者；现任者

drastically /ˈdræstɪkli/ *adv.*（变化）剧烈地；彻底地

bumper /ˈbʌmpə(r)/ *adj.* 异常大的；丰盛的

📝 长难句分析

① One reason for firms to expand geographically stems from the African Continental Free Trade Area agreement, a deal that was first agreed on in 2018 and which has now been ratified by 38 countries. (P3S1)

　主体句式　One reason...stems from..., a deal that...and which...

　结构分析　本句是复合句。句子的主干是 One reason...stems from the African Continental Free Trade Area agreement。for 引导的介宾短语作后置定语，修饰 One reason。句子主干之后是 the African Continental Free Trade Area agreement 的同位语 a deal，之后有两个并列的定语从句 that was first agreed on in 2018 和 which has now been ratified by 38 countries，共同修饰 a deal。

　句子译文　企业在地域上扩张的一个原因来自非洲大陆自由贸易区协议，该协议于 2018 年首次达成，目前已得到 38 个国家的批准。

② It lets Nigerians in Britain send money home instantly, and could revolutionise transfers in sub-Saharan Africa, which has some of the highest remittance costs in the world. (P4S6)

　主体句式　It lets Nigerians..., and could revolutionise transfers..., which...

　结构分析　本句主体是并列句，由连词 and 连接。两个分句主语均为 It，第二个分句的主语 It 承前省略了，谓语动词分别为 lets 和 could revolutionise。第二个分句后是 which 引导的非限制性定语从句，补充说明之前的 sub-Saharan Africa。

　句子译文　它可以让身在英国的尼日利亚人立即将钱汇回家，并可以彻底改变撒哈拉以南非洲地区的汇款方式，而该地区的汇款成本是世界上最高的。

1. C 细节题。 第一段首句提到，非洲正在追赶全球范围内的支付狂潮。第二句更明确地说到，非洲有大量的金融科技外资涌入。最后一句指出了其原因，即投资者看中了年轻的非洲才俊相较传统企业更强的创新能力，故答案为 C。A 是对本段最后一句的曲解，原文虽然提到要解决最紧迫的金融问题，但这只是投资金融科技可以达成的效果，不可理解为这是投资方的投资原因，而且原文中也没有提到非洲有很多需要解决的金融问题，故排除。B 与文章开头描述的现象相反，故排除。定位段第二句虽然提到了金融科技公司进入新的服务领域，从句间关系可知，这并不是投资者选择非洲的原因，而是结果，故排除 D。

2. D 细节题。 第二段介绍非洲的金融科技发展状况，其中第四句提到，非洲长期被传统贷款机构忽视的无银行账户的人转而求助于新兴贷款机构。由此可知，非洲新的金融科技公司主要服务的客户是这些以前没有银行账户的人，故答案为 D。A 是根据本段倒数第二句设置的干扰，原句只说科特迪瓦的大部分学生使用手机支付学费，未提及大学生是新的金融科技公司主要服务的客户。文中没有提到数字专家，故排除 B。该段第二句提到了青年企业家，但是这些人是金融科技领域的创业者，而非客户，故排除 C。

3. B 细节题。 作者在第四段中举了无息贷款公司 OPay 以及可方便办理跨国汇款的公司 Chipper Cash 的例子。在第一个例证后，作者提到通过 OPay 申请贷款比到银行申请更容易。在第二个例证后，作者指出 Chipper Cash 的汇款可以即时到账，彻底改变了撒哈拉以南非洲地区的汇款方式。由这两个例子可知新金融科技公司比传统银行更加便利，故正确答案为 B。定位段中并没有说新金融科技公司更受低收入人群欢迎，故排除 A。第一个例证中只说明申请无息贷款更加容易，未提及服务费用的问题，故排除选项 C。选项 D 是利用定位段第五句设置的干扰，原文只说 Chipper Cash 正着眼于非洲以外的市场，但没有提到拓展亚洲市场。

4. A 词义题。 设问词所在句是最后一段首句，根据介词 Despite 可知设问词所在部分与句子主干部分为转折关系，而主干部分说非洲最大的初创企业仍然相对年轻，可见 bumper 应表示正面肯定的含义，因此可先排除 B 和 C。本文指出金融科技领域在非洲是新兴领域，讲到了它的投资增长和业务拓展，因此选 fruitful（收获颇丰的）更符合上下文，选项 A 为正确答案，同时排除 D。

5. C 态度题。 本文主要围绕金融科技公司在非洲的发展展开论述，说明了金融科技公司在非洲的投资规模、客户人群、背景情况、给相关机构和行业带来的挑战等。最后一段作者总结前文，首先表示这个行业是收获丰厚的，尽管还在逐渐走向成熟，但已经开始受到世界的关注。可见作者对非洲的金融科技公司还是充满信心的，故 C 为答案。根据上述分析，作者对非洲的金融科技公司持肯定态度，而 A 和 B 为负面态度，故排除。作者提到了非洲的金融科技发展还不成熟，因此 D 说法不恰当，也应排除。

✍ 参考译文

支付狂潮正在全球范围内蔓延，而非洲正在追赶风潮。随着外国投资的涌入，非洲的金融科技公司正在整个非洲大陆扩张，并进入新的服务领域。对金融科技投资者来说，非洲是一个显而易见的选择。[1] 他们相信，年轻的非洲才俊能够比传统企业更快地走出一条创新之路，解决该地区最紧迫的金融问题。

到 2025 年，非洲大陆将拥有 15 亿人口，其中大多数人将在互联网时代长大。尼日利亚今年获得了非洲近三分之二的金融科技投资，拥有一批青年企业家。但超过一半的尼日利亚人没有银行账户。[2] 在整个非洲大陆，具有数字知识的无银行账户（和银行服务使用不足）的人，长期以来多半被传统贷款机构忽视，转而求助于新兴贷款机构。例如，在科特迪瓦，到 2014 年，94％ 的学生的学费是用手机支付的。这为像 Wave 这样的公司提供了发展的沃土，该公司于 4 月进入该国。

企业在地域上扩张的一个原因来自非洲大陆自由贸易区协议，该协议于 2018 年首次达成，目前已得到 38 个国家的批准。作为协议的一部分，泛非支付和结算系统于 9 月启动，以使该地区的许多系统更好地协同工作。

对于非洲最大的几家金融科技公司而言，简单的支付只是一个切入点。OPay 成立于三年前，曾经是一款叫车应用软件。[3] 它现在为无正式工作的工人提供无息信贷，比申请银行贷款要更容易。该公司目前价值约 20 亿美元，与尼日利亚最大的银行旗鼓相当。由亚马逊创始人杰夫·贝佐斯支持的 Chipper Cash，正在着眼于非洲以外的市场。[3] 它可以让身在英国的尼日利亚人立即将钱汇回家，并可以彻底改变撒哈拉以南非洲地区的汇款方式，而该地区的汇款成本是世界上最高的。

银行可能不是唯一一感受到新兴企业威胁的现有企业。在某些情况下，随着支付领域的竞争加剧，提供移动支付服务的电信供应商正在大幅降低费用。竞争让监管者难以控制一个正在迅速发展的行业。

[4] 尽管今年是丰收年，但与新兴世界其他地区的公司相比，非洲最大的初创企业仍然相对年轻。在这样一个庞大的市场中把支付业务做好可能会释放出大量的机会。[5] 今年呈现出的激烈的、跨大陆的竞争表明，尽管非洲金融科技仍在走向成熟，但世界终于开始关注它了。

Text 51

📖 文章概览

本文选自 NPR(美国国家公共广播电台) 网站，探讨了美国本土石油能否增产的问题。前两段简要描述美国油价的现状，说明了美国政府特别是拜登总统对美国石油增产的希望，随后说明生产商的态度——难以增产。随后的四段分析了给增产带来阻碍的两个因素：第三、四段分析第一个因素，即劳动力不足问题；而第五、六段则分析最大的障碍：投资者因为石油行业的回报不稳定不愿增加投资，导致石油产量难以增加。

📖 重难点词汇

surge /sɜːdʒ/ *vi.* 急剧上升；激增

sanction /ˈsæŋkʃn/ *n.* 制裁；（正式）许可，批准

spigot /ˈspɪɡət/ *n.* （尤指户外的）龙头

crash /kræʃ/ *v.* 暴跌；（突然）贬值

notoriously /nəʊˈtɔːriəsli/ *adv.* 众所周知地；恶名昭彰地

volatile /ˈvɒlətaɪl/ *adj.* 不稳定的；易变的

boom-and-bust 兴衰，繁荣与萧条交替

dividend /ˈdɪvɪdend/ *n.* 股息；红利

📖 长难句分析

① Although his administration is looking to countries such as Saudi Arabia to pump more oil, as well as potentially easing sanctions on Iran and Venezuela, he still believes U.S. oil producers are well equipped to boost production. (P1S4)

主体句式 Although..., he still believes...

结构分析 本句是复合句。主句主干是 he...believes，其后是省略了连接词 that 的宾语从句。主

句之前是 Although 引导的让步状语从句，该从句主体是第一个逗号前的部分，之后是 as well as 引导的动词现在分词短语 easing...，作该从句的伴随状语。

句子译文 尽管拜登政府正期待沙特阿拉伯等国开采更多石油，并可能放松对伊朗和委内瑞拉的制裁，但他仍然相信美国的石油生产商有能力提高产量。

② Last year, oil and gas producers recovered about half of the jobs lost, but there are still about 12,400 fewer workers producing oil and gas as there were before the pandemic. (P4S4)

主体句式 ..., oil and gas producers recovered..., but there are...fewer...as there were...

结构分析 本句主体为并列句，由转折词 but 连接。前一并列分句为简单句。后一分句包含了比较句型 there are...fewer...as there were...。

句子译文 去年，石油和天然气生产商恢复了约一半失去的工作岗位，但生产石油和天然气的工人仍比疫情前少了约 1.24 万人。

💡 题目详解

1. A 推断题。第一段第三、四句提到了拜登总统，其中第三句说他"似乎也参与其中"，结合上文，这句话是说他似乎也认为石油生产商可以在美国开采更多的石油。第四句说他相信美国的石油生产商有能力提高产量，可见选项 A 所述符合原文，故为答案。第一段第四句是说拜登政府正期待沙特阿拉伯等国开采更多石油，而不是拜登敦促沙特阿拉伯增加石油出口，故排除 B。首段第二句只说近期美国油价上涨，但后文未说拜登试图阻止国内油价上涨，故排除 C。第二段中提到石油企业高管对增加产量的态度，并未提及拜登拒绝他们的提议，故选项 D 与原文不符。

2. D 细节题。第三、四段介绍了增加石油产量在操作上的挑战，其中第三段末尾讲到了产量降低，第四段则指出工人数量一直在下降是无法恢复并提高产量的原因，因此选项 D 为正确答案。定位部分没有提到钻井价格高和石油储量不足，故排除 A 和 B。C 是利用第四段第二句中的 demand for oil fell off a cliff 设置的干扰项，但这里是说新冠疫情使石油需求急剧下降，从而使许多工人被解雇，与题意不符，故也排除。

3. B 词义题。设问词位于第五段第四句，其主语为 Oil prices。设问词之后是 with 引导的伴随状语，说明油价导致石油行业遭受 boom-and-bust cycles（繁荣和萧条的循环周期）。可知设问词应表示"不稳定"或"上下波动"之意，故答案为 B。A 意为"过高的"，虽然文中说到了石油价格飞涨，但价格上涨不会导致繁荣和萧条的循环周期出现，故排除。C 意为"一成不变的"，不符合语义逻辑，故排除。设问词之前有 notoriously 作为修饰，该词含贬义，推知设问词不可能表示 reasonable 这样的正面含义，故排除 D。

4. A 细节题。第五段指出，由于石油价格不稳定，使得投资者有时遭受损失，不想追加额外投资。第六段最后指出，正是那些投资者现在可能会阻止石油公司过度增产，可知阻碍石油产量增加的最大障碍来自投资者，故答案为 A。由定位段可知，生产商不敢增加产量是顾忌投资者，并非自身原因，故排除 B。第四段虽然提到了雇员减少，但根据第五段首句，这不是最大的障碍，故排除 C。由文章开头可知，政府并未阻碍石油产量提升，拜登总统甚至还鼓励生产商加大产量，因此选项 D 与原文相悖。

5. C 态度题。文章一直在探讨美国石油产量加大的障碍，最后一句指出投资者可能会阻止石油公司过度增产，可知作者对美国石油产量增加的前景是不看好的，故答案为 C。由上述分析易先排除 A 和 B。作者在文中一直探讨美国石油的增产问题，不会对此事漠不关心，因此排除 D。

这似乎是一个合乎逻辑的解决方案。随着本月（美国）国内汽油价格的飙升，石油生产商本可以在美国开采更多的石油。与石油行业有着复杂历史的拜登总统似乎也参与其中。[1] 尽管拜登政府正期待沙特阿拉伯等国开采更多石油，并可能放松对伊朗和委内瑞拉的制裁，但他仍然相信美国的石油生产商有能力提高产量。

然而，事实证明，让美国生产商开采更多石油，说起来容易做起来难。石油领域高管警告称，他们短期内无法增加美国的石油产量。美国石油生产商在提高石油产量方面主要面临以下挑战。

第一个挑战是操作上的。多钻几口油井并不像转动一个龙头并看着石油喷涌出来那么简单。根据美国能源信息管理局的最新数据，目前美国每天的原油产量为 1,160 万桶。这低于 2020 年 3 月的水平，当时美国每天生产 1,300 万桶原油。

[2] 自 2015 年以来，生产石油和天然气的工人的数量一直在稳步下降。然后，当新冠疫情开始，石油需求急剧下降时，许多工人被解雇了。根据劳工统计局的数据，该行业的就业人数从 2020 年 2 月的 13.7 万人减少到一年后的 11.3 万人。去年，石油和天然气生产商恢复了约一半失去的工作岗位，但生产石油和天然气的工人仍比疫情前少了约 1.24 万人。这将使石油公司更难配备工作人员来钻额外的油井，以开采更多的石油。

然而，对美国石油生产商来说，最大的因素可能只是担忧。在过去十年中，美国的石油产量出现了巨大的增长。但当 2014 年油价暴跌时，投资者损失惨重。[3] 石油价格的起伏不定是众所周知的，石油行业时常遭遇繁荣和萧条的循环周期。但在过去几年中，投资者一直在向石油生产商明确表示，他们不应该为了追求下一次的石油行业繁荣而向额外的钻探注资。相反，他们希望石油公司回报投资者。

相应地，石油勘探和生产公司记录了股息的大幅增长。根据晨星美国市场指数，以美元计算的每股平均股息从 2018 年的 14 美元增长到了 2021 年的 40 美元，增幅超过 180%。[4][5] 正是那些投资者现在可能会阻止石油公司过度增产，即使其他人在推动"钻探（更多石油的）"方法。

Text 52

本文选自 *The Economist*，介绍了植物性替代蛋白食品的发展并分析了其优劣。前两段指出植物性替代食品近年来取得了很大进展，吸引了高额投资；第三、四段分析该行业能持续发展的原因，包括食品本身的改善和消费者观念上的认同；第五段话锋一转，指出植物性替代蛋白食品的局限和面临的挑战；最后一段作者表明自己的看法，替代性蛋白质一时难以取代动物蛋白质，在食品行业并不算主流。

vegan /ˈviːɡən/ *adj.* 纯素的

assortment /əˈsɔːtmənt/ *n.* 各种各样

lap up 欣然接受；轻信

saturated /ˈsætʃəreɪtɪd/ *adj.* （溶液）饱和的

fanatic /fəˈnætɪk/ *n.* 入迷者；狂热信徒

faddish /ˈfædɪʃ/ *adj.* 时尚的；流行一时的

bulging /ˈbʌldʒɪŋ/ *adj.* 隆起的，鼓起的

cholesterol /kəˈlestərɒl/ *n.* 胆固醇

substitute /ˈsʌbstɪtjuːt/ *n.* 代替物，替代者

appetiser /ˈæpɪtaɪzə(r)/ *n.* 开胃品

📝 长难句分析

① One reason to be hopeful is that unlike those early products, which were neither terribly tasty nor particularly nutritious, the latest product is often both tasty and nutritious. (P3S1)

主体句式 One reason…is that…the latest product is…

结构分析 本句是双重复合句。主句简短，即 One reason…is，其后是 that 引导的表语从句。该从句的主体部分是 the latest product is often both tasty and nutritious，主体部分之前是 unlike 引导的介宾短语及其后 which 引导的非限制性定语从句。

句子译文 盛况有望持续的理由之一是，与那些既不是非常美味也不是特别有营养的早期产品不同，最新的产品往往既美味又有营养。

② Plant-based proteins are also a tough sell in giant markets like India, where diets are already plant-rich, or Nigeria, where meat-eating is a sign of wealth. (P5S4)

主体句式 Plant-based proteins are also a tough sell in giant markets like India…or Nigeria…

结构分析 本句是复合句。主句主体为 Plant-based proteins are also a tough sell。由连词 or 连接的两个作介词 like 的宾语的国家名 India 和 Nigeria 之后均有一个 where 引导的非限制性定语从句，补充说明这两个国家的相关信息。

句子译文 植物性蛋白食品在庞大的市场也很难卖，比如在印度，那里人们的饮食中已经富含素食，或者在尼日利亚，吃肉在那里是财富的象征。

💡 题目详解

1. [A] 细节题。第一段就讲到了替代性的素食品发展势头良好。第一句以纯素乳制品为例，说明它需要在外观、口感乃至起泡这样的品质上模仿牛奶。第三段第二句再次指出，现在的植物性蛋白替代食品在质地、口感和营养上都有改善，可知 A 为正确答案。文中没有说植物性替代食品价格上涨，故排除 B。第三段中提到了营养方面的改善，但未提及复杂性，故排除 C。原文未说到植物性替代食品的功效是否有改进，故排除 D。

2. [B] 语义理解题。设问词组在第二段倒数第二句，作该句的谓语动词，主语是生产替代性的蛋白食品的公司，宾语是投资金额。结合前一句所述，热切的投资者们纷纷涌入该行业，可见设问词组所在句是为了以投资金额印证前面这句话，该词组应表示 "获得" 或 "接受" 等含义，故 B 为答案。根据上述分析，选项 A "撤回" 与语境相悖，故排除。由设问句之前的信息可知，是投资者想要进入这个行业，而不是这些公司去要求投资，故排除 C。设问句的后半部分讲到了投资额的上升幅度，D "减少" 与原文语义相反，故排除。

3. [D] 细节题。作者在第四段集中说明一些人选择植物性替代蛋白食品的原因。最后一句表明，具有气候意识的人认为生产这类食品的温室气体排放量较低。可知这些人是出于环境保护的因素选择这类食品的，因此 D 表述正确。原文只说有人出于健康原因要减少饱和脂肪的摄入，但未说他们能变得更苗条，故排除 A。B 和 C 在原文中没有提及，故排除。

4. [C] 细节题。第五段开头指出，替代性的素食品在口感上还有待进步，其营养价值也难以媲美动物蛋白。接着从环保、饮食观念和特定消费人群的角度分析了植物性替代食品的局限性，可知这种食品还不够好，故答案为 C。根据定位段第四句，这种食品在印度和尼日利亚这样的国家不太容易被接受，可知这里的市场不易扩展，故排除 A。B 曲解了本段第二句，原文是指有些植物性食品是垃圾食品，但不可理解为植物性食品都是垃圾食品。本段最后一句说动物源性食品更有利于儿童的发育，但不可由此推断出植物性蛋白食品会阻碍儿童的发育，因此排除 D。

5. A 态度题。 文章介绍了植物性替代蛋白食品的快速发展并对其进行了分析。文章前半部分着重于这种食品发展的盛况，后半部分有针对性地分析了这种食品的局限。最后一段第一句指出替代性蛋白质一时难以取代动物蛋白质，最后一句又强调植物性食品制造商在食品行业并不算主流。可知作者对其发展持谨慎态度，故答案为 A。作者引用数据、事例进行客观分析，观点明确，没有讽刺意味，故排除 B 和 D。作者对这个行业的发展并不乐观，故排除 C。

参考译文

　　[1] 优质的纯素乳制品需要看起来像牛奶，尝起来也像牛奶，而且对于喝咖啡的人来说，它还应该像奶牛产的奶一样完美地起泡。多年来，制造商一直难以破解这个精细的仿制技巧。快速增长的收入表明，他们目前在这方面做得好多了。

　　仅在美国，植物性乳制品的销售额就从 2018 年的 20 亿美元上升到了 2021 年的 26 亿美元。动物性奶制品的植物性替代品的种类越来越多，人造奶制品仅是其中之一。现在不仅有以假乱真的人造肉，还有人造奶酪、人造鸡蛋甚至人造虾。不断增长的销售额表明，人们对这种食品的兴趣越来越大。波士顿咨询公司估计，到 2035 年，替代蛋白质的全球收入可能高达 2,900 亿美元——而这只是谨慎估计。[2] 热切的投资者们纷纷涌入该行业。生产替代性的蛋白食品的公司在 2021 年喜获 50 亿美元的投资，比 2020 年增加了 60%。这样的盛况能持续下去吗？

　　盛况有望持续的理由之一是，与那些既不是非常美味也不是特别有营养的早期产品不同，最新的产品往往既美味又有营养。[1] 巧妙的加工改善了质地，添加剂提升了口感，少量经过特殊加工的豌豆和菜豆增加了营养。厂家正在尝试更多新奇的配料，以寻找类似肉类和乳制品的特性，来吸引更多顾客。

　　出于健康原因，一些人正试图减少摄入饱和脂肪。追求时尚饮食的健身狂热者希望在不增加胆固醇的情况下练出肌肉块儿。[3] 对动物福祉和饲养家畜产生的温室气体排放的担忧，促使具有气候意识的人限制他们对于动物源性食物的摄入，因为生产一克牛肉产生的温室气体排放量是生产一克豆腐的 25 倍。

　　[4] 虽说有这些好处，但要让素食品吃起来不像素食品，还是要费些功夫，而且过度加工的替代品在营养价值上很少能与动物蛋白相媲美。植物性垃圾食品也还是垃圾食品。有环保意识的消费者逐渐意识到，植物性并不一定意味着可持续。植物性蛋白食品在庞大的市场也很难卖，比如在印度，那里人们的饮食中已经富含素食，或者在尼日利亚，吃肉在那里是财富的象征。这限制了植物性蛋白食品的全球吸引力。尽管实验室培育的肉类和乳制品正变得更有营养，但包括牛奶在内的动物源性食品更有利于儿童的发育。

　　这一切都表明，[5] 替代性蛋白质要取代动物蛋白质还有很长的路要走。这些限制可能会令相关的企业担忧。2021 年销售额增速放缓，2022 年第一季度亏损扩大至 1 亿美元，而一年以前的同期亏损数额为 2,700 万美元。[5] 植物性食品可能不再只是饮食中的开胃品，而在食品行业中它们的制造商却还只是一道"开胃菜"。

📖 文章概览

本文选自 *The Economist*，文章介绍了超音速飞行服务行业的新动向，以及有关方面对此的看法。第一段以过去超音速飞机的缺点引出后文对新机型的介绍；第二段集中介绍了新的超音速飞机"1号序曲"的优点；第三段说明投资方对此的积极反应以及对市场的预期；最后两段是对超音速飞行发展制约因素的分析，以及对此不大看好的有关方面的说法。

📖 重难点词汇

cramped /kræmpt/ *adj.* 狭窄的

cruise /kruːz/ *vi.* 以平稳的速度行驶

supersonic /ˌsuːpəˈsɒnɪk/ *adj.* 超音速的；超声速的

overture /ˈəʊvətʃʊə(r)/ *n.* 序曲；建议；友好姿态

propel /prəˈpel/ *vt.* 推动；驱使

option /ˈɒpʃn/ *n.* 购买权

head off 拦住；防止（不愉快的事）发生

cumulative /ˈkjuːmjələtɪv/ *adj.* 累计的；（在力量或重要性方面）聚积的

hurdle /ˈhɜːdl/ *n.* 难关；障碍；[pl.] 跨栏赛

duopoly /djuːˈɒpəli/ *n.* 两强垄断集团

📝 长难句分析

① Mr. Scholl promises that supersonic fares, once only for the very rich, will now be "for everyone"—or at least those who can afford to fly business on the same route. (P2S5)

主体句式 Mr. Scholl promises that...

结构分析 本句是多重复合句。主句是 Mr. Scholl promises，其后是第一重从句，即 that 引导的宾语从句，该从句的主语 fares 和谓语部分 will now be 之间是插入语，表语部分是 for 引导的介宾短语；第二重从句是 who 引导的定语从句 who can afford to fly business on the same route，修饰之前的介词宾语 those。

句子译文 斯科尔先生承诺，票价一度只适合超级富人的超音速飞机，现在将"适合所有人"——或者至少是有能力乘坐同一条航线商务舱的人。

② It puts the cumulative size of the market at between $80bn and $280bn by 2040, depending on regulatory hurdles and whether the planes are delivered on time, on budget and operate as promised. (P3S2)

主体句式 It puts the cumulative size of the market at..., depending on...and whether...

结构分析 本句主体部分为简单句，主谓结构是 It puts the cumulative size of the market at between $80bn and $280bn，其中 put sth. at 是短语动词，意为"估算"；句子主体部分之后是现在分词 depending 引导的伴随状语，介词 on 后是 and 连接的两个并列宾语，其中第二个宾语为 whether 引导的名词性从句。

句子译文 它预计，到 2040 年，该市场的累计规模将在 800 亿美元至 2,800 亿美元之间，具体将取决于监管障碍以及飞机是否按时交付、是否按预算交付以及是否按承诺运营。

💡 题目详解

1. **B** **篇章结构题**。第一段提到了过去的超音速飞机的代表——协和式超音速飞机，指出它的几个缺点，包括噪音太大、空间狭窄和票价过高等，而第二段则说，新的机型"1号序曲"避免了协和式飞机的缺陷，可见作者提到协和式超音速飞机是为了作为新机型的对照，故 B 为答案。

由前面的分析先排除 D。本文内容始终围绕超音速飞机的发展，没有探讨与和谐有关的话题，故排除选项 A。第一段并没有讲述具体的背景事件，故选项 C 也应排除。

2. D **细节题**。第二段介绍了"1 号序曲"喷气式飞机的优点，其中最后一句指出，民用引擎让飞机在相对安静的环境中飞行，并会使用可持续燃料，以防遭到环保人士的指责，可见该机型较为环保，故答案为 D。选项 A 是对定位段第五句的曲解，原文比较的是同航线的票价。本段第二句说到，"1 号序曲"的飞行速度是 1.7 倍音速，而协和式飞机是两倍音速，可见新机型在速度上没有改进，故排除 B。前两段中没有提及协和式飞机具体的运载量，所以无从比较两种不同机型的运载量，故 C 不符合原文。

3. A **语义理解题**。设问短语在第四段开头的问句中，随后的论述应该是对此问题的回答。作者指出目前还不太可能有大量现金交易，并举了另一家想要制造超音速飞机的公司意外倒闭的事例，可见作者在分析超音速飞机快速发展是否可行，因此首句应是在问超音速飞机的发展是否现实，故 A 为答案。后文没有论及其是否有吸引力、优越性或重要性，故排除其余三项。

4. C **细节题**。文章最后两段都涉及超音速飞机发展的一些影响因素，其中第五段首句指出，美国法规禁止在陆地上空以超音速飞行，这就排除了穿越北美的可能性，而北美是许多商务旅行者和世界上大多数商务飞机的所在地，可知法规壁垒是制约超音速飞行的因素，故 C 项正确。第四段中虽然提到了公司倒闭的事例，但也提到它获得了订单，可见资金支持不是主要问题，故排除 A。第五段首句提到了超音速飞机不能穿越北美，但没有说其航线设置不合理，故排除 B。文中虽然提到打算制造超音速商务飞机的公司倒闭，但并未说该行业的生产能力有限，可知 D 不符合原文。

5. B **观点题**。作者在第二段介绍了新超音速飞机的特点后，后文三段介绍了各方对超音速飞行发展的不同看法。其中第三段提到了支持方，而第四、五段则提及不少制约因素。最后一段最后一句作者说，对于普通乘客而言，以超音速飞行还有一段路要走，可见作者觉得超音速飞行的发展前景难以确定，故 B 为答案。原文只涉及票价问题，并没有说成本很难降低，故排除 A。第四段虽然说现在不太可能有大量的现金交易，但没有说投资有高风险，可知 C 不符合原文。D 是根据第五段后半部分设置的干扰项，该部分提到一家银行和两大航空公司的看法，它们认为超音速飞行还不够便宜，不符合消费者的需求，但这并非作者的看法。

参考译文

27 年来，协和式超音速飞机代表着喷气式飞机的魅力。然而它优雅的三角翼伴随着高油耗军用引擎所发出的震耳欲聋的噪音；在座位狭小的拥挤的机舱里提供香槟酒；以两倍于音速的速度飞行，使穿越大西洋的时间缩短了大约一半，不过费用也是普通商务舱的两倍。

"继续协和式超音速飞机事业"，美国初创公司 Boom 超音速的首席执行官布莱克·肖尔这样描述该公司正在开发的"1 号序曲"喷气式飞机。[1] 在避免协和式超音速飞机缺陷的同时，它可搭载多达 88 名乘客，并以 1.7 倍于音速飞行。这对美国联合航空公司具有吸引力。6 月 3 日，该公司同意购买 15 架此种飞机，并取得了另外 35 架的购买权。肖尔先生承诺，票价一度只适合超级富人的超音速飞机，现在将"适合所有人"——或者至少是有能力乘坐同一条航线商务舱的人。更符合空气动力学、使用更好的材料和发动机，都旨在使其运营成本比协和式超音速飞机低 75%。[2] 民用引擎将相对安静地驱动飞机，并使用可持续燃料，以免遭到来自环保人士的批评。

瑞士联合银行认为超音速旅行前景大好。它预计，到 2040 年，该市场的累计规模将在 800 亿美元至 2,800 亿美元之间，具体将取决于监管障碍以及飞机是否按时交付、是否按预算交付以及是否按承诺运营。肖尔先生关注的是这一区间的高端市场，即以每架 2 亿美元的价格售出 1200 架"1 号序曲"的潜在市场。然后，他希望逐渐研发出更大的机型，实现更低的票价和更快的速度。另一家有超音速开发愿景的美国公司 Spike 正在研制一种 18 座低噪音的商务飞机。

[3] 这会是天上掉下来的馅饼吗？对于美国联合航空公司和正在寻求更多资金的 Boom 公司而言，目前不太可能有大量现金交易。"1 号序曲"预计要到 2029 年才能投入使用。另一家希望制造 8 至 10 座商务飞机的公司 Aerion 在 5 月份意外倒闭，尽管它的订单价值超过 110 亿美元，还得到了美国大型飞机制造商波音的支持。

[4] 美国国家法规禁止在陆地上空以超音速飞行，使得穿越北美的旅程无法实现，而北美是许多商务旅行者和世界上大多数商务飞机的所在地。摩根士丹利银行估计，1.2 亿美元的价格是类似的亚音速飞机售价的两倍，即使是超级富豪也不会花费重金将跨大西洋的旅行缩短四个小时。值得注意的是，波音公司本身并没有超音速飞行的计划。其在欧洲的主要竞争对手空中客车亦是如此。这两家垄断喷气式客机市场的公司认为，更便宜、更清洁的飞行比速度更重要。[5] 对于普通消费者而言，突破音障还有一段路要走。

Text 54

文章概览

本文选自 *Financial Times*。文章分析了导致建筑业成本上涨和材料短缺的多种原因。第一段指出建筑业面临成本上涨和材料短缺的风险；第二段介绍了这种现象对承包商和小型企业的影响；第三段概述了各种原因导致建筑业需求增长但供给短缺；第四段表明一系列事件加剧了很多产品的短缺问题；第五段指出在建筑业蓬勃发展的情况下，成本通胀是一个突出的问题。

重难点词汇

pandemic /pæn'demɪk/ n. 流行病
margin /'mɑːdʒɪn/ n. 利润；边缘
inflationary /ɪn'fleɪʃənri/ adj. 通货膨胀的
cautionary /'kɔːʃənəri/ adj. 警告的
bear the brunt of sth. 承担某事的主要压力，首当其冲
supplement /sʌplɪ'ment/ vt. 补充

quadruple /kwɒ'druːpl/ v.（使）变为四倍
freight /freɪt/ n. 货物；货运 vt. 运送（货物）
soar /sɔː(r)/ vi. 激增；高飞
curtail /kɜː'teɪl/ vt. 缩减；缩短
exacerbate /ɪg'zæsəbeɪt/ vt. 使加剧；使恶化
boost /buːst/ vt. 推动，使增长
stimulus /'stɪmjələs/ n. 刺激；刺激物

长难句分析

① He warned that smaller companies were bearing the brunt of the price rises even though they were the least equipped to deal with them as they could not order large quantities in advance and importers were focused on supplying the largest businesses. (P2S2)

主体句式 He warned that smaller companies were bearing the brunt of the price rises even though they were…as they…and importers…

结构分析 本句是多重复合句。主句的主谓部分为 He warned，宾语为 that 引导的宾语从句；宾语从句的主干部分为 smaller companies were bearing the brunt of the price rises，后面 even though 引导让步状语从句；as 在让步状语从句中引导原因状语从句，且该原因状语从句中包含由 and 连接的并列分句。

句子译文 他警告说，较小的公司在价格上涨中首当其冲，尽管它们最没有能力应对价格上涨，因为它们不能提前大量订货，而且进口商专注于向最大的企业供货。

② The supply of polymers that are used in construction was affected by the big freeze in February in Texas that shut down as much as 80 per cent of petrochemical production capacity at its peak. (P4S2)

主体句式 The supply of polymers that…was affected by the big freeze…that…

结构分析 本句是多重复合句。句子的主干部分是 The supply of polymers was affected by the big freeze；第一个 that 引导定语从句，修饰 polymers；第二个 that 也引导定语从句，修饰前面的 the big freeze。

句子译文 2月份得克萨斯州的大冻灾使石油化工产能缩减了峰值时的80%，影响了建筑行业所用的聚合物的供应。

💡 题目详解

1. **B 细节题。** 根据题干中的关键词 concerns of contractors 定位至第一段。该段第一句指出，新冠肺炎大流行扰乱了供应市场，加之建筑业正繁荣发展，导致承包商面临建筑材料短缺的问题，他们的利润率受到挤压，而且可能面临项目延期的风险，可见 B 为正确答案。虽然承包商的利润下降，但是文中没有说他们担心的原因之一是供货商的利润增加，故排除选项 A。原文没有提到跨国公司对承包商施加压力，因此排除选项 C。文中说承包商可能不能按时完成项目，但没有说他们担心是因为需要完成的项目数量多，因此排除选项 D。

2. **C 细节题。** 关于小公司受到价格上涨影响的信息在第二段。该段第二句提到，小公司不能提前大量订货，而且进口商专注于向规模最大的企业供货，可知不能提前订货导致建筑材料的库存不足，因此答案为 C。这句话提及小公司最容易受到价格上涨的影响，没有说它们对价格变化的敏感性低，故选项 B 所述内容与原文不符。该段并没有提到小公司的设备不是最先进的和它们未能从国外进口产品，因此排除选项 A、D。

3. **C 语义理解题。** catch out 的意思是"找出错误或问题"。作者用这个短语，是想说明供应链出现了问题，陷入了困境，因此答案选 C。其余三个选项都不能表达作者的意思。

4. **A 例证题。** 关于得克萨斯州大冻灾的信息在第四段。该段举了得克萨斯州大冻灾的例子，是为了论证该段第一句话：反常事件加剧了许多产品的短缺，因此答案为 A。描述大冻灾并不是为了说明建筑行业受损最严重的地区和疫情前的产能，因此排除选项 B、D。选项 C 是根据该段最后一句的信息设置的干扰项，提及得克萨斯州大冻灾不是为了说明极端天气下隔热材料的重要性，因此也排除。

5. **D 主旨题。** 题目考查文章主旨。文章主要介绍了建筑材料价格上涨和材料短缺对建筑行业承包商的影响，因此可知答案为选项 D。其余三项都不能概括全篇主题思想。

🍃 参考译文

[1] 新冠肺炎大流行扰乱了供应市场，加之建筑业正繁荣发展，导致承包商面临建筑材料短缺的问题，他们的利润率受到挤压，而且可能面临项目延期的风险。根据行业组织——建筑产品协会的数据，过去6个月内，木材价格上涨了80%以上，铜和钢的价格上涨了40%。在一些世界最大的跨国公司发布涨价的警告信息后，承包商成本上涨的警告进一步加剧了人们对全球经济通胀压力的担忧。

注册会计师事务所的经济事务总监诺布尔·弗朗西斯说，价格上涨和材料短缺"已经对承包商造成了冲击"。[2] 他警告说，受价格上涨影响最大的是规模较小的公司，尽管它们最不具备应对能力，因为它们无法提前大量订货，而且进口商专注于向规模最大的企业供货。他补充说，在平均利润率为2%~3%的行业，尽管需求强劲，这仍是一个"重大风险"。

去年春天，原材料加工厂停产，随后全球建筑业强劲复苏，这都使得冬季库存难以得到补充。到 2 月份为止的四个月里，航运成本上涨了 3 倍，达到了创纪录水平，进一步推高了运货商的成本，推迟了货物交付时间，限制了船舶上的货运空间。与此同时，全球范围内的居家隔离政策和低借贷成本，使得消费者在改善住房和升级为更大住房上花费了大量资金，导致商品和原材料的需求飙升。[3] 这就让供应链陷入了困境，因为供应链预期需求会长期萎靡不振，因此一直在削减成本，减少生产。

[4] 从极端天气到工厂火灾等一系列反常事件加剧了许多产品的短缺。2 月份得克萨斯州的大冻灾使石油化工产能缩减了峰值时的 80%，影响了建筑行业所用的聚合物的供应。建筑大师联合会首席执行官布莱恩·贝里表示，82% 的会员报告说价格上涨，难以采购到屋顶瓦片、木材和隔热材料等基本材料。

随着建筑业面临着有史以来增长最快的局面，成本通胀是一幅看起来积极向上的景象中的一个不利因素。建筑业是全美国第一次封锁中受打击最严重的行业之一，去年 4 月份产能下降了 41%。但在政府对住房和房屋建造行业以及基础设施领域的大型项目（如高铁项目 HS2）的刺激因素的推动下，建筑活动已经迅速恢复。

Text 55

文章概览

本文选自 *New Scientist*。文章分析了新冠疫情对 STEM 行业的影响。第一段指出，调查发现 STEM 行业受到的影响没有预期的那么严重；第二段介绍调查结果：STEM 行业的从业人员的工资有所上涨或保持不变，但新冠疫情仍是人们的一大担忧；第三段提出疫情对更广泛的经济的生产力产生明显且巨大的影响；第四段探究了英国 STEM 行业的工资水平比其他行业高的其中一个原因；最后一段指出了政府保障措施的作用。

重难点词汇

unprecedented /ʌn'presɪdentɪd/ *adj.* 空前的，无前例的

academia /ˌækə'diːmiə/ *n.* 学术界

hinder /'hɪndə(r)/ *vt.* 阻碍

respondent /rɪ'spɒndənt/ *n.* 调查对象

geographical /ˌdʒiːə'græfɪkl/ *adj.* 地理（学）的

legislation /ˌledʒɪs'leɪʃn/ *n.* 立法；法律

contractor /kən'træktə(r)/ *n.* 合同工；承包人

entitlement /ɪn'taɪtlmənt/ *n.* 权利，资格

长难句分析

① It found that despite covid-19 uncertainties, salaries for STEM jobs in the UK and North America have increased on average from the previous year, while earnings for the rest of Europe excluding the UK are largely unchanged. (P2S2)

主体句式 It found that…, salaries…have increased…, while earnings…are largely unchanged.

结构分析 本句是多重复合句。主句的主谓部分为 It found，后为 that 引导的宾语从句。宾语从句是由并列连词 while 连接的两个分句，将 salaries for STEM jobs in the UK and North America 与 earnings for the rest of Europe excluding the UK 进行了对比。

句子译文 调查发现，尽管新冠肺炎具有不确定性，英国和北美 STEM 从业人员的平均工资较上年有所增加，而欧洲其他地区（不包括英国）相关从业人员的收入基本保持不变。

② Changes to employment legislation in the UK, for example giving contractors the same pay entitlement as full-time workers, may account for some of this gap, which is also higher than the survey has reported before. (P4S3)

主体句式 Changes to employment legislation in the UK, for example…, may account for some of this gap, which is also higher than…

结构分析 本句是多重复合句。句子的主干为 Changes to employment legislation in the UK may account for some of this gap；逗号隔开的 for example giving contractors the same pay entitlement as full-time workers 为举例说明；句子末尾 which 引导的定语从句修饰 gap，该定语从句中还包含一个由 than 引导的比较状语从句。

句子译文 英国就业法的修订，例如给予合同工与全职员工相同的工资待遇，可能是这一工资差距的部分原因，而今年的工资差距也高于此前调查所报告的差距。

📖 题目详解

1. **B** 细节题。关于《新科学人》杂志的调查的内容出现在第一段。第一段最后一句指出，新冠肺炎大流行对科学行业及其从业者的影响并没有预期的那么严重，可见 B 为正确答案，同时排除选项 A，原文只是说 STEM 行业中科学行业受到的影响没有预期的那么严重，并不是说完全不受影响。该句说未来仍充满不确定性，但没有说充满不安全性，故选项 C 与原文不符。原文并没有提到新冠肺炎大流行是科学行业最大的威胁，故排除选项 D。

2. **C** 细节题。根据题干提示定位到第二段。原文第二段第四句提到新冠肺炎大流行阻碍了一些人的工作计划和前景，因此选项 C 符合原文。原文并没有将英国调查对象的工资与欧洲其他地区的调查对象的工资进行比较，而是将同一地区的 STEM 行业工资水平和前一年作对比，因此排除选项 A。原文并没有信息表明医药行业蓬勃发展，故排除选项 B。根据原文第二段最后一句可知，对新冠肺炎表示担忧的调查对象约有 40%，选项 D 所述内容与原文不符。

3. **A** 细节题。关于 700 多万份工作的相关内容在第三段。该段主要介绍封锁和其他限制措施已经对更广泛的经济（领域）的生产力造成的巨大影响，其中一项就是倒数第二句提到的"700 多万份工作被认为面临风险"。由此可知，作者提及 700 多万份工作就是为了说明封锁对经济的影响，故答案选 A。疫情前英国的繁荣和封锁后的职位空缺并不是作者提及 700 多万份工作的目的，因此排除选项 B、D。原文只说 700 多万份工作面临风险，并不是指英国员工面临裁员，故选项 C 也排除。

4. **D** 细节题。关于英国 STEM 从业者和普通员工工资差距的相关信息在第四段。第四段第二句指出，调查对象的收入比英国更广大的劳动者的平均收入几乎高出近 12,000 英镑。最后一句接着指出，英国就业法的修订可能是这一工资差距的部分原因，故 D 为答案。原文并没有提到英国全职劳动力的收入低、对 STEM 行业的预算支持和 STEM 承包商有稳定的利润，故排除 A、B、C 三项。

5. **A** 推断题。根据题干提示可以定位到最后一段。根据最后一句可知，食品服务和住宿行业的"被迫休假"员工比例达 80%，远远高于 STEM 行业，选项 A 为正确答案。选项 B 和 C 原文没有提及，故排除。由定位段可知，2020 年 5 月英国"被迫休假"计划达到了巅峰，也就意味着"被迫休假"的人数比例达到了峰值，即失业人数最多，选项 D 与原文所述相反，故排除。

　　自从新冠肺炎大流行开始以来，在前所未有的全球经济不确定时期，各行各业被迫改变工作方式和商业模式。这对那些从事科学、技术、工程和数学（STEM）工作的人有什么影响呢？这是今年《新科学家》杂志与科学招聘专家联合开展的 STEM 行业就业调查中的一个关键问题。[1] 好消息是：尽管经济受挫，但它对科学行业及其从业者的打击并没有预期的那么严重，尽管未来仍充满不确定性。

　　欧洲和北美工业界和学术界的 2,400 多人参与了这项调查。调查发现，尽管新冠肺炎具有不确定性，英国和北美 STEM 从业人员的平均工资较上年有所增加，而欧洲其他地区（不包括英国）相关从业人员的收入基本保持不变。大多数 STEM 行业的员工对他们的工作感到满意，并对未来一年持乐观态度。[2] 即便如此，新冠肺炎大流行阻碍了一些人的工作计划和前景。调查对象也认为疫情是他们未来 12 个月内最大的担忧，在调查涉及的所有地域范围内约有 40% 的调查对象提到了这一点，这不足为奇。

　　[3] 封锁和其他限制措施已经在更广泛的经济（领域）中对生产力产生了明显且巨大的影响。根据英国国家统计局的数据，到 2020 年 5 月，即在全国性的首次封锁大约两个月后，英国的经济活动水平较疫情前下降了 30%。700 多万份工作被认为面临风险。欧洲和美国的经济产出也大幅下降。

　　尽管如此，参与今年调查的英国受访者报告的平均工资为 43,424 英镑，达记录最高值。这使得调查受访者的收入比英国更广大的劳动者的平均收入几乎高出近 12,000 英镑。[4] 英国就业法的修订，例如给予合同工与全职员工相同的工资待遇，可能是这一工资差距的部分原因，而今年的工资差距也高于此前调查所报告的差距。

　　STEM 行业的从业人员也不太可能由于新冠肺炎而失业。许多国家推出了某种形式的"被迫休假"计划。[5] 英国国家统计局的数据显示，2020 年 5 月，英国"被迫休假"计划达到巅峰之际，只有 14% 的专业、科学和技术人员被迫休假。相比之下，在食品服务和住宿行业，这一数字为 80%。

Text 56

📖 文章概览

　　本文选自 *The Economist*，用东京奥运会转播引出话题，分析了电视广告在新媒体时代的发展趋向。第一至三段详述了东京奥运会收视率下降而电视广告依然保持高投入的现象，并指出这并非一次性现象，而是一种趋势；第四段分析这一现象背后的原因；第五、六段分别预测了电视广告的前景和奥运赛事广告投放的未来趋向。

📖 重难点词汇

desert /dɪˈzɜːt/ *vt.* 抛弃，离弃
commercial /kəˈmɜːʃl/ *n.* （电台或电视播放的）广告
uneven /ʌnˈiːvn/ *adj.* 不在同一水平的
one-off /ˌwʌnˈɒf/ *n.* 一次性事物
opening ceremony 开幕仪式
exemplify /ɪɡˈzemplɪfaɪ/ *vt.* 例证，举例说明

demographic /ˌdeməˈɡræfɪk/ *n.* （尤指特定年龄段的）人群
blow...on 在……上挥霍
league /liːɡ/ *n.* 联赛；联盟
premium /ˈpriːmiəm/ *adj.* 优质的；高昂的
the apple of one's eye 某人的掌上明珠
dominance /ˈdɒmɪnəns/ *n.* 支配地位；控制

📝 长难句分析

① By combining premium content with targeted commercials, the e-empire is going to unlock "huge buckets" of ad dollars, predicts Andrew Lipsman of eMarketer. (P5S4)

主体句式 By combining…, the e-empire is going to…, predicts…

结构分析 本句为复合句。句子的主体是第二个逗号后面的部分，为倒装结构，前面的部分为省略了引导词 that 的宾语从句。宾语从句中开头部分的介词短语（By combining…）作方式状语，从句的主干是 the e-empire is going to…。

句子译文 eMarketer 的安德鲁·利普斯曼预测，通过将优质内容与有针对性的商业广告相结合，亚马逊这个电子帝国将打开广告收益的"巨大宝藏"。

② As in sport, it doesn't matter that you aren't as good as you used to be, as long as you beat the competition. (P6S6)

主体句式 …, it doesn't matter that…, as long as…

结构分析 本句是多重复合句。主句为 it doesn't matter，其后是 that 引导的主语从句，该从句中包含了比较结构 as good as，还包含了 as long as 引导的条件状语从句。

句子译文 就像在体育运动中一样，只要能在比赛中获胜，即使不如过去优秀也无妨。

💡 题目详解

1. **D** 细节题。第一段提到东京奥运会的低收视率破纪录，随后分析其原因。第二段第四句说，这不是一次性事件，并援引前两届奥运会，说明收视率走低是一种趋势。第三段更是引用数据说明电视收视率整体下降的事实，可知 D 的概括符合原文，故为答案。选项 A 是对第二段首句的曲解，原文所指的不公平是说时差对收视率的影响。第二段第三句提到了新冠肺炎，但只提到了现场没有观众，并未直接说明疫情对奥运会进展的影响，故排除 B。第二段前两句提到，由于时差，东京奥运会赛事的播放时间不适合欧美人观看，但这不可等同于播出时间不合理，故排除选项 C。

2. **A** 推断题。根据关键词 money demographic 可定位到第三段。第三段第三句提到，年龄在 18 岁到 49 岁的所谓"金钱人口"中，随着观众选择上网，电视收视率下降了一半，可知选项 A 所述符合原文，故为答案。第三段最后一句所说的是电视广告商每年的花费保持平稳，而不是观众在电视上的花费保持平稳，故排除 B。将近三小时的看电视时间是指美国人整体的平均值，因此选项 C 不符合原文。本段说"金钱人口"中的观众因为上网而减少看电视时间，但并未对这一人群更喜欢上网还是看电视进行比较，故排除 D。

3. **C** 词义题。ploughing 一词位于第四段最后一句，本句的逻辑主语是 advertisers，逻辑宾语为 money。上文指出，电视收视率下降，但品牌还是在电视广告上投入很大。设问词 ploughing 后面的宾语是 money，可知设问词与"投入"一词意义相近，故 C 为答案。根据定位句的后半部分，广告商还是有回报的（虽然回报率有所下降），因此排除 A 和 B。选项 D 代入原文后为 change money into television，显然不符合此处的语境和语法逻辑，故排除 D。

4. **C** 细节题。第五段涉及 eMarketer 对流媒体服务广告业务的预测。第五段最后两句引用了两个年份的数据，提到了流媒体服务的广告价值占电视和广播广告的价值比重从 2019 年的 9% 即将上升至 2023 年的 32%，可见流媒体服务将在未来扩展广告市场，故答案为 C。虽然第四段倒数第二句提到品牌对 YouTube 用户生成的内容持谨慎态度，但不能等同于对于所有流媒体服务都不接纳，且第五段开头说到这种情形也许不会持续太久，言外之意即不远的将来也许会被接受，故排除 A。虽然 eMarketer 预计流媒体服务的广告业务会快速发展，但并没有说会完全替代电视广告，故选项 B 不符合原文。选项 D 曲解了第五段第二句，原文的意思是 YouTube 会优化内容组合以吸引广告商，而不是流媒体服务的广告业务将优化广告质量。

5. B **细节题。** 最后一段预测了奥运会电视广告投放的未来。本段第二句说，奥运会仍会备受广告买家的青睐，第四、五句解释原因：重大的、实时的场面还将一如既往地吸引人，连续 17 天占据主导地位的奥运会在媒体中的影响力还是很大的。由此可知，作者认为媒体对于奥运会转播还是感兴趣的，故 B 为答案。由上述分析易排除选项 A。虽然作者说奥运会转播仍会受到青睐，但无法据此推测媒体的热情或者要求是否会提升，因此选项 C 和 D 均应排除。

📝 **参考译文**

[1] 在东京奥运会上打破的纪录中，有一项是无人庆祝的：这是几十年来观看人数最少的一届奥运会。在美国，每晚只有 1,550 万人收看，这是自 1988 年 NBC 环球公司开始报道该赛事以来的最低水平。观众收视率比 2016 年里约奥运会低 42%。欧洲的广播公司也同样记录了收视率的下降。然而，奥运会凸显出广告业的一个谜团：即使观众不再看电视了，品牌在商业广告方面支付的费用还是一如既往的高。

东京是一个不公平的竞技场。许多赛事进行的时候，美国人和欧洲人在睡觉。新冠肺炎意味着赛场没有观众，到处都要戴口罩。但是收视率的下降不是一次性事件。当天观看东京奥运会开幕式的美国人比 2016 年观看里约奥运会开幕式的美国人少了 36%。相应地，观看里约奥运会的观众比比观看 2012 年伦敦奥运会的观众少了 35%。

[1] 奥运会体现了一种更广泛的趋势。研究公司 eMarketer 估计，今年美国人平均每天收听广播和收看有线电视的时间是 172 分钟，比十年前少了 100 分钟。[2] 在 18 至 49 岁的所谓"金钱人口"中，收视率随着观众选择上网而下降了一半。即便如此，电视广告方面的花销非常稳定。2021 年，品牌将在美国商业广告上挥霍 660 亿美元，过去十年几乎年年如此。

全球最大广告买家群邑集团（GroupM）的布赖恩·维瑟说，电视仍然是"除了所有其他糟糕的广告形式之外最糟糕的广告形式"，像 Netflix 和 Disney+ 这样的大型流媒体都是零广告领域。品牌对 YouTube 用户生成的内容持谨慎态度。[3] 结果，广告商不断地在电视广告上投钱，即使回报率在下降。

这种情形也许不会持续太久。随着 YouTube 将其内容组合调整得更加专业，它也将进军品牌广告界。明年，亚马逊预计将在其全国足球联赛的报道中投放广告。[4] eMarketer 的安德鲁·利普斯曼预测，通过将优质内容与有针对性的商业广告相结合，亚马逊这个电子帝国将打开广告收益的"巨大宝藏"。据 eMarketer 称，2019 年美国流媒体服务的广告价值仅为有线电视和广播广告价值的 9%。到 2023 年，这一数字将达到 32%。

像奥运会这样的赛事将何去何从？可能仍是"广告买家的宠儿"。利普斯曼先生认为，白天和一些黄金时间电视节目将流失部分广告收入。[5] 但是重大的、实时的场面还将一如既往地吸引人。在媒体中，没有什么比连续 17 天占据主导地位的奥运会更有影响力的了。就像在体育运动中一样，只要能在比赛中获胜，即使不如过去优秀也无妨。

━━━━ **Text 57** ━━━━

📖 **文章概览**

本文选自 *Science Daily*，介绍了一项调查新冠肺炎疫情期间失业率攀高、经济状况恶化与员工心理健康之间关系的研究。文章第一段简述了美国失业率高的现实情况及与此相关的新研究；第二、三段详细说明了此项研究的范围和方法；第四段介绍研究的主要发现；最后两段针对研究发现探讨解决方法，向雇主提出了相关建议。

📖 重难点词汇

the Great Depression 美国经济大萧条(1929~1933)
unprecedented /ʌnˈpresɪdentɪd/ *adj.* 前所未有的
symptom /ˈsɪmptəm/ *n.* 症状；征候
on edge 紧张不安；烦躁
disruption /dɪsˈrʌpʃn/ *n.* 妨碍；扰乱

recession /rɪˈseʃn/ *n.* 经济衰退
mindful /ˈmaɪndfl/ *adj.* 留心的；记着的
minimize /ˈmɪnɪmaɪz/ *vt.* 使最小化
instill /ɪnˈstɪl/ *vt.* 逐渐灌输

📝 长难句分析

① While previous studies have linked large-scale disruptions like recessions and pandemics with poor mental health, the researchers note that their study importantly expands on these associations by demonstrating independent links between greater financial concern with greater anxiety symptoms, and greater job insecurity with greater depressive symptoms, after accounting for demographics, health, and other COVID-19 concerns and experiences. (P4S2)

主体句式 While previous studies have linked…with…, the researchers note that…

结构分析 本句是多重复合句。第一个逗号之前的部分为 While 引导的让步状语从句，逗号后是句子的主句部分，其主干为 the researchers note，其后是 that 引导的宾语从句，该从句的主谓结构较为简单，但主谓结构后分别有 by 引导动名词短语所构成的方式状语以及 after 引导动名词所构成的时间状语。

句子译文 虽然先前的研究已经将经济衰退和流行病等大规模的扰乱（经济秩序的事件）与心理健康状况不佳联系起来，但研究人员指出，他们的研究通过将人口统计学、健康状况和其他与新冠肺炎相关的忧虑和经历纳入考虑之中，证明更大的财务担忧与更严重的焦虑症状之间，更强烈的工作不安全感与更严重的抑郁症状之间，均存在独立的联系，从而对之前发现的联系进行了重要的扩展。

② The researchers say employers can play a critical role in supporting the mental health of their employees by recognizing the increased anxiety that workers experience when their job security feels threatened during the pandemic. (P5S1)

主体句式 The researchers say employers can play a critical role…

结构分析 本句是多重复合句。主句为 The researchers say，其后是省略了 that 的宾语从句；在该宾语从句中，in supporting… 作状语；该从句中又包含两个从句，第一个是定语从句 that workers experience，修饰名词 anxiety，第二个是时间状语从句 when their job security feels threatened during the pandemic。

句子译文 研究人员说，在新冠肺炎大流行期间，员工的工作安全感受到威胁，从而使员工感到越来越焦虑，若雇主对上述情况有所意识，就可以在维持员工心理健康方面发挥关键作用。

💡 题目详解

1. D 细节题。根据题目提示定位至第一段，其中第三句指出，前所未有的失业率不只是对失业者产生影响。接着，第四句指出，对于仍然在岗的人而言，工作上的不安全感和财务上的担忧与更严重的抑郁症和焦虑症状有关，可见 D 项为正确答案。定位段首句说当前的失业率是大萧条以来最高的，但不能说明是史上最高，因此排除 A 项。选项 B 是依据本段第二句设置的干扰，与原文的时间段不吻合。选项 C 是对本段第三句信息的曲解，原文的意思是高失业率影响的范围不仅限于失业者。

2. A 细节题。关于询问参与研究的人的内容在第三段。该段提到，研究人员询问了参与者是否感到紧张、焦虑或不安，或者是否无法摆脱或控制自己的忧虑，让他们确认自己是否有焦虑症状，还问及他们对财务状况的担忧程度，这些都是精神状态方面的问题，因此答案为 A 项。原文没有提到询问他们的抑郁症状，故排除 B 项。选项 C 似是而非，原文虽然提到了他们担忧财务状况，但这不可等同于他们对经济形势的看法。定位段最后一句虽然提到，研究人员询问参与者能否有办法让家人有食物和住房上的保障，但这并不是在询问他们具体的家庭收支情况，故 D 项也排除。

3. A 细节题。题干要求简述研究的主要发现，相关内容在第四段。该段第二句后半句指出，本项研究发现，更大的经济担忧与更严重的焦虑症状之间，更强烈的工作不安全感与更严重的抑郁症状之间，均存在独立的联系，因此答案为 A 项。B 项在原文中没有提及，故排除。C 项和 D 项都是对定位段第二句信息的曲解，作者并没有提及新冠肺炎患者容易抑郁，也没有表示身体健康状态与焦虑症状几乎无关。

4. C 细节题。关于雇主的相关信息集中在最后两段。第六段第二句指出，雇主要留心那些出现抑郁症状的雇员的精神状态，减少雇员的不确定感，向雇员灌输希望。随后一句说，雇主可以通过让员工继续工作（如远程工作）的方式来减少其财务上的担忧。这些措施都是能让员工感觉到财务安全的，故 C 项为答案。A 项和 B 项所述内容均缺少原文依据。D 项与原文意思不符，故排除。

5. B 写作目的题。题目考查写作目的，需先概括文章主旨。文章主要介绍一项研究，确定了财务上的担忧与焦虑症状之间，工作上的不安全感与抑郁症状之间，均存在独立的联系，并根据研究发现，在最后两段提出了缓解焦虑症状和抑郁症状的建议，可知作者写此文的目的是就失业焦虑症和抑郁症提出建议，故答案为 B 项。文章没有提到制定政策的问题，也没有分析失业率高的根本原因，故排除 A 项和 C 项。文章主要探讨的是财务上的担忧和工作上的不安全感与员工焦虑症和抑郁症的关系，而不是疫病流行对经济产生的巨大影响，故排除选项 D。

参考译文

2020 年 4 月中旬，美国全国失业率达到了 14.7%——创下大萧条以来的最高纪录。2020 年 2 月至 5 月间，美国有 4,100 万员工申报失业。然而，前所未有的失业率不只是对失业者产生影响。[1] 根据康涅狄格大学护理学院最近在《职业与环境医学杂志》上发表的研究结果，对于在新冠肺炎大流行期间仍然在岗的人而言，工作上的不安全感和财务上的担忧与更严重的抑郁症和焦虑症状有关。

这些发现是一项为期一年的调查的一部分，该调查旨在研究当美国人面临疾病大规模传播的威胁时，他们的行为和社会态度会如何变化，以及哪些因素会影响那些变化。在美国国家科学基金会的资助下，这项研究正在追踪全美国约 1,000 个人的幸福感、感受和行为习惯，自 3 月份以来，已经对参与者进行了 18 次以上的调查。

[2] 此项研究通过询问参与者是否感到紧张、焦虑或不安，或者是否无法摆脱或控制自己的忧虑，让他们确认自己是否有焦虑症状。他们还被问及对财务状况的担忧程度——他们对自己的就业和财务状况有多担心，在未来 12 个月内是否预计自己的财务状况会变得更糟，以及在未来 12 个月内是否有办法让家人有食物和住房上的保障。

大多数参与研究的人表示对新冠肺炎给他们的就业带来的影响有一定程度的担忧。虽然先前的研究已经将经济衰退和流行病等大规模的扰乱（经济秩序的事件）与心理健康状况不佳联系起来，[3]但研究人员指出，他们的研究通过将人口统计学、健康状况和其他与新冠肺炎相关的忧虑和经历纳入考虑之中，证明更大的财务担忧与更严重的焦虑症状之间，更强烈的工作不安全感与更严重的抑郁症状之间，均存在独立的联系，从而对之前发现的联系进行了重要的扩展。

研究人员说，在新冠肺炎大流行期间，员工的工作安全感受到威胁，从而使员工感到越来越焦虑，若雇主对上述情况有所意识，就可以在维持员工心理健康方面发挥关键作用。

研究人员写道："我们的研究结果表明，工作上的不安全感和财务上的担忧对员工心理健康有潜在的不利影响。基于这些发现，雇主要留心那些在新冠肺炎大流行期间出现抑郁症状的人，尽量减少雇员的不确定感，同时向雇员灌输希望，这可能尤为重要。[4] 对于那些出现焦虑症状的人，雇主可以通过让雇员继续工作（如远程工作）的方式来试着减少其财务上的担忧，即使工作时间和收入减少，也能确保雇员不会失去全部收入。"

Text 58

文章概览

本文选自 *National Geographic*，主要探讨了全球食品危机、食品价格上涨的问题。第一段简要说明了全球食品价格飞涨，食品危机十分严重，并说明其中一个原因是需求增加；第二段继续分析食品价格上涨的其他原因；第三、四段集中说明了食品价格飞涨的后果和影响；最后一段对食品价格的未来走势做出预测，指出食品价格还会继续处于高位。

重难点词汇

escalate /ˈeskəleɪt/ v.（使）逐步扩大；不断恶化
proportion /prəˈpɔːʃn/ n. 份额；比例；[pl.] 程度
in a bid to 为了
spike /spaɪk/ n. 突然上升，剧增
loot /luːt/ v. 抢劫
flock /flɒk/ vi. 聚集；蜂拥

panic /ˈpænɪk/ n. 惊恐，恐慌
pinch /pɪntʃ/ vt. 使花费过多
clip /klɪp/ vt. 剪下，剪掉
coupon /ˈkuːpɒn/ n. 优惠券
equilibrium /ˌiːkwɪˈlɪbriəm/ n. 平衡；均势

长难句分析

① Around the globe, food prices have risen about 40% in the last year, sparking protests and violence in at least 14 countries, and pushing the problem to center stage at the United Nations. (P1S2)

主体句式 …, food prices have risen…, sparking…, and pushing…

结构分析 本句的主体是简单句。句子的主干是 food prices have risen about 40% in the last year，前面是地点状语，之后是由 and 连接的两个动词现在分词短语 sparking… 和 pushing…，作结果状语。

句子译文 去年，全球范围内的食品价格上涨了约 40%，在至少 14 个国家引发了抗议和暴力事件，并且这一问题已成为联合国关注的焦点。

② But even when supply and demand find a new equilibrium, few expect prices to drop much, if any, suggesting that more expensive food is here to stay. (P5S4)

主体句式 …when supply and demand find…, few expect prices…, if any, suggesting…

结构分析 本句是复合句，主句是 few expect prices to drop much，主句前是 when 引导的时间状语从句，主句后是 if 引导的条件状语从句的简略形式；suggesting 引导的伴随状语中包含一个 that 引导的宾语从句，作现在分词 suggesting 的宾语。

句子译文 但即便供需找到新的平衡点，也很少有人认为价格会大幅下跌，即使降价，也降不了多少，这表示更昂贵的食品会继续存在。

题目详解

1. A 细节题。第一段首句提到，当前是 20 世纪 70 年代以来全球最严重的食品危机，随后一句就说到了食品价格快速上涨及其后果。该段第三句再次强调食品危机已达到紧急程度，可见食品价格上涨表明了食品危机的严重程度，故答案为 A。B 是对第一段第二句结尾部分的曲解，原句的意思是食品价格上涨让这一问题成为联合国的核心议题，而不是食品价格上涨影响了联合国的核心工作，故排除 B。根据本段结尾，食品需求增加是食品价格上涨的部分原因，选项 C 错误理解了两者的因果关系，故排除。选项 D 与第一段第二句不符，原句说在全球有至少 14 个国家发生了暴力事件，没有说美国有暴力事件。

2. A 细节题。首段提到食品价格上涨等食品危机，并在最后一句中提到食品需求增加，这是食品价格上涨的部分原因。第二段承接上文，介绍了食品价格上涨的其他原因，如粮食耕种面积减少、全球多地发生旱灾等，可知选项 A 表述正确。其余三个选项在原文中没有依据，故排除。

3. C 推断题。作者在第三段最后一句提到越南人抢购、囤积大米，并在第四段指出，越南出产大米，不太可能发生大米紧缺的问题，当地人之所以抢购，是因为在电视上看见其他国家的人这样做，可知作者要强调的是对食品短缺的一种普遍的恐慌心理，故正确答案为 C。选项 A 显然与第四段第二、三句相悖，故排除。第三段虽然提到了某些地区的暴力事件，但并未提到越南发生了这类事件，故排除 B。第四段第四句说穷人受食品危机影响最大，没有提到缺水问题，因此排除 D。

4. D 篇章结构题。最后一段提到了专家对食品价格未来走向的预测，并且指出更昂贵的食品还会继续存在，可见文章是以对未来情况的预测结篇的，故选项 D 正确。作者没有改变话题或提出解决方法，故排除 A 和 B。第一段结尾和第二段已经分析了食品危机的原因，文末没有再对此进行分析，故选项 C 也是错误的。

5. B 主旨题。文章开篇简要说明了全球食品危机十分严重，随后分析了食品价格上涨的主要原因、后果和影响，最后对食品价格的未来走势做出预测，可见全文是对全球食品危机、食品价格上涨的情况进行分析，因此选项 B 可为标题。A 只涉及本文的部分信息，故排除。文中虽然提及饥荒问题，但并没有预测饥荒是否会继续蔓延，故排除选项 C。原文指出全球部分国家发生了骚乱，但并未上升到全球范围，故排除 D。

参考译文

据称这是 20 世纪 70 年代以来全球最严重的食品危机了。[1] 去年，全球范围内的食品价格上涨了约 40%，在至少 14 个国家引发了抗议和暴力事件，并且这一问题已成为联合国关注的焦点。世界各地迅速升级的食品供应危机已达到紧急程度。经济学家将飞涨的价格归咎于世界食品供应与近期需求增长之间的不平衡。由于许多发展中国家的收入快速增长，特别是大家熟知的印度和其他一些亚洲国家，所以食品需求也一直在快速增长。

尽管全球的食品需求量上升，但西方的一些农场主已经转向种植玉米、甘蔗或某些非粮食作物以生产燃料。[2] 今年，美国多达四分之一的玉米作物将用于乙醇工厂，使可用于种植粮食的土地减少。谷物在全球市场上的价值也持续攀高，部分原因在于世界各地的干旱导致了谷物歉收，特别是澳大利亚。

阿根廷和乌克兰等其他谷物生产国已削减谷物出口，旨在抑制国内的通货膨胀。食品价格飙升及其成本问题在加勒比、非洲和亚洲引发了暴力抗议事件。近几个月来，埃及因食品价格高和工资低暴发了两天的骚乱。秘鲁的示威者走上街头，索马里也有大批人群进行抢劫活动。在海地，暴力抗议造成多人死亡，并导致海地总理雅克·爱德华·亚历克西斯下野。[3] 在越南，恐慌的购物者涌向市场囤积大米，短短 48 小时内大米价格翻了一倍。

[3] 当地的消费者在电视上看到其他国家的人排队购买大米，因此陷入了恐慌。但是越南出产大米，那里不大可能出现大米短缺问题。受食品危机影响最大的是世界上的穷人。发展中国家的人们将 70% 的收入用于购买食物。因此，食品价格上涨可能很快导致饥荒。但即使在富裕国家，消费者也感到不堪重负。

在美国，许多购物者开始使用优惠券，减少购买奢侈品。[4] 预计明年美国食品价格（的涨幅）大约将是近年来的两倍左右。专家预计世界食品价格将会进一步上涨。但即便供需找到新的平衡点，也很少有人认为价格会大幅下跌，即使降价，也降不了多少，这表示更昂贵的食品会继续存在。

Text 59

文章概览

本文选自 *Financial Times*，介绍了酒店行业领头羊凯悦在新冠肺炎大流行时期的压力和其首席执行官的困境。第一、二段简述面临巨大精神压力的凯悦首席执行官获得了员工的支持；第三、四段指出凯悦面临严重亏损，问题比同行其他酒店更严重；第五段介绍凯悦在困境下的艰难决定。

重难点词汇

literally /'lɪtərəli/ adv. 简直；真正地

practitioner /præk'tɪʃənə(r)/ n. 从业者；习艺者

meditation /ˌmedɪ'teɪʃn/ n. 冥想，沉思

measure /'meʒə(r)/ n. 程度

intuitively /ɪn'tjuːɪtɪvli/ adv. 直觉地

observant /əb'zɜːvənt/ adj. 善于观察的，观察力

敏锐的

precipitate /prɪ'sɪpɪteɪt/ vt. 使……突然降临

franchise /'fræntʃaɪz/ n. 特许分销权，特别经营权

redundancy /rɪ'dʌndənsi/ n. 裁员

severance /'sevərəns/ n. 解雇，辞退

长难句分析

① Among the darkest times were those when he realised demand at hotels had dropped "to almost zero overnight" and when Hyatt had to let go of hundreds of employees. (P2S3)

主体句式 Among the darkest times were those...

结构分析 本句是多重复合句。主句为倒装句式 Among the darkest times were those，其后是 when...and when... 引导的并列定语从句，修饰 those；第一个 when 引导的定语从句的主干是 he realised，后面是省略了引导词 that 的宾语从句。

句子译文 最黑暗的时期是，他意识到了酒店的需求"一夜之间几乎降到零"，凯悦不得不解雇数百名员工。

② I feel like there has somehow been this mutual support network where when I hit a period of time when I was under a tremendous amount of strain…people intuitively or because they are really observant, stepped in. (P2S5)

主体句式 I feel like…where when…when…

结构分析 本句是多重复合句。主句的主谓成分为 I feel like，其后是省略了引导词 that、there be 结构的宾语从句，该宾语从句中包含一个 where 引导的定语从句，修饰 network；where 引导的定语从句的主干成分是 people…stepped in，when I hit a period of time 为时间状语从句，而 time 后面又接了一个 when 引导的定语从句。

句子译文 我觉得在我面临巨大压力的一段时间内，这种互助关系网以某种方式起了作用……人们凭直觉或者因为他们真的很敏锐，而参与其中。

💡 题目详解

1. **A 细节题。** 第二段第一句提到，57 岁的霍普拉马齐安经常进行冥想，他说自己经历了很多压力很大的时期，根本无法进入他非常依赖的专注时刻，因此 A 符合题意。同时这句话无法表明冥想能帮助他解压，排除 B。第一段最后一句提到，霍普拉马齐安表示，在新冠肺炎危机期间坦诚面对自己的困难，只会拉近他与同事之间的距离，并不是说诚实是他作为酒店行业高层领导人而获得成功的秘诀，排除 C 项。D 项误解了第二段第三句，原文的意思是酒店的需求"一夜之间几乎降到零"，不是霍普拉马齐安的工作要求大幅降低。

2. **B 细节题。** 第三段第二句指出，凯悦的大部分酒店都位于一度令人向往但现在空荡荡的市中心，它面临着比该行业大多数酒店更为艰难的时期，可知曾经的市中心现在繁华不再，所以答案选 B。文中并未提到凯悦出售了位于市中心的大部分酒店，因此排除 A。第三段第一句提到，对于许多行业来说，这场新冠肺炎大流行引发了酒店行业近年来亦或是有史以来面临的最严重危机，但无法确定未来危机的严重程度，文中也没有提到招待性行业会逐渐被淘汰，因此排除 C、D。

3. **D 细节题。** 题干问凯悦受损最严重的原因，相关内容在第四段。第四段第一句指出，凯悦拥有比希尔顿和万豪等同行更多的自有酒店，而这些同行往往根据管理或特许经营合同为业主经营酒店，因此承担的风险较小，因此排除选项 A，答案为 D。B 所述是对第四段第二句话的误解，原文指出，这意味着凯悦在危机期间面临的风险更大，但作为一家公司，它更能反映整个行业的困境，反映整个行业并不是受损最严重的原因，故排除。C 是对第四段最后一句话中信息的误解，原文说该集团 6 月份裁员 1,300 人，约占公司办公室员工的 35%，并没有提到凯悦有最多的公司办公人数，故也排除。

4. **C 词义题。** 根据题干提示定位在最后一段。redundancy 的意思和最后一段第一句中的 job cuts 一致，也就是"裁员"，故 C 为答案。

5. **D 细节题。** 第五段第二句引用了霍普拉马齐安的话，他说："我们认为，如果我们强迫自己尽早裁员，并提供全额遣散费和医疗保险……会更人道、更尊重员工。"由此可知，他认为应该尽早缩减工作岗位，故选 D。他并没有说要维持现状，故排除 A。第五段第一句提到了他的职业生涯，但没有说他认为最好迅速转换职业，因此排除 B。C 项在原文中没有提及，故也排除。

几乎没有哪个行业的高层领导人会从心理上承认这一点：他们担心自己无法胜任工作。但总部位于美国的凯悦酒店集团首席执行官马克·霍普拉马齐安表示，在新冠肺炎危机期间坦诚面对自己的困难，只会拉近他与同事之间的距离。

[1] 57 岁的霍普拉马齐安经常进行冥想，他说："我不得不向你承认，我经历了很多压力很大的时期，以至于我根本无法真正进入我非常依赖的那种专注时刻。代价是高昂的，因为到最后你会感到某种程度的疲惫。"最黑暗的时期是，他意识到了酒店的需求"一夜之间几乎降到零"，凯悦不得不解雇数百名员工。他说，是他的团队救了他。"我觉得在我面临巨大压力的一段时间内，这种互助关系网以某种方式起了作用……人们凭直觉或者因为他们真的很敏锐，而参与其中。"

对于许多行业来说，这场新冠肺炎大流行引发了酒店行业近年来亦或是有史以来面临的最严重的危机。[2] 凯悦的大部分酒店都位于一度令人向往但现在空荡荡的市中心，它面临着比该行业大多数酒店更为艰难的时期。当它本月公布第四季度业绩时，报告称其亏损 2.03 亿美元，而竞争对手万豪连锁酒店亏损 1.64 亿美元，温德姆酒店亏损 700 万美元。

[3] 凯悦拥有比希尔顿和万豪等同行更多的自有酒店，而这些同行往往根据管理或特许经营合同为业主经营酒店，因此承担的风险较小。霍普拉马齐安说，这意味着凯悦在危机期间面临的风险更大，但作为一家公司，它更能反映整个行业的困境。该集团 6 月份缩减了 1,300 个工作岗位，约占公司办公室员工的 35%。

[5] 霍普拉马齐安说，今年是他职业生涯中最艰难的一年，但他支持迅速削减工作岗位的艰难决定。"[4] 我们认为，如果我们强迫自己尽早裁员，并提供全额遣散费和医疗保险——而不是抱着日后可能会好转的希望坚持下去，会更人道、更尊重员工。"

Text 60

文章概览

本文选自 *The Wall Street Journal*，探讨了美国芯片短缺问题。第一段概述总体情况，说明政府有解决芯片短缺问题的意愿，但承诺难以即刻兑现；第二段介绍芯片短缺的情况和产生的影响；第三、四段分析芯片短缺的原因，并提到政府的针对性措施；第五段介绍业界对政府措施的看法和态度；最后一段介绍未来芯片生产和销售的情况。

重难点词汇

processor /ˈprəʊsesə(r)/ n. 处理器

supercharge /ˈsuːpəˌtʃɑːdʒ/ vt. 给……增压

surge /sɜːdʒ/ n. 飞涨，激增

catch...on 使突陷困境

idle /ˈaɪdl/ vt. （尤指暂时地）关闭工厂，使（工人）闲着

sufficiently /səˈfɪʃntli/ adv. 充分地

subsidize /ˈsʌbsɪdaɪz/ vt. 资助；给……发津贴

turbulence /ˈtɜːbjələns/ n. 骚乱；动荡

outsource /ˈaʊtsɔːs/ v. 交外办理；外购

take over 接管（公司）；取代

boost /buːst/ vt. 改善；加强

component /kəmˈpəʊnənt/ n. 组成部分；部件

长难句分析

① The U.S. semiconductor industry has argued for years that the federal government hasn't sufficiently supported what it says are critical chip-building capacities, including financial inducements to build new plants. (P3S1)

主体句式 The U.S. semiconductor industry has argued…that…, including…

结构分析 本句为复合句。主句的主干是 The U.S. semiconductor industry has argued，其后是介词短语作时间状语，that 引导的宾语从句作动词 argued 的宾语；在该宾语从句中又包含从句 what…are critical chip-building capacities，作 supported 的宾语，it says 为插入语；逗号后的 including 引导的介词短语为补语，补充说明 chip-building capacities。

句子译文 多年来，美国半导体行业一直认为，联邦政府没有充分支持其所说的关键芯片制造能力，包括建立新工厂的财政激励。

② Much of the current chip shortage has less to do with where chips are produced than with auto makers and other companies struggling to predict demand for chips—which need long lead-times to produce—during the past year's economic turbulence. (P4S1)

主体句式 Much of the current chip shortage has less to do with…than with…—which…

结构分析 本句为复合句，包含比较状语从句。主句主干为 Much of the current chip shortage has less to do with，其后是名词性从句 where chips are produced，作 with 的宾语；than 引导比较状语从句，破折号之间是作插入语的定语从句，补充说明 chips；第二个破折号后是介宾短语，作比较状语从句的时间状语。

句子译文 目前芯片短缺与其说主要与芯片生产地有关，不如说是因为汽车制造商和其他公司难以预测过去一年的经济动荡中的芯片需求——芯片的生产周期（从订货至交货的时间）很长。

题目详解

1. **C 细节题。** 第一段提到，拜登总统承诺要解决芯片短缺问题，而行业官员敦促美国政府给予支持。第三段首句说，美国的半导体行业认为，联邦政府没有充分支持其所说的关键芯片制造能力，可知芯片相关的行业希望政府能对行业的发展给予支持，故答案为 C。文章首句指出，尽管拜登承诺解决芯片短缺问题，但这一承诺需要数年才能兑现，文中也没有提及业内人士要求尽快解决这一问题，可知 A 不符合原文。第二段说明芯片需求激增，而不是稍微增长，因此选项 B 不符合原文。选项 D 误解了第一段结尾，原文的意思是，芯片行业的高管呼吁业内人士对政府举措保持耐心，故排除 D。

2. **A 细节题。** 第二段后半部分谈到了芯片产能不足的影响，主要是无法满足需要使用芯片的相关制造行业的需求，造成它们的产能闲置，可知选项 A 表述正确。B 所述内容是可以解决芯片短缺问题的方法，答非所问。原文没有说到芯片产能对需求有影响，故排除 C。选项 D 与第二段最后一句不符，原文的意思是汽车产量未达到预期，而不是增加了产量，故也应排除。

3. **A 细节题。** 第三、四段均涉及芯片短缺的原因分析。第三段主要是业内人士强调产能建设。第四段则说，相比产地问题，更重要的原因是需求难以预测，可知两者相比，后者是主要原因，故正确答案为 A。选项 B 原文中没有提及，故排除。经济动荡是导致需求更加难以预测的原因，而不是芯片短缺的直接原因，故排除 C。第四段虽然提到了政府的举措，但这是旨在解决芯片问题的举措，而不是芯片短缺的原因，而且文中没有说政府对芯片行业要求太过严格，因此排除选项 D。

4. **D** 态度题。第五段谈到了芯片行业人士对拜登政令的看法。其中第一句是英特尔公司对这项政令的看法，这项政令"有助于在全球半导体制造业领军地位的竞争中创造公平的竞争环境"，可见英特尔对政府的这个举措是支持的，故正确答案为 D。

5. **B** 细节题。最后一段是对芯片生产和销售的前景的预测。首句说，产能问题不可能立刻解决，可知需求难以快速满足，因此 C 不符合原文。而根据随后的内容可知，产能将提高，选项 B 表述正确，故为答案。A 在文中没有依据，故排除。虽然前文中业内人士提到过政府财政激励不足，但本段并未提及要扩大投资，故排除 D。

📝 参考译文

行业官员表示，拜登总统承诺要解决汽车制造商和其他厂商面临的芯片短缺问题，但这一承诺需要数年时间才能兑现，[1] 随着对处理器的需求持续飙升，行业官员正敦促美国政府给予支持。芯片行业的高管们对拜登先生的举动表示欢迎，但敦促大家保持耐心。

疫情加剧了人们对芯片的需求，其应用于从电子游戏、笔记本电脑到数据中心等所有领域，这些产品已成为远程工作和远程学习的核心。[2] 行业高管表示，其他行业的需求反弹加剧了芯片生产能力的匮乏。而这一需求激增已使一些行业陷入困境，尤其是汽车制造。通用汽车公司、福特汽车公司和大众汽车公司在等待关键部件时，闲置了部分产能。由于芯片短缺，汽车制造商预计 2021 年前三个月的汽车产量将比先前预测的少 70 万辆左右。

[1] 多年来，美国半导体行业一直认为，联邦政府没有充分支持其所说的关键芯片制造能力，包括建立新工厂的财政激励。据半导体行业协会（一个贸易组织）称，美国目前约占全球半导体制造生产量的 12%，低于 1990 年的 37%，原因是其他国家对其芯片制造商的发展提供补贴。

[3] 目前芯片短缺与其说主要与芯片生产地有关，不如说是因为汽车制造商和其他公司难以预测过去一年的经济动荡中的芯片需求——芯片的生产周期（从订货至交货的时间）很长。拜登先生周三发布命令，要求对包括半导体在内的四个重要领域进行为期 100 天的审查。这位民主党总统在签字仪式上说："供应链危机来袭后，我们需要停止追赶。我们首先需要防止供应链危机的冲击。"

[4] 英特尔公司是美国销量最大的芯片制造商，其政府事务负责人杰夫·里特纳在一篇博客文章中说，这项行政命令，加上国会的推动投资，"有助于在全球半导体制造业领军地位的竞争中创造公平的竞争环境"。继制造业出现失误之后，英特尔正在考虑把更多的芯片生产外包。本月接任首席执行官的帕特·盖尔辛格曾表示，未来几年公司的大部分芯片仍将由内部生产。

美国芯片生产能力的提高不会一蹴而就。行业分析师表示，生产设施的建设成本高达数十亿美元，通常需要 18 个月或更长时间才能开始生产集成电路。[5] 在推动提高美国芯片生产能力之际，预计这些部件的需求在未来几年仍将保持旺盛。据研究公司高德纳的预测，今年全球芯片销售额预计将突破 5,000 亿美元，比一年前增长约 11%，到本世纪 20 年代中期将增长约 18%。

╳╳╳ Text 61 ╳╳╳

📖 文章概览

本文选自 *Financial Times*，介绍了英国政府投资企业的计划和方向。第一段提到了政府计划对科技企业和初创企业进行投资；第二、三段介绍了这项投资的目的和风险；第四段回顾此前新冠肺炎大流行期间的政府投资；第五段介绍新的未来基金的投资方向：投资具有完善的商业模式的成熟企业；最后一段介绍了政府其他部门的努力。

start-up /ˈstɑːt ʌp/ *n.* 初创企业

venture capital 风险资本

scale up 扩大规模

brief /briːf/ *vt.* （向某人）介绍情况；提供（案情摘要）

lossmaking /ˈlɒsˌmeɪkɪŋ/ *adj.* 亏损的

quantum /ˈkwɒntəm/ *n.* 量子

hedge fund 对冲基金

equity stake 股权

proponent /prəˈpəʊnənt/ *n.* 支持者

woo /wuː/ *vt.* 争取……的支持

regime /reɪˈʒiːm/ *n.* 统治制度；政体；组织方法

✍️ 长难句分析

① The Treasury confirmed the plans, saying the chancellor would co-invest alongside the private sector in "high-growth, innovative UK companies", including those in "life sciences, quantum computing or clean tech". (P3S1)

主体句式 The Treasury confirmed the plans, saying...

结构分析 本句是多重复合句。第一个逗号之前的部分是句子的主干 The Treasury confirmed the plans；逗号后 saying... 为现在分词短语作伴随状语，其中 saying 后引导一个省略了引导词 that 的宾语从句 the chancellor would co-invest alongside the private sector in "high-growth, innovative UK companies"，第二个逗号后的 including 至句尾补充说明前面的 companies。

句子译文 财政部证实了这些计划，称财政大臣将与私营部门共同投资"高增长、创新型的英国公司"，包括"生命科学、量子计算或清洁技术"领域的公司。

② Sunak's fund will risk government money going into companies that fail because the majority of start-ups lose money for their backers. (P3S2)

主体句式 Sunak's fund will risk government money going into companies that...because...

结构分析 本句是多重复合句。主句为 Sunak's fund will risk government money going into companies，其后是 that 引导的定语从句，修饰 companies；后面的 because 引导原因状语从句。

句子译文 苏纳克的基金将冒着政府资金流入失败公司的风险，因为大多数初创企业都会让资助人赔钱。

💡 题目详解

1. **D** 细节题。第二段最后一句提到，由于需要在研发方面投入大量资金，这些初创企业通常都在亏损，可知 D 项符合题意。第一段指出，财政大臣里希·苏纳克将启动一项基金，向科技公司投资高达 3.75 亿英镑的政府资金，并让纳税人在初创企业中持有更多股份，并没有说政府支持不够和纳税人不愿意持股是初创企业很难盈利的原因，A、B 两项均不符合题意。第二段第二句指出，苏纳克上周表示，他将推出一项签证计划，以帮助快速发展的公司招聘高技能员工，并不能由此推出招不到有才干的员工是初创公司不盈利的原因，故排除 C 项。

2. **C** 细节题。关于政府投资的潜在弊端出现在第三段。该段第二句提到，苏纳克的基金将冒着政府资金流入失败公司的风险，因为大多数初创企业都会让赞助人赔钱，说明投资的此类企业有破产的风险，因此答案为 C。文中没有提到该项投资在政府部门引起争议，故排除 A。文中说政府部门和私营部门共同投资，因此排除 B。原文中也没有提及无法实现的目标，故也排除 D。

3. **C** 例证题。题干提到的宽带供应商的例子出现在第四段最后一句。该句指出，政府贷款可以转换成股权，有些已经完成了这一步，并举了宽带供应商的例子进行说明，因此答案为 C。A、B、D 不是文章提到宽带供应商的目的，故都排除。

4. A 推断题。 关于新的未来基金和之前的未来基金的区别，需要结合第五段和之前段落的信息来作答。第二段第三句指出，该计划知情人士表示，该基金（未来基金）旨在支持那些需要扩大规模以进入下一个发展阶段的潜在世界一流科技公司；第五段第一句提到新的未来基金：突破性进展将瞄准更加成熟、具有完善的商业模式的企业，而不是受到疫情冲击的初创公司。说明新的未来基金和之前的未来基金投资的企业不同，新的未来基金针对的是发展更成熟的企业，故 A 为正确答案。根据文章内容可知，新的未来基金和之前的未来基金都推行公私联合投资，B 项不符合题意。根据第三段第一句和第五段最后一句，生命科学是之前的未来基金和新的未来基金一贯的支持领域，C 项不符合题意。文章没有提到新的未来基金要求与国外基金合作，故排除 D 项。

5. B 写作目的题。 题目考查最后一段的写作目的，需先概括本段主旨。该段简要介绍了不同政府部门的努力，故 B 项为正确答案。该段虽然提到了上市制度，但重点不是暗示上市制度不完善，故排除 A 项。该段分别提到了能源行业、科技行业和金融科技行业，并不能推断出科技行业是英国竞争力的关键，故排除 C 项。该段提到了改革上市制度的提议，但无法推出上市制度改革势在必行，故排除 D 项。

参考译文

财政大臣里希·苏纳克将启动一项基金，向科技公司投资高达 3.75 亿英镑的政府资金，并让纳税人在初创企业中持有更多股份。

未来基金：这一预算案的突破将于周三宣布，政府资金与私营部门风险资本相结合。科技行业将是预算的一个主要关注点，苏纳克上周表示，他将推出一项签证计划，以帮助快速发展的公司招聘高技能员工。[4] 对该计划知情的人表示，该基金旨在支持那些需要扩大规模以进入下一个发展阶段的潜在世界一流科技公司。[1] 由于需要在研发方面投入大量资金，这些企业通常都在亏损。

财政部证实了这些计划，称财政大臣将与私营部门共同投资"高增长、创新型的英国公司"，包括"生命科学、量子计算或清洁技术"领域的公司。[2] 苏纳克的基金将冒着政府资金流入失败公司的风险，因为大多数初创企业都会让赞助人赔钱。只有少数能成为全球领军企业。

苏纳克在从政前是一名对冲基金投资者，在（新冠肺炎）大流行期间，他通过其未来基金计划，利用政府资金向 1,000 家英国初创企业投资逾 10 亿英镑。该基金是政府应对新冠肺炎商业支持计划的一部分，向在疫情期间努力求生的初创企业提供贷款，国家资金与私人投资者匹配。[3] 政府贷款可以转换成股权，有些已经完成了这一步：纳税人现在是一家马桶制造商、一家宽带供应商和一家帮助生产可重复使用杯子的公司的股东。

[4] 新的未来基金：突破性进展将瞄准更加成熟、具有完善商业模式的企业，而不是受到疫情冲击的初创公司。预计该基金投资的公司将少于未来基金投资的公司。苏纳克是公私合营投资计划的热心支持者。他一直在与总部位于阿联酋的主权财富基金穆巴达拉就支持英国一项新的生命科学投资工具进行谈判。

[5] 政府官员也在起草英国能源行业共同投资计划的提案。部长们正在推行几项举措来吸引科技行业。前 Worldpay 首席执行官罗恩·卡利法周五发布的一份针对金融科技行业的报告建议改变上市制度，以吸引更多创始人主导的企业进入伦敦证券交易所。前欧盟委员乔纳森·希尔勋爵将于本周提交另一份政府委托的报告，预计该报告将支持上市改革，以努力确保英国具有全球竞争力。

📖 文章概览

本文选自 *The Wall Street Journal*，论述当前就业市场变化对通货膨胀的影响。第一、二段进行总体论述，并以数据支持观点；第三至六段展开论述，指出当前通货膨胀增长的主要动因是需求难以满足，企业受疫情影响，人手不足，而补充人力又受到财政和组织管理因素的限制；最后一段提出结论，还是应该通过增加招聘来缓解当前的压力，并对就业市场可能给通货膨胀带来的长期影响做出了判断。

📘 重难点词汇

inflationary /ɪn'fleɪʃənri/ *adj.* 通货膨胀的
roll out 推出；展开
unleash /ʌn'liːʃ/ *vt.* 发泄；突然释放
pent-up /ˌpent 'ʌp/ *adj.* 压抑的；积压的
augment /ɔːg'ment/ *vt.* 增加；提高；扩大

inventory /'ɪnvəntri/ *n.* （商店的）存货，库存
logistical /lə'dʒɪstɪkl/ *adj.* 组织管理的；后勤的
hurdle /'hɜːdl/ *n.* 难关；障碍
alleviate /ə'liːvieɪt/ *vt.* 减轻，缓和
persistent /pə'sɪstənt/ *adj.* 持续的，反复出现的

📝 长难句分析

① And thanks to the ample savings many households have built up over the past year—which look as if they are about to be augmented with another round of government support—there will be money to spend. (P3S3)

主体句式 …thanks to the ample savings…—which…—there will be money to spend.

结构分析 本句主体为简单句，即 there will be money to spend。thanks to 引导的短语作原因状语，该部分结构较为复杂，介词 to 的宾语 the ample savings 之后是省略了引导词 that 的定语从句 many households have built up over the past year；两个破折号之间是作插入语的非限制性定语从句，该从句的系动词 look 之后是 as if 引导的表语从句。

句子译文 由于许多家庭在过去一年里积累了大量储蓄金——而且这些储蓄金似乎将在新一轮的政府支持下有所增加——这样就会有足够的钱来消费。

② Restaurants can raise prices if there is a lot of demand, for example, but rather than seeing people lined up out the door, glancing at their watches and leaving, the better option may be to get those diners seated. (P4S2)

主体句式 Restaurants can raise prices if…, but rather than…, the better option may be to get those diners seated.

结构分析 本句是并列句，由转折连词 but 连接。前一分句为复合句，主句为 Restaurants can raise prices，其后是条件状语从句 if there is a lot of demand；后一分句为简单句，主体部分是 the better option may be to get those diners seated，之前是 rather than 引导的比较状语。

句子译文 例如，如果需求量很大，餐馆可以提价，而不是看着人们在门口排队、一直看表而后离开，更好的选择也许是让那些就餐者入座。

💡 题目详解

1. A 细节题。根据题干中的 the new round of government support 定位至第二段最后一句。该句指出，

随着疫苗接种的推进和新一轮政府救济措施的到来，经济学家们一直在提高他们的通货膨胀估值。可见经济学家预判政府支持可能会推高通货膨胀，故答案为 A。第三段最后一句提到了商品价格和供应链问题，但并未说这两者与政府的经济支持之间是否存在关联，故排除 B 和 D。第三段第二句提到人们释放出度假的需求，但这与政府新一轮救济措施没有直接的因果关系，故排除 C。

2. B 例证题。第四段第二句举了餐馆的例子，指出餐馆在需求量很大时可以提价，而不是看着人们在门口排队而后离开，更好的选择是让那些就餐者入座。随后一句说，因此恢复产能可能是一个重点。可知作者是从所举的例子中得出了一个结论，故答案为 B。例子的前后都没有提及相关的背景知识，因此排除选项 A。作者举餐馆的例子之前表达的观点是，企业要尽可能增加销售，而例子中所说的让就餐者入座与之并不矛盾，故排除 C。作者举这个例子并不是为了分析低价格的原因，故排除 D。

3. A 细节题。第六段分析了企业雇佣员工的速度受到限制的原因。其中第二句分析了财政方面的原因，指出除非投入更多的资金，否则不会吸引更多的人，尤其是许多小企业。可知资金不足可能是企业雇用员工的障碍，故正确答案为 A。选项 B 在原文中没有提及。本段第三句分析了组织管理方面的困难，即将大量人力安排到工作岗位需要时间，并未指出组织管理有什么不当，故排除 C。本段最后一句是说疫情令许多服务业企业倒闭，而不是说疫情防控措施给企业招聘员工带来困难，因此选项 D 答非所问。

4. C 细节题。作者主要在首尾段论及通货膨胀的发展趋势。最后一段指出，在短期内通过增加招聘来满足需求，可能有助于缓解价格上涨的压力，而之后情况就不同了：就业市场恢复得越快，通货膨胀的增长可能会持续得越久。可知就长期而言，就业市场的恢复可能推高通货膨胀，故选项 C 为答案。原文中只提到了满足消费需求可以缓解价格上涨的压力，并未说明通货膨胀会随着商品价格下跌而缓解，故排除 A。根据最后一段第一句，短期内增加招聘会缓解商品价格上涨的压力，但未论及就业率与通货膨胀的直接关系，故 B 缺乏依据。从原文首尾两段可知，作者主要是论述了就业情况对通货膨胀的影响，而非通货膨胀对就业的影响，因此 D 混淆因果，应排除。

5. D 主旨题。文章开篇就提出了有关就业市场与通货膨胀之间关系的观点；接着分析了当前通货膨胀增长的主要动因，并指出其主要因素在于人，阐述了补充人力所受到的财政和组织管理方面的限制；结篇时又对就业市场可能给通货膨胀造成的长期影响做出了判断。可知文章主要围绕就业市场对通货膨胀的影响展开，故 D 为正确答案。文章虽有部分篇幅分析通货膨胀的动因，但仍着眼于就业市场对通货膨胀的影响，A 太过笼统，故排除。B 和 C 原文中没有提及。

参考译文

紧缩的劳动力市场应该会导致更高的通货膨胀。但至少在未来几个月，就业市场复苏越快，一些通胀压力可能就越不严重。

美国劳工部周三公布，受汽油价格上涨推动，2 月份消费者价格比 1 月份上涨 0.4%。与去年同期相比，整体价格上涨 1.7%，核心价格上涨 1.3%。[1] 随着疫苗接种的推进和新一轮政府救济措施的到来，经济学家们一直在提高他们的通货膨胀估值。

相当一部分的通货膨胀增长可能来自于供给难以满足需求的简单动因。随着疫情有望消退，人们度假、坐飞机探亲、开始在餐馆就餐，将再次释放出被压抑的服务需求。由于许多家庭在过去一年里积累了大量储蓄金——而且这些储蓄金似乎将在新一轮的政府支持下有所增加——这样就会有足够的钱来消费。摩根士丹利的经济学家们认为，由于库存较少，而供应链问题持续存在，商品价格也可能保持坚挺。

特别是，服务价格上涨的潜在补偿是，在经历了糟糕的一年之后，许多企业感兴趣的将是尽可能增加销售。[2] 例如，如果需求量很大，餐馆可以提价，而不是看着人们在门口排队、一直看表而后离开，更好的选择也许是让那些就餐者入座。因此，恢复产能可能是一个重点。

但通常在服务业，产能取决于人。需要有人整理床铺、提供食物、剪头发以及告诉乘客把他们的小桌板收上去。因此，企业将需要雇用员工。

而企业雇用员工的速度可能会受到限制。[3] 部分原因是财政方面的：除非真正投入更多的资金，否则不会吸引更多的人，尤其是许多小企业。部分原因是组织管理方面的：上个月在餐馆和酒吧工作的人比一年前少了大约 200 万人，而把许多人重新安排到工作岗位上则需要时间。复杂的是，许多服务业企业因新冠疫情而倒闭，因此要将产能恢复到原来的水平并非易事。

不过，尽管存在这些障碍，如果需求确实回升，还是应该通过增加招聘来满足需求，至少在短期内，这样可能有助于缓解价格（上涨的）压力。[4] 当然，再往后，情况就不同了：就业市场恢复得越快，通货膨胀的增长可能会持续得越久。

═Text 63═

🖨 文章概览

本文选自 The Economist，探讨了新冠肺炎疫情导致的就业市场劳动力短缺问题。第一段提出主题，并以具体事例支持论点，指出劳动力短缺现象突出；第二至四段分别分析了劳动力短缺的三个主要原因：充足的政府福利救济、人们因疫情而产生的担忧，以及疫情引发的经济资源再分配；最后一段进行总结，指出某些原因的影响会随着疫情缓解而消退。

📖 重难点词汇

weird /wɪəd/ adj. 奇异的；怪诞的
oddity /'ɒdəti/ n. 怪现象；古怪
chorus /'kɔːrəs/ n. 合唱团；异口同声的说法
anecdote /'ænɪkdəʊt/ n. 逸事；趣闻
vacancy /'veɪkənsi/ n.（职位的）空缺
handout /'hændaʊt/ n. 政府拨款

reluctant /rɪ'lʌktənt/ adj. 不情愿的；勉强的
hospitality /ˌhɒspɪ'tæləti/ n. 好客；款待
buoyant /'bɔɪənt/ adj. 看涨的；繁荣的
hospitalisation /ˌhɒspɪtəlaɪ'zeɪʃn/ n. 住院治疗
dissipate /'dɪsɪpeɪt/ v.（使）消散，消失

📝 长难句分析

① Analysis by *The Economist* of over 400 local areas also finds a wide variation in job markets across geographies: the gap between jobs growth in the most buoyant areas and that in struggling ones is twice as wide as it was before the pandemic. (P4S3)

主体句式 Analysis...finds a wide variation...: the gap...is twice as wide as it was...

结构分析 本句分为两部分，前一部分为是简单句，主语 Analysis 之后是 by 和 of 引导的介宾短语作后置定语，宾语 variation 之后有定语 in job markets across geographies 修饰。冒号后是第二部分，说明前面的 a wide variation in job markets，主语 gap 之后是后置定语 between...and...，句子包含比较状语从句结构 as...as。

句子译文 《经济学人》对 400 多个当地区域进行的分析还发现，不同地区的就业市场差异很大：最活跃地区的就业增长与处境艰难地区的就业增长之间的差距是新肺炎大流行之前的两倍。

② But if shortages are to dissipate fully, and the threat of inflation is to be contained, some of the unemployed will also have to take up work in sectors and areas that are new to them. (P5S2)

主体句式 But if shortages are…, and the threat…is…, some of the unemployed will also have to…that…

结构分析 本句是复合句。主句主干是 some of the unemployed will also have to take up work，主句中包含了定语从句 that are new to them，修饰 sectors and areas。if 引导的条件状语从句由 and 连接的两个简单句 shortages are… 和 the threat…is… 组成。

句子译文 但是，如果要完全消除劳动力短缺的问题，遏制住通货膨胀的威胁，一些失业者也将不得不在他们不熟悉的部门和领域工作。

💡 题目详解

4. **B 语义理解题。** 设问短语在第一段第二句。该句说，尽管美国现在的就业人数比新冠肺炎爆发前减少了 800 万，但人们对劳动力短缺的抱怨却越来越多。可见作者所说的奇怪现象就是指失业人数增加和劳动力短缺并存，故 B 为答案。选项 A 只涉及定位句的部分信息，属于断章取义，故排除。选项 C 和 D 分别涉及本段第四句和第三句内容，均是劳动力短缺的表现，因此也只涉及奇怪现象的一方面。

2. **C 例证题。** 题干所说的例子出现在第二段第四句。其中"邻居的表亲的男朋友"泛指那些因得到充足的救助金而选择放弃工作的人，似乎每个美国人都认识这样一个人，说明该情况较为普遍。可见美国财政救助金的发放额度很大，故答案为 C。文中并未提及人们对政府拨款持冷漠态度，故排除 A。由该段第二句和最后一句可知，政府发放的救助金充足，因此 B 所述与原文相悖。由本段最后一句可知，政府救济对人们的就业选择是有较大影响的，故排除 D。

3. **D 细节题。** 第三段第三句提到了人们对疫情的担忧是劳动力短缺的一个重要原因，随后几句指出不同行业的职位空缺有较大差别，可知疫情直接导致劳动力分布不均，D 所述符合原文，故为答案。其余三项都不是人们对疫情的担忧所造成的直接后果，故排除。

4. **C 推断题。** 第四段开头说劳动力短缺的最后一个原因与正在进行的经济资源重新配置有关。第三句提到，根据《经济学人》对 400 多个地区的分析，不同地区的就业市场有很大差异，可知不同地区所面临的劳动力问题不同，故 C 项正确。第四段第二句提到了消费者需求，但只涉及其变化对行业间劳动力分配的影响，而未提及需求是否增长，故排除 A。第五段最后一句提到了通货膨胀，但并未说从长远来看劳动力问题会导致严重的通货膨胀，故排除 B。由第五段开头可知，随着疫情缓解，人们的担忧可能消退，从而有助于缓解劳动力短缺的问题，并非解决这一问题，可知 D 不符合原文。

5. **A 主旨题。** 文章探讨了新冠肺炎疫情所导致的就业市场的奇怪现状：失业者增多的同时还出现了劳动力短缺的现象，分别分析了劳动力短缺的三个主要原因：政府提供充足的救济金、人们因疫情而产生的担忧，以及疫情引发的经济资源再分配，并预判了这些原因未来的影响。可知文章主要是分析这个奇怪现状产生的原因，故 A 为答案。B 只涉及作者所提的三个原因之一，以偏概全。作者用主要篇幅分析原因，而不是提出建议，故排除 C。第四段提到了经济资源再分配，但未分析其可能影响的人群，故 D 不是文章主题。

新冠肺炎大流行导致了各种奇怪的经济后果。[1] 最近一个怪异现象是，尽管美国现在的就业人数比新冠肺炎爆发前减少了 800 万（表明失业率高），却有越来越多的人抱怨劳动力短缺。四月初，彭博新闻社报道称，由于员工太难招到，佛罗里达州的一家咖啡馆已经转而使用机器人来迎接顾客和送餐了。数据也证实了这一传闻，职员的总空缺数达到了至少 20 年来的最高水平。

出现这种令人费解的（职员）短缺，有三种可能的解释：过于充足的救济金；担惊受怕的员工；以及劳动力在行业之间的重新分配。先从美国的巨额财政拨款说起。春季公布的最新刺激支票，每人最高可支取 1,400 美元。[2] 似乎每个美国人都知道一个邻居的表亲的男朋友收到了一张支票，然后辞职，瘫在沙发上（什么工作也不做）。经济研究早就得出结论，更充足的救济金会削弱找工作的动机。

然而，这种关联在疫情期间似乎有所减弱。失业保险支付的增加是有时间限制的，这一事实可能会让员工不愿意拒绝一份能更长时间领取报酬的工作。这表明第二个因素——（对疫情的）担忧——可能是解释美国员工短缺的重要因素。官方数据显示，"由于冠状病毒大流行"，近 400 万人没有找工作。[3] 医疗保健、娱乐和招待性行业报告的职位空缺率最高。相比之下，在那些往往更容易保持社交距离或在户外工作的行业，劳动力短缺问题就不那么严重了。如今，建筑业员工的职位空缺数量比新冠肺炎大流行之前要少。

[4] 劳动力短缺的最后一个原因与正在进行的非同寻常的经济资源重新配置有关。职位空缺的总体增长代表了一些行业的机会增加——比如 DIY 商店的店员——而其他行业的机会则在减少，这反映了不断变化的消费者需求。[4]《经济学人》对 400 多个当地区域进行的分析还发现，不同地区的就业市场差异很大：最活跃地区的就业增长与处境艰难地区的就业增长之间的差距是新冠肺炎大流行之前的两倍。

随着疫苗接种使得因新冠肺炎住院和死亡的人数持续减少，并限制该疾病的传播，美国对从事频繁人际接触性工作的担忧也应该会消退。但是，如果要完全消除劳动力短缺的问题，遏制住通货膨胀的威胁，一些失业者也将不得不在他们不熟悉的部门和领域工作。

≈≈≈**Text 64**≈≈≈

📑 文章概览

　　本文选自 *The Wall Street Journal*，介绍时下流行的防蓝光眼镜并探讨其有效性。前两段利用消费者佩纳的事例，引出防蓝光眼镜能否缓解眼部疲劳的话题，也说明部分消费者只是看中了这种产品的外观；第三段中引用的消费者例子说明了另一个购买理由：正面的心理暗示；在第四段中，有关专家指出蓝光不足以伤害眼睛；第五、六段介绍防蓝光眼镜另一个可能的效果，即改善睡眠。

📖 重难点词汇

internship /ˈɪntɜːnʃɪp/ *n.* 实习；实习期

fatigue /fəˈtiːg/ *n.* 劳累；厌倦

snake oil 毫无用处（或效果）的推销品

accessory /əkˈsesəri/ *n.* （衣服的）配饰；附件

ophthalmology /ˌɒfθælˈmɒlədʒi/ *n.* 眼科学

fundraiser /ˈfʌndreɪzə(r)/ *n.* 募集资金的活动

be sold on 对……极感兴趣

impede /ɪmˈpiːd/ *vt.* 妨碍；阻止

melatonin /ˌmeləˈtəʊnɪn/ *n.* 褪黑激素

scroll through 滚动浏览

gimmick /ˈgɪmɪk/ *n.* 花招；把戏；噱头

📝 长难句分析

① She says she wears them when she wants to shift her mind-set to be more focused during work time or as an accessory whenever she wants to be taken seriously, such as during meetings with clients. (P3S2)

主体句式　She says she wears them when…, or as an accessory whenever…

结构分析　本句是多重复合句。主句十分简短，即 She says，其后是省略了连接词 that 的宾语从句。该从句的主干也简单，即 she wears them；其后是第二重从句，即由并列连词 or 连接的两个时间状语从句，第一个是 when she wants…，第二个是 whenever she wants…。

句子译文　她说，当她想在工作时间改变思维定式以便更加专注的时候，或者当她想受到旁人认真对待的时候，比如与客户会面时，她就戴着它们作为配饰。

② Sunir Garg, the clinical spokesperson of the American Academy of Ophthalmology, says that humans are more exposed to blue light from the sun than they are from devices, and that there isn't enough research to prove that blue light causes eye damage. (P4S1)

主体句式　Sunir Garg…says that…, and that…

结构分析　本句是多重复合句。主句为 Sunir Garg…says，前面两个逗号之间的内容是主语的同位语，对主语进行补充说明，其后是两个由 that 引导的宾语从句，由并列连词 and 连接：第一个宾语从句中包含了比较结构 more exposed…than they are…；and 之后的第二个宾语从句中嵌套了另一个从句 that blue light causes eye damage，作动词 prove 的宾语。

句子译文　美国眼科学会临床发言人苏尼尔·加格表示，与各类设备相比，人类暴露在来自阳光的蓝光中的机会更多，而且没有足够的研究证明蓝光会导致眼睛损伤。

1. D 细节题。前两段介绍了佩纳购买防蓝光眼镜的信息，提到他因为长时间注视屏幕，而决定购买防蓝光眼镜。可见他购买的目的是保护眼睛，故 D 为答案。选项 A "让脸部看起来更好看"原文没有提及，故排除。文中提到防蓝光眼镜可以缓解眼部疲劳，而不是缓解大脑疲劳，故排除选项 B。选项 C 的 "看上去时髦"是第二段首句中提到的佩戴这种眼镜的外观效果，并非佩纳购买的目的，故排除。

2. C 推断题。第三段讲到品牌策略师艾梅·埃布尔作为防蓝光眼镜消费者的体验，她提到了佩戴这种眼镜时她认为自己工作更加专注，能被客户认真对待，看上去更专业。可见这是佩戴防蓝光眼镜给她的心理暗示，因此选项 C 为正确答案。A 在原文中没有提及，故排除。原文提到了她改变思维定式，但这不等同于创造性思维，故排除 B。埃布尔说她在见客户的时候佩戴防蓝光眼镜，是为了让对方认真对待自己，这也是给对方带来的一种心理影响，而不是防蓝光眼镜可以直接影响人际关系，故排除 D。

3. A 细节题。第四段重点介绍了加格的观点，在该段首句中，加格指出没有足够的研究证明蓝光会损伤眼睛，故答案为 A。选项 B 在原文中没有提及，故排除。C 是对第四段第二句的曲解，原文的意思是眼睛可以滤除阳光中蓝光的有害影响，而不是说蓝光能从阳光中分离出来，故排除。加格博士并未说到蓝光与失眠的关系，故排除 D。

4. A 细节题。第五段中教师卡拉·桑德斯指出，学生们在佩戴防蓝光眼镜时对眼部疲劳的抱怨减少了，可知学生接受了这种眼镜，故答案为 A。定位段第三句说，桑德斯发现网上有研究称防蓝光眼镜有助于睡眠，但这并非她的亲身体验，因此 B 不符合原文。防蓝光眼镜被捐赠给了学生而不是老师，故排除 C。定位段只提到了桑德斯的学生们佩戴防蓝光眼镜的体验，并未说明她本人的使用效果，因此排除 D。

5. B 态度题。文章结尾处再次提到了第三段中的防蓝光眼镜消费者埃布尔，她说自己也认为这种眼镜就是个噱头，但她并不介意。也就是说，她支持佩戴这种眼镜，故答案为 B。其余三项均表示负面含义，因此均排除。

✍ 参考译文

乔赛亚·佩纳在圣何塞州立大学读大四期间曾花了很多个小时盯着电脑屏幕上的在线课程，而他在 2020 年远程实习期间，面对屏幕的时间甚至更多。[1] 那时他决定在亚马逊订购防蓝光眼镜。有些评论说，它们可以缓解眼睛疲劳。有些医生警告说，它们是毫无用处的推销品。

至少大多数人都同意一件事：它们让你看起来很时髦。佩纳先生认为这种眼镜有助于缓解屏幕疲劳，但即使这种说法没有科学依据，这种眼镜也值 25 美元。

28 岁的品牌策略师艾梅·埃布尔于新冠肺炎大流行前不久在亚马逊上买了一盒两件装的防蓝光眼镜。[2] 她说，当她想在工作时间改变思维定式以便更加专注的时候，或者当她想受到旁人认真对待的时候，比如与客户会面时，她就戴着它们作为配饰。埃布尔女士说："我看着戴上眼镜的自己，就会想，'这里有一位专业人士。她是所在领域的专家。她会做出深思熟虑的回答。'"

[3] 美国眼科学会临床发言人苏尼尔·加格表示，与各类设备相比，人类暴露在来自阳光的蓝光中的机会更多，而且没有足够的研究证明蓝光会导致眼睛损伤。加格博士说："随着时间的推移，眼睛在滤除阳光的有害影响（包括蓝光）方面，已经进化良多，所以这是个绝顶荒诞的说法。"

一年级教师卡拉·桑德斯说，她的学生经常抱怨他们看电脑屏幕时眼睛有多痛。因此，她与全美国其他几位教师一起，通过教师资助网站"捐赠者的选择"启动了募集资金的活动，为他们的所有学生提供防蓝光眼镜。当她发现网上有研究说它们有助于改善睡眠后，就对它们产生了极大的兴趣。[4] 桑德斯夫人说，她和一些家长也注意到，学生们在佩戴防蓝光眼镜时对眼部疲劳的抱怨减少了。

夜间暴露在蓝光下会阻碍褪黑激素的自然分泌，来回翻看 Instagram 数小时后就会难以入睡。加格博士说，对于一些难以入睡的人来说，它们可能会有所帮助，但对大多数人来说，"这不值得花钱。" [5] 尽管有些用户正透过这种梦幻眼镜看世界，但是他们也能够明白医生的视角。"我确实认为这是一个噱头，"埃布尔女士说，"而我对此并不介意。"

Text 65

文章概览

本文选自 *The Wall Street Journal*，介绍了哈佛商学院一门关于幸福管理的热门课程。文章首段指出幸福管理技能受到重视，相关课程大受欢迎；第二段和第三段重点介绍课程的基本理念和设立这门课程的背景情况；第四段讲述了上课学生的相关情况；最后两段通过介绍两名参加过这门课程的学生实例，印证了这门课程的有效性。

重难点词汇

elusive /ɪˈluːsɪv/ *adj.* 难以捉摸的；难以取得的
chieftain /ˈtʃiːftən/ *n.* 首领；酋长
posit /ˈpɒzɪt/ *vt.* 认定；假设
intersect /ˌɪntəˈsekt/ *v.* 相交；贯穿
pitch /pɪtʃ/ *vt.* 力荐（某主张）

metric /ˈmetrɪk/ *n.* 度量标准
gratification /ˌɡrætɪfɪˈkeɪʃn/ *n.* 满意；快感
burnout /ˈbɜːnaʊt/ *n.* 精疲力竭
resonate /ˈrezəneɪt/ *vi.* 引起共鸣；使产生联想
associate /əˈsəʊsieɪt/ *n.* 同事；合伙人

长难句分析

① A social scientist who joined Harvard in 2019 after leading the conservative-leaning American Enterprise Institute for a decade, Dr. Brooks said he sometimes felt lonely as a boss and was inspired to pitch the class to Harvard after observing the same with other leaders. (P3S3)

主体句式 A social scientist who…, Dr. Brooks said he…felt lonely…and was inspired…

结构分析 本句为复合句。主句主干简短，为 Dr. Brooks said，其后是省略了连接词 that 的宾语从句。该宾语从句中 and 连接并列的谓语，分别为 felt lonely 和 was inspired；从句句末是 after 引导的介宾短语作时间状语，其宾语为动名词短语 observing…。主句主干之前的 A social scientist 为同位语，之后是 who 引导的定语从句，修饰说明 scientist。

句子译文 作为一位社会学家，在领导倾向保守的美国企业研究所十年后，布鲁克斯博士于 2019 年加入哈佛大学，他说，作为一名老板，他有时感到孤独，在观察到其他领导者也出现了同样的情况后，他受到启发，向哈佛大学提出了开设这个课程。

② Mark Giragosian, a 2021 HBS graduate working in a private equity, now stores a series of tips for daily practice in his office desk drawer, reminding him to stay aware of future goals but live in the present. (P6S1)

主体句式 Mark Giragosian, …, now stores a series of tips…, reminding him to stay…but live…

结构分析 本句为简单句。句子主干为 Mark Giragosian…stores a series of tips，主谓之间是插

人的同位语，补充说明主语的相关信息。句子中包含了现在分词 reminding 引导的伴随状语，reminding 的宾语为 him，其后是 but 连接的两个并列的宾语补足语 to stay aware of future goals 和 (to) live in the present。

句子译文 哈佛商学院 2021 届毕业生马克·吉拉戈西亚在一家私人股本公司工作，他现在将一系列日常行为提示放置在办公桌抽屉里，提醒自己要时刻关注未来的目标，但也要活在当下。

💡 **题目详解**

1. **B 细节题。** 文章首句提到有关幸福管理的课程很热门，随后说幸福管理技能在商学院受到重视，且第三句说这类课程是 MBA 顶级课程中最受欢迎的。由此可知，关于幸福管理的课程吸引了诸多关注，故 B 为答案。首段最后一句说，幸福管理课程的受欢迎程度反映了学校培养更优秀老板的意愿，但并不是说更优秀的老板较喜欢这种课程，故排除 A。C 在原文中没有提及，故排除。D 是对本段第二句的曲解，原文是说幸福管理等软技能正在像传统商务管理技能一样获得重视，而不是幸福管理课程要取代传统课程。

2. **D 细节题。** 在第二段中作者介绍了布鲁克斯博士课程的相关情况，其中最后一句说，他认为幸福不仅仅是机会、基因或生活环境的产物，而是习惯性地倾向于四个关键领域——家庭、朋友、有意义的工作、信仰或人生哲学。由此可见，他在授课过程中揭示了与幸福相关的因素，因此 D 为正确答案。文章最后一句提到了他对失败的看法，但未提及他在授课过程中重点关注这个问题，故排除 A。第三段提到了职场幸福感，但只是说明当前形势下管理层对于职场幸福感的重视，并未提及布鲁克斯对此给出了建议，故排除 B。第四段中说他通过学生对情感指标的评估，发现获得高成就的人在积极情绪方面得分较低，但这并不能算是这类人的缺陷，故排除 C。

3. **C 细节题。** 文章第三段讲到了设立这个课程的背景信息，最后一句讲到布鲁克斯的个人经历与感受，指出他自己感到孤独，且观察到其他领导者也出现了同样的情况，才向哈佛大学推荐了这个课程，可知 C 所述符合文意。该句虽然提到他曾领导倾向保守的美国企业研究所，但未提及他的学术立场和信仰与课程设置的关联，故排除 A。由原文可知，本段前半部分提到了因为新冠肺炎，职场幸福感问题更受人们关注，这只能说明对幸福管理类课程的需求提升，B 中"社会发展趋势"的说法太笼统，故排除。由本段最后一句可知，课程是布鲁克斯主动向哈佛大学提出开设的，而不是哈佛大学的领导要求的，故排除 D。

4. **A 例证题。** 文章第五段开头提到了阿什利·麦克雷，指出布鲁克斯的观点引起了她的共鸣。布鲁克斯认为，获得高成就的人往往在积极情绪方面得分较低，这类人常常推迟其满足感，而这会令人精疲力竭。第五段第二句说她总是专注于下一个目标，而不懂得享受当前的成就，可见她的事例是用于印证布鲁克斯的观点，说明人们应该活在当下，故答案为 A。文中没有提及长期目标与获得高成就的人之间的关系，故排除 B。第五段提到了麦克雷现在开始在社交媒体上分享幸福时刻，说明她开始转变，学着及时享受当前的成就，并非强调要懂得与朋友分享幸福，故排除 C。虽然第四段结尾提到了精疲力竭，但导致这一现象的原因是很多人对当前的成就不能感到满足，并未说工作与休息之间要保持平衡，故排除 D。

5. **D 细节题。** 最后一段说到了另一个事例，在第三句中提及吉拉戈西亚先生建议有压力的同事纠正错误，然后继续前进，不要沉浸在自己无法改变的事情之中，故答案为 D。本段只说到吉拉戈西亚理解了自己对失败的恐惧，他并未在此方面提出建议，故排除 A。B 是对本段第三句的曲解，根据原文，吉拉戈西亚建议同事纠正错误，而不是建议人们不要忘记错误。根据本段首句，吉拉戈西亚提醒自己要时刻关注未来的目标，所以他不会建议人们不关注未来的目标，故 C 不能选。

参考译文

[1] 哈佛商学院的一门热门课程有望教会未来的领导者们一项难以掌握的技能——幸福管理。随着商学院培养未来的企业领袖，情感认知和提升幸福感等技能正逐渐与做交易和建造财务模型一样取得一席之地。关于幸福、（人际）关系和（生活）平衡的课程是 MBA 顶级课程中最受欢迎的。其受欢迎的程度既反映了对软技能的需求，也反映了学生对更平衡的生活的渴望——以及学校培养更优秀老板的意愿。

在哈佛，阿瑟·布鲁克斯的"领导力与幸福"课程中的 180 个名额很快就被占满了。学员们被教导如何培养他们团队以及他们自己的幸福感。[2] 布鲁克斯博士认为，幸福不仅仅是机会、基因或生活环境的产物，而是习惯性地倾向于四个关键领域——家庭、朋友、有意义的工作、信仰或人生哲学。

这门课程于 2020 年春季学期首次开设，伴随着新冠肺炎的到来。从那时起，随着员工以创纪录的速度离职并重新思考自己的目标，工作中的幸福感对员工和管理者来说有了新的紧迫性。作为一位社会学家，在领导倾向保守的美国企业研究所十年后，布鲁克斯博士于 2019 年加入哈佛大学，他说，作为一名老板，[3] 他有时感到孤独，在观察到其他领导者也出现了同样的情况后，他受到启发，向哈佛大学提出了开设这个课程。

布鲁克斯博士的学生对他们的人际关系、物质价值观和其他情感指标进行评估。[4] 他说，一些获得高成就的人在发现意义和成就方面排名很高，但在积极情绪方面得分较低。"你一直在推迟你的满足感，"他说，这可能会让人精疲力竭。

[4] 这引起了班上的工程师兼咨询师阿什利·麦克雷的共鸣。她回忆说，她被提名为 2019 年明尼阿波利斯和圣保罗的商界顶尖女性——而她总是专注于下一个目标，并不享受当前的成就。她现在担任哈佛商学院学生会委任的"幸福副主席"，在社交媒体上分享校园周围的幸福时刻，并通过校园治疗犬和按摩来帮助同学们恢复活力。

哈佛商学院 2021 届毕业生马克·吉拉戈西亚在一家私人股本公司工作，他现在将一系列日常行为提示放置在办公桌抽屉里，提醒自己要时刻关注未来的目标，但也要活在当下。他说，这种指导在出现问题时特别有用。[5] 吉拉戈西亚先生建议有压力的同事们纠正错误，然后继续前进，不要沉浸在自己无法改变的事情之中。这门课程也帮助他理解了自己对失败的恐惧。布鲁克斯博士告诉学生们，人们并不害怕失败本身，而是害怕失败给自己带来的感觉。

Text 66

文章概览

本文选自 *The New York Times*，文章探讨了父母陪伴孩子的适当方式。第一段作者以自身情况为例，提出对孩子们的游戏时间不参与、少干预的观点；第二至四段作者详述其观点，并说明自己形成这种陪伴方式的原因，以及这种做法取得的良好效果；最后一段总结前文，指出亲子相聚和互动要让双方都感觉愉悦，并说明自己的做法只是一种个人的选择。

stodgy /'stɒdʒi/ *adj.* 古板的；枯燥无味的
unhook /ʌn'hʊk/ *vt.* 从钩子上取下；解开（衣物等）的钩子
resonate /'rezəneɪt/ *vi.* 使产生联想；引起共鸣

fictional /'fɪkʃənl/ *adj.* 虚构的；小说（中）的
affectionate /ə'fekʃənət/ *adj.* 充满深情的；表示关爱的

📝 长难句分析

① Our third child joined the family with this system in place, and he is, as most third children are, remarkably independent. (P2S6)

主体句式 Our third child joined the family…, and he is…

结构分析 本句主体为并列句，由 and 连接，前一分句为简单句，后一分句的主体为 he is remarkably independent；后一分句主谓结构和表语之间插入了比较状语从句 as most third children are。

句子译文 我们的第三个孩子加入了已然确立这一制度的家庭，他和大多数第三个孩子一样，非常独立。

② I can remember reading together and their swimming with me in the ocean, but they weren't involved in the fashion shows I filmed with my sisters, and they didn't help me make my magazine, *Kid Stuff*, either. (P3S4)

主体句式 I can remember…, but they weren't involved in…, and they didn't help me…

结构分析 本句主体为并列句，由转折连词 but 连接，第一个逗号前的分句是简单句；but 之后的分句又包含了 and 连接的两个并列分句，中间用逗号隔开。I filmed with my sisters 是省略了关系词 that 或 which 的定语从句，修饰之前的名词短语 fashion shows。

句子译文 我记得他们跟我一起阅读，一起在海里游泳，但他们没有参与我和姐妹们一起拍摄的时装秀，他们也没有帮我制作我的杂志《儿童用品》。

💡 题目详解

1. C 词义题。设问词出现于第一段第二句后半部分，该部分说到，我们都认识到我们最好做自己的事情：孩子们没有乏味的父母干预，而我和丈夫则……我们必须玩耍才能在场的假定。孩子们玩耍时没有父母的干预，可见作者没有参与孩子的游戏。结合设问词的字面含义，可知其意思应该与"脱离，摆脱"等有关，故答案为 C。选项 A、B、D 分别表示"转移""发现"和"效仿"，均与上下文意思不符合，故排除。

2. A 细节题。第二段讲到孩子游戏时作者与他们相处的方式，第二句说到作者学会了置身事外；第五句说，作者的座右铭是"妈妈不玩"，可知四个选项中只有 A 符合原文含义，故为答案。根据本段首句，选项 B 是作者过去的做法，这种做法会让事情变得更糟，故排除。C 与作者的座右铭相悖。D 是对本段第三句的曲解，学会妥协的是孩子，而不是父母。

3. A 态度题。作者在第三段中回顾了自己父母对自己的陪伴方式，然后第四段第一句说，这段回顾不是抱怨，而是感恩。可知作者对父母的教养方式是持肯定态度的，而且从上下文作者不参与孩子的游戏可知，她继承了父母的做法，也可推知她对父母的做法是赞成的，因此 A 为答案。B 项表示"客观的；不带有感情色彩的"，其余两项表示负面意义，都排除。

4. **B** 细节题。最后一段前两句说，当作者和孩子们聚在一起时，是因为他们想这样做，他们一起做的活动能给他们所有人带来快乐。由此可知作者认为亲子互动应该是让双方都愉悦的，故选项 B 为正确答案。作者在该段第三、四句提到了她可能不去玩耍，但喜欢传授，故 A 不符合原文。本段中作者没有提到是否有精力参与孩子们的游戏，故排除 C。D 在原文中没有提及，故排除。

5. **D** 主旨题。作者开篇以自身为例，提出自己在陪伴孩子时的座右铭是"妈妈不玩"，在孩子游戏时置身事外，不加干预，随后解释了自己这种做法形成的原因，以及给亲子双方带来的自由和快乐。全文围绕的主要观点就是作为家长，她不参与孩子的游戏，可知选项 D 的概括最为恰当，故为答案。A 虽然涉及亲子时间，但未突出观点，过于笼统，故排除。作者的观点是不加干预，故排除 B。作者在最后一段提及了自己不可能是每种类型的母亲的代表，故排除 C。

参考译文

　　我有三个不到 10 岁的孩子，他们不希望——甚至不想——和我一起玩。这需要一些练习，但随着时间的推移，我们都认识到我们最好做自己的事情：[1] 孩子们没有乏味的父母干预，而我和丈夫则摆脱了我们必须玩耍才能在场的假定。

　　过去，如果他们不能在游戏的方向上达成一致，我会尽力帮助他们，但只会让事情变得更糟：当妈妈在场倾听的时候，他们会变得有戒心和刻薄。[2] 我知道我很幸运，因为他们可以互为玩伴，所以我学会了置身事外。我告诉自己，他们正在学习妥协和保持界限。我也是。我的座右铭是"妈妈不玩。"我们的第三个孩子加入了已然确立这一制度的家庭，他和大多数第三个孩子一样，非常独立。

　　我不能说我的方法适合所有人。我知道这样的做法能引起我的共鸣，部分原因在于我自己被抚养长大的方式。我不记得父母曾和我一起玩过。我记得他们跟我一起阅读，一起在海里游泳，但他们没有参与我和姐妹们一起拍摄的时装秀，他们也没有帮我制作我的杂志《儿童用品》。他们一次也没有在我虚构的餐馆里吃过饭。

　　[3] 这不是抱怨；而是感恩。他们可能不是这些记忆的一部分，但他们也未曾缺席过。他们在边缘——既在又不在。我的父母允许我拥有自己创造的私人世界，并且尊重它们。当我看着我的孩子们在没有我的陪伴下玩耍，我想他们与我一样，感到很快乐；我女儿开了一家（虚拟）面包店，她的哥哥在一个巨大的橡胶球上弹跳。小宝贝在他的（玩具）垃圾车里装满了积木块。我们每个人都进入自己单独的领域。我意识到，这是我做母亲最喜欢的部分。我移开视线，然后观察。

　　[4] 当我和孩子们停止做自己的事情而聚在一起的时候，那是因为我们想要这样做。我们一起做的活动会给所有人带来快乐；我们选择加入，正因为这样，我们才真正感到开心。我可能不会去玩耍，但我很有趣，也很有亲和力，我喜欢谈感受。我也乐于传授：如何数数，如何阅读。以这些特别的方式和我的孩子们在一起，让我自己置身其中，感觉良好。这花费了一些时间，但我意识到自己不可能是每种类型的母亲的代表。我只能是其中一种。我只能是他们（三个孩子）的母亲。

Text 67

📠 文章概览

本文选自 *The Economist*，主要探讨了人们与陌生人的交流方式。前两段概述了人们随着年龄增长对与陌生人交流所持的不同态度；第三、四段重点探讨了人过中年后以及在新冠肺炎疫情这一特殊时期与陌生人交流的特点；最后两段引出与话题相关的一本回忆录，借对其内容的介绍，表达了作者的期望：人们能够打破隔阂，克服对陌生人的戒心。

📖 重难点词汇

elicit /ɪˈlɪsɪt/ *vt.* 引出；诱出

zest /zest/ *n.* 热情；兴奋

romance /rəʊˈmæns/ *n.* 爱情；（爱情中）浪漫的感觉

sag /sæg/ *vi.* 减弱；下垂

chronological /ˌkrɒnəˈlɒdʒɪkl/ *adj.* 按时间顺序的

hazy /ˈheɪzi/ *adj.* 朦胧的；模糊的

loom /luːm/ *vi.* 赫然耸现；逼近

memoir /ˈmemwɑː(r)/ *n.* 回忆录；自传

solace /ˈsɒləs/ *n.* 安慰；慰藉

beyond the pale 在……范围之外；出格

stake /steɪk/ *n.* 利害关系；赌注；风险

Brexit *n.* 英国脱欧

📝 长难句分析

① Will Buckingham has written a moving memoir of finding solace, after the death of his life-partner, in travelling and talking in lands such as Myanmar that are culturally distant from his native England. (P5S1)

主体句式 Will Buckingham has written a moving memoir...

结构分析 本句是复合句。主句为 Will Buckingham has written a moving memoir，其后由 of 引导的介宾短语作 memoir 的后置定语；after 和 in 引导的介宾短语作句子的状语；定语从句 that are culturally distant from his native England 修饰名词 lands。

句子译文 威尔·白金汉写了一本感人的回忆录，讲述了其在终身伴侣去世后，在缅甸等在文化上与他的祖国英国不同的国家旅行和与人交谈、寻找慰藉的故事。

② Mr. Buckingham focuses on the pleasures of encounters in remote places where the stakes are lower because the acquaintanceships are bound to be temporary. (P6S4)

主体句式 Mr. Buckingham focuses on the pleasures...

结构分析 本句是复合句。主句的主干是 Mr. Buckingham focuses on the pleasures。宾语的后置定语部分中包含 where 引导的定语从句，修饰名词 places；该从句中又包含 because 引导的原因状语从句。

句子译文 白金汉先生所关注的是在偏远地区相遇的乐趣，那里利害瓜葛较少，因为相识注定是短暂的。

💡 题目详解

1. **A** 细节题。第一段开头说到，孩子们被教导永远不要和不认识的成年人说话，而后讲到，等到青春期和青年期时人们渴望与各种类型的人交往。随后讲到了人们组建家庭，乃至人到中年后对偶遇陌生人的态度都是不同的，可知人们对陌生人的态度是随年龄增长而变化的，故 A 为答案。选项 B 和 C 原文没有提及。文章开头说到人们对陌生人的态度遵循一种熟悉的模式，而不是遵循相同的模式，故排除 D。

2. C 细节题。第三段涉及人到中年及以后的日子的情况。其中第二句说，在中年及以后的日子里，人们仍然可以体验到偶遇的乐趣，可知 C 是对该句的同义转述，故为答案。第二段首句说，人们组建家庭并生育自己的后代之后，社交圈通常会再次缩小，选项 A 与此相反。第二段中说，有些人永远无法恢复年轻时对浪漫的热情，而不是说当人们到中年或者更老时都对浪漫关系不感兴趣，故排除选项 B。选项 D 原文没有提及。

3. A 细节题。根据第三段末句，人们在与偶遇的陌生人交流时，正因意识到这种交流是一次性的，才能无拘无束、坦诚相待，可见此时人们坦诚交流的原因是他们认为不会再和对方见面了，因此 A 所述符合原文，故为答案。选项 B 本身表述没有问题，但这不是文中所述人们坦诚交流的原因，因此排除。选项 C 原文没有提及，故排除。选项 D 曲解了第三段首句，该句所说的 whole story 指的是对陌生人态度的变化过程，与偶遇中的交谈内容无关。

4. B 细节题。根据人名关键词定位至第五、六段，第六段倒数第二句提到，白金汉先生所关注的是在偏远地区相遇的乐趣，因为那里的相识注定是短暂的，可知他在回忆录中讲到了偶遇的快乐，故答案为 B。第五段中说他提出的两个问题是独立但又相关的，故 A 说法不符合原文。第五段虽然说白金汉在回忆录中对人类社会的进化进行了概括，但并未说他做出了分析，故排除 C。根据第五段首句，白金汉去的地方在文化上与其祖国不同，但未提及他是否对不同国家的文化特点进行了解释，故排除 D。

5. D 细节题。最后一段最后一句介绍了白金汉先生的观点，他提出，即使是陌生人之间有戒心，也并非不可克服，故 D 为答案。选项 A 在原文中没有提及。选项 B 偷换了概念，倒数第二句说偏远地方的偶遇注定是短暂的，而未说那里的交流能否长久。选项 C 曲解了最后一段首句，说法绝对，故排除。

参考译文

对陌生人的态度往往遵循一种熟悉的模式。[1] 孩子们被教导永远不要和不认识的成年人说话，尤其是那些他们的父母认为不可信赖的人。随青春期和青年期而来的，是一种与各种类型的人交往的强烈愿望，特别是那些可能得不到家人认可的类型。

[1] 随着人们寻找生活伴侣、组建家庭并生育自己的后代，社交圈通常会再次缩小。（可以社交的）时间变得稀少；新的友谊往往建立在分享育儿负担内容的基础上。有些人永远无法恢复年轻时对浪漫的热情。即使作为父母的责任减少，职业责任也会增加，这种倾向也会减弱。

但这并不是事情的全部。[1][2] 在中年及以后的日子里，人们仍然可以体验到偶遇的乐趣，不管时间多么短暂，却还是能触及要害。即使你将来再也不会见到遇到的那个人，这种相互理解的感觉也是对生命的肯定。[3] 知道这种交流是一次性的，会让你们愉快地进行交流，无拘无束、坦诚相待。

在有新冠病毒肺炎和 Zoom（一种视频会议软件）的时代，事件发生的时间模式变得奇怪了。陌生人不再象征模糊的可能性和风险，而是扮演了一个完全字面意义上的潜在传染源的角色。在封锁期间，与陌生人的接触是正式要避免的。然而，很多人仍然渴望交流的欣喜。

威尔·白金汉写了一本感人的回忆录，讲述了其在终身伴侣去世后，在缅甸等在文化上与他的祖国英国不同的国家旅行和与人交谈、寻找慰藉的故事。作者对人类社会的进化进行了全面的概括，从游猎采集部族成员到荷马时代，甚至更久远的过去。他提出了两个独立但又相关的观点。首先，与陌生人进行有意义的互动可以带来巨大的回报——但这是一项必须经过培养的技能，且很容易丧失。其次，现代西方社会的自我隔离意味着，对于许多人而言，与某些同胞交谈似乎是毫无意义、不受欢迎或古怪的。第二个问题使第一个问题更加严重：如果你认为其他人的举止出格，为什么还要努力去了解他们呢？

　　在英国和美国，政治分歧已经转变为帮派纷争。英国脱欧的支持者和反对者生活在不同的群体中；共和党人和民主党人互相视对方为坏人，而不是碰巧意见相左的美国同胞。这些对立的双方已经互为陌生人。[4] 白金汉先生所关注的是在偏远地区相遇的乐趣，那里利害瓜葛较少，因为相识注定是短暂的。[5] 但他指出，对陌生人的戒心既不是新鲜事儿，也并非无法克服。

Text 68

📄 文章概览

　　本文选自 *The Economist*，文章评价了现代职场，驳斥了职场衰落的看法，并分析了产生这种悲观看法的原因。第一段提出论题：现代职场是否缺乏"好工作"；第二至四段从历史发展和现实情况对职场衰落这一观点进行反驳，并分析了这一观点产生的历史原因；第五段和第六段探讨如今"职场衰落"观点普遍存在的原因：人们往往不懂得权衡利弊；最后一段总结全文，我们要努力让职场变得更好。

📖 重难点词汇

uncontroversial /ˌʌnˌkɒntrə'vɜːʃl/ *adj.* 无争议的；不会引起不和的
pundit /'pʌndɪt/ *n.* 权威，专家
shaky /'ʃeɪki/ *adj.* 不牢靠的；摇摇欲坠的
provoke /prə'vəʊk/ *vt.* 激起；引发
of yore 很久以前

drone /drəʊn/ *n.*（不劳动，依赖他人为生的）寄生虫
fall down on （在……方面）失败
trade-off *n.* 权衡，协调
square...with... 使……与……一致
sedentary /'sedntri/ *adj.* 久坐不动的；定居的
relentless /rɪ'lentləs/ *adj.* 坚持不懈的

📝 长难句分析

① It was soon predicted that the self-made men of yore would be replaced by weak company drones who did what they were told. (P3S5)

　　主体句式 It was...predicted that...who did what...

　　结构分析 本句为多重复合句。It 为形式主语，后接 that 引导的主语从句，该从句中又嵌套了两个从句：第一个是 who 引导的定语从句；第二个是名词性从句 what they were told，作动词 did 的宾语。

　　句子译文 很快就有预测称，昔日自力更生的人将被公司里那些软弱无能、听命行事的懒人所取代。

② The decline of trade unions may have hurt some workers' wages; but it is less commonly acknowledged that this has also made it easier for less "traditional" workers to enter the labour market. (P6S2)

　　主体句式 The decline of trade unions may have hurt some workers' wages; but it is...acknowledged that...

　　结构分析 本句为并列句。第一个分句是简单句；第二个分句是分号后 but 引导的转折分句，主语 it 为形式主语，其后是 that 引导的主语从句，从句中 it 指代之后的动词不定式 to enter the labour market。

句子译文 工会的衰落可能影响到了一些工人的工资；但鲜为人知的一点是，这也使得不那么"传统"的工人更容易进入劳动力市场。

题目详解

1. **C** 细节题。 根据人名关键词定位至首段第一句。现代经济缺乏"好工作"的观点就像说莱昂内尔·梅西擅长足球一样毫无争议，后文主要是围绕现在的职场是否有所改进的问题展开论述。可知梅西只是一个作为类比的例子，来说明这个观点很普遍，故 C 为答案。梅西跟本文的主题没有直接关联，因此排除选项 A。选项 B 和 D 原文没有提及，故排除。

2. **B** 细节题。 本题考查约翰·斯图尔特·密尔的观点，根据人名关键词定位至第三段。第三段第三句说，他担心人们只会把注意力放在赚钱上，这会把他们变成毫无想象力的傻瓜，可知选项 B 是对该句的同义转述，故为答案。A 的说法太绝对，不属于他的观点。选项 C 与原文第三段首句意思相反，而且这不是他的观点，故排除。选项 D 是根据第五段最后一句设置的干扰。

3. **B** 细节题。 在第五段，作者分析了人们对职场评价较低的原因。该段第四句说，也许最重要的原因是人们不喜欢承认权衡取舍的必要，并在随后的第六段举例说明。可知作者认为人们没能正确评价职场的原因是他们不懂得权衡取舍，故 B 为答案。其余三项在第五段中没有提及，故均排除。

4. **A** 观点题。 根据第四段第一句，作者指出：以任何合理的标准衡量，现今的工作都比过去好。在文章结尾处，作者总结称，如今的职场远比批评家们愿意承认的要好得多，但我们仍有充分的理由来试着让它变得更好，可知选项 A 为答案。根据上述分析，作者对现代职场未持悲观或负面的看法，故排除 B 和 D。文章中作者对职场的评价还是十分明确的，故排除 C。

5. **D** 主旨题。 文章开篇提出现代经济缺乏"好工作"的观点，随后作者根据调查数据对职场衰落这一观点进行反驳，并分析了人们对职场持悲观看法的历史原因和心理原因，可见文章试图解释人们为何总是对职场不满，因此选项 D 为答案。作者并没有介绍职场衰退最快速的时期，因此排除 A。职场变化涉及多个方面，B 说法太过笼统，故排除。作者虽然提到了社会评论家的观点，但都是围绕职场是否衰退这一主题，因此选项 C 未概括出文章主题。

参考译文

[1] 现代经济缺乏"好工作"的观点就像说莱昂内尔·梅西擅长足球一样毫无争议。专家们强烈谴责过去稳定的工作岗位消失了，那时人们做一天的工作就有一天的薪水。但如果整个辩论都建立在不稳固的基础上呢？

这种论调当然缺乏历史意识。试将当前的讨论与美国战后繁荣时期的讨论进行比较。当时很少有人相信他们生活在劳动的黄金时代。相反，评论家们充满了焦虑，担心"蓝领忧郁"。

事实上，职场渐趋衰落的观点和资本主义本身一样古老。[2] 约翰·斯图尔特·密尔在 19 世纪中期担心资本主义的崛起会引发社会衰退。他担心，人们只会把注意力放在赚钱上，这会把他们变成毫无想象力的傻瓜。美国大企业和白领工作的兴起引发了一系列新的焦虑。很快就有预测称，昔日自力更生的人将被公司里那些软弱无能、听命行事的懒人所取代。

[4] 以任何合理的标准衡量，现今的工作都比过去好。工资更高，工作时间更短，工伤事故也更少发生。2020 年，90% 的美国员工表示，他们对自己的工作保障完全或在某种程度上感到满意，高于 1993 年的 79%。

如果"工作很糟糕"的说法与事实不符，那么为什么它如此普遍——并且如此直观呢？部分原因是没有人费心去看证据。其他观察者只是不喜欢不断的变化和动荡，而这一直是资本主义的一部分。[3] 然而，也许最重要的原因是人们不喜欢承认权衡取舍的必要。密尔认为劳动分工极大地提高了人们的生活水平，但他对资本主义效应的担忧，似乎无法与这一观点相吻合。

如今人们经常犯类似的错误。工会的衰落可能影响到了一些工人的工资；但鲜为人知的一点是，这也使得不那么"传统"的工人更容易进入劳动力市场。久坐的办公室工作会让人发胖；但是人们在工作中死亡的可能性也比以前要小得多。

对劳动力市场问题的不懈关注仍然有其用处。它鼓励人们思考如何改进。[4] 如今的职场远比批评家们愿意承认的要好得多，但我们仍有充分的理由来试着让它变得更好。

⁓⁓Text 69⁓⁓

📠 文章概览

本文选自 *Business Week*，主要探讨了 Twitter 时代新闻业如何运作的问题。第一段指出 Twitter 在新闻运作方式中开始起到关键性作用；第二段说明"网络化新闻"使得新闻业变得更加多元化；第三段介绍了社交媒体不应采用压制性政策；第四段指出社交媒体和"全民新闻"相对于主流媒体的优越性；第五段展望新闻业的发展前景，指出从事新闻报道的人越多，新闻业就会变得越好。

📖 重难点词汇

evolution /ˌiːvəˈluːʃn/ *n.* 演变，进化，发展

chaotic /keɪˈɒtɪk/ *adj.* 混乱的，无秩序的

prominent /ˈprɒmɪnənt/ *adj.* 著名的，杰出的；显著的

curate /ˈkjʊərət/ *vt.* 策划；管理

verify /ˈverɪfaɪ/ *vt.* 核实，查明；证明，证实

redistribute /ˌriːdɪˈstrɪbjuːt/ *v.* 重新发布；再区分；重新分配

retweet /rɪˈtwiːt/ *v.* 转发（在 Twitter 上转发他人的信息）

stifle /ˈstaɪfl/ *v.* 遏制，抑制

repressive /rɪˈpresɪv/ *adj.* 压制的；镇压的；专制的

mainstream /ˈmeɪnstriːm/ *n.* 主流

briefing /ˈbriːfɪŋ/ *n.* 发布会；传达指示会；情况介绍会；详细指示

sphere /sfɪə(r)/ *n.* 范围，领域；球，球体；天体

antidote /ˈæntidəʊt/ *n.* 解毒剂，解药；对抗手段，矫正方法

fundamentally /ˌfʌndəˈmentəli/ *adv.* 从根本上，基本地

📝 长难句分析

① The evolution of what media theorist Jeff Jarvis and others have called "networked journalism" has made the business of news much more chaotic, since it now consists of thousands of voices instead of just a few prominent ones who happen to have the tools to make themselves heard. (P2S1)

主体句式 The evolution of…has made…since…

结构分析 本句为多重复合句。主句为逗号前的部分，逗号后的部分为从句，即 since 引导的原因状语从句。其中主句的主语 The evolution 由后置的介词短语 of what… 修饰，该介词短语中又嵌套了 what 引导的宾语从句，作介词 of 的宾语；在 since 引导的原因状语从句中又嵌套了由 who 引导的定语从句，修饰先行词 ones。

句子译文 被媒体理论家杰夫·贾维斯和其他人称为"网络化新闻"的这场演变使得新闻业变得更加混乱，因为新闻业目前充斥着成千上万的声音，而不再仅仅是为数不多恰好掌握着宣传工具并能使自己的观点为人所知的几位知名人士。

② One of the additional points the study makes is that the personal Twitter accounts belonging to journalists were far more likely to be retweeted or engaged with by others than official accounts for the media outlets they worked for. (P3S1)

主体句式 One of the additional points...is that...

结构分析 本句为复合句。句中 One of the additional points the study makes 是主句主语，其中包含一个省略了关系代词 that 的定语从句 the study makes，修饰先行词 points。句中 that the personal Twitter...they worked for 是表语从句；该表语从句中，belonging to journalists 是现在分词短语作后置定语，修饰 accounts，they worked for 是省略了 that 或 which 的定语从句，修饰先行词 outlets。

句子译文 这份研究报告所表明的另外一个观点是，记者的个人 Twitter 报道被转发或吸引他人参与的可能性要远远高于他们所在的媒体机构的官方报道。

💡 题目详解

1. **D** 推断题。解题关键是对 Twitter has come to play a crucial role in the way that news functions during events like the Egyptian revolution 这一句的理解和把握。该句意为"在埃及革命等类似事件的发生过程中，Twitter 在新闻运作方式中开始起到关键性作用"，因此选项 D 为正确答案。选项 A 和 B 都是关于埃及革命的起因问题，但原文中并未提及这方面的内容，所以均应排除。选项 C 是说埃及革命对于 Twitter 的影响，文中并未提到 Twitter 的广泛应用是由埃及革命造成的，故也应排除。

2. **A** 细节题。第二段第一句提到"被媒体理论家杰夫·贾维斯和其他人称为'网络化新闻'的这场演变使得新闻业变得更加混乱"，选项 A 正好符合该句的内容，因此为正确答案。原文并未提到"网络化新闻"是新闻媒体的主流，第四段提到，"一窝蜂式的新闻"是目前主流媒体的现实情况，B 项是据此设置的干扰项。第二段第一句提到，新闻业目前充斥着成千上万的声音，而不再仅仅是为数不多的几位知名人士，所以选项 C 也不正确。新闻业可能会随着 Twitter 的广泛应用而快速发展，但这是最后一段中提到的观点，在第二段中并未涉及，故选项 D 也可排除。

3. **D** 词义题。这一单词出现在第三段第一句中 that 引导的宾语从句里，该从句的语态为被动，施动者是 others，受动者是 the personal Twitter accounts belonging to journalists，retweet 和 engage with 是两个并列的动作。tweet 和 Twitter 的发音很相似，"re-"这一词缀表示"又，再"的含义，再结合语境以及 Twitter 的使用方式，我们可以推断 retweet 的意思即是"转发"，四个选项中，只有选项 D 含有此意，因此为正确答案。forward 一词的常用义是"向前"，"转发"是其动词义项，在电子邮件中可能会见到，常缩写为 Fw。

4. **D** 语义理解题。第四段第二句提到"……常常被称为'一窝蜂式新闻'的现象，这种新闻指的是数百名记者出席由政府或军方举行的官方发布会，但报道内容能超出官方口径的却寥寥无几"，选项 D 与本句内容属于同义表达，因此为正确答案。选项 A 是根据 pack 一词的字面理解设置的干扰项，和原文中的意思不相符。原文虽然分别提到过"网络化新闻"和"全民新闻"，但并未提及谁会取代谁，选项 B 属于无中生有。原文第四段虽然同时提到了"一窝蜂式新闻"和"全民新闻"，但并未说明记者们是否更喜欢网络化新闻，所以选项 C 在文中并无依据。

5. **B 主旨题。** 文章第一段指出 Twitter 在新闻运作方式中开始起到关键性作用；第二段指出"网络化新闻"使得新闻业变得更加多元化；第三段指出社交媒体不应采用压制性政策；第四段指出社交媒体和"全民新闻"相对于主流媒体的优越性；第五段展望新闻业的发展前景，指出从事新闻报道的人越多，新闻业就会变得越好。纵观全文，作者主要是在谈论社交媒体时代（Twitter 时代）新闻的运作方式，选项 B 的内容恰好与本文的主题相符，因此为正确答案。

✍ 参考译文

[1] 正如一份相关的研究报告所描述的那样，在埃及革命等类似事件的发生过程中，Twitter 在新闻运作方式中开始起到关键性作用——就像一条超载的新闻专线，充斥着从突发新闻到谣言，以及其他介于二者之间的各种消息。

[2] 被媒体理论家杰夫·贾维斯和其他人称为"网络化新闻"的这场演变使得新闻业变得更加混乱，因为新闻业目前充斥着成千上万的声音，而不再仅仅是为数不多恰好掌握着宣传工具并能使自己的观点为人所知的几位知名人士。如果说媒体中有一个领域正在发展的话，那就是在"策划新闻"领域，在这一领域，实时新闻的筛选要对来自成千上万种消息来源的新闻进行核实，然后重新发布，并利用诸如 Storify 这样的工具对现场发生的事情进行条理清晰的报道。

[3] 这份研究报告所表明的另外一个观点是，记者的个人 Twitter 报道被转发或吸引他人参与的可能性要远远高于他们所在的媒体机构的官方报道。这就是我们曾竭力反复强调的一点：社交媒体之所以叫这个名字是有原因的。这些社交媒体涉及人与人之间就某一事件展开的交流，而媒体机构越是想遏制这些工具中人性的方面——比如通过压制性的社交媒体政策——它们就越不可能从使用这些工具中获益。

分散式或网络化新闻的另一个好处是社会学家泽伊内普·蒂费克奇在研究 Twitter 和其他社交工具是如何影响突尼斯、埃及和其他地方的事件过程中提出的。[4] 正如她最近在博客上发表的一篇文章中所写的那样，主流媒体所面临的一个现实问题就是常常被称为"一窝蜂式新闻"的现象：这种新闻指的是数百名记者出席由政府或军方举行的官方发布会，但报道内容能超出官方口径的却寥寥无几。蒂费克奇说，社交媒体和"全民新闻"能够成为这种报道程序的强力矫正，而且从根本上来说，对新闻业也是一个积极的推动力。

当我们着眼于新闻和信息在这个社交网络新世界中的传播方式以及那些甚至或许不把自己视为记者的人所进行的、被安迪·卡文称之为"随机新闻报道行为"时，新闻报道过程表面上的混乱程度以及区别信号和噪音的困难程度很容易分散我们的注意力。然而，信息越多越好——即使记者需要掌握筛选信息的新技巧——而且，正如杰伊·罗森所指出的那样，当有更多人从事新闻报道时，新闻业的未来往往会变得更好。

～ Text 70 ～

🖥 文章概览

本文选自 *Education Week*。文章分析了美国海外留学生入学率下降的现象。第一、二段介绍了在美国就读的海外留学生数量出现"趋平"现象，并援引相关机构的数据进行具体说明；第三、四段是相关机构人士对这种现象的解释；第五、六段介绍了另一项在线调查，预测在美国学习的海外留学新生会继续出现人数减少的现象，并分析这种现象背后的原因。

📖 重难点词汇

intense /ɪnˈtens/ *adj.* 强烈的；热切的

desire /dɪˈzaɪə(r)/ *n.* 愿望；欲望

flatten /ˈflætn/ *v.* （使）变平；把……弄平

drop-off /ˈdrɒpɒf/ *n.* 下降；减少

work one's way through 解决问题或完成任务

tamp down 压低，减少

scale down 缩减；减弱

contributor /kənˈtrɪbjətə(r)/ *n.* 做出贡献者；促成物

obtain /əbˈteɪn/ *v.* （尤指经努力）获得，赢得

📝 长难句分析

Another contributor to the weak numbers of new enrollees is that more students are seeking "optional practical training" focused on their academic fields after obtaining degrees in the United States. (P6S3)

主体句式 Another contributor...is that...

结构分析 本句是复合句。主句的主干是 Another contributor...is，动词不定式 to the weak numbers of new enrollees 是主句主语的后置定语，系动词 is 之后是 that 引导的表语从句，该从句的主干为 more students are seeking "optional practical training"，其后过去分词 focused 引导的短语是宾语 training 的后置定语。

句子译文 新生人数少的另一个原因是，更多的学生在美国获得学位后，在寻找专门针对其学术领域的"其他可选的实用培训"。

💡 题目详解

1. **A 词义题。** 本题考查单词在文中的释义。关于海外学生在美国高校入学率的情况，在下文第二段中有较详细的分析。文中提到，总体入学率在上升，但新生入学人数下降，且下降程度还可能会更大，再结合 flat 的本意，可知 flatten 的意思是趋于持平，故答案为 A。该段指出，总体上留学生人数还是增加的，故排除 B。原文的数据分析并没有提到入学率在一段时间内有所波动，故排除 C。文中的分析都引用了明确的数据，可见情况还是明确的，故排除 D。

2. **D 推断题。** 题目问关于《开放之门》报告的情况。第二段第三句指出，该报告已经连续 11 年记录了美国高校留学生人数的增长，可知选项 D 的陈述与该句符合，故为答案。文章开头虽然提到海外家庭将孩子送往美国学习的愿望，但《开放之门》报告并没有提到更多海外家庭是否打算将孩子送往美国，故排除 A。B 的表述与第二段第三句相悖；选项 C 是对原文第二段第一句的误解。原文是把 2016 至 2017 学年的留学生人数与上学年相比得出的数据，故排除 C。

3. **C 细节题。** 根据人名关键词定位至第四、五段。第四段第三句提到，莎伦·威瑟尔认为，新入学的海外学生可能会有更大程度的减少，换言之，新生人数下降的趋势还会持续，因此 C 是正确答案。威瑟尔没有提到留学生会增多，故 A 错误。文中虽然提到了有很多学生留下来参加更多的培训，但并没有预测这部分学生人数是否会增加，故排除 B。威瑟尔认为，新留学生人数下降可能预示着未来更大程度的下降，但并非现在已经开始大幅下降，可见选项 D 表述有误，应排除。

4. **A 细节题。** 根据国家名称关键词定位至第六段。该段分析了来美国就读的海外新生数量减少的原因，第一句中首先提到了沙特阿拉伯和巴西，随后的第二句指出，来自这些国家的学生是来美国就读的海外留学生的主体，这与选项 A 表述一致，故 A 为答案。从原文只能了解到这两个国家是提供美国留学津贴的，但是否是最高的，并未提及，故排除选项 B。C 在原文中没有依据，故排除。选项 D 的表述与原文相反，这些国家选择去美国留学的人数缩减，而不是派更多人去留学。

5. **B** 主旨题。 题目要求概括文章标题。本文主要围绕来美国就读的海外留学生人数的变化展开。首段第二句就指出，海外学生在美国高等教育机构的入学率最近出现了"趋平"的迹象，其后各段详细介绍了更具体的数据，并分析了原因。由此可知，选项 B 是对文章的准确概括。A 和 C 所述内容在文中没有提及。文章既没有明确说赴美留学生会减少，也没有分析其原因，故排除 D。

📝 参考译文

国外家庭将孩子送到美国上大学的强烈愿望，是推动许多海外市场追逐优质教育的主要因素。[1] 然而，一份新的报告总结称，这些海外学生在美国高等教育机构的入学率最近出现了"趋平"的迹象。

总体而言，2016 至 2017 学年，在美国学习的留学生人数增长了 3.4%，达到 107.8 万。非营利机构"国际教育研究所"每年发布的《开放之门》报告显示，在此期间，又有近 3.5 万名学生持非移民学生签证进入美国院校。[2] 这是《开放之门》报告连续第 11 年记录美国高校留学生人数的增长。但与此同时，新留学生的数量——即 2016 年秋季首次在美国院校登记入学的学生人数——自《开放之门》开始报告这一数据的 12 年以来，首次出现下降。

对于外国留学生的总体入学率不断上升与新生人数下降这种脱节现象，可以做出如下解释：

该研究所发言人莎伦·威瑟尔表示，尽管今年美国高校新入学的留学生较少，但仍有相当多的其他学生已经参加了学位课程，并选择留下来接受额外的培训。换言之，已经有为数众多的学生在美国的校园里努力学习这些课程——而这些学生中离开的人数比前几年减少了。[3] 威瑟尔说，虽然减少的新留学生人数在总人数中所占比例很小，但这可能预示着更大程度的下降即将开始。

国际教育研究所还对 500 所美国高等教育机构进行了另外一项在线调查，结果显示，这些院校的新生人数平均下降了 7%。她（威瑟尔）说，假如这一结果是正确的，而且这种下降趋势持续下去，美国院校可能不久就会开始看到外国留学生人数的总体下降。该研究所的官员援引了一些"全球和地方经济状况"来解释海外新生数量减少的原因。

[4] 其中一个原因是沙特阿拉伯和巴西的大型政府奖学金项目缩减。而这些国家的学生是到美国留学的海外学生的主体。新生人数少的另一个原因是，更多的学生在美国获得学位后，在寻找专门针对其学术领域的"其他可选的实用培训"。这意味着，那些学生在美国高等教育体系中求学的时间更长。

～Text 71～

📖 文章概览

本文选自 *Scientific American*。文章介绍了一项关于人类空间记忆的研究。第一段对空间记忆进行定义，并简要介绍了研究关于空间记忆的新发现；第二段说明研究的过程和结果；第三段详细说明研究的发现，人类的空间记忆的特点就是定位高热量食物；最后三段讨论了这种继承于远古时期的空间记忆对现代人健康的影响。

📖 重难点词汇

prioritize /praɪˈɒrətaɪz/ *vt.* 按重要性排列；优先考虑

leg up 帮助；支撑

acute /əˈkjuːt/ *adj.* 灵敏的；十分严重的

optimize /ˈɒptɪmaɪz/ *vt.* 使最优化；充分利用

erratic /ɪˈrætɪk/ *adj.* 不稳定的

sustenance /ˈsʌstənəns/ *n.* 营养；维持

chronic /ˈkrɒnɪk/ *adj.* （疾病）慢性的，长期的

grove /ɡrəʊv/ *n.* 小树林

📝 长难句分析

The study's authors believe human spatial memory ensured that our hunter-gatherer ancestors could prioritize the location of reliable nutrition, giving them an evolutionary leg up. (P1S4)

主体句式 The study's authors believe…, giving…

结构分析 本句主体是多重复合句，主体部分是…authors believe…，其后是省略了引导词 that 的宾语从句，作 believe 的宾语，而该从句的谓语动词之后又是 that 引导的宾语从句，逗号后的现在分词短语作该宾语从句的伴随状语。

句子译文 这项研究的作者们认为，人类的空间记忆确保了我们以狩猎采集为生的祖先能够优先选择可靠的营养食物所在的位置，从而为他们的进化提供支撑。

💡 题目详解

1. **B 篇章结构题**。题目考查文章开篇的结构。文章前两句说，人类的大脑天生就能绘制我们周围环境的地图。这种特性被称为空间记忆，即我们记忆特定地点和物体之间的相对位置的能力。可以看出作者先介绍了与后文内容有关的基本概念，即何为空间记忆，故答案为 B。从开篇首句可看出，作者并没有提出问题，也没有描述特定的现象，故排除 A 和 C。文章刚开始引入话题，没有提出建议，因此 D 也不符合原文。

2. **A 观点题**。题目考查研究人员德弗里斯的观点。德弗里斯的主要观点集中在第三段和第五段。第三段指出，人脑可以定位环境中的高热量食物，能记得高热量食物的时间和位置的人能获得生存优势。结合第一段的概念定义，记忆特定地点和物体相对位置的能力就是空间记忆，可见这种能力是与生存有关的，故 A 为答案。B 项所述内容在原文中没有提及，故排除；选项 C 是对第五段第二句的误解，原文意思是，很久以前，人类无需考虑高热量食物可能引发的慢性病，没有说高热量食物可以缩短寿命；高热量食物不等同于甜食，故排除 D。

3. **D 细节题**。题目考查对人类嗅觉相关信息的理解，相关内容主要在第四段。第四段首句说，我们倾向于认为像我们这样的灵长类动物已经失去了许多其他哺乳动物所具有的敏锐嗅觉，而更依赖于视力。而该段最后一句指出，研究结果表明，人类的鼻子并不是那么糟糕，人类的嗅觉能力常常被低估。由此可知，人类的嗅觉比我们所认为的要更好，故 D 为正确答案。A 和 B 曲解了定位段第一句的意思，从原句不能推知人类的嗅觉就是哺乳动物中最差的或嗅觉是否经历了退化，故排除。从本段最后一句可知，嗅觉与觅食有关，但不能说就是主要用于觅食的，故排除 C。

4. **C 语义理解题**。题目要求根据文章主要信息理解特定语句的意思。设问句是文章结尾句，需结合前文内容理解。文章是介绍了人类空间记忆的特征。前四段说明人类的空间记忆倾向于定位高热量食物，后两段指出，这种特点是古时生存的需要，但与现在的环境不匹配。可见奈恩所指的"石器时代的大脑"说的是人类空间记忆的特点，故答案为 C。

5. **B 主旨题**。题目考查文章主旨。文章介绍了人类空间记忆的特点，主要介绍了研究发现，指出

人类最早的空间记忆是为了当时的生存而发展的，因此倾向于定位高热量食物，而这种特点一直保留至今。可见 B 能准确概括文章的主题，故为正确答案。A 将甜食等同于高热量食物，为概念理解错误。C 所述只涉及文章的部分内容，属于以偏概全。文中没有提及快餐，故 D 也可排除。

参考译文

[1] 人类的大脑天生就能绘制我们周围环境的地图。这种特性被称为空间记忆——我们记忆特定地点和物体之间的相对位置的能力。今天发表在《科学报告》上的新发现显示，我们的空间回忆的一个主要特征是有效地定位高热量、富含能量的食物。这项研究的作者们认为，人类的空间记忆确保了我们以狩猎采集为生的祖先能够优先选择可靠的营养食物所在的位置，从而为他们的进化提供支撑。

在一次味觉测试中，此项研究的 512 名参与者在定位高热量食物样本时，其准确率比定位低热量食物样本时要高出近 30%，无论他们有多喜欢那些食物或食物的气味。与食物的气味相比，当呈现真正的食物时，他们的准确率则又提高了 243%。

瓦赫宁根大学攻读人类营养与健康专业的博士生、这篇新发表论文的主要作者蕾切尔·德弗里斯说："我们要传达的主要信息是，人类的大脑似乎是被设计用来有效地定位我们环境中的高热量食物的。"她解释说："[2] 那些对何时何地能找到高热量食物资源记忆得更好的人，很可能有生存下来——或保持健康的——优势。"

我们倾向于认为像我们这样的灵长类动物已经失去了许多其他哺乳动物所具有的敏锐嗅觉，而更依赖于敏锐的视力。而且，在很大程度上，我们人类是如此进化的。但是新的发现支持了这样一种观点，即我们的鼻子并不完全是糟糕的："[3] 这些结果表明，人类的大脑仍然拥有一个适宜搜寻能量的认知系统——在过去不稳定的食物栖息地中有效地觅食，并强调了人类的嗅觉能力常常被低估。"作者们写道。

因与维持生计有关，我们的空间技能有一个缺点，就是我们对垃圾食品的现代口味。糖尿病等慢性疾病不是我们祖先所关心的问题。如果你偶然遇到一片茂盛的果树林，你会消耗掉这里所有果子的糖分来帮助你确保自身生存。现在，我们喜好甜食和（动植物）脂肪的口味导致了全球肥胖症流行，并让我们把目光投向了生菜之外的糖果。德弗里斯说："在某种程度上，我们的思想和身体与当前食物丰富的环境可能是不匹配的。"

普渡大学认知心理学教授詹姆斯·奈恩补充说："我们更可能记住甜的食物，在我们大部分的进化历程中，这都是一个真正的加分项。[4] 但这在当今的世界是有问题的……我们还在用石器时代的大脑四处走动。"

Text 72

文章概览

本文选自 *The Times*，介绍了英国的考试制度。第一、二段简述了考试制度的由来，并指出最早的考试难度很大；第三段指出牛津大学和剑桥大学最早推行的考试制度；第四、五段介绍人们对考试制度的争议和不满。

📖 重难点词汇

disarray /ˌdɪsəˈreɪ/ *n.* 混乱，紊乱

cram /kræm/ *vi.* （为应考）临时死记硬背

arithmetic /əˈrɪθmətɪk/ *n.* 算术

forebear /ˈfɔːˌbeə(r)/ *n.* 祖先，祖宗

delegacy /ˈdelɪgəsi/ *n.* 代表团

don /dɒn/ *n.*（尤指牛津大学和剑桥大学的）教师

consensus /kənˈsensəs/ *n.* 共识

aptitude /ˈæptɪtjuːd/ *n.* 天赋，才能

obsession /əbˈseʃn/ *n.* 痴迷；困扰

compulsory /kəmˈpʌlsəri/ *adj.* 强制的；义务的

📝 长难句分析

① For any parent who thinks their A-levels were harder than those sat by their children, here is a sample of what their forebears struggled with in the first senior examination for 17-year-olds in 1858. (P2S1)

主体句式 For any parent…, here is a sample…

结构分析 本句是多重复合句。逗号之前为 For 引导的介词短语，其中包含一个 who 引导的定语从句，修饰 parent；在这个定语从句中还嵌套了一个省略了引导词的宾语从句 their A-levels were harder than those…，充当 thinks 的宾语；其中 those 指代前文的 A-levels，sat by their children 是过去分词短语作后置定语，修饰 those。逗号后句子的主句部分为 here is a sample，其后 what 引导的从句充当介词 of 的宾语。

句子译文 对于那些认为自己参加的 A 级考试比自己孩子的 A 级考试更难的父母来说，这里有一道他们的先辈在 1858 年 17 岁首次参加高中考试的难题。

② Their answers, even when accurate, showed a general uniformity of expression which seemed to imply that poor handbooks had been placed before the students to be "got up" and that little attempt had been made by their instructors to excite the interest of their pupils by questionings or remarks of their own. (P4S2)

主体句式 Their answers…showed a general uniformity of expression which…

结构分析 本句是多重复合句。主句为 Their answers…showed a general uniformity of expression，其中主语与谓语之间为插入语 even when accurate，充当让步状语；a general uniformity of expression 后为 which 引导的定语从句 which seemed to imply，后为 that…and that… 引导的两个宾语从句；其中第一个 that 引导的宾语从句中还包含一个 before 引导的时间状语从句。

句子译文 他们的答案，即便是准确的，也体现出了一种表达上的普遍雷同，这似乎意味着，在学生们"站起来"回答问题之前，前面已经放了几本劣质的手册，而他们的老师几乎没有试图通过提问或发表评论来激发学生的兴趣。

💡 题目详解

1. C **细节题。** 第一段第二句指出，英国最早的正式学校考试出现在 19 世纪 50 年代末，属于大学入学标准化改革运动的一部分，可见 C 为正确答案。定位段首句说新型冠状病毒把英国的考试制度又弄得一团糟，但关于分数膨胀、考试资格的可信度以及填鸭式教学的危险的争论在这个国家已经持续了 164 年，从未间断过。这里没有提及英国考试制度受通货膨胀的影响，也没有说新型冠状病毒帮助解决了关于考试制度的争议，故排除 A、D。这句话只是说关于考试资格的可信度以及填鸭式教学的危险有争议，并不是指考官失去了促进填鸭式教学的可信度，因此也排除 B。

2. B 例证题。题目问作者举 1858 年首次高中考试的例子的目的。根据原文内容可知，这里是为了说明考试很难，因此答案为 B。第一段提及那时的考试时间长达一个星期，涉及各种各样的科目，但这些并不是该例子要说明的重点，故排除 A 和 D。C 项似是而非，原文虽然提到了父母说他们认为自己参加的 A 级考试比现在的要难，但这个例子重点在于描述他们的先辈曾经考过的难题，所以排除。

3. B 细节题。题干问哪一项是对英国考试制度的批评，相关内容出现在第四段。第二句前半部分提到，剑桥大学的第一批考官抱怨说，学生在参加考试前记住了许多事实，但却不太理解，因此 B 符合题意。第一句后半句指出，对于这些测试是否真的衡量了智力或学术才能没有达成共识，文章并没有确切指出测试不能预测学术才能，因此排除 A。第二句后半句指出，"他们的答案，即便是准确的，也体现出了一种表达上的普遍雷同"，C 与此相反，所以排除。最后一句话提到老师是为了说明老师工作上的失职，他们没能激发学生的学习兴趣，并不是说考试制度使得老师传授知识变得更难，故也排除 D。

4. A 态度题。关于对考试制度的评价出现在最后两段。文章从第四段开始就指出人们对考试制度有争议，后面叙述了剑桥大学的第一批考官的抱怨，第五段也详细描述了各方对考试制度的不满，因此答案选 A。文中并没有提到各方对考试制度的中立态度、支持态度和疑惑态度，所以排除 B、C、D。

5. B 主旨题。题目考查全文主旨，需纵览全文。首段第一句话就指出对考试的争议已经持续了 164 年且从未间断，最后两段再次提到人们对考试制度的不满，故答案为 B。第三段提到了牛津大学和剑桥大学在 19 世纪 50 年代末就推出了考试制度，但并不是全文的重点，故排除 A。文章第一、二段在介绍考试制度的由来时提及最早的考试难度很大，但全篇没有介绍考试难度随时间推移而下降，排除 C。文章最后一段在描述人们对考试制度的抱怨时提到强制性的考试使学校不再有快乐的气氛，这句话的目的是反映人们对考试制度的不满，故 D 项也不是全文的重点。

参考译文

新型冠状病毒把英国的考试制度又弄得一团糟，但关于分数膨胀、考试资格的可信度以及填鸭式教学的危险的争论在这个国家已经持续了 164 年，从未间断过。[1] 英国最早的正式学校考试出现在 19 世纪 50 年代末，属于大学入学标准化改革运动的一部分。那些考试会持续一个星期，上午、下午和晚上各有不同的试卷。试卷涉及英语语言和文学、历史、地理、地质学、希腊语、拉丁语、法语、德语、自然科学、政治经济学、法律、动物学、数学、化学、算术、绘画、音乐和宗教知识。考试非常难。

[2] 对于那些认为自己参加的 A 级考试比自己孩子的 A 级考试更难的父母来说，这里有一道他们的先辈在 1858 年 17 岁首次参加高中考试的难题：求 46 乘以 7,020、17 乘以 1,000,001 以及 33 乘以 33 的乘积和。

牛津大学于 1857 年成立了地方考试代表团，次年剑桥大学在布里斯托尔、伯明翰和伦敦等多个城市为 370 名学生举行了首次公开考试。身着全副学术服装的大学教师主持考试，他们乘坐火车在全国各地穿梭，随身携带锁在箱子里的试卷。

不过，尽管人们对最早测试的答案达成了普遍共识，但对于这些测试是否真的衡量了智力或学术才能却没有达成共识。[3] 剑桥大学的第一批考官抱怨说，学生在参加考试前记住了许多事实，但却不太理解："他们的答案，即便是准确的，也体现出了一种表达上的普遍雷同，这似乎意味着，在学生们'站起来'回答问题之前，前面已经放了几本劣质的手册，而他们的老师几乎没有试图通过提问或发表评论来激发学生的兴趣。"

[4] 然而现在，考试成绩成了人们的困扰。维多利亚统治末期成立的教育委员会指出，"考试本身就占据了家长和老师太多的思想"。另一些人则抱怨说，由于太过于强调某些特定科目的"正确"答案，教育体验被缩小了范围。1926 年，全国教师联合会警告说，"强制性的考试制度将使学校不再有快乐的气氛"。

Text 73

📄 文章概览

本文选自 The Times，介绍了家长为帮助孩子在家完成学业而求助网络的调查。第一段简述了家长借助网络查找各种学科知识；第二、三段详细说明了家长搜索学科知识的次数增长；第四段介绍家长的感受；最后两段指出疫情封锁下，家长愿意花高价请私人家教，并介绍了家庭教育中最不受欢迎的科目。

📖 重难点词汇

prime number 素数
query /'kwɪəri/ n. 疑问
prompt /prɒmpt/ vt. 促使，导致
desperate /'despərət/ adj. 不顾一切的；绝望的

humbling /'hʌmblɪŋ/ adj. 令人羞辱的
revelation /ˌrevə'leɪʃn/ n. 启示；揭露
lockdown /'lɒkdaʊn/ n. 封锁

📝 长难句分析

① These are just some of the questions that parents have been looking up online, as home schooling has forced mothers and fathers to rediscover long-forgotten lessons. (P1S5)

主体句式 These are just some of the questions…, as…

结构分析 本句是多重复合句。逗号之前的部分为主句 These are just some of the questions，that 引导一个定语从句，修饰 questions；逗号后为 as 引导的原因状语从句。

句子译文 这些只是家长们一直在网上搜的一部分问题，因为家庭教育已经迫使父母们重拾早已遗忘的课程。

② It's been a humbling experience taking on home schooling for two young children, realising the patience involved in teaching kids as well as the revelation of just how much you have forgotten, or perhaps never knew in the first place. (P4S3)

主体句式 It's been a humbling experience…, realising…

结构分析 本句为简单句，其中包含多个分词短语。主句为 It's been a humbling experience，分词短语 taking on home schooling for two young children 修饰 experience；逗号后面的 realising… 为分词短语作伴随状语，the patience 和 the revelation 为 realising 的并列宾语，其中第二个宾语中还包含一个 how much 引导的从句，作 of 的宾语。

句子译文 对两个年幼的孩子进行家庭教育，是一次自尊心受挫的经历，我认识到教育孩子需要耐心，我还意识到自己忘记了很多知识，或者也许一开始就不知道这些知识。

1. D 细节题。 第一段前四句列出了四个问题，其中前两个问题提到了长除法和素数。最后一句指出，这些只是家长们一直在网上搜的一部分问题，因为家庭教育已经迫使父母们重拾早已遗忘的课程。由此可知，这里提到长除法和素数，是为了说明家长在进行家庭教育时会遇到很多问题，可见 D 为正确答案。该段并没有指出做家长要有资格，排除 A 项。B 项是根据第一段最后一句设置的干扰项。长除法和素数都是让家长头疼的题目，并不容易解答，排除 C。

2. B 细节题。 第二段整段都在描述家长为了孩子的教育求助网络，因此 B 符合题意。该段第一句提到，对 Google 搜索趋势的分析发现，关于如何计算百分比、如何使用分号和人体有多少块骨头的搜索有成千上万次，并非成千上万的家长对计算百分比感兴趣，因此排除选项 A。最后一句提到，核心科目的相关搜索次数位居榜首，并不是说家长只关注核心科目，故排除 C 项。该段没有提到网上有大量的数学研究，故排除 D。

3. D 语义理解题。 第三段最后一句指出，家长尝试使用搜索引擎去理解动词的次数增加了 334%，也就是说，动词给家长带来的困扰最大，因此答案为 D。A 项意为 "让某人哭"；B 项意为 "轻快地走"；C 项意为 "察觉失误"，都不符合句意。

4. C 细节题。 第四段提到，其乐的经理说，对两个孩子进行家庭教育是一次自尊心受挫的经历，她认识到教育孩子需要耐心，还意识到自己忘记了很多知识。由此可知，家长进行家庭教育时要有耐心和充足的知识，否则会感到自尊心受挫，因此 C 为答案。A 和 B 在文中没有提及。文中虽提到麦基索克是经理，但并非说成功的经理都教不了孩子，故 D 也应排除。

5. A 细节题。 第五段第一句提到，日常调查应用程序 Parent Ping 发现，40% 的家长说这次的疫情封锁比第一次更艰难，更多的家长依赖搜索引擎，故 A 项符合题意。第五段第二句指出，私人家教服务的需求上升，一些家长愿意支付每周高达 1,500 英镑的费用，并不是私人家教价格高昂导致家长去网上搜索作业答案，B 项不符合题意。第五段最后一句指出，更多的家长依赖搜索引擎，而不是求助于其他教育资源，并没有提及教育资源不可靠，C 项属于无中生有。文章最后一句话提到，家庭教育中最不受欢迎的科目就是信息技术，D 与原文信息相反，同时也不是家长在网上搜索答案的原因，因此也排除。

你们怎么做长除法？什么是素数？动词怎么用？澳大利亚到底在哪里？ [1] 这些只是家长们一直在网上搜的一部分问题，因为家庭教育已经迫使父母们重拾早已遗忘的课程。

[2] 对 Google 搜索趋势的分析发现，关于如何计算百分比、如何使用分号和人体有多少块骨头的搜索有成千上万次。包括地理、科学、数学和英语在内的话题搜索量急剧上升，家长们为他们孩子的练习题查找答案。根据鞋子制造商其乐的研究，对于那些想知道如何帮助孩子的父母来说，核心科目的相关搜索次数位居榜首。

与 2019 年 4 月相比，"什么是数学中的因子"每月搜索次数增长了近 2,500%。"什么是平均数""什么是素数"和"如何计算百分比"也显示了增长。形容词、副词、名词、代词和介词也出现了大量疯狂的谷歌搜索。[3] 然而，动词给父母带来的困扰最大，尝试使用搜索引擎去理解动词的次数增加了 334%。

数据显示，英国的郡、非洲和亚洲的国家以及澳大利亚的确切位置一直以来也是家长的迷惑之处。其乐的经理罗西·麦基索克说："作为一名家长，我完全认可这项调查所描述的情况。[4] 对两个年幼的孩子进行家庭教育，是一次自尊心受挫的经历，我认识到教育孩子需要耐心，我还意识到自己忘记了很多知识，或者也许一开始就不知道这些知识。"

[5] 日常调查应用程序 Parent Ping 发现，40% 的家长说这次的疫情封锁比第一次更艰难。私人家教服务的需求上升，一些家长愿意支付每周高达 1,500 英镑的费用。一项针对家长的调查发现，超过一半的家长求助于谷歌来帮助他们的孩子在家完成学业。更多的家长依赖搜索引擎，而不是求助于其他教育资源，如 BBC Bitesize（BBC 旗下的学习资源网站），或者甚至联系老师。

数学是最难教的——据半数以上的家长报告。家庭教育中最不受欢迎的科目就是信息技术。

═══ Text 74 ═══

📖 文章概览

本文选自 The Guardian，介绍了指导儿童就寝时间安排的研究。第一、二段说明研究的基本情况，并引用主要研究者的话介绍研究的突破点和重要意义；第三、四段回溯研究背景，指出在此研究之前尚缺乏对睡前安排的一致的科学指导，而睡眠对儿童发展影响重大；第五段介绍该研究设计了两种不同的方法来评价睡前的日常活动；最后一段介绍了这些睡前活动的意义。

📖 重难点词汇

grail /greɪl/ *n.* 渴望但永远得不到的东西；努力追求但永远不可能实现的目标；圣杯

duvet /'duːveɪ/ *n.* 羽绒被

beckon /'bekən/ *v.* 举手召唤；招手示意

anarchy /'ænəki/ *n.* 无政府状态；混乱

champion /'tʃæmpiən/ *vt.* 为……而斗争；声援

collate /kə'leɪt/ *vt.* 核对；整理（文件或书等）

hygiene /'haɪdʒiːn/ *n.* 卫生

caries /'keəriːz/ *n.* 龋齿

extraction /ɪk'strækʃn/ *n.* 拔牙；拔出；提炼

📝 长难句分析

① A Medical Research Council-funded study into the only roadmap that really matters to parents of children aged two to eight has identified six key goals and a scoring system that—when bedtime descends, yet again, into anarchy—flags the phases that parents are missing. (P1S2)

主体句式 A Medical Research Council-funded study…has identified…that—when…—flags the phases that…

结构分析 本句为多重复合句。主句是 A Medical Research Council-funded study…has identified six key goals and a scoring system；into the only roadmap 是 study 的后置定语，之后是 that 引导的定语从句，修饰 roadmap。主句的两个并列宾语是 six key goals 和 a scoring system，system 之后是 that 引导的定语从句；该从句中又插入了时间状语从句 when bedtime descends, yet again, into anarchy。

句子译文 一项由医学研究委员会资助的研究提出了对 2 到 8 岁孩子的父母真正重要的唯一的流程图，确定了六个关键目标和一个评分系统——当就寝时间又一次陷入混乱时——这个评分系统标明了父母正在错过的几个阶段。

② The tensions that start shortly after birth, and memorably narrated by Samuel Jackson—are championed on the one side by the "baby trainers", who feel it is essential to let babies learn to cry themselves to sleep, and on the other side by "natural parents", who believe every cry should be soothed. (P3S2)

主体句式 The tensions that...are championed on the one side by..., who..., and on the other side by..., who...

结构分析 本句是复合句。主句主干为 The tensions...are championed，中间是 that 引导的定语从句，修饰主句主语 tensions。主句后是 and 连接的两个并列状语部分 on the one side... 和 on the other side...，每个并列状语中又都包含一个 who 引导的非限制性定语从句，分别补充说明之前的 baby trainers 和 natural parents。

句子译文 孩子出生后不久就开始的紧张关系，塞缪尔·杰克逊以令人难忘的方式对其进行了讲述——一边是"婴儿训练师"的主张，他们认为让婴儿学会自己哭着入睡是完全必要的，另一边是"亲生父母"的主张，他们认为每一次哭泣都应该得到抚慰。

💡 题目详解

1. **A** 语义理解题。 设问短语在文章首句，冒号后提到科学界对完美的就寝时间安排达成共识。第二段第二句指出，对于就寝时间安排，还没有达成真正的科学共识。第三段首句说，孩子的就寝时间可能是父母一天中压力最大的时刻之一。综合几处信息，可知父母所需要的关于就寝时间安排的科学共识终于出现了，这应该是他们一致盼望的，故答案为 A。选项 B "忧虑"和 C "压力"只着眼于文章首句中的孩子们在应该就寝时仍难以安静，但该句重点想表达的应是达成科学共识，故排除。根据后文可知，对就寝时间进行科学指导是相关专家的责任，而不是父母的，故排除 D。

2. **C** 细节题。 根据人名关键词定位至第二段首句。该段是乔治·吉萨拉斯博士的观点，其中第二至三句说，但到目前为止，对于就寝时间安排还没有达成真正的科学共识。我们需要解决父母收到的相互矛盾的信号和信息。可知他认为孩子的就寝时间需要一致的专家指导，因此 C 为正确答案。A 所述内容涉及上一段最后一句，并非吉萨拉斯博士的观点，故排除。B 所述与第三段首句相似，但也不是吉萨拉斯博士的观点。选项 D 是对定位段首句后半部分的曲解，原文的意思是就寝时间安排对儿童的幸福、发展和健康有重要影响，因此选项 D 错误。

3. **D** 推断题。 第三段第二句提到了塞缪尔·杰克逊对因就寝时间而导致的紧张关系的讲述。他提到，一边是"婴儿训练师"的主张，他们认为让婴儿学会自己哭着入睡是完全必要的，另一边是"亲生父母"的主张，他们认为每一次哭泣都应该得到抚慰。可见关于就寝时间安排，存在着互相矛盾的理论。这也呼应了上一段第二句所说的，对于就寝时间安排还没有达成真正的科学共识，故正确答案为 D。选项 A 在原文中没有提及，故排除。虽然第三段开头提到孩子的就寝时间令父母压力很大，但并未显示出与后文两种理论的关联，故排除选项 B。此处探讨的主题是就寝时间安排，不是儿童成长，故排除 C。

4. **B** 细节题。 由关键词 tooth brushing 定位至第六段第二句，该句指出刷牙被认为是每晚要记住的最重要的事情。后文解释其原因，不当的口腔卫生习惯与儿童和成人的龋齿有着密切的联系。幼儿时期有龋齿会导致晚年患牙病的几率较高。概括而言，刷牙对牙齿健康有长期影响，故正确答案为 B。选项 A 在原文没有依据，故先排除。文末提到洗漱是亲子互动的一部分，而不是解释这是刷牙尤为重要的原因，故 C 答非所问。D 的概括不够全面，从定位段可知，刷牙对儿童的生活也很重要。

5. $\boxed{B}$ 推断题。本文主要介绍了吉萨拉斯的研究。第一段指出，通过这项研究科学界对儿童的就寝时间安排达成了共识。第二段结尾处说，这项研究首次提供了专业人员与家庭有效沟通的指导。第五段更具体地说明了这项研究设计的评价睡前活动的方法。综合可知，吉萨拉斯的研究对儿童的睡前时间提供一致和可操作的专家指导，故 B 为答案。第四段首句提到了失眠对儿童发展的影响，但这不是吉萨拉斯研究的内容，故排除选项 A。从第三段可知，对睡前时间安排的探讨早就有了，只是一直没有共识，因此选项 C 不符合原文。第三段提及"婴儿训练师"和"亲生父母"，只是说明这两类人的观点互相矛盾，吉萨拉斯并未推翻这两种观点，故排除 D。

参考译文

[1][5] 这是为人父母者长久以来的期盼：对于那些在天色渐暗、羽绒被发出召唤之际发现对生活仍有着不可抑制的欲望的孩子来说，科学界对完美的就寝时间安排达成了共识。一项由医学研究委员会资助的研究提出了对 2 到 8 岁孩子的父母真正重要的唯一的流程图，确定了六个关键目标和一个评分系统——当就寝时间又一次陷入混乱时——这个评分系统标明了父母正在错过的几个阶段。

曼彻斯特大学的心理学家乔治·吉萨拉斯博士领导了这项研究，他说："就寝时间安排是重要的家庭活动，对儿童的幸福、发展和健康有着重要的影响。[2] 但到目前为止，还没有达成真正的科学共识。我们需要解决父母收到的相互矛盾的信号和信息。"他补充说："父母缺乏明确的能够达成共识的定义，这种情况限制了保健专业人员与家庭有效沟通最佳做法的能力。[5] 这项研究首次提供了那样的专家科学指导。"

孩子的就寝时间可能是父母一天中压力最大的时刻之一。[3] 孩子出生后不久就开始的紧张关系，塞缪尔·杰克逊以令人难忘的方式对其进行了讲述——一边是"婴儿训练师"的主张，他们认为让婴儿学会自己哭着入睡是完全必要的，另一边是"亲生父母"的主张，他们认为每一次哭泣都应该得到抚慰。

随着孩子们年龄的增长，专家们的观点依赖于某类研究，该类研究揭示失眠对孩子的身体健康、心理健康和学业稳定都有不良影响。美国最近的一项研究表明，睡眠时间不规律的儿童体重指数百分位数更高，而且专家和睡眠慈善机构表示，冠状病毒危机加剧了儿童的焦虑，扰乱了以往既定的作息习惯，从而进一步扰乱了睡眠模式。

[5] 吉萨拉斯的研究——"定义和估量有小孩的家庭的就寝时间"——设计了两种不同的方法来给睡前的日常活动评分：一种是评价某个单一的日常活动，另一种是整理七天的活动。

睡前的所有活动对孩子的成长和健康都很重要。但是从睡前的各种活动来看，刷牙被认为是每晚要记住的最重要的事情。[4] 他说："不当的口腔卫生习惯与儿童和成年人的龋齿有着密切的联系。"对儿童来说，幼儿时期有龋齿会导致晚年患牙病的几率较高，而且在某些情况下，未经治疗的儿童龋齿会导致拔牙。另一方面，每晚睡前洗漱或淋浴可能是家庭的常见做法，但专家认为，这是更广泛的亲子互动的一部分，而不是我们需要专门针对的独立日常活动。

Text 75

文章概览

  本文选自 *Discover*，探讨了如何解决太空旅行中药品供给的问题。第一段简述了《火星计划》一书中提到的火星旅行的可行性；第二段指出人类在科技上还面临众多挑战，在地球外生存时，除食物和空气之外，还有疾病治疗需要攻克；第三段指出在太空旅行时携带很多药品是不可行的；第四段进一步指出无法依靠地球供给提供救命药物；最后一段介绍了在太空制造所需药品的研究。

重难点词汇

pluck /plʌk/ *vt.* 摘；拔 [此处引申为 "脱离（某种领域）"]

feasibility /ˌfiːzəˈbɪləti/ *n.* 可行性，可能性

specificity /ˌspesɪˈfɪsəti/ *n.* 明确性；具体性

propellant /prəˈpelənt/ *n.* 推进剂

cosmic /ˈkɒzmɪk/ *adj.* 宇宙的

contingency /kənˈtɪndʒənsi/ *n.* 意外（或不测）事件

rover /ˈrəʊvə(r)/ *n.* 漫游者；流浪者

synthetic /sɪnˈθetɪk/ *adj.* 合成的；人造的

长难句分析

① *The Mars Project* makes an impressive case for the technical feasibility of getting to Mars, outlining with extraordinary specificity how 10 space vehicles, each manned with 70 people and using conventional propellant, could achieve a round-trip voyage to the Red Planet. (P1S3)

主体句式 *The Mars Project* makes an impressive case for the technical feasibility..., outlining... how...

结构分析 本句是多重复合句。第一个逗号之前的部分为主句 *The Mars Project* makes an impressive case for the technical feasibility；逗号后为分词短语作句子的伴随状语，outlining 的宾语为 how 引导的宾语从句；宾语从句的主干为 10 space vehicles could achieve a round-trip voyage to the Red Planet；该宾语从句中还包含一个插入成分 each manned with 70 people and using conventional propellant，对 10 space vehicles 进行补充说明。

句子译文 《火星计划》为到达火星的技术可行性提供了一个令人印象深刻的案例，特别详细地概述了 10 艘宇宙飞船（每艘飞船承载 70 人且使用常规推进剂）如何实现去往那个红色星球的往返航行。

② But there's another issue that a NASA research project called the Center for the Utilization of Biological Engineering in Space(CUBES) has been working on since 2017, one that is as essential to the long-term success of an off-planet human settlement as air or food: treating illness. (P2S2)

主体句式 But there's another issue that..., one that is as essential...as...

结构分析 本句是复合句。主句为 But there's another issue，其后是 that 引导的定语从句，修饰 issue，该从句的主干部分是 a NASA research project...has been working on，其中 called the Center for the Utilization of Biological Engineering in Space(CUBES) 作 project 的后置定语；逗号后的 one 作 issue 的同位语，后跟 that 引导的定语从句，修饰 one。

句子译文 但是，美国宇航局一个名为 "太空生物工程利用中心" 的研究项目自 2017 年以来一直在研究另一个问题，这个问题与空气或食物一样，对地球外人类定居的长期成功至关重要：治疗疾病。

③ There are some known risks to sending human life to Mars, such as the effects of the planet's lower gravity on bone density and muscle mass or potential exposure to cosmic radiation as astronauts leave the protective cover of Earth's atmosphere. (P3S4)

主体句式　There are some known risks…, such as…as…

结构分析　本句是复合句。主句为 There are some known risks；逗号后 such as 引导的部分是对 risks 的举例；句尾的 as astronauts leave the protective cover of Earth's atmosphere 为时间状语从句。

句子译文　将人类送上火星有一些已知的风险，例如行星较低的重力会对骨密度和肌肉质量产生影响，或者当宇航员离开地球大气的保护层时可能遭受宇宙辐射。

🔍 题目详解

1. B 例证题。第一段第三句指出，《火星计划》为到达火星的技术可行性提供了一个令人印象深刻的案例，可见 B 为正确答案。根据原文内容，不能推知《火星计划》是科幻小说中的畅销书，排除 A 项。书中提到 10 艘宇宙飞船使用常规推进剂去往火星，但作者提及这本书不是为了证明常规推进剂的力量，故排除 C 项。该段也没有提及这本书是沃纳·冯·布劳恩的最佳著作，D 项属于无中生有。

2. D 细节题。关于 CUBES 的努力方向出现在第二段。该段最后一句提到，美国宇航局一个研究项目自 2017 年以来一直在研究另一个问题，这个问题对地球外人类定居的长期成功至关重要：治疗疾病，因此答案为 D。原文虽然提到了人类面临从设计空气适合吸入的栖息地到种植营养丰富的食物这样的挑战，但都不是 CUBES 努力要解决的问题，故排除 A、B 两项。文中说空气对地球外人类定居至关重要，但没有说为宇航员提供必不可少的氧气是 CUBES 正在研究的问题，故也排除 C。

3. C 细节题。题干问宇航员产生健康问题的一个原因，相关内容在第三段。根据该段第四句，当宇航员离开地球大气的保护层时可能遭受宇宙辐射，这是导致他们生病的一个原因，因此答案为 C。A 项所述内容是对该段第二句的误解，原文只是对航天飞机装满药品的可行性进行探讨，并没有说航天飞机携带药品不足导致宇航员生病。原文提到，为每一种意外事件打包药品将是昂贵的，并且会占用宝贵的机舱空间，并不是说工作、生活空间狭小和负担不起药品的费用是宇航员生病的原因，故 B、D 两项也排除。

4. A 态度题。关于作者对从地球运输药品的看法的相关信息在第四段。其中第一句明确指出，由于地球和火星之间的距离遥远，宇航员也不能依赖从地球及时运送药品。最后一句再次强调说，这耗时太久了，无法提供紧急的救命药品或物资，故作者对这种做法持消极态度，故 A 为答案。

5. B 主旨题。题目考查文章主旨。文章主要探讨了如何解决太空旅行时药品供给的问题，故答案为 B。文章重点并不是说火星不可征服，A 项不符合题意。文章只在首段提及了《火星计划》书中的描述使得载人去火星的任务成为现实，故 C 不能概括全文。同样，文章只在第四段提及了最近发射的火星车"毅力"号，D 项也不能概括全篇主旨。

✒️ 参考译文

　　一个多世纪以来，科幻小说作家一直梦想着实现载人去火星的任务。但直到 1953 年沃纳·冯·布劳恩出版了《火星计划》一书的英文译本，这个想法才从小说的领域中脱离出来，（在书中）变成了现实。[1]《火星计划》为到达火星的技术可行性提供了一个令人印象深刻的案例，特别详细地概述了 10 艘宇宙飞船（每艘飞船承载 70 人且使用常规推进剂）如何实现去往那个红色星球的往返航行。

尽管自该书出版以来，科学有了长足的发展，但挑战依然存在，从设计空气适合吸入的栖息地到种植营养丰富的食物。[2] 但是，美国宇航局一个名为"太空生物工程利用中心"的研究项目自2017年以来一直在研究另一个问题，这个问题与空气或食物一样，对地球外人类定居的长期成功至关重要：治疗疾病。

这是一个棘手的问题，没有简单的答案。把航天飞机装满药品怎么样？乍一看，这似乎是一个现实的解决方案，但宇航员不可能事先知道他们生病的所有方式。[3] 将人类送上火星有一些已知的风险，例如行星较低的重力会对骨密度和肌肉质量产生影响，或者当宇航员离开地球大气的保护层时可能遭受宇宙辐射。但为每一种意外事件打包药品将是昂贵的，并且会占用宝贵的机舱空间。

[4] 由于地球和火星之间的距离遥远，宇航员也不能依赖从地球及时运送药品。登陆火星的宇宙飞船已经用了大半年的时间才到达火星。"毅力"号是最近一艘于2020年7月30日发射到火星的机器人漫游车，预计在你读到这篇文章时，它将登陆火星：在发射200多天后。[4] 这耗时太久了，无法提供紧急的救命药品或物资。

与其让宇航员带着昂贵且有限的药品储备飞向太空，科学家们已经从些许不同的角度应对这个问题。如果宇航员能在火星上制造他们需要的药物呢？这是美国宇航局于2017年2月成立的空间技术研究机构CUBES正在尝试研发的解决方案之一。它正在利用合成生物学的工具和技术来实现这一目标——合成生物学是一个利用工程学按照需求构建新的生物有机体的科学领域。

Text 76

📠 文章概览

本文选自 *New Scientist*，探讨了新的考古发现对有关字母表出现年代的观点的影响。第一段概述新的考古发现可能改写了字母表的早期历史；第二、三段描述了这一考古发现及由此提出的新理论；第四、五段介绍了学者对此的不同态度；最后一段介绍了发现此新的考古证据的考古专家自己的观点，并提出了一项人们达成的共识。

📖 重难点词汇

artefact /'ɑːtɪfækt/ *n.* 人工制品，手工艺品

hieroglyph /'haɪərəglɪf/ *n.* 象形文字

repurpose /ˌriː'pɜːpəs/ *vt.* （为适合新用途）对……稍加修改

excavation /ˌekskə'veɪʃn/ *n.* 挖掘，发掘

lump /lʌmp/ *n.* （不定形的）块

inscribe /ɪn'skraɪb/ *vt.* 在……上写；题，刻

script /skrɪpt/ *n.* （一种语言的）字母系统；笔迹

proto-history /ˌprəʊtəʊ 'hɪstri/ *n.* 史前时期

conceivable /kən'siːvəbl/ *adj.* 可想象的；可相信的

consensus /kən'sensəs/ *n.* 一致，共识

elite /eɪ'liːt//ɪ'liːt/ *n.* 社会精英；上层集团

🗨 长难句分析

① A popular idea is that the alphabet first appeared in Egypt some 3,800 years ago, when about 20 Egyptian hieroglyphs were repurposed as the first alphabet's letters. (P2S1)

主体句式 A popular idea is that…, when…

结构分析 本句是复合句。句子的主干部分为 A popular idea is that…，这里的 that 引导表语从句；表语从句的主谓部分为 the alphabet first appeared；when 引导定语从句，修饰前面的 some 3,800 years ago。

句子译文 一个流行的观点是字母表最早出现在大约 3,800 年前的埃及，当时大约有 20 个埃及象形文字被稍作修改，成了早期字母表的字母。

② Benjamin Sass at Tel Aviv University, Israel, says the Umm el-Marra symbols, whatever they are, don't look like early alphabetic signs to him, so they don't pose a challenge to existing ideas of the alphabet's invention. (P5S1)

主体句式 Benjamin Sass…says the Umm el-Marra symbols…don't look like early alphabetic signs to him, so…

结构分析 本句为复合句。主句的主谓部分为 Benjamin Sass…says，其后是省略了引导词 that 的宾语从句；该宾语从句包括一个插入部分 whatever they are；so 引导结果状语从句，其后的代词 they 指代主句中宾语从句的主语 the Umm el-Marra symbols。

句子译文 以色列特拉维夫大学的本杰明·萨斯说，无论乌姆马拉符号是什么，在他看来都不像早期的字母符号，因此它们不会对关于字母表发明的现有理论构成挑战。

💡 题目详解

1. **A** 细节题。第一段第二句介绍了在叙利亚发现的手工艺品上可能有迄今为止发现的最早的字母文字，最后一句指出这一发现的重要意义：字母表出现的时间比我们认为的早了 500 年，也就是说，该发现对现有的有关字母表发明的观点提出了质疑，由此可知答案为 A。选项 B 是对该段第三句的误解，原文说的是字母表出现的时间比人们认为的提前了 500 年，并不是这些手工艺品的历史比人们预想的更长，故排除。选项 C、D 所述内容原文没有提及，均不选。

2. **C** 细节题。关于施瓦茨提出观点的内容在第三段。该段第二句提到施瓦茨认为这些符号可能是早期字母表中的字母。第三句接着说，他认为字母 A、L、O 和 K 的早期版本已经出现了。选项 C 符合题意。选项 A 与本段第一句施瓦茨说的话相反，故排除。选项 B 原文中没有提及。选项 D 是强干扰项，这些符号可能来自印度河文明使用的文字系统，这是施瓦茨考虑到的导致这种情况的一种可能性，而不是他认为的事情，故排除。

3. **A** 语义理解题。根据题干提示定位到第四段。短语所在句是亚伦·科勒所说的话，这句话的前半句是科勒后半句话的假设条件，即"如果这些黏土手指像施瓦茨所述的那样古老"，这句话暗含的意思是，如果黏土手指的年代确实是 4,300 年前，那么上面刻着的符号的年代也就同样久远，这就彻底推翻了目前流行的关于字母表出现在 3,800 年前的观点，由此可推知，blow…clear out of the water 的意思应该和"推翻"接近，因此答案为 A。选项 B 意为"极大地夸张"，选项 C 意为"削弱某物的价值"，选项 D 意为"证明某事是合理的"。

4. **D** 细节题。关于约翰·达内尔的相关信息在第五段。其中指出，约翰·达内尔对字母表出现的时间更早这一观点持更开放的态度，他认为施瓦茨发表的符号可以代表一段史前时期，即这些符号可能是字母的前身，故 D 为答案。A 和 B 所述内容均缺少原文依据。文中虽提到史前时期，但没有是说史前时期开始的时间比我们认为的更早，故 C 也应排除。

5. **B** 细节题。关于贸易的相关内容出现在最后一段。该段第一句指出，贸易往来可能使得埃及的字母表传播到了乌姆马拉，由此可知选项 B 与原文信息一致。选项 A 所述内容原文没有提及，故排除。该段并没有说贸易有助于字母表世代传承下来，因此排除选项 C。同样，文中也没有提及贸易结束了权贵对字母表的独占，因此选项 D 也不选。

字母表的早期历史可能需要改写。[1] 在叙利亚一处古遗址发现的四件用黏土做的手工艺品上，可能有迄今为止发现的最早的字母文字。这一发现表明，字母表出现的时间比我们认为的早了 500 年。

一个流行的观点是字母表最早出现在大约 3,800 年前的埃及，当时大约有 20 个埃及象形文字被稍作修改，成了早期字母表的字母。但是，在地处叙利亚、有着大约 4,300 年历史的乌姆马拉遗址的发现质疑了这一观点。在 2004 年的发掘中，约翰·霍普金斯大学的格伦·施瓦茨和他的同事们发现了四块黏土，其大小和形状都和人类手指差不多，且每一块上面都刻着一到五个符号。

"当我第一次看到它们的时候，我就想：这看起来像是文字，"施瓦茨说，但这显然不同于那个时代和这个地方特有的古老书写形式。[2] 在考虑了其他可能性之后——例如，这些符号可能来自印度河文明使用的字母系统——施瓦茨现在认为这些可能是早期字母表中的字母。他认为字母 A、L、O 和 K 的早期版本已经出现了，尽管还不清楚它们会拼出什么单词。

[3] 纽约耶希瓦大学的亚伦·科勒说，如果这些黏土手指像施瓦茨所说的那样古老，那么它们将"把我们目前关于字母表发明的理论彻底推翻"。科勒怀疑施瓦茨是否以某种方式误判了这些手工制品的年代——尽管施瓦茨很确定他没有误判。

以色列特拉维夫大学的本杰明·萨斯说，无论乌姆马拉符号是什么，在他看来都不像早期的字母符号，因此它们不会对关于字母表发明的现有理论构成挑战。[4] 但耶鲁大学的约翰·达内尔对字母表比我们认为的时间出现得更早这一观点持更开放的态度。他说："毫无疑问，所有的文字都有一段史前时期，所以施瓦茨发表的符号可以真正代表这样一段历史。"

[5] 施瓦茨说，有一些证据表明，埃及和现在位于叙利亚北部的一些古城之间有贸易往来，因此字母表出现在埃及，然后传播到了北部的乌姆马拉仍然是有可能的。无论事件的发生顺序如何，人们达成的共识是：约 3,200 年前，字母表不属于任何政体的官方文字系统。这表明它是作为一种非正式的字母系统被代代传承下来的，皇室成员或权势显赫的精英们并不使用它。

第6章 信息技术类

 **Text 77**

📄 **文章概览**

本文选自 *Financial Times*。文章介绍了在中东地区大受欢迎的社交软件 Yalla。第一段指出 Yalla 在中东地区很受欢迎；第二段介绍 Yalla 是一家成功的中外合资技术公司的产品；第三段介绍了公司创始人和他最初的想法；第四段回顾了 Yalla 的灵感来源和产品理念；最后一段再次强调 Yalla 发展势头迅猛。

📖 **重难点词汇**

take...by storm 大获成功
localise /'ləʊkəlaɪz/ v. （使）地方化
headquarters /ˌhed'kwɔːtəz/ n. 总部
akin /ə'kɪn/ adj. 类似的，相似的
inspiration /ˌɪnspə'reɪʃn/ n. 灵感；鼓舞人心的人（或事物）

stream /striːm/ vt. 流播
virtual /'vɜːtʃuəl/ adj. 虚拟的
animate /'ænɪmeɪt/ vt. 把……制作成动画
interface /'ɪntəfeɪs/ n. 界面
revenue /'revənjuː/ n. 收入；收益
momentum /mə'mentəm/ n. 动力；势头；冲力

📝 **长难句分析**

① The company has localised so well, with headquarters in Dubai, that many users are unaware that its engineering team and founders are all in Hangzhou, near Shanghai—a rare example of a successful Chinese-foreign hybrid tech company. (P2S1)

主体句式 The company has localised so well, ..., that many users are unaware that...

结构分析 本句是复合句。句子的主干部分为 The company has localised so well that...。由逗号隔开的 with headquarters in Dubai 为插入语；主句中 so...that 引导结果状语从句，从句的主系表部分为 many users are unaware，后为 that 引导的从句，作 unaware 的补语；破折号后面的内容对前面的内容进行补充说明。

句子译文 这家公司的本地化做得非常好，它的总部设在迪拜，以至于许多用户都不知道它的工程团队和创始人都在上海附近的杭州——是少有的成功的中外合资技术公司的范例。

② Yang Tao, the company's chief executive, spent the first six years of his career in Abu Dhabi working for telecoms equipment firm ZTE, which is how he met his co-founders, as well as group president Saifi Ismail, the most senior Arab manager who is also on the board. (P3S1)

主体句式 Yang Tao, ..., spent the first six years of his career in Abu Dhabi..., which is how...

结构分析 本句是多重复合句。句子的主干为 Yang Tao spent the first six years of his career in Abu Dhabi；主语 Yang Tao 后的 the company's chief executive 为同位语；working for telecoms equipment firm ZTE 为句子的方式状语；which 引导定语从句，指代前面一整句话；定语从句中还包含一个 how 引导的表语从句；句子最后部分的 who is also on the board 为定语从句，修饰前面的 the most senior Arab manager。

句子译文 该公司首席执行官杨涛在阿布扎比度过了职业生涯的前六年，这期间他在电信设备公司中兴通讯工作，他就是这样认识了自己的联合创始人，以及集团总裁赛菲·伊斯梅尔，后者是同为董事会成员的最高级别的阿拉伯经理。

题目详解

1. **C** 细节题。根据题干中的关键词 Yalla，以及题目顺序与文章段落顺序基本一致的原则，初步定位至第一段。根据第一句可知，Yalla 是由中国人创建的，而且在中东很受欢迎，可见 C 为正确答案。这句话虽然提到了抖音，但是并没有说 Yalla 在全世界的受欢迎程度仅次于抖音，因此排除选项 A。第二句指出，Yalla 的聊天应用和游戏应用的月度用户数在截至去年 6 月的一年中增长了近 5 倍，达到 1,200 万，而不是说用户数增长了 1,200 万，可知选项 B 与原文内容不符，故排除；同时该句没有对聊天应用和游戏应用的用户数量进行比较，故也排除选项 D。

2. **D** 推断题。关于中兴通讯公司的内容在第三段。根据该段第一句可知，Yalla 公司的首席执行官杨涛在中兴通讯工作时认识了他的联合创始人以及集团总裁。由此可知，作者提及中兴通讯公司，是为了说明他是如何遇到合伙人的，因此答案为 D。原文提及中兴通讯公司，并不是要证明中国电信公司的成功、公司创始人的经验丰富以及为何将 Yalla 的目标市场选在中东，故其他三项均排除。

3. **A** 细节题。题干问如今用户如何使用 Yalla，相关内容在第三段。该段最后一句指出，现在用户主要用它来闲逛或收听，故答案为 A。第四段第三句说，在中国的直播平台上用户可以收看最喜爱的明星，文中没有说 Yalla 的用户可以与明星联系，故排除选项 B。第三段最后一句说现在用户使用 Yalla 的方式就如同在后台开着收音机，并没有说 Yalla 现在成了收音机上在线广播的替代品，故也排除选项 C。原文也没有相关信息说明人们使用 Yalla 是为了减少手机话费，故选项 D 也不符合题意。

4. **B** 细节题。关于 Yalla 盈利方式的相关内容在第四段。其中最后一句指出 Yalla 的利润来自用户相互赠送的应用内虚拟礼物，故 B 为答案。原文没有提到 Yalla 通过吸引风险投资者来盈利，故排除选项 A。第四段提到了 gatherings，是说杨先生把他的想法描述为一场虚拟的集会，而不是说 Yalla 通过聚会来筹钱，故排除选项 C。选项 D 也不是文中提到的 Yalla 获利的方式。

5. **B** 细节题。根据题干关键词 momentum 定位到文章最后一句。该句指出，杨先生说，这些应用在苹果和谷歌的区域应用商店主页上被推荐了几个月后，就有了发展势头。选项 B 与此相符，故为正确答案。第二段说 Yalla 的工程团队和创始人都在上海附近的杭州，而不是 Yalla 是在上海创建的，故排除 A。文章最后一句说，在去年的新冠肺炎疫情封锁期间，该公司实现了巨额增长，所以 C 与原文不符，故排除。根据第三段第一句，杨涛在阿布扎比度过了职业生涯的前六年，与本题考查内容无关，故也排除 D。

参考译文

[1] 抖音是中国社交媒体应用程序在海外大受欢迎的一个最著名的例子，但在中东，还有一个由中国人创建的应用程序正在该地区大获成功。Yalla，阿拉伯语为"我们去吧"，其聊天应用和游戏应用的月度用户数在截至去年 6 月的一年中增长了近 5 倍，达到 1,200 多万。

这家公司的本地化做得非常好，它的总部设在迪拜，以至于许多用户都不知道它的工程团队和创始人都在上海附近的杭州——是少有的成功的中外合资技术公司的范例。

[2] 该公司首席执行官杨涛在阿布扎比度过了职业生涯的前六年，这期间他在电信设备公司中兴通讯工作，他就是这样认识了自己的联合创始人，以及集团总裁赛菲·伊斯梅尔，后者是同为董事会成员的最高级别的阿拉伯经理。杨先生说，他是在从埃及到阿富汗这一地区的旅行途中产生这个想法的，当时他注意到人们花很长时间在电话上交谈。[3] 他决定建立一个以聊天而不是打字为基础的社交网络，如今每个用户在这个应用程序上平均花费 5 个小时，大部分时间不是主动交谈，而是闲逛或收听，类似于在后台开着收音机。

当他提出这个想法的时候，几乎没人感兴趣。但他说，在中东开发一款应用程序要比在他的本土市场容易得多。他从中国的流媒体直播平台获得了灵感，在直播平台上数百万用户收看他们最喜爱的明星，但他随后决定创建一个能够让人们在小团体中进行社交的应用程序。与最近以语音为基础的社交网络 Clubhouse 不同，Yalla 主打上限为 20 人、朋友邀请制的小房间。杨先生把这个想法描述为一场虚拟的集会——就像他过去在阿布扎比参加的社交聚会。[4] 而且，就像聚会一样，客人也会带来礼物：Yalla 的利润来自用户相互赠送的应用内虚拟礼物。

Yalla 在杭州的办事处有 350 名员工，其中包括为应用内礼品制作动画的图形设计师、应用界面的前端开发人员以及开发新应用的团队，例如最近推出的 Yalla Ludo 多人游戏，该游戏目前的收入贡献了公司营收的大部分。[5] 在去年的新冠肺炎疫情封锁期间，该公司实现了巨额增长，杨先生说，这些应用在苹果和谷歌的区域应用商店主页上被推荐了几个月后，就有了发展势头。

Text 78

文章概览

本文选自 *Wired*，文章介绍了 Facebook 正在研发的一种新的人机互动方式：一种腕带式设备可以通过解读人体运动神经信号"感知"人的动作意图。第一段提出话题；第二段详细介绍了这种新设备的基本原理、使用方式和开发前景；第三、四段引用开发负责人的话说明该设备与已经出现的读心科技的区别；最后两段探讨如何提早预防新产品可能带来的问题以及如何赢得客户的信任。

重难点词汇

augment /ɔːg'ment/ *vt.* 加强；扩大
motor nerve 运动神经
flick /flɪk/ *vt.* 轻弹；轻击
gesture /'dʒestʃə(r)/ *vt.* 用动作示意

invasive /ɪn'veɪsɪv/ *adj.* 侵入的；侵袭的
implant /'ɪmplɑːnt/ *n.* 植入物
paradigm /'pærədaɪm/ *n.* 范例；样式
overhaul /ˌəʊvə'hɔːl/ *vt.* 彻底检修

长难句分析

① Bosworth also emphasizes that the wearable is different from the invasive implants used in a 2019 brain-computer interface study that Facebook was involved in or Elon Musk's Neuralink tech. (P4S1)

主体句式　Bosworth also emphasizes that...

结构分析　本句是多重复合句。主句为 Bosworth also emphasizes that...，that 引导宾语从句，其主系表结构是 the wearable is different，其后的介词 from 有两个宾语，the invasive implants 和 Elon Musk's Neuralink tech，通过连词 or 相连接。第一个宾语的后置定语部分 used in a... 中包含了从句 that Facebook was involved in，作名词 study 的定语。

句子译文 博斯沃思还强调，这种可穿戴设备不同于 Facebook 参与的 2019 年脑—机接口研究中所使用的侵入式植入物或伊隆·马斯克的神经连接技术。

② Sometimes these companies have cash piles large enough to invest in these huge R&D projects, and they'll take a loss if it means they can be front-runners in the future. (P5S3)

主体句式 …these companies have…, and they'll take a loss if…

结构分析 本句主体是并列句，两个并列分句由 and 连接。前一分句为简单句，其中形容词短语 large enough to invest…projects 作 cash piles 的后置定语；后一分句是复合句，if 引导条件状语从句，该从句中又包含名词性从句 they can be front-runners in the future，作谓语动词 means 的宾语。

句子译文 有时，这些公司有足够多的现金储备来投资这些宏大的研发项目，如果这意味着它们可以成为未来的领跑者，它们将会承受损失。

💡 题目详解

1. **A** 细节题。关于这个新设备，第二段第二句说这是人类控制计算机的一种新方式，可知这种设备可以让用户与电脑进行互动，故 A 为答案。选项 B 原文没有提及，故排除。选项 C 曲解了第一段末句，原句只说这种新设备外形像 iPod Mini，未提及功能是否相似。由第二段第四句可知，即使手指静止，人机交互也能发生，故排除 D。

2. **B** 细节题。关于区分新设备与读心科技的内容出现在第三、四段。第三段最后一句引用博斯沃思的话说，我们不知道大脑中发生了什么，直到有人通过电线发送信号。也就是说，这种设备可以直接接收来自大脑的信号，故选 B。根据这句话可先排除选项 D。第三段提到该设备记录了移动拇指的意图，故 A 与原文不符。选项 C 误解了第三段第一句，原句中提到了不动手指即可玩游戏，而不是能让人在玩游戏时理解手势的意思。

3. **C** 推断题。第四段首句提到了神经连接技术，该句承接上一段说到的新设备与读心科技的不同，在本段中继续举例介绍新设备与其他技术的差异，可知提及该技术是为了与新设备进行对比，故答案为 C。原文没有进行原因分析，也没有介绍相关的理论或背景知识，因此排除其他三项。

4. **B** 细节题。根据人名关键词定位至第五段，本段第三、四句是米歇尔·理查森的看法。其中最后一句指出，一旦新产品研发完成，就难以就隐私和其他影响因素进行全面检查，所以应该在早期就开始对这些方面进行探讨，可知 B 所述符合她的观点。A 未能正确理解本段第三句，该句的原意是资本雄厚的公司愿意投资这些新领域以成为未来的领跑者，不是说这些公司更热衷于风险投资。本段开头虽然对 Facebook 想要拥有新计算模式的动机提出质疑，但第三句进行了解释，并未提出是否允许这类公司研究计算模式，故排除 C。选项 D 与米歇尔·理查森的观点相反，故排除。

5. **D** 态度题。第五段介绍了关于客户信任的话题。第六段中是博斯沃思对此话题的回应，其中第三句说，他似乎相信可以通过不让客户感到"惊讶"来赢得所需的信任。虽然末句说明了他对客户信任问题的审慎态度，但并不代表他对能够赢得信任的前景有所动摇，可见他还是充满信心的，故答案为 D。从上述分析可知，博斯沃思还是充分考虑到了赢得客户信任的问题，态度明确，也没有自相矛盾的地方，因此排除其余三项。

参考译文

Facebook 增强和虚拟现实研究实验室负责人博斯沃思刚刚发表了一篇博文，概述了他的团队对未来人机交互的愿景。然后，他在推特上发布了一张可穿戴设备的照片——该设备看起来像是安装在厚腕带上的 iPod Mini。

这种设备能将运动神经信号转换成数字指令。[1] 简单地说，这是人类控制计算机的一种新方式。当它打开时，无论你是使用虚拟现实耳机还是与现实世界互动，你都可以通过在空中轻弹手指来操纵虚拟输入。你也可以"训练"它来感知你手指的意图，这样即使在你的手指静止的时候，动作也会发生。这种无名设备还只是一种概念，而博斯沃思说，这项技术可能在 5 到 10 年内得到广泛应用。

在一次虚拟演示中，一个人戴着这个腕式设备，在不动手指的情况下玩视频游戏。这类演示的动作往往让人想起读心科技，但博斯沃思坚持认为并非如此。[2] 他说，在这个演示中，佩戴者的大脑产生的信号与那些使拇指移动的信号相同，而并不移动拇指。这个设备记录了移动拇指的意图。他说："我们不知道大脑中发生了什么，直到有人通过电线发送信号。"

[3] 博斯沃思还强调，这种可穿戴设备不同于 Facebook 参与的 2019 年脑—机接口研究中所使用的侵入式植入物或伊隆·马斯克的神经连接技术。换句话说，Facebook 没有读取我们的思想，即使它已经知道我们大脑中发生的很多情况。

有一个问题，为什么 Facebook——主要是一家软件公司——想要拥有这种新的计算模式。还有就是我们为什么应该相信它。非营利组织民主与技术中心数据和隐私项目主管米歇尔·理查森说："有时，这些公司有足够多的现金储备来投资这些宏大的研发项目，如果这意味着它们可以成为未来的领跑者，它们将会承受损失。"[4] 但是，她指出，一旦产品开发成功，就很难对其进行全面检查——这就是在研发过程的早期就开始讨论隐私和其他影响因素很重要的原因。

博斯沃思说，Facebook 将类似这样的技术视为人们产生联系的基础。他说，如果说有什么事发生的话，过去的一年向我们展示了联系的重要性。[5] 他似乎还相信，他可以通过不让客户感到"惊讶"来赢得所需的信任："你告知你所做的事情，设定预期，并随着时间的推移实现那些预期。信任来时如缓步慢行，去时如策马疾驰。"

Text 79

文章概览

本文选自 *Wired*，文章介绍了一种智能监控血糖水平并提出胰岛素剂量建议的移动应用程序 Quin。前三段交代了两位创始人开发这一程序的初衷，并简要说明其功能；第四段讲述该程序的快速发展；第五段详细说明了这种应用程序的特点；最后一段介绍该应用程序的未来发展前景以及开发者对用户的希冀。

重难点词汇

consultancy /kən'sʌltənsi/ *n.* 咨询公司；专家咨询

trajectory /trə'dʒektəri/ *n.* 轨道；轨迹

bi-weekly /baɪ'wiːkli/ *adj.* 每两周一次的

insulin /'ɪnsjəlɪn/ *n.* 胰岛素

dose /dəʊs/ *v.* 给……服一剂药 *n.* 剂量

arouse /ə'raʊz/ *vt.* 激起，引起

booming /'buːmɪŋ/ *adj.* 飞速发展的

algorithm /'ælɡərɪðəm/ *n.* 算法；计算程序

dosage /'dəʊsɪdʒ/ *n.*（通常指药的）剂量

长难句分析

① During one of their bi-weekly mentoring sessions, Isabella Degen revealed that she was one of the 400,000 people across the UK living with Type 1 Diabetes, a disease that required her to inject insulin multiple times a day, working from crude formulas and personal experience to determine how much to dose and when. (P2S1)

主体句式 …, Isabella Degen revealed that…, a disease that…

结构分析 本句是多重复合句。句子开头是介词 During 引导的介宾结构作时间状语。主句是 Isabella Degen revealed that…, that 引导宾语从句。在该从句中又包含了另一个从句，是 that 引导的定语从句，用于修饰作 Type 1 Diabetes 同位语的名词 disease。末尾部分的现在分词短语 working from…when 作伴随状语。

句子译文 伊莎贝拉·德根在她们两周一次的指导会议上透露，她是全英国 40 万 I 型糖尿病患者中的一员。患了这个病，她需要每天多次注射胰岛素，并根据粗略的公式和个人经验确定注射剂量和注射时间。

② Once the app has enough information about how certain factors affect the user's blood sugar levels, it's able to suggest specific insulin dosage amounts to regulate them, and graph how the user's blood sugar levels are likely to change over the next five hours. (P5S3)

主体句式 Once…, it's able to suggest…, and graph how…

结构分析 本句是多重复合句。句子开头是 Once 引导的时间状语从句，其中包含了名词性从句 how certain factors affect the user's blood sugar levels，作介词 about 的宾语。本句主干为主系表结构 it's able，其后是由 and 连接的两个表语补足语 to suggest 和 (to) graph，graph 之后是 how 引导的宾语从句。

句子译文 一旦应用程序获得了关于影响用户血糖水平的某些因素的足够信息，就能够建议具体的胰岛素剂量来调节血糖水平，并绘制出用户的血糖水平在未来五小时内可能发生的变化。

题目详解

1. **D** 细节题。根据人名 Isabella Degen 定位至第二段。该段最后一句称，德根离开公司，创建了一个应用程序，让其他处于同样处境的人更容易做到这一点，即帮助患者做到上一句提及的"确定注射剂量和注射时间"。综合两处信息可知，德根是为了帮助和她一样的糖尿病人，故答案为 D。由第二、三段可知，Quin 并非用于个人诊断，只是向用户提供胰岛素用量和注射时间的建议，故排除选项 A。尽管后文提及 Quin 可以进行数据管理，但由第二段可知，这不是德根创建 Quin 的初衷，因此 B 答非所问。选项 C 原文中没有提及，故排除。

2. **A** 细节题。第四段讲到威廉姆斯对 Quin 这一应用程序的期望。该段首句提到，威廉姆斯正指望这一超级个性化模式能够让 Quin 在快速发展的移动手机医疗市场中超越其竞争对手，此处的竞争对手就是指其他同类移动手机医疗应用程序，可知选项 A 的概括正确，故为答案。由第四段提到的投资情况和下载量可知，Quin 已经得到了用户的积极反馈，故排除 B。选项 C 是对第四段首句的误解，根据原句，到 2025 年市值有望达到 1,890 亿美元的是移动手机医疗市场，而非 Quin 这一应用程序。第四段最后一句提到了投资情况和下载用户，但只说了目前的情况，没有对未来提出期望，故排除 D。

3. B 细节题。 文章第五段详细介绍了 Quin 的用法与功能。由该段第三句可知，Quin 可以根据用户数据信息，建议具体的胰岛素剂量来调节血糖水平，可知它能帮助用户更为准确和科学地注射胰岛素，故 B 为答案。A 和 C 在原文中没有提及。由第五段可知，用户并不需要去了解影响血糖水平的因素，只需提供数据信息供应用程序来对这些因素进行分析，因此选项 D 不符合原文。

4. B 细节题。 威廉姆斯在文章最后一段对用户提出了建议，她希望用户能够对 Quin 的建议有信心，只在需要的时候打开应用程序，而不需要多次登录，可知选项 B 符合该处信息，故为答案。A 所述与原文意思相反，这是很多社交和娱乐应用程序的期望，但不符合威廉姆斯对 Quin 的期望。由原文可知，威廉姆斯希望用户能相信 Quin 的建议，不用经常打开程序，但并未提到她希望用户减少对移动应用程序的依赖，因此排除选项 C。原文并未提到"不合理的决策"，可排除选项 D。

5. C 主旨题。 文章开篇简述两位创始人的情况，说明了她们为何要开发名为"Quin"的应用程序，随后介绍了这款应用程序上市以来的快速发展、其具体使用方法、未来发展前景以及开发者对用户的建议。文中说明这款移动手机应用程序能够智能监控糖尿病患者的血糖水平并提出胰岛素的剂量建议，可知这篇文章主要在介绍一种能帮助糖尿病患者管理疾病的应用程序，故 C 为答案。选项 A 虽然与文章内容相关，但"医疗信息"的说法太笼统，没有提及文章主题词diabetes（糖尿病）或 insulin（胰岛素），故排除。第一段提到了 Quin 创始人之一威廉姆斯改变了人生轨迹，但这并非是文章主题，故排除选项 B。选项 D 在原文中没有提及，故也排除。

参考译文

作为一名受过训练的化学工程师和曾经从业的软件工程师，辛迪·威廉姆斯从未打算进入医疗行业。但在 2014 年，与全球软件咨询公司 ThoughtWorks 的一位同事的意外对话改变了她的人生轨迹。

伊莎贝拉·德根在她们两周一次的指导会议上透露，她是全英国 40 万 I 型糖尿病患者中的一员。患了这个病，她需要每天多次注射胰岛素，并根据粗略的公式和个人经验确定注射剂量和注射时间。[1] 她离开公司，创建了一个应用程序，让其他处于同样处境的人更容易做到这一点——而且她需要帮助。

威廉姆斯的兴趣被激发了。那一年，威廉姆斯和德根创立了 Quin。该应用程序跟踪用户的数据并在环境中做出细致的分析，以便产生高度个性化的建议，病人再也无需通过猜测来注射胰岛素以调节胰岛素水平。

[2] 威廉姆斯正指望这一超级个性化模式能够让 Quin 在快速发展的移动手机医疗市场中超越其竞争对手，预计到 2025 年移动手机医疗市场的价值将达到 1,890 亿美元。而且，到目前为止，市场似乎对她的方法充满热情。自 2014 年推出以来，Quin 已获得 360 万英镑的投资者资金，自去年 10 月 Quin 在英国和爱尔兰发布 iOS 版本的应用程序以来，已有 17,000 多名用户进行下载。

Quin，一种"量化直觉"的工具，依靠预测算法和个人数据的组合，这些数据可以自动收集或手动添加。首先，用户输入有关他们一天中的食物摄入量、胰岛素剂量、活动和血糖水平的信息。[3] 一旦应用程序获得了关于影响用户血糖水平的某些因素的足够信息，就能够建议具体的胰岛素剂量来调节血糖水平，并绘制出用户的血糖水平在未来五小时内可能发生的变化。威廉姆斯解释说，设计出人们真正想要使用的一款应用程序，部分诀窍在于与他们一起开发产品：自 2014 年以来，作为其研究计划的一部分，Quin 已经咨询了 300 多名糖尿病患者。

因为 Quin 准备于今年夏天结束时在美国推出，所以该公司正在研究估量和跟踪其他生理、心理和行为数据，如睡眠和压力，以提供更全面的建议。[4] 但社交媒体和娱乐应用程序的设计初衷是让用户尽可能多登录，威廉姆斯希望，随着时间的推移，Quin 的用户会对应用程序提供的建议有足够的信心，从而发现自己打开应用程序的次数越来越少。

Text 80

📠 文章概览

　　本文选自 *Wired*。文章介绍的是（新冠肺炎）疫情期间监控员工工作情况的有关软件和研究。第一、二段介绍远程监控软件可以监控和追踪员工，以及这类软件的使用情况；第三段介绍了这类技术在白领之外的人群中的应用情况；第四段探讨这类软件对隐私和安全是否存在威胁；最后两段介绍与这方面有关的一些研究发现。

📖 重难点词汇

keep tabs on 监视，密切关注

biometric /ˌbaɪəʊˈmetrɪk/ *adj.* 生物统计的

overload /ˌəʊvəˈləʊd/ *vt.* 使负担过重；使超载

long-haul /ˌlɒŋˈhɔːl/ *adj.* 长途的，远距离的

fatigue /fəˈtiːg/ *n.* 疲劳，劳累

transparently /trænsˈpærəntli/ *adv.* 透明地；显然地

dub /dʌb/ *vt.* 把……戏称为；给……起绰号

capture /ˈkæptʃə(r)/ *vt.* 捕获；攻取

spectrum /ˈspektrəm/ *n.* 范围；光谱

📝 长难句分析

① But when used transparently and legally, they can provide a rich stream of information that allows companies and workers to understand and improve their productivity and engagement. (P4S2)

主体句式 But when used…, they can provide…information that…and improve…

结构分析 本句是复合句。逗号之前的部分为连词加过去分词，作用相当于一个省略了 they are 的状语从句；逗号之后是主句，主语是 they，连词 and 连接了两个谓语动词 provide 和 improve，定语从句 that allows companies and workers to understand 修饰前面的 information。

句子译文 但是，当被公开、合法使用时，它们可以提供公司和员工能够理解的丰富信息，从而提高他们的生产率和参与度。

② Early results showed that it was able to predict employee satisfaction based on email response time and measure work-life balance from the volume of email sent outside of office hours. (P5S2)

主体句式 Early results showed that…

结构分析 本句是复合句。谓语动词 showed 之后是 that 引导的宾语从句，该从句中，由 and 连接的两个不定式 to predict 和 (to) measure 与 was able 一起构成系表结构。

句子译文 早期的研究结果表明，它能够根据电子邮件回复时间预测员工满意度，并从办公时间以外所发送的电子邮件量来衡量工作与生活的平衡。

💡 题目详解

1. B **细节题。** 根据题目提示定位至前两段。根据与 Prodoscore 相关的信息，可知这既是一个初创公司的名字，也是其研发的监控软件的名称。第一段最后一句提到这种软件可以让经理远程监

控和实时追踪员工的活动，由此可知 B 项为正确答案。前两段中没有提及员工分享工作数据的问题，因此 A 项是无中生有。C 项是对第一段第一句的误解，原文的意思是通过远程监控软件收集的内部数据，发现冠状病毒大流行期间的远程工作正在提高员工的生产率，由此可知，是远程工作提高了员工的生产率，而非远程监控软件。第二段首句虽然说 80% 的公司将使用监控工具，但并没有说它们都使用 Prodoscore 这款监控软件，故 D 项也错误。

2. B 推断题。需结合前两段的内容判断作者在第三段中提到司机和运动员的目的。作者在前两段介绍了监控工具的使用，但主要提到的都是在白领员工中使用的情况。第三段第一句是承上启下句，指出这种技术的使用不仅仅局限在白领员工身上，可见作者想强调其使用的广泛性，因此答案为 B 项。作者并没有详细说明工作负荷如何量化，故先排除 A 项。作者提到这两类人，不是为了举例说明疲劳问题，故排除 C 项。作者只是单纯地介绍现实生活中有关监控工具使用情况的例子，并没探讨追踪是否有必要，故 D 项也排除。

3. D 细节题。根据题干要求定位至第四段。作者在该段探讨了监控工具对隐私和安全是否存在威胁。该段第一句指出，滥用是有可能的，因为技术已经成熟。第二句则指出，公开、合法的使用还是会产生积极的效应。从两句中分别使用的 of course 和 But 来判断，作者想强调的重点还是在第二句，可见他认为正确使用监控软件可以避免隐私和安全隐患，因此答案为 D 项。A 项和 B 项所述内容在原文中没有涉及，可先排除。C 项是对该段第一句的误解，原文的意思是滥用的技术条件是成熟的。

4. A 词义题。设问词由两个简单词合成，字面意思为"讲故事"，但其词性应为形容词。结合上下文，作者在设问词所在段落介绍了一系列实验及其发现，设问词之前的一句提到，实验捕捉一些行为数据，对工作团队进行研究，而设问词所在句专门介绍了其中一种高效团队的特征，之后的一句则说明了这种特征的表现，可见这种特征是最典型、最能说明问题的，与 A 项 illustrative（说明性的）的意思最为接近。

5. C 观点题。题目要求判断作者对新兴监控工具的态度。第四段第二句指出，当被公开、合法使用时，这种监控工具可以提高员工的生产率和参与度，故选 C。作者虽然在最后两段介绍了一些相关的研究和发现，但是并没有提到是否值得进一步研究，故排除 A 项。B 项是负面评价，文中也没有提及，故排除。D 项与第四段第一句不符，这些新工具在遭到滥用的情况下会侵犯隐私，故排除。

📝 参考译文

　　2020 年 5 月，总部位于加利福尼亚州的生产力软件初创公司 Prodoscore 报告称，根据从其 30,000 名用户收集的内部数据，冠状病毒大流行期间的远程工作正在提高员工的生产率。[1] Prodoscore 软件是新一波生产率工具的一部分，俗称"告密插件"，它使经理能够在远程工作的同时监控和实时追踪员工的活动。

　　研究咨询公司高德纳估计，到 2020 年底，80% 的公司将使用监控工具监控员工，包括他们的电子邮件、社交媒体信息和生理特征数据。这些应用程序使用这些数字痕迹来创建个人生产率的简要资料。例如，项目管理工具 Asana 提供了一个选项，可以根据员工共享的项目数量和他们发送的邀请来计算其"影响力"得分。该应用程序还包括一个名为"工作负荷"的功能，让经理可以查看员工正在进行的项目，并在认为某个员工超负荷工作时重新分配任务。

[2] 当然，白领员工并不是唯一被量化的劳动力。长途卡车司机被电子记录设备监控，记录他们的位置和驾驶速度，帮助他们安排睡眠和驾驶时间。职业运动员经常被监控，活动传感器追踪他们的工作量和疲劳情况。

[3][5] 诚然，当涉及隐私和安全问题时，这些新工具已经成熟，会遭到滥用。但是，当被公开、合法使用时，它们可以提供公司和员工能够理解的丰富信息，从而提高他们的生产率和参与度。

2016 年，数学家邓肯·瓦茨与微软合作，发起了一个名为"组织上的分光镜"的项目，目标是将机器学习建模应用于数据，包括电子邮件元数据、办公室位置和职务。早期的研究结果表明，它能够根据电子邮件回复时间预测员工满意度，并从办公时间以外所发送的电子邮件量来衡量工作与生活的平衡。心理学家亚当·格兰特在 2018 年 Facebook 公司进行的一项研究中发现，在公司的两项年度调查中没有做出回复的员工，在随后六个月内辞职的可能性（比做出回复的员工）要高出2.6 倍。

也许最吸引人的一系列实验是由研究员亚历克斯·彭特兰在麻省理工学院人类动力学实验室进行的。彭特兰使用一种能够捕捉大量诸如声调和肢体语言等行为数据的电子徽章，对医院和呼叫中心等场所的 20 多个团队进行了研究。**[4]** 一个高效团队最突出的特征就是员工的社交参与程度。效率较高的团队会进行更富有活力的对话——不仅仅包含与领导的对话，还包含在预定的会议之外的对话。

～～～Text 81～～～

📠 文章概览

本文选自 *Education Week*。文章介绍了学校网络联盟发布的一项报告。第一段简要介绍了这一报告的主要内容和背景情况；第二至四段具体介绍了新冠肺炎爆发以来学校数字协作平台的发展；第五、六段重点探讨了提高网络安全的措施，以及学校网络联盟在这方面的作用；最后一段陈述了报告提出的五点建议，以加强学校网络隐私安全。

📖 重难点词汇

consortium /kən'sɔːtiəm/ *n.* 联合企业；财团
surmount /sə'maunt/ *vt.* 克服；解决
hurdle /'hɜːdl/ *n.* 难关；障碍
philanthropy /fɪ'lænθrəpi/ *n.* 慈善；博爱
boost /buːst/ *vt.* 使增长；提高
breach /briːtʃ/ *n.* 破坏；违背；（关系的）中断

cyberbullying /'saɪbəbʊliɪŋ/ *n.* 网络欺凌
integrate /'ɪntɪɡreɪt/ *v.* （使）合并；（使）加入
vendor /'vendə(r)/ *n.* 卖主；供应商
prioritize /praɪ'ɒrətaɪz/ *v.* 优先考虑；划分优先顺序

📝 长难句分析

① Digital collaboration platforms and online privacy and safety tools are two of the most important tech "enablers" schools are counting on, because proper use of these resources can promote equity and bridge learning gaps during crises such as the COVID-19 pandemic, a new report says. (P1S1)

主体句式 Digital collaboration platforms and online privacy and safety tools are... "enablers" ..., because...

结构分析 本句是复合句。主句是主系表结构，其主语是 and 连接的并列结构，schools are counting on 是省略了关系代词的定语从句，修饰名词 enablers；第一个逗号后为 because 引导的原因状语从句；第二个逗号后的 a new report says 为补充说明。

句子译文 一份新的报告称，数字协作平台以及在线隐私和安全工具是学校所依赖的两个最重要的技术"赋能器"，因为在诸如新冠肺炎大流行这样的危机中，正确使用这些资源可以促进公平并弥合学习差距。

② One case of a K-12 collaboration tool cited in the report follows from the work of St. Vincent Ferrer Catholic School in Delray Beach, Fla., which used Zoom and Skype to collaborate with students from the Roosevelt School in Peru in creating a philanthropy program which yielded a $13,500 award from a U.S.-based contest known as Philanthropy Tank. (P2S2)

主体句式 One case...follows from the work..., which...

结构分析 本句是多重复合句。主句主干为 One case...follows from the work...，第二个逗号后是 which 引导的非限制性定语从句，该从句中又包含一个定语从句 which yielded a $13,500 award from a U.S.-based contest known as Philanthropy Tank，修饰名词 program。

句子译文 报告中引用的中小学及学前教育协作工具的一个案例来自佛罗里达州德尔雷海滩的圣·文森特·费雷尔天主教学校的工作，该学校使用 Zoom 和 Skype 与秘鲁罗斯福学校的学生合作，创立了一个慈善项目，该项目在一个名为"慈善库"的美国竞赛中获得了 13,500 美元的奖金。

💡 题目详解

1. **B** 推断题。题目考查对第一段相关信息的理解。第一段首句指出，在诸如新冠肺炎大流行这样的危机中，正确使用数字协作平台这样的资源可以促进公平，弥合学习差距，可知在线资源有助于教育公平，因此 B 项为正确答案。第一段中没有提及个人隐私的问题，故排除 A 项。原文只是说在新冠肺炎流行期间数字协作平台得以广泛应用，但不能据此说新冠肺炎流行推动了教育创新，故排除 C 项。D 项在原文中没有提及。

2. **A** 词义题。设问词在第三段。该段承接第二段首句，继续举例说明新冠肺炎加速了数字协作平台在世界各地的应用。本句中的主语是教育工作者，设问词的宾语则是手机应用程序、广播和电视，这些都是数字教育的工具。据此推断，该词应表示"使用，利用"之意，故 A 项为答案。

3. **C** 细节题。题目要求判断作者揭示新冠肺炎对数字平台影响的方式。作者是在第二段首句提出看法的，随后提到了美国和印度的两个事例，显然作者是通过举例的方式来验证自己的观点的，因此正确答案是 C 项。

4. **A** 细节题。题目考查学校网络联盟的主要作用，相关信息在第六段。该段第一句指出，学校网络联盟主导着可信学习环境计划，为学校提供指导，并认可那些符合数据隐私标准的学校系统，这与选项 A 的表述一致，故 A 为答案。原文没有提及它对数字平台进行评估，也没有说它使数字平台满足数据隐私标准，故排除选项 B 和 C。学校网络联盟虽然为学校提供指导，但文中并没有提到要给当局提供政策建议，故 D 项也应排除。

5. **C** 主旨题。题目询问文章的主要内容。文章开篇介绍了一项报告，并说明它是关于数字协作平台的。随后通过举例，说明在新冠肺炎流行时期数字协作平台的应用情况，并介绍了学校网络联盟在推进数字协作平台应用、保障网络安全方面的作用。最后提出了加强学校网络隐私安全的几点建议，这些都是报告的内容。由此可见，C 项的概括较为全面和准确，故为正确答案。

文中虽然提到了 K-12 领域的教育创新产品，但并非着重于讲述其最新的发展，故排除 A 项。选项 B 和 D 均只涉及文章部分内容，属于以偏概全，因此排除。

参考译文

[1] 一份新的报告称，数字协作平台以及在线隐私和安全工具是学校所依赖的两个最重要的技术"赋能器"，因为在诸如新冠肺炎大流行这样的危机中，正确使用这些资源可以促进公平并弥合学习差距。这份由学校网络联盟发布的报告指出了五款技术赋能产品，并将其定义为帮助学校克服各种学习障碍的创新产品。该报告是学校网络联盟关于中小学及学前教育（K-12）技术创新的年度系列报告的第二部分。

[3] 新冠肺炎加速了数字协作平台在世界各地的应用。报告中引用的中小学及学前教育协作工具的一个事例来自佛罗里达州德尔雷海滩的圣·文森特·费雷尔天主教学校的工作，该学校使用 Zoom 和 Skype 与秘鲁罗斯福学校的学生合作，创立了一个慈善项目，该项目在一个名为"慈善库"的美国竞赛中获得了 13,500 美元的奖金。这笔奖金资助了佛罗里达州印第安镇的一所移民儿童小学——"希望乡村学校"。

[2] 此外，报告指出，印度等地的教育工作者正在利用手机应用程序和广播电视等单向通信平台，在新冠肺炎大流行期间支持学习。

学校网络联盟中小学及学前教育创新推进部门主管劳拉·格林格说，在线隐私和安全工具正在帮助希望在新冠肺炎大流行期间提供创新型学习方法的学校。

提高网络安全的一个策略是通过专业发展，重点是提高教育者的能力，并让教师具备教授学生如何保护隐私的工具和策略。保护隐私的需求给学校带来了一系列复杂的问题，学校必须防范黑客攻击、数据泄露、未经授权的信息共享、网络欺凌和其他风险。报告称，在解决教育上的隐私和安全问题方面，实践团体和专业组织能成为中小学及学前教育机构强大的盟友。

[4] 学校网络联盟主导着可信学习环境计划，该计划提供指导、社区和"印章"，以正式认可符合数据隐私标准的学校系统。学校网络联盟指出，除此以外，儿童网络国际组织围绕网络欺凌等主题，为一系列年龄段的群体提供政策建议和资源，而常识媒体则按年龄分别提供对网站、应用程序和其他媒体的评论。

报告还提出了加强学校网络隐私安全的五条建议：学校应在其组织范围内将数字网络隐私与安全作为日常优先处理的事项；教导学生对数字和在线隐私与安全负责任的行为；与供应商、家长和学生建立信任；树立领导能力和培养优先考虑隐私的文化；以及优先考虑公平、使用网络的机会和网络的可访问性。

〰Text 82〰

文章概览

本文选自 *SciTech Daily*。文章介绍了破译"死亡"语言（不再使用的语言）领域的新进展。第一段简要普及背景知识，说明破译这类语言的必要性；第二段总体介绍了一种破译这类语言的新系统和它的重要突破；第三至五段详细说明了研究的理论基础、主要方法和研究发现；最后一段说明了这项研究未来可能的发展方向。

📖 重难点词汇

automatically /ˌɔːtə'mætɪkli/ *adv.* 自动地

scholarship /'skɒləʃɪp/ *n.* 学术研究

ultimate /'ʌltɪmət/ *adj.* 最终的

segment /seg'ment/ *vt.* 分割；划分

counterpart /'kaʊntəpɑːt/ *n.* 对应的事物

hypothesis /haɪ'pɒθəsɪs/ *n.* 假设；猜想

proximity /prɒk'sɪməti/ *n.* 邻近，靠近

semantic /sɪ'mæntɪk/ *adj.* 语义的

📝 长难句分析

① They also showed that their system can itself determine relationships between languages, and they used it to prove recent scholarship suggesting that the language of Iberian is not actually related to Basque. (P2S2)

主体句式 They also showed that…, and they used…suggesting that…

结构分析 本句是并列句。两个并列分句由逗号后的 and 连接。第一个并列分句中包含由 that 引导的宾语从句，作 showed 的宾语；第二个并列分句中也包含一个由 that 引导的宾语从句，作 suggesting 的宾语。

句子译文 他们还证明，这个系统本身就可以决定语言之间的关系，并用它来证实最近的研究，表明伊比利亚语实际上与巴斯克语无关。

② Led by MIT Professor Regina Barzilay, the system relies on several principles grounded in insights from historical linguistics, such as the fact that languages generally only evolve in certain predictable ways. (P3S1)

主体句式 …, the system relies on…, such as the fact that…

结构分析 本句是复合句。主句的主干为 the system relies on…，第一个逗号之前是过去分词短语作状语，第二个逗号后是由 such as 引导的介词短语，其中包含了由 that 引导的同位语从句，补充说明 fact 的具体内容。

句子译文 该系统由麻省理工学院教授里贾娜·巴兹莱牵头，依赖于一些以历史语言学知识为基础的原则，例如语言通常只以某些可预测的方式进化。

💡 题目详解

1. **D** 细节题。题目考查促使人们理解"死亡"语言的动机，相关信息主要集中在第一段。第一段最后一句中提到，丢失的语言不仅仅引发学术上的好奇心；没有它们，我们就错过关于讲这些语言的人们的全部知识。因此 D 为正确答案。A 和 B 所述内容在文中没有涉及，故排除。C 是利用定位句后半部分设置的干扰项，比原文涉及的范围大，故也排除。

2. **C** 词义题。设问词在第二段。设问词为动词，在所在句中，逻辑主语是 a new system，逻辑宾语是 a lost language，可见该词涉及 system 和 a lost language 之间的关系。由前文可知，人们在试图理解丢失或"死亡"的语言，可知这个系统也是用于帮助人们理解这些语言的，因此设问词的意思应与"理解""解释"或"解密"等相近，可知 C 为答案。其余三项的意思分别为"决定""描述"和"公布"，均与上述分析不符，故排除。

3. **B** 细节题。题目考查对新语言破译系统的理解，相关信息主要集中于第二、三段。其中第三段第一句提到，该系统依赖于一些以历史语言学知识为基础的原则，可见它是以历史语言学知识为基础的，因此 B 为正确答案。A 曲解了第二段最后一句，原文的意思是这个系统的目标是破

译那些困扰语言学家几十年的丢失的语言，而不是已经实现的事。C 是利用第三段第一句后半部分设置的干扰项，原文的意思是系统要依据语言进化的规律性进行破译，而不是对语言的演变过程进行预测。D 与第二段第二句相矛盾，故也可排除。

4. **A 推断题。** 题目涉及第五段的相关信息。第五段第二、三句说，研究小组将他们的算法应用于伊比利亚语，结果证明，巴斯克语和拉丁语比其他语言更接近伊比利亚语，但它们之间的差异仍然太大，无法被视为相关语言。结合上一段内容可知，以往的研究对两者（伊比利亚语和任何已知语言）的关系一直没有定论，可见这是新算法取得的突破，故 A 为答案。B 的说法太过笼统，故排除。关于巴斯克语和伊比利亚语的关系，从第四段中可以看出，学者们仍未达成一致，没有固定的看法，也谈不上去推翻，故排除 C。本文主要介绍新的语言破译系统，第五段主要讲的是该系统的主要作用之一，而不是普及语言学的基础知识，可知 D 错误。

5. **B 篇章结构题。** 题目询问文章的结篇方式。最后一段第一句说，在未来的工作中，研究小组希望能扩展现有的工作。最后一句指出该团队的新方法将涉及识别单词的语义。这些都是关于未来发展方向的信息，故 B 为正确答案。文章结尾部分没有介绍相关领域的背景知识，也没有强调这项研究的意义，故排除 A 和 C。最后一段说的是研究人员对新研究方向的设想，并没有指出现有研究的不足，故 D 也不符合原文。

参考译文

最近的调查显示，大部分曾经存在过的语言已经不再被人使用。几十种这样的"死亡"语言也被视为丢失的语言，或者是"未解密的"语言——也就是说，我们对它们的语法或词汇了解不足，无法真正理解它们的文意。[1] 丢失的语言不仅仅引发学术上的好奇心；没有它们，我们就错过关于讲这些语言的人们的全部知识。

然而，麻省理工学院计算机科学与人工智能实验室的研究人员最近在这一领域取得了重大进展：[2] 证明一个新系统能够自动破译一种丢失的语言，而无需详尽地了解它与其他语言的关联。他们还证明，这个系统本身就可以决定语言之间的关系，并用它来证实最近的研究，表明伊比利亚语实际上与巴斯克语无关。这个团队的最终目标是，让这个系统仅仅使用几千个单词就能够破译困扰语言学家几十年的丢失的语言。

[3] 该系统由麻省理工学院教授里贾娜·巴兹莱牵头，依赖于一些以历史语言学知识为基础的原则，例如语言通常只以某些可预测的方式进化。研究人员开发了一种破译算法，可以将一种古代语言中的单词切分，并将它们映射到相关语言中的对应词上。

在新的系统中，该算法可以推断语言之间的关系。这个问题是破译中最大的挑战之一。对于伊比利亚语，学者们仍然不能就其相关的语言达成一致：一些人认为是巴斯克语，而另一些人则反对这一假设，声称伊比利亚语与任何已知的语言都没有联系。

提出的这一算法可以评估两种语言之间的接近度；事实上，当针对已知语言进行测试时，它甚至可以准确地识别语族。[4] 研究小组将他们的算法应用于伊比利亚语，来考量巴斯克语，以及一些可能性较小的候选语种。尽管巴斯克语和拉丁语比其他语言更接近伊比利亚语，但它们之间的差异仍然太大，无法将其视为相关语言。

[5] 在未来的工作中，研究小组希望能扩展现有的工作，即将文本与已知语言中的相关单词联系起来的做法——这种做法被称为"基于同源的解码"。这种范例假设确实存在这样一种已知的语言，但伊比利亚语的例子表明，情况并非总是如此。[5] 该团队的新方法将涉及识别单词的语义，即使他们不知道该怎么读这些单词。

Text 83

文章概览

本文选自 *Science Daily*。文章介绍了一项为机器人增加听觉从而提高其在某些方面感知力的研究。第一段引入为机器人增加听觉这一话题，并简略提及相关的研究发现；第二至四段详细介绍了这项研究的主要发现、参与人员、主要研究方法及研究结果可能会带来的技术应用；第五段简要提及其他类似的研究；最后一段强调这项研究结果令人兴奋。

重难点词汇

perception /pə'sepʃn/ *n.* 知觉；感知

property /'prɒpəti/ *n.* 性质，特性；财产

preliminary /prɪ'lɪmɪnəri/ *adj.* 预备性的；初步的

faculty /'fæklti/ *n.* 全体教职员工

cane /keɪn/ *n.* 手杖，拐杖

tap /tæp/ *v.* 轻敲；轻拍

crash into 撞上；闯入

glean /gliːn/ *vt.* 费力地收集，四处搜集

scoop /skuːp/ *n.* 勺；铲子

长难句分析

① The results were so encouraging, he added, that it might prove useful to equip future robots with instrumented canes, enabling them to tap on objects they want to identify. (P3S3)

主体句式 The results were so encouraging, …, that…

结构分析 本句是复合句。句子中包括一个结果状语从句结构 so...that，中间有插入语 he added，该结果状语从句中包含 enabling 引导的现在分词短语，充当结果状语，该短语中包含省略了关系代词 that 的定语从句 they want to identify，修饰前面的名词 objects。

句子译文 他补充说，这些结果是如此令人鼓舞，这可能会证实给未来的机器人配备带有装置的手杖是有用的，让他们能够轻敲想要识别的物体。

② They found, for instance, that a robot could use what it learned about the sound of one set of objects to make predictions about the physical properties of previously unseen objects. (P6S2)

主体句式 They found, …that a robot could use what…to…

结构分析 本句是多重复合句。第一重从句为主句谓语 found 之后的宾语从句，该从句中又包含第二重从句，即宾语从句 what it learned about the sound of one set of objects，其后的动词不定式短语作动词 use 的目的状语。

句子译文 例如，他们发现，机器人可以利用它所了解的一组物体的声音来预测先前未见过的物体的物理性质。

题目详解

1. D **细节题**。题目考查对研究发现的理解。第二段第一句就明确指出，这次的研究发现，声音可以帮助机器人区分物体，这与 D 项的概括相符，故答案为 D 项。选项 A 曲解了第二段第二句的信息，原文的意思是机器人可以判断某一声音是由什么样的动作引起的，而不是预判可能发出声音的动作，故排除 A 项。B 项所述与第一段主要内容相悖，故排除。作者没有将人类的听觉与机器人的听觉进行比较，故也排除 C 项。

第6章 信息技术类 · 189

2. B 细节题。 第四段第一句指出，为了进行这项研究，研究人员创建了一个大型数据集，可知 B 项为答案。作者没有提到研究人员开发了更先进的机器人，故 A 项没有依据。C 项误解了第三段首句，从原句可知，相较过去未能弄清声音在机器人学中的作用，本次研究有所突破，而不是研究人员弄清了不同声音的分类方法。从第二段中可知，机器人利用声音来分辨物体，而不是研究人员确定了机器人可以辨识的物体，因此 D 项也排除。

3. C 推断题。 根据人名关键词定位至第五段。该段是在介绍完主要研究之后，谈到其他研究人员也在进行类似的探索。作者提到奥利弗·克罗默之前使用了 For instance，可见提到他是因为他也在进行着类似的实验，是作为其中一个例子被提及的，故答案为 C 项。选项 B 在原文没有依据，应先排除。A 项错误理解了第四段最后一句的信息，根据原文，分享数据的不是奥利弗·克罗默，而是卡内基梅隆大学的研究人员。第五段首句说，其他研究人员也研究了智能机器人如何从声音中收集信息，而不是开发机器人，故排除 D。

4. A 语义理解题。 原句的字面意思是，"当它失败时，它无法判断的事物完全在我们的预料之中"。字面虽然在说"失败"，但之前的半句却说这是"令人兴奋的"。随后用事例进行解释，原来机器人无法判断的是只能根据视觉来判断的颜色，对于可以依据听觉来判断的任务，它是可以成功完成的。可见平托想要强调的是在可预期范围内的"成功"，故 A 项的理解符合上下文逻辑。B、C 两项均与原文所表达的含义不相符，故排除。平托要表明的是，机器人的"失败"是可以预料到的，但并不是说研究人员期望实验失败，故排除 D 项。

5. A 主旨题。 文章介绍了一项有关给机器人增加听觉的研究。第一段提出话题，随后详细介绍了这项新研究的主要发现、参与的人员、主要研究方法及该研究结果可能会带来的技术应用。文中还提到了其他相关的研究，但也都是围绕声音对于机器人的作用而展开的，可见 A 项是对文章要点的恰当概括，故为答案。给机器人增加听觉并不代表是控制机器人，故 B 项可排除。文中主要讲的是听觉对机器人的意义，没有涉及其他感官系统，故排除 C 项。D 项只强调了机器人辨别物体，却没有说明是利用声音，概括不够全面，故也排除。

参考译文

人们很少只用一种感觉来理解世界，但机器人通常只依赖视觉，而且越来越依赖触觉。卡内基梅隆大学的研究人员发现，通过增加另一种感觉：听觉，机器人的感知能力可以显著提高。

[1] 卡内基梅隆大学机器人学研究所的研究人员称，这是首次大规模研究声音与机器人动作之间的相互作用，他们发现声音可以帮助机器人区分物体。听觉还可以帮助机器人确定什么样的动作会发出声音，并帮助它们利用声音来预测新物体的物理性质。

"其他领域的大量前期工作表明声音可能有所用处，但尚不清楚声音在机器人学中的用处，"勒雷尔·平托说，他最近在卡内基梅隆大学获得机器人学博士学位，并将于今年秋天成为纽约大学的教师。他和他的同事们发现，这项技术的性能效率相当高，利用声音的机器人成功地对物体进行分类的概率是 76%。他补充说，这些结果是如此令人鼓舞，这可能会证实给未来的机器人配备带有装置的手杖是有用的，让它们能够轻敲想要识别的物体。

[2] 为了进行这项研究，研究人员创建了一个大型数据集，包括 60 个常见物体，诸如玩具块、手动工具、鞋子、苹果和网球，同时记录了这些物体在托盘上滑动或滚动时撞到托盘侧面的视频和音频。他们已经公布了这个数据集，对 15,000 个互动情况进行了分类，供其他研究人员使用。

尽管这个数据集的规模是前所未有的，其他研究人员也研究了智能机器人如何从声音中收集信息。[3] 例如，机器人学助理教授奥利弗·克罗默主导了一项研究，利用声音来估计物体的数量，如大米或意大利面，方法是摇晃容器，或估算那些物体从勺子中流出来的量。

平托说，因此声音对机器人的用处并不令人惊讶，尽管他和其他人惊讶于它被证明是多么有用。例如，他们发现，机器人可以利用它所了解的一组物体的声音来预测先前未见过的物体的物理性质。[4] 他说：“我认为真正令人兴奋的是，当机器人失败时，它无法判断的事物完全在我们的预料之中。”例如，一个机器人不能用声音来区分红色的方块和绿色的方块。“但如果是判断不同的物体，比如一个方块和一个杯子，它就可以分清。”

Text 84

📂 **文章概览**

本文选自美国 Nanowerk News 官方网站。文章介绍了使用机器人群体从事绘画创作的研究。第一段引入话题，并简要介绍了这种用机器人进行绘画的技术；第二段说明研究这项技术的目的和意义；第三至五段详细介绍机器人绘画的过程和所需的技术；最后一段强调这项技术的良好效果并展望其未来的发展。

📖 **重难点词汇**

swarm /swɔːm/ n. 一大群
far-fetched /ˌfɑːˈfetʃt/ adj. 难以置信的；牵强的
in one's wake 在某人身后
intensive /ɪnˈtensɪv/ adj. 密集的；加强的
dominate /ˈdɒmɪneɪt/ v. 主宰，支配，控制

repertoire /ˈrepətwɑː(r)/ n. 全部技能；可表演项目
traverse /ˈtrævɜːs/ vt. 横越，穿过，跨过
approximate /əˈprɒksɪmeɪt/ vt. 近似；接近
orchestra /ˈɔːkɪstrə/ n. 管弦乐队

📝 **长难句分析**

① The robots interact with each other to achieve this, with individual robots traversing the canvas and leaving a trail of colored paint behind them, which they create by mixing paints of different colors available on-board. (P3S3)

主体句式 The robots interact...with individual robots traversing...and leaving..., which...

结构分析 本句是复合句。第一个逗号前的内容是主句的主干部分。其后是 with 加独立主格结构，作句子的状语。该独立主格结构的逻辑主语为 individual robots，两个逻辑谓语 traversing 和 leaving 由 and 连接。第二个逗号后是由 which 引导的非限制性定语从句，补充说明独立主格结构中的名词 paint。

句子译文 机器人通过互动来实现这一点，每个机器人在画布上穿梭，身后留下一道彩色颜料的痕迹，它们的创作是通过将色板上可用的不同颜色的颜料混合而完成的。

② They found that even when some robots didn't have access to all the colors required to create the assigned color, they were still able to work together and approximate the color reasonably well. (P4S2)

主体句式 They found that...when..., they were...able to work together and approximate...

结构分析 本句为多重复合句。主句很简短，为 They found，其后是由 that 引导的宾语从句作 found 的宾语，该从句中又包含时间状语从句 when some robots didn't have access...，直至逗号

前；逗号后是该宾语从句的主句部分，主语为 they，其后是由 and 连接的并列谓语 were...able to work together 和 approximate。

句子译文 他们发现，即使有些机器人无法获得画出指定颜色所需的所有颜色，它们仍然能够协同工作，绘制出近似度足够高的颜色。

题目详解

1. C 细节题。题目考查作者引入话题的方式。第一段首句以问句的形式提出让机器人作画的概念。第二句前半部分先质疑这个概念，表示这个概念听起来有些难以置信，随后使用了连词 but，引出一项新研究，推翻了前半句的质疑。可见作者引入这项新研究的方式是先对其概念提出质疑，故答案为 C。A、B 两项显然与原文不符，较易排除。D 有一定的干扰性，但作者并没有提出相反的观点，只是提出了怀疑，故排除 D。

2. A 细节题。作者在第二段说明了进行此项研究的原因或目的。第二段第一句说，艺术创作是劳动密集型的，也是一场卓绝的奋战。随后在第三、四句指出，在一个越来越受到科技和自动化主宰的世界里，机器人技术还是能帮我们一把。综合这些信息可知，使用机器人绘画能够节省人力，因此答案为 A。作者没有提到创作规模的问题，故排除 B。第四句中提到机器人可以帮助人类，并不是取代人类，故排除 C。D 是对第二段最后一句的曲解，原文是说机器人可以扩展人类的创作能力，不是激发热情，故排除。

3. B 细节题。题目考查对研究过程的理解。第三至五段介绍机器人作画的具体过程。其中第三段最后一句说，机器人通过互动来创作，每个机器人在画布上穿梭，身后留下一道彩色颜料的痕迹，它们通过将色板上可用的不同颜色的颜料混合来完成画作，可知 B 是对原文主要信息的提炼，故为答案。作者没有提及机器人是否要进行颜色的选择或者识别，故排除 A 和 D。C 项是对第四段首句的曲解，原文的意思是研究人员用投影仪模拟机器人身后的彩色颜料痕迹，而不是机器人模仿人类动作，故排除。

4. A 推断题。根据题干提示定位于最后一段。最后一段前两句介绍了目前机器人画作的特点，第三句提到了这一技术的未来版本，并在倒数第二句中指出该项技术在其他领域可能也有潜力。概括而言，作者表明了这项技术的发展前景，故答案为 A。B 的说法太过宽泛，C 和 D 未提及机器人技术，因此均排除。

5. D 主旨题。题目考查文章主题。文章主要介绍了用机器人进行绘画的研究，说明了研究这项技术的目的，介绍了机器人绘画的详细过程及成效。虽然最后一段提及这项技术未来可能应用于其他领域，但文章主要的篇幅还是在介绍如何指导机器人进行绘画，故答案为 D。A 在文中没有提及，故排除。本文主要讲的是机器人绘画，因此 B 的说法范围太大，应排除。C 项说法笼统，没有包含关键信息，故也排除。

参考译文

如果你能教一群机器人画画，会怎么样呢？[1] 这个概念也许听起来有些难以置信，但最近可免费公开下载的杂志《机器人学与人工智能前沿》上发表的一项研究表明，这是有可能的。这些机器人在画布上来回移动，在它们身后留下色彩痕迹，这是机器人创作艺术的首次尝试，艺术家可以在画布上选择要画出某种颜色的区域，机器人团队会给予实时帮助。这项技术显示出机器人技术在艺术创作中的潜力，对艺术家来说，这可能是一种有趣的工具。

艺术创作是劳动密集型的，也是一场卓绝的奋战。只要问问米开朗基罗有关西斯廷教堂的天花板就知道了。[2] 在一个越来越受到科技和自动化主宰的世界里，创作实体艺术主要还是依靠手工来完成，画笔和凿子仍然是常用的工具。这没什么错，但如果机器人技术能帮我们一把，甚至扩展我们的创作技能呢？

这项最新研究着眼于机器人群体的绘画潜力。研究人员设计了一个系统，让艺术家可以指定在画布的不同区域画上特定的颜色。[3] 机器人通过互动来实现这一点，每个机器人在画布上穿梭，身后留下一道彩色颜料的痕迹，它们的创作是通过将色板上可用的不同颜色的颜料混合而完成的。

在他们的实验中，研究人员用投影仪模拟每个机器人身后的彩色颜料痕迹，不过他们计划未来要开发能够单独处理绘画的机器人。他们发现，即使有些机器人无法获得画出指定颜色所需的所有颜色，它们仍然能够协同工作，绘制出近似度足够高的颜色。

这个系统让艺术家们能够在机器群体创作艺术作品时对其进行实时控制。艺术家不需要对每一个机器人发出指令，甚至不必担心它们能否得到所需的所有颜色，从而让它们能够专注于绘画创作。

在目前的研究中，机器人最终画出的图像是抽象的，类似于儿童的蜡笔画。它们（这些画作）展现出独特的色彩区域，相互融合，体现出艺术家融入的思想，并且令人赏心悦目。[4] 该系统的未来版本可能会让机器人创作出更精细的图像。最重要的是，这些图像证实了艺术家有可能成功地指导机器人群体作画。这项技术在其他领域可能也有潜力，在这些领域中，轻松控制一群机器人的行动可能是有价值的。机器人管弦乐团，有人想到了吗？

Text 85

文章概览

本文选自 *Science Daily*。文章介绍了关于移动设备上的视觉显著性的研究。第一段总体介绍研究的目的，即想要验证和比较在视觉显著性方面移动设备与电脑和网络界面的不同；第二至四段重点介绍新研究的发现与以往结论的不同；第五、六段说明移动应用程序符合传统设计原则的特点；最后一段概括全文，指出要综合考虑各个因素，注重设计组合。

重难点词汇

collaboration /kəˌlæbəˈreɪʃn/ n. 合作，协作
transfer /trænsˈfɜː(r)/ v. 转移；迁移
empirically /ɪmˈpɪrɪkli/ adv. 以经验为主地
saliency /ˈseɪliənsi/ n. 显著；卓越
horizontal /ˌhɒrɪˈzɒntl/ adj. 水平的
vertical /ˈvɜːtɪkl/ adj. 垂直的

fixate /fɪkˈseɪt/ v. 注视；（使）固定
glossy /ˈɡlɒsi/ adj. 光滑的；光彩夺目的
generate /ˈdʒenəreɪt/ vt. 产生；引起
graphical /ˈɡræfɪkl/ adj. 用图（或图表等）表示的；绘画的

长难句分析

① As part of an international collaboration, Aalto University researchers have shown that our common understanding of what attracts visual attention to screens, in fact, does not transfer to mobile applications. (P1S1)

主体句式 ..., Aalto University researchers have shown that...

结构分析 本句是复合句，第一个逗号之前是介宾短语，主句谓语 have shown 之后是由 that 引导的宾语从句，该从句的主语 common understanding 之后是由 of 引导的介宾短语，of 的宾语是名词性从句 what attracts visual attention to screens。

句子译文 作为一项国际合作的参与方，阿尔托大学的研究人员指出，我们对于什么能吸引屏幕视觉注意力的共识，实际上并不适用于移动应用程序。

② Previous studies have also concluded that when we look at certain kinds of images, our attention is drawn to the center of screens and also spread horizontally across the screen, rather than vertically. (P3S2)

主体句式 Previous studies have also concluded that when…, our attention is…and…

结构分析 本句是多重复合句，主句部分是 Previous studies have also concluded，其后是由 that 引导的宾语从句，其中又包含时间状语从句 when we look at certain kinds of images。

句子译文 以前的研究也得出结论，当我们看到某些类型的图像时，我们的注意力会被吸引到屏幕的中心，并且也是水平分散在屏幕上，而不是垂直分布。

💡 题目详解

1. **A** 细节题。 题目考查第一段的相关信息。第一段开头就指出，阿尔托大学的研究人员是一项国际合作的参与方。由此可知，这项研究可能有多个国家的研究人员参与，故答案为 A。作者提到手机应用程序，是要验证视觉显著性的原则在手机端的特点，故排除 B。首段第二句谈到了手机和平板电脑在生活中的应用，但没有提到台式电脑和手机在研究中的使用，故排除 C。D 项内容在原文没有提及，因此也可排除。

2. **A** 细节题。 根据题干关键词定位到第三段。该段第一句指出，按照之前的想法，我们的眼睛不仅要看向更大或更亮的元素，而且还要持续看那里更长时间。可知 A 为该句信息的同义转述，故为答案。选项 B 是利用本段第二句设置的干扰项，原文的意思是某些类型的图像会将我们的注意力吸引到屏幕中心，而不是只有某些类型的图像对我们有吸引力，故排除。选项 C 与本段第二句后半部分的意思相反。D 转述了第四段第一句的信息，但这是现在研究的结果，故排除 D。

3. **C** 语义理解题。 题目考查某个短语在文中的意思。设问短语是动词短语，作 nothing 的谓语，之前的分句意思是"似乎当一切都变得突出时"。结合本段首句所说的亮色不会影响人们对应用程序细节的关注，可知 stands out 所说的还是能否吸引注意力或是否显眼的问题，故 C 为正确答案。其余三项都与本段主要话题，即吸引注意力无关。

4. **B** 细节题。 题目要求理解新研究的发现。第五段提到，这项研究证实了一些其他的设计原则对移动应用程序也适用。该段第三句主要介绍文本元素的重要性，指出文本扮演着重要的角色。用户在第一次使用时，往往会将注意力集中在图标、标签和徽标中的文本元素上。B 是对该处信息的概括性转述，故为答案。新研究只是证实亮色对视觉没有特别的吸引力，并没有说不应该被过度使用，故排除 A。第六段提到了图像元素，但没有同其他元素进行吸引视觉关注的程度上的比较，故排除 C。研究已经确认了多个应用程序视觉关注的影响因素，可知 D 不符合原文。

5. **D** 主旨题。 文章介绍了一项关于移动设备上的视觉显著性的研究。通过比较移动设备与电脑和网络界面在吸引视觉关注方面的异同点，探讨了相应的移动应用程序的设计原则。简言之，文章主要探讨的就是移动应用程序如何吸引注意力，故 D 为正确答案。其余三项的概括范围都太大，不能同时兼顾移动设备和吸引注意力这两个关键点，故均应排除。

[1] 作为一项国际合作的参与方，阿尔托大学的研究人员指出，我们对于什么能吸引屏幕视觉注意力的共识，实际上并不适用于移动应用程序。尽管移动手机和平板电脑在我们的日常生活中有广泛的应用，但这是第一次对用户的眼睛如何追踪常用移动应用程序元素进行实证分析的研究。以前关于什么吸引视觉关注，或者称为视觉显著性的研究，都集中在桌面和网站界面上。

阿尔托大学教授安蒂·乌拉斯维塔解释说："应用程序在手机上的显示方式与在台式电脑或浏览器上不同：它们所处的屏幕更小，只适合较少的元素，移动设备通常采用垂直布局，而不是水平视图。到目前为止，还不清楚这些因素会如何影响应用程序真正吸引我们视线的方式。"

[2] 按照之前的想法，我们的眼睛不仅要看向更大或更亮的元素，而且还要持续看那里更长时间。以前的研究也得出结论，当我们看到某些类型的图像时，我们的注意力会被吸引到屏幕的中心，并且也是水平分散在屏幕上，而不是垂直分布。研究人员发现这些原则对移动界面几乎没有影响。

研究报告的主要作者、博士后研究员路易斯·莱瓦说："令人十分惊讶的是，亮色其实并没有影响人们对应用程序细节的关注。一个可能的原因是，移动界面本身充满了光彩夺目的各种元素，所以屏幕上的一切都有可能吸引你的注意力——这就是它们的设计方式。[3] 似乎当一切都变得突出时，最终什么也突出不了。"

这项研究也证实了一些其他的设计原则适用于移动应用程序。例如，凝视会移到左上角，作为搜索或扫视的标志。[4] 文本扮演着重要的角色，这可能是由于它在传递信息方面的作用；因此在第一次使用时，用户往往会将注意力集中在移动应用程序中作为图标、标签和徽标组成部分的文本元素上。

图像元素所在的位置吸引视觉关注的频率比预期的要高，尽管用户花在查看图像上的平均时间与其他应用程序元素相似。人脸也吸引了人们的注意力，尽管当有文字的时候，视线会更靠近文字的位置。

同样也是阿尔托大学研究小组成员的哈米德·塔瓦科利博士表示，"各种因素影响我们视觉注意力的去向。对于照片来说，这些因素包括颜色、边缘、纹理和移动。但在涉及视觉内容（如图形用户界面）的生成时，设计组合才是要考虑的一个关键因素。"

Text 86

文章概览

本文选自 *Discover*，介绍了有超常智慧的人工智能的发展前景与潜在的问题。第一段简述了智能计算机发展的可能性；第二段介绍了智能计算机的发展给人类带来的好处；第三段引出了对这种发展可能性的争议；第四段介绍了有超常智慧的人工智能的风险；最后一段指出了科学家的努力方向。

重难点词汇

exponential /ˌekspəˈnenʃl/ *adj.* 指数的

singularity /ˌsɪŋgjuˈlærəti/ *n.* 奇点；奇异

tinker with 小修补

circuitry /ˈsɜːkɪtri/ *n.* 电路；电路装置

formidable /fəˈmɪdəbl/ *adj.* 可怕的；令人敬畏的

immersive /ɪˈmɜːsɪv/ *adj.* 沉浸式虚拟现实的

superluminal /ˌsjuːpəˈljuːmɪnəl/ *adj.* 超光速的

augment /ɔːgˈment/ *vt.* 增加；提高

utopian /juːˈtəʊpiən/ *adj.* 乌托邦的，空想的

intimately /ˈɪntɪmətli/ *adv.* 熟悉地，亲切地

entail /ɪnˈteɪl/ *vt.* 牵涉；需要；使必要   alignment /əˈlaɪnmənt/ *n.* 匹配；结盟

havoc /ˈhævək/ *n.* 大破坏，浩劫   hinge on 取决于

📖 长难句分析

① An AI responsible for fleets of self-driving cars or the distribution of medical supplies could cause havoc if it fails to value human life the same way we do. (P4S4)

主体句式 An AI…could cause havoc if…

结构分析 本句是多重复合句。主句为 An AI…could cause havoc，后跟 if 引导的条件状语从句；主语 AI 后面的部分 responsible for fleets of self-driving cars or the distribution of medical supplies 为形容词短语作 AI 的后置定语；if 引导的条件状语从句中还嵌套一个 the same way 引导的方式状语从句。

句子译文 如果人工智能不能像我们一样重视人类生命，那么负责自动驾驶汽车车队或医疗用品配送的人工智能可能会造成严重的灾难。

② On that front, Bostrom reminds us that there are efforts underway to "design the AI in such a way that it would in fact choose things that are beneficial to humans, and would choose to ask us for clarification when it is uncertain what we intended." (P5S3)

主体句式 Bostrom reminds us that there are efforts…to "design the AI in such a way that…"

结构分析 本句是多重复合句。主句为 Bostrom reminds us that…，后面 that 引导的宾语从句的主干部分为 there are efforts to "design the AI in such a way"；such a way 后的 that 引导同位语从句，解释说明 way，该同位语从句的主干部分为并列句 it would choose things and would choose to ask us for clarification，前半句中 things 后跟着一个 that 引导的定语从句，后半句中包含一个 when 引导的时间状语从句，时间状语从句中 it 是形式主语，what 引导的从句是真正的主语。

句子译文 在这方面，博斯特罗姆提醒我们，目前研究人员正努力"以这样的方式设计人工智能，能实际做出对人类有利的选择，并且在不确定我们的意图时，会选择要求我们进行明确的说明"。

💡 题目详解

1. C 细节题。第二段第四句指出，人类可能会将自己与人工智能结合起来，用电路来增强我们的大脑，甚至数码上传我们的思想，使之比我们的身体存在的时间更长，可见 C 为正确答案。这句话虽然提到了电路，但并不是说用电路来代替基于细胞的大脑，故 A 排除。该段最后一句提到，结果将生成超能力的人类，能够以光速思考，并摆脱生物学上的顾虑，并不是说人类"委托机器"进行思考，故排除 B。这句话中的"摆脱生物学上的顾虑"是指超能力的人类能突破生理上的限制，而不是免受其他物种的威胁，D 项也不符合题意。

2. B 推断题。第三段第二句引用了博斯特罗姆说的话："也许在这个世界上，我们都更像一个巨大的迪士尼乐园里的孩子——这个乐园不是靠人类维持，而是靠我们创造的这些机器维持。"这句话强调的是智能机器的强大力量，因此答案为 B。人类未来无忧无虑的生活、科学家对人类未来的幻想、对人工智能的普遍不了解第三段均未体现，所以排除 A、C、D 三个选项。

3. D 细节题。题干问哪一项可能是有超常智慧的人工智能的风险，相关内容在第四段。该段第三句指出，但也许更有可能的是，有超常智慧的没有感情的道德准则根本不符合我们自己的道德准则，由此可知，人类很有可能要面临没有感情的机器带来的道德问题，因此答案为 D。A 在原文中没有提及，故排除。该段第二句话提到了机器人革命的经典科幻噩梦，但机器人革命不

是人类可能面对的风险，因此排除 B 项。C 项中的 AI failure 是对该段最后一句话中的 if it fails to value human life 的曲解，故也排除。

4. [C] 细节题。关于博斯特罗姆所说的研究者的研究方向的内容出现在最后一段。其中最后一句指出，目前人们正努力以对人类有利的方式设计人工智能，对应 C 项"创造符合人类利益的机器人"，故 C 为答案。A 和 B 所述内容涉及该段第一句，但解决人工智能匹配的紧迫性问题和采纳未来主义者的建议并不是研究者目前正在进行的研究，故排除。原文也没有提到研究者正在为人工智能的运作提供详细的说明，故排除 D 项。

5. [B] 写作目的题。题目考查写作目的，需概括文章主旨。文章介绍了有超常智慧的人工智能的发展前景与潜在的问题，提到了人工智能可能给人类带来的好处，但也提到了人工智能的道德伦理问题，故答案为 B。文章只在第一段简述了智能计算机发展的可能性，但重点不是警告我们人工智能的强大，故排除 A。文中提到了哲学家博斯特罗姆的观点，但这只是文章的细节，文章重点不是称赞他的见解，C 也不符合题意。文章主要探讨的是 AI 的发展前景和存在的问题，而不是为了说明人工智能的发展，故排除 D 项。

参考译文

不久的将来，一台智能计算机可能会创造出一台比它自身强大得多的机器。而那台新电脑很可能会制造出另一台更强大的电脑，以此类推。机器智能将沿着指数上升曲线增长，达到人类无法想象的认知高度。广义上讲，这就是"奇点"。

这个术语可以追溯到 50 多年前，当时科学家们刚刚开始修补实现基本计算的二进制代码和电路。即使在那时，奇点仍然是一个可怕的命题。超级智能计算机的发展可能会从纳米技术飞跃到沉浸式虚拟现实，再到超光速太空旅行。[1] 人类可能会将自己与人工智能结合起来，用电路来增强我们的大脑，甚至数码上传我们的思想，使之比我们的身体存在的时间更长，而不是被我们的弱小、基于细胞的大脑拖后腿。结果将生成超能力的人类，能够以光速思考，并摆脱生物学上的顾虑。

哲学家尼克·博斯特罗姆认为，这将带来一个全新的时代。牛津大学未来人类研究所所长、《超级智能：路径、危险、策略》一书的作者博斯特罗姆说："[2] 也许在这个世界上，我们都更像一个巨大的迪士尼乐园里的孩子——这个乐园不是靠人类维持，而是靠我们创造的这些机器维持。"这可能听起来像乌托邦的幻想，或是一个噩梦，取决于你的立场。博斯特罗姆很清楚这一点。

几十年来，他一直在思考有超常智慧的人工智能的出现，他非常熟悉这种发明所带来的风险。当然，我们都听说过机器人革命的经典科幻噩梦：机器决定，不如由它们来控制地球。[3] 但也许更有可能的是，有超常智慧的人工智能的道德准则——不管可能是什么——根本不符合我们自己的道德准则。如果人工智能不能像我们一样重视人类生命，那么负责自动驾驶汽车车队或医疗用品配送的人工智能可能会造成严重的灾难。

人工智能所谓的匹配性问题在最近几年有了新的紧迫性，在某种程度上是因为像博斯特罗姆这样的未来主义者的工作。如果我们不能控制有超常智慧的人工智能，那么我们的命运将取决于未来的机器智能是否像我们一样思考。[4] 在这方面，博斯特罗姆提醒我们，目前研究人员正努力"以这样的方式设计人工智能，能实际做出对人类有利的选择，并且在不确定我们的意图时，会选择要求我们进行明确的说明"。

📖 文章概览

　　本文选自 *The Times*，介绍了取代空中交通管制塔的数字系统。第一段指出伦敦城市机场的空中交通管制塔被数字系统取代；第二段概述了数字系统的优势；第三、四段指出数字系统淘汰了过时的空中交通管制塔；第五段简要介绍了英国空中交通管制的机构和职责；最后一段进一步阐述了数字系统的优势。

📖 重难点词汇

high-definition /ˌhaɪ ˌdefɪˈnɪʃn/ *adj.* 高分辨率的

mount /maʊnt/ *v.* 安装，架置

overlay /ˌəʊvəˈleɪ/ *vt.* 覆盖；附加

installation /ˌɪnstəˈleɪʃn/ *n.* 安装

rest with 是……的责任（或分内的事）

dedicated /ˈdedɪkeɪtɪd/ *adj.* 专用的；专注的

altitude /ˈæltɪtjuːd/ *n.* 高度；海拔

📝 长难句分析

① The images, which are overlaid with other information such as aircraft speed, radar and weather readings, are designed to provide a far sharper vision of incoming and departing aircraft than is possible using human controllers alone. (P2S1)

主体句式　The images, which..., are designed to provide a far sharper vision...than...

结构分析　本句是多重复合句。第一个逗号之前的部分为主句的主语 The images，逗号后为 which 引导的定语从句，修饰 images；句子的谓语部分为 are designed to provide a far sharper vision，than 引导的从句作比较结构的被比较对象。

句子译文　这些图像与飞机速度、雷达和天气数据等其他信息叠加在一起，旨在提供远比单独使用人工控制所能提供的更清晰的进场飞机和离场飞机的视野。

② Digital tower technology tears up a blueprint that's remained largely unchanged for 100 years, allowing us to safely manage aircraft from almost anywhere, while providing our controllers with valuable new tools that would be impossible in a traditional control tower. (P4S2)

主体句式　Digital tower technology tears up a blueprint that..., allowing us to safely manage aircraft..., while providing our controllers with valuable new tools that...

结构分析　本句是多重复合句。主句为 Digital tower technology tears up a blueprint；其后的 that 引导定语从句，修饰 blueprint；逗号后 allowing...while providing...为现在分词短语作句子的伴随状语；tools 后为 that 引导的定语从句。

句子译文　数字塔台技术撕毁了 100 年来基本没有改变过的蓝图，使我们能够从几乎任何地方安全地管理飞机，同时为我们的交通管制员提供了传统控制塔台无法实现的宝贵的新工具。

💡 题目详解

1. **D** 细节题。 根据题目提示定位至第一段。其中最后一句指出摄像头和传感器可以 360 度俯瞰机场，可见 D 为正确答案。选项 A 所述内容原文并没有提及。该段第二句指出伦敦城市机场拆除了有 30 年历史的塔楼，有 30 年历史的是塔楼而不是伦敦城市机场，故选项 B 不符合题意。同

时根据这句话可知，采用数字系统后交通管制员可以在 70 英里外监控摄像头，但不能推知管制员曾经在离机场很远的地方工作，故排除选项 C。

2. B 细节题。第二段第二句指出，从长远来看，使用数字系统成本会降低，故选项 B 为正确答案。原文中没有提到该系统使飞机速度提升，故选项 A 排除。该段最后一句提到伦敦城市机场是第一个引进这项技术的大型商业机场，并没有说数字系统在大型机场中得到了广泛应用，故排除选项 C。选项 D 所述内容原文没有提及。

3. C 例证题。题干问文章提到希思罗机场的目的，相关内容在第三段。该段最后一句指出，英国最大的机场希思罗机场此前表示正在测试这一系统。这个例子是用来论证前面所说的内容：其他机场对数字控制塔也很关注。也就是说，该系统有可能会得到普及，因此答案为 C。选项 A 与作者的意图相反，故排除。文中没有提到过时的动力飞行技术的结束，选项 B 不符合题意。希思罗机场正在测试这一系统，表明这一技术还没有达到稳定性，因此排除选项 D。

4. A 细节题。由第四段第二句可知，数字塔台技术使得交通管制员能够远程控制飞机，故 A 为答案。根据第五段第一句可知，Nats 南方总部只是空中交通管制员的工作地点之一，B 所述内容与原文不符。根据第五段最后一句，管制员不仅要保证英国飞机的安全，也要确保飞过英国上空的其他国家飞机的安全，故排除选项 C。文中没有提及空中交通管制员对传统控制塔台的态度，选项 D 为无中生有。

5. C 细节题。最后一段第五句提到图像上有数字数据，故答案为 C。原文没有提及拍摄这些图像的相机是最大的，故排除选项 A。B 和 D 所述内容原文也没有提及，故排除。

参考译文

　　伦敦城市机场成为世界上第一个采用数字系统的大型机场后，空中交通管制塔的尽头就近在眼前了。该机场已经拆除了有 30 年历史的塔楼，取而代之的是 70 英里外由空中交通管制员监控的高分辨率的摄像头。[1] 这 16 个摄像头和传感器安装在一根 50 米高的桅杆上，可以 360 度俯瞰机场。

　　这些图像与飞机速度、雷达和天气数据等其他信息叠加在一起，旨在提供远比单独使用人工控制所能提供的更清晰的进场飞机和离场飞机的视野。[2] 从长远来看，成本也会降低。该系统已被安装在瑞典的一些小型机场，两年前在贝德福德郡的克兰菲尔德机场投入使用。然而，伦敦城市机场是第一个引进这项技术的大型商业机场。

　　自从一个多世纪前大规模发展动力飞行以来，空中交通管制塔基本上没改变过。[3] 据说，伦敦城市机场数字装置的安装可能会加速其他机场控制塔的淘汰，这些机场也在关注同样的技术。英国最大的机场希思罗机场此前表示正在测试这一系统。

　　国家空中交通服务局的运营总监朱丽叶·肯尼迪说："这是英国第一座大型数字控制塔，代表着一项重大的技术和运营成就。[4] 数字塔台技术撕毁了 100 年来基本没有改变过的蓝图，使我们能够从几乎任何地方安全地管理飞机，同时为我们的交通管制员提供了传统控制塔台无法实现的宝贵的新工具。"

　　英国领空由位于几处中心的空中交通管制员管理，包括国家空中交通服务局南方总部。管制员指挥飞机往返机场，或者确保飞机安全飞越英国上空，飞往世界其他地区。

　　飞机管理人员在距离机场几英里的控制塔中换班。这一职责通常由每个塔中的小型专门团队承担。不过，在伦敦城市机场系统下，基于数字技术的远程系统也由位于斯旺维克的国家空中交通服务局的工作人员操作。[5] 机场视图通过超高速光纤连接来转播，并显示在 14 个高清屏幕上。图像上有数字数据，以提供一个"超逼真"的视野。像飞机进出机场的信号、高度和速度、天气数据和跟踪移动物体的能力等信息都可以在一个视频显示屏幕上呈现。

Text 88

📠 文章概览

本文选自 *The Economist*，探讨了微软新近宣布的针对 Nuance 的收购计划，在看似随意的表象之下，微软的收购实则颇有章法。第一、二段引入话题，简述微软宣布收购 Nuance，并引发观察人士的质疑；第三至六段借用相关专业人士的看法，从不同角度分析微软收购行为背后的原因，并举若干实例进行说明；最后一段指出这宗数额巨大的收购可能带给微软的好处，预言微软还会有更多收购交易，并再次强调其收购绝非随意而为。

📖 重难点词汇

pet phrase 口头禅

acquire /əˈkwaɪə(r)/ *vt.* 购得；获得

acquisition /ˌækwɪˈzɪʃn/ *n.* 收购；获得；购得物

covet /ˈkʌvət/ *vt.* 贪求（尤指别人的东西）；觊觎

timid /ˈtɪmɪd/ *adj.* 胆怯的；缺乏勇气的

acquisitive /əˈkwɪzətɪv/ *adj.* 贪婪的

integrate /ˈɪntɪɡreɪt/ *v.* （使）合并，成为一体

dominate /ˈdɒmɪneɪt/ *vt.* 支配；控制

beef up 增强；改进

pricey /ˈpraɪsi/ *adj.* 昂贵的

✏️ 长难句分析

① Even before this latest acquisition Microsoft had acquired a reputation for coveting tech firms that looked as alien to its core business of selling office software. (P2S1)

主体句式 …Microsoft had acquired a reputation…

结构分析 本句是复合句。主句主体部分为 Microsoft had acquired a reputation，之前是时间状语；之后是 for 引导的介宾短语作 reputation 的后置定语，该定语部分包含 that 引导的定语从句，修饰限定之前的名词 firms。

句子译文 甚至在这次最新的收购交易之前，微软就已经有了垂涎科技公司的名声，而这些公司看起来与微软销售办公软件的核心业务格格不入。

② Having provided textbook examples of what not to do, most notably after buying Nokia, a phonemaker, and Skype, an internet phone service, it has learned how to integrate targets successfully. (P4S2)

主体句式 Having provided…, it has learned how to integrate targets successfully.

结构分析 本句是复合句。主句主干是 it has learned how to integrate targets successfully，之前的状语部分较长，是由现在分词短语 Having provided 引导的状语；插入语 a phonemaker 和 an internet phone service 分别作同位语，进一步说明 Nokia 和 Skype，中间用并列连词 and 连接。

句子译文 微软曾经提供了一些有关什么事儿不能做的"反面教材"案例，尤其值得一提的是收购手机制造商诺基亚和互联网电话服务公司 Skype，此后微软已经学会了如何成功地并购目标公司。

题目详解

1. **D** 细节题。 第一段第三句说，微软于 4 月 12 日声明将要收购 Nuance。第二段第二、三句是业内观察人士针对微软决策人提出的疑问，质疑这位老板是否太无聊或对收购过于狂热，可见选项 D 表述符合原文，故为答案。选项 A 是对第二段第三句的误解，原文 turned Microsoft around 的意思是扭转颓势，而不是公司转型，故排除。文章开头的两句话指的是微软最近较为频繁地进行收购，但第二段说到了外界对此还是反应很大，可见微软的收购并没有被视为日常运作，故排除 B。原文提到的 reputation 指的是微软有垂涎科技公司的名声，而不是微软的公告为它的老板赢得了好名声，故排除 C。

2. **A** 细节题。 第四段第一句说，和曾经相对小心翼翼的标准相比，微软近年来确实变得更加贪婪了，可知 A 所述符合原文，故为答案。分析第三段最后一句可知，微软的收购支出远远不及其研发支出，故排除 B。第四段中虽然提到了不成功的案例，但最后指出，微软已经学会了如何成功并购，故排除 C。尽管作者指出微软收购欲增强，但不能据此推断收购成为它的发展重点，因此也排除 D。

3. **A** 推断题。 作者在第五段第二句的前半部分说，收购可以给微软增加业务，用布伦特·蒂尔的话说，就是"喂养这头野兽"。故答案为 A。第六段开头指出微软的收购可令其驾驭行业发展趋势，但这不是布伦特·蒂尔的话所表达的意思，故排除 B。文章没有提及微软的投资是否增加，也未提及商业竞争是否严酷，故排除选项 C 和 D。

4. **C** 观点题。 对于纳德拉的收购决策，早在第二段末尾作者就提到，收购行为可能是有章法的；随后分析了收购对微软的益处，并列举了若干收购案，分析其收购动机；最后一段更是基于收购 Nuance 的原因，指出微软的收购虽表面看似随意，实则都是对自己大有好处的，且在其承受能力之内。可见作者对纳德拉的收购决策表示赞同，故选项 C 正确。第二段中介绍了一些观察人士的不解和讶异，但这不是作者的看法，故排除 A 和 D。作者分析了微软收购的深层原因，认为其收购是合理的，因此 B 也错误。

5. **B** 主旨题。 文章围绕微软新近宣布的 Nuance 收购案展开讨论，第一、二段引入话题，简述收购计划及其引发的质疑。从第三段开始，作者从不同角度分析微软收购行为的原因，并举若干实例进行说明。最后又提到 Nuance 收购案，仍是分析这宗收购案能带给微软的助力，可知文章绝大部分篇幅都在分析微软收购行为背后的原因，故 B 为答案。根据上述分析，作者没有提及收购的不利影响，故排除 A。虽然第二段提到了针对收购的质疑，但作者主要在于分析收购的合理原因，并没有比较多种观点，故 C 的说法不准确。对未来微软还将进行收购这一预测，只在文末一笔带过，可知选项 D 不符合题目要求。

参考译文

收下我们的现金，或者至少收下我们的股份。这似乎成了微软最近的口头禅。4 月 12 日，该公司宣布将以近 200 亿美元现金的价格收购语音识别专业公司 Nuance——这是微软有史以来的第二大收购案。

其至在这次最新的收购交易之前，微软就已经有了垂涎科技公司的名声，而这些公司看起来与微软销售办公软件的核心业务格格不入。[1] "萨蒂亚·纳德拉太无聊了吗？"发布科技行业信息的网站 the Information 提出疑问。观察人士们喃喃自语道，在成功地扭转微软的颓势后，微软的老板可能成了收购狂人。[4] 事实上，疯狂的收购行为可能是有章法的。

经纪人马克·默德勒表示，首先，按照大型科技公司的标准，微软的并购举措是正常的。这个行业充斥着收购的谣言；大多数可能是真的。大公司之间会定期互相商讨可能的交易。可以肯定地说，微软有针对许多潜在目标的收购条款清单。它在扩大现有业务方面的投资仍然远远多于购买新业务的投资。除去与 Nuance 的交易，在过去四年中，该公司在大型收购上仅花费了 330 亿美元，而在研发上的支出费用则为 640 亿美元。

[2] 不过，以其相对小心翼翼的标准来看，微软近年来确实变得更加贪婪了。微软曾经提供了一些有关什么事儿不能做的"反面教材"案例，尤其值得一提的是收购手机制造商诺基亚和互联网电话服务公司 Skype，此后微软已经学会了如何成功地并购目标公司。在纳德拉先生的领导下，它已经形成了更适合并购进程的形式。

简而言之，微软已经成为一个云计算巨头，可以消化任何数据并提供任何服务。[3] 因此，收购可以通过多种方式增加业务——用投资银行杰富瑞集团的布伦特·蒂尔的话说，就是"喂养这头野兽"。

收购也有助于微软保持快速增长，使其能够驾驭行业的大趋势。收购 GitHub 押注于向创建内容和相关用户社区的转变，纳德拉先生认为这将主导线上生活。Pinterest 让微软可以获取用户喜好方面的数据，从而实现电子商务的新形式。

微软对 Nuance 的收购协议包含了所有这些考虑因素。Nuance 以其语音识别软件和医疗保健平台而闻名，美国 77% 的医院都在使用这一平台。这项技术，连同大量有价值的健康数据，将增强微软的"健康云"。Nuance 的专利组合可用于纳德拉先生（商业）帝国的其他地方。[4] 尽管对于一家上一年净利润为 2,900 万美元、收入为 15 亿美元的公司而言，200 亿美元看起来价格很高，但微软可以负担得起。预计微软还会有更多出人意表的收购交易。不要被它们表面上的随意所欺骗。

—Text 89—

文章概览

本文选自 National Public Radio（美国国家公共广播电台）网站，围绕一项针对谷歌的政府诉讼案展开。第一、二段重点介绍该诉讼案的主要情况，说明诉讼方的指控内容和诉讼案的背景；第三至四段引入"侧载"的概念，并说明谷歌对"侧载"的许可方式对竞争的影响；最后两段是诉讼双方对这场诉讼案指控内容的看法和立场，谷歌方认为政府的做法会影响安卓生态系统的安全性，而控方坚持认为其阻碍了竞争，并批评其减少佣金的做法不能解决问题。

重难点词汇

monopoly /məˈnɒpəli/ *n.* 垄断；专营服务

eliminate /ɪˈlɪmɪneɪt/ *vt.* 清除；消灭

wield /wiːld/ *vt.* 行驶，支配（权力等）

commission /kəˈmɪʃn/ *n.* 佣金；（银行等的）手续费

zero in on... 集中全部注意力于

deprive /dɪˈpraɪv/ *vt.* 剥夺；使丧失

prohibit /prəˈhɪbɪt/ *vt.* （尤指以法令）禁止；阻止

cumbersome /ˈkʌmbəsəm/ *adj.* 累赘的；缓慢复杂的

impede /ɪmˈpiːd/ *vt.* 妨碍；阻止

deter /dɪˈtɜː(r)/ *vt.* 制止；威慑

长难句分析

① More than 30 states are accusing Google of operating like an illegal monopoly by abusing the power it has over developers and eliminating competition in how people download and pay for apps on their Google devices. (P1S1)

主体句式 More than 30 states are accusing Google of operating...and eliminating...

结构分析 本句是复合句，主句的主体结构是 More than 30 states are accusing Google of...，后接 and 连接的两个动名词 operating 和 eliminating。operating 的逻辑宾语部分中包含定语从句 it has，修饰之前的名词 power，eliminating 的逻辑宾语部分中包含宾语从句 how people download and pay for apps on their Google devices。

句子译文 30 多个州指责谷歌滥用对开发商的权力，在谷歌设备上应用程序的下载方式和支付方式方面消除竞争，从而构成非法垄断。

② In May, federal judge Yvonne Gonzalez Rogers told Apple CEO Tim Cook that the commission cuts do not solve larger issues about whether developers are competing on an even playing field. (P6S4)

主体句式 ..., federal judge Yvonne Gonzalez Rogers told Apple CEO Tim Cook that...

结构分析 本句是多重复合句。主句是 federal judge Yvonne Gonzalez Rogers told Apple CEO Tim Cook，之后是 that 引导的宾语从句，该从句中还包含 whether 引导的名词性从句，作介词 about 的宾语。

句子译文 今年 5 月，联邦法官伊冯·冈萨雷斯·罗杰斯对苹果首席执行官蒂姆·库克说，削减佣金并不能解决开发商是否在公平的竞争环境中竞争的更大问题。

题目详解

1. **B** 细节题。文章首句提到了30多个州对谷歌的诉讼，其指控内容是谷歌滥用对开发商的权力，在谷歌设备上应用程序的下载方式和支付方式方面消除竞争，从而构成非法垄断，可知选项B是对指控原因的恰当概括。根据第二段首句，谷歌并没有直接向消费者收取费用，故排除A。按照首段第二句所述，是政府抨击谷歌的权力，而非谷歌质疑政府的权力，因此选项C与原文相悖。选项D曲解了第二段末句，原文的意思是指责谷歌剥夺了开发商的利润而不是合法权利。

2. **A** 语义理解题。设问短语出现在第二段第二句。该动词短语的主语是complaint，宾语是Google' use of those fees，并补充说明这是谷歌的反竞争政策。根据前文，30多个州在指控谷歌，指控罪名是非法垄断。可知该短语表示的意思应与"集中于"或"围绕"等含义有关，故答案为A。反对谷歌如此使用那些费用的是这些州，而不是这些州的投诉，因此排除选项B。选项C和D的主语应该是人或机构，故也排除。

3. **C** 推断题。作者在第三段开头提到了"侧载"，其中第二句提到，苹果禁止"侧载"，是出于安全考虑，可推知"侧载"有可能带来一些安全隐患，因此答案为C。选项A是对第四段第二句的误解，原文中是说谷歌允许的下载流程被州律师描述为"不必要的繁琐和不切实际"。作者并没有提到应用商店的利润或开发商之间的争论，故排除选项B和D。

4. **C** 细节题。题中所说的谷歌高级管理人员指的是第五段提到的谷歌公共政策高级主管威尔森·怀特，他在该段末句说，政府的做法有可能增加小型开发商的成本，阻碍他们的创新和竞争能力，并使整个安卓生态系统的应用程序的消费者安全性降低，可知选项C是对该句后半部分的转述，故为答案。怀特认为政府的做法将限制的是小型开发商的能力，因此选项A不符合原文。该段中没有提及主要应用程序开发商的压力，故排除B。该段末句提到了消费者，但不是说增加其负担，而是降低其应用程序的使用安全性，可知D不符合原文。

5. **B** 细节题。最后一段提到政府方面对谷歌和苹果减少佣金的看法，其中最后一句提到，联邦法官伊冯·冈萨雷斯·罗杰斯对苹果首席执行官蒂姆·库克说，削减佣金并不能解决开发商是否在公平的竞争环境中竞争的更大问题。结合前文，政府认定的关键问题与竞争环境有关，可知减少佣金的做法被认为是对关键问题的回避，故B为答案。由本段末句可知，政府的评价明显是否定的，故排除A。末段中没有提到误导消费者，故排除C。联邦法官虽然认为削减佣金不能解决竞争环境的问题，但也未说这是新的障碍，故排除D。

参考译文

　　[1] 30多个州控告谷歌滥用对开发商的权力，在谷歌设备上应用程序的下载方式和支付方式方面消除竞争，从而构成非法垄断。这是近几个月来针对大型科技公司的法律和监管挑战浪潮中，政府对谷歌掌握的巨大权力发起的最新一次抨击。

　　应用商店的佣金——通常是30%——是向开发商收取的，然后开发者通常会将费用转嫁给购买应用程序或购买手机游戏等产品的消费者。[2] 这些州的投诉集中在谷歌使用那些费用的问题上，声称谷歌的反竞争政策剥夺了开发商的利润，提高了消费者价格。

　　苹果和谷歌设备操作的一个不同之处在于所谓的"侧载"，即在浏览器上而不是通过应用商店下载应用程序的能力。[3] 出于安全考虑，苹果禁止这种做法，而谷歌则允许。此外，谷歌还允许第三方应用商店在其设备上下载，而苹果则不允许。

　　然而，各州律师在诉讼中指出，谷歌Play在谷歌设备上下载的应用程序的市场份额超过

90%，这表明，根据诉讼谷歌"没有面临可信的威胁"。此外，谷歌禁止与其有竞争关系的应用商店通过谷歌 Play 商店下载，但竞争对手的应用商店可能会被侧载到谷歌设备上，州律师将这一过程描述为"不必要的繁琐和不切实际"。

谷歌公共政策高级主管威尔森·怀特在回应周三诉讼的博客文章中说，这些州政府忽视了谷歌 Play 对侧载和第三方应用商店的开放性。怀特写道："这场诉讼不是为了帮助小人物或保护消费者。它是为了激励少数大型应用程序开发商，他们希望在不付费的情况下享受谷歌 Play 带来的好处。[4]"这样做有增加小型开发商成本的风险，阻碍他们的创新和竞争能力，并使整个安卓生态系统的应用程序的消费者安全性降低。"

总检察长的控告对此并不买账，声称："谷歌的行为阻碍了新实体进入，而且阻止了潜在的竞争对手达到可能限制谷歌权力的规模。"从本月开始，谷歌将把其佣金减半，适用于开发商每年赚的第一笔 100 万美元。此前，苹果也发布了类似的声明。[5] 今年 5 月，联邦法官伊冯·冈萨雷斯·罗杰斯对苹果首席执行官蒂姆·库克说，削减佣金并不能解决开发商是否在公平的竞争环境中竞争的更大问题。

～～Text 90～～

📖 文章概览

本文选自 *The Wall Street Journal*。文章介绍了一笔针对纽约艺术团体的资金支持，以及各方对此举措的反应。第一、二段介绍了资金支持的对象、金额以及目标；第三段补充说明了此类预算资金的相关背景信息；第四至六段是各方对本次预算资金支持计划的反应：艺术团体表示欢迎，州政府官员强调支持文化产业的必要性，议员代表则希望这类举措能够常态化。

📖 重难点词汇

grapple with 努力设法解决
component /kəmˈpəʊnənt/ *n.* 组成部分；成分
hail /heɪl/ *vt.* 赞扬（或称颂）
recipient /rɪˈsɪpiənt/ *n.* 接受者，收受者
alleviate /əˈliːvieɪt/ *vt.* 缓解，减轻

upstate /ˌʌpˈsteɪt/ *adj.* 在州最北部的
assemblyman /əˈsemblimən/ *n.* （美国）州众议院议员
advocate /ˈædvəkət/ *n.* 拥护者，支持者

📝 长难句分析

① She notes that her group is having to make financial commitments for concerts it is planning in the coming months, but it doesn't yet know how many tickets it will be allowed to sell because capacity guidance can change. (P4S3)

主体句式 She notes that her group is having to make…, but it doesn't yet know….

结构分析 本句是多重复合句。主句简短，为 She notes，其后是 that 引导的宾语从句。该从句包含 but 连接的两个并列句，前一分句的主干为 her group is having to make…，包含省略了连接词 that 的定语从句 it is planning in the coming months，修饰名词 concerts；后一分句中包含 how many 引导的宾语从句和原因状语从句 because capacity guidance can change。

句子译文 她指出，她的团队必须为未来几个月计划的音乐会做出财务投入，但由于对接纳量的指导意见可能会发生变化，目前还不知道能被允许销售多少张门票。

② State officials said the increase in arts funding speaks to the fact that culture is increasingly being seen as an economic driver for the state, be it in arts-rich New York City or smaller upstate communities that pride themselves on their arts offerings. (P5S1)

主体句式 State officials said…

结构分析 本句是多重复合句。主句为 State officials said，其后是省略了连接词 that 的宾语从句。该从句的主干为 the increase…speaks to the fact…，其后是 that 引导的同位语从句，补充说明名词 fact 的具体内容。逗号之后的内容功能相当于一个 whether 引导的状语从句，其中嵌套了定语从句 that pride themselves on their arts offerings，修饰名词 communities。

句子译文 州政府官员表示，艺术经费的增长表明了这样的事实，文化正日益被视为纽约州的经济驱动力，无论是在艺术资源丰富的纽约市，还是在以其艺术产品为荣的该州北部较小的社区。

💡 题目详解

1. **D 细节题。** 文章开篇第一句就说，正当纽约的艺术团体继续努力克服新冠肺炎大流行的经济影响时，该州近年来最大的文化财政投入或将提供一定程度的缓解。第二段最后一句也强调，这次资金支持的目标是确保文化组织拥有从新冠肺炎大流行中恢复过来所需的资源，可知 D 符合原文，故为答案。第二段中虽然说这次的援助金额比过去十年中每年的文化基金要多，但并未说以后会逐年增加，故排除选项 A。根据原文，这些资金支持的作用是"提供一定程度的缓解"，不等同于满足非营利组织的需要，故排除 B。选项 C 是对第二段首句的曲解，原文的意思是 1 亿美元的文化拨款是州整体预算 2,120 亿美元的一部分。

2. **C 细节题。** 根据人名关键词定位至第四段。该段倒数第二句说，林肯中心室内音乐协会为未来几个月计划的音乐会做出财务投入，但由于对接纳量的指导意见可能会发生变化，目前还不知道能被允许销售多少张门票。可知这些艺术团体因为疫情而面临一些不确定因素，故答案为 C。文中虽然提到艺术团体接受了政府的援助，但是从第三段首句可知，它们并不完全依赖州政府资金，故排除 A。定位段中只说到了艺术团体对州政府增加投入表示欢迎，并未提出更多要求，因此选项 B 不符合原文。苏珊娜·戴维森虽然说明年的援助至关重要，但原文中并未说艺术团体资金严重短缺，故排除 D。

3. **B 推断题。** 玛拉·马努斯在第五段最后一句提到两项数据，一是艺术领域每年为该州带来的经济收入，二是艺术领域提供的 50.4 万个就业岗位。结合前文提到政府对艺术领域加大资金支持，以及本段前半部分所说的文化正在成为经济驱动力，可知玛拉·马努斯的话可以解释艺术领域在经济发展中的重要性，故 B 为答案。马努斯引用的数据未提及以往的文化基金情况，无法与之进行比较，故排除 A。定位段第二句虽然提到纽约市艺术资源丰富，但这与马努斯的话无关，故排除 C。文化领域确实对经济发展有贡献，但文章没有提到其对经济复苏有贡献，故也排除 D。

4. **D 细节题。** 题干中的文化支持者指的是第六段中的丹尼尔·奥唐纳。他提到真正的考验将是，在新冠肺炎大流行之后，该州是否继续以这一水平投入资金，并希望这是漫长过程中的第一步。可知他的意思是希望对文化的资金支持能够持续，故答案为 D。奥唐纳并未提及资金到位的快慢问题，故排除 A。该段首句中提到了新冠肺炎大流行，但原句的意思是希望政府的支持不仅仅在这期间才有，因此选项 B 曲解原文。选项 C 未正确把握奥唐纳说话的语气和立场，他表达了一种希望，而不是提出质疑。

5. **A 主旨题。** 文章开篇就提到纽约州要向非营利艺术团体投入一笔较大的资金，接着说明了资金支持的对象、金额、目标，以及相关的背景信息，并在下文介绍了各方对本次资金支持计划的反应。可见文章整体是围绕开篇所提出的话题展开的，因此选项 A 准确概括了全文主题，为答案。根据原文，政府的资金支持是明确提供给艺术领域的，没有讨论谁最需要的问题，故排除 B。选项 C 是说艺术领域自身的预算增加，与文章主题不符，故排除。选项 D 只涉及第四段的第一句，但原文的意思是尽管多年来政府投入保持不变，但今年总算有所增加了，可知 D 不能概括文章主题。

参考译文

[1] 正当纽约的艺术团体继续努力克服新冠肺炎大流行的经济影响时，该州近年来最大的文化财政投入或将提供一定程度的缓解。

作为本月初批准的 2,120 亿美元年度预算的一部分，该州来年将向非营利艺术组织提供 1 亿美元的拨款和援助。州官员表示，这与过去十年的文化基金形成了鲜明对比，过去十年中文化基金每年约为 4,000 万美元。此外，官员们还提到了在预算方面所做的其他努力，以支持营利性和非营利性领域的文化团体和企业。[1] 纽约州预算部门发言人弗里曼·克洛波特说，这些努力的目标是确保文化组织拥有从新冠肺炎大流行中恢复过来所需的资源。

州政府提供的资金通常是大多数非营利文化团体预算的一小部分。根据纽约市文化事务部的数据，即便州政府今年的投入达到 1 亿美元，也还是远低于纽约市的年度文化预算，年度预算通常远高于 1.5 亿美元，最近还曾高达 2.069 亿美元。

尽管如此，文化团体仍然表示赞扬，认为该州增加投入是一个值得欢迎的迹象，尤其考虑到多年来投入的资金始终保持不变。林肯中心室内音乐协会（另一个长期接受州政府拨款的组织）的执行主任苏珊娜·戴维森说，明年的援助至关重要。[2] 她指出，她的团队必须为未来几个月计划的音乐会做出财务投入，但由于对接纳量的指导意见可能会发生变化，目前还不知道能被允许销售多少张门票。她说，政府的支持可以大大缓解担忧。

[3] 州政府官员表示，艺术经费的增长表明了这样的事实，文化正日益被视为纽约州的经济驱动力，无论是在艺术资源丰富的纽约市，还是在以其艺术产品为荣的该州北部较小的社区。负责监管文化基金的纽约州艺术委员会的执行主任玛拉·马努斯指出，研究表明，在新冠肺炎大流行之前，艺术领域每年为该州带来 1,230 亿美元的经济收入，并提供了 50.4 万个就业岗位。

[4] 代表曼哈顿部分地区的民主党州议员丹尼尔·奥唐纳一直是文化倡导者，他表示真正的考验将是，在新冠肺炎大流行之后，该州是否继续以这一水平投入资金。他说："我希望这是漫长过程中的第一步。"

Text 91

文章概览

本文选自 *Science Daily*，介绍了一项有关降低美国人糖类摄入的微观模拟研究。文章开头简要说明研究的主题及发现；第二、三段详细介绍了这项研究所涉及的降糖倡议——NSSRI，说明该倡议的主要内容以及可能达到的效果；第四段补充背景情况，指出美国在实施降糖政策方面还较为落后；最后两段强调过度摄入糖分的危害，以及根据 NSSRI 推出国家降糖政策的必要性和紧迫性。

重难点词汇

beverage /'bevərɪdʒ/ *n.* （除水以外的）饮料

cardiovascular /ˌkɑːdiəʊ'væskjələ(r)/ *adj.* 心血管的

reformulation /ˌriːˌfɔːmju'leɪʃn/ *n.* 重新制定；重新组配

disparity /dɪ'spærəti/ *n.* （尤指因不公正对待引起的）不同，不等

inequitable /ɪn'ekwɪtəbl/ *adj.* 不公平的

lag behind 发展缓慢；滞后

obesity /əʊ'biːsəti/ *n.* 肥胖症

disproportionately /ˌdɪsprə'pɔːʃənətli/ *adv.* 不成比例地

长难句分析

① The policy could also reduce disparities, with the greatest estimated health gains among Black and Hispanic adults, and Americans with lower income and less education—populations that consume the most sugar as a historical consequence of inequitable systems. (P3S3)

主体句式 The policy could also reduce disparities…, with…and…—populations that…

结构分析 本句主体为简单句。逗号之前为主干部分，逗号之后的部分全部是 with 引导的伴随状语。破折号后面的内容作同位语，所指的是中间部分 and 连接的 Black and Hispanic adults 和 Americans with lower income and less education。

句子译文 这项政策还可以缩小社会差距，预计黑人和西班牙裔成年人以及收入较低、受教育程度较低的美国人健康收益最大——由于不公平制度的历史后果，这些人群消耗的糖最多。

② Our findings suggest it's time to implement a national program with voluntary sugar reduction targets, which can generate major improvements in health, health disparities, and healthcare spending in less than a decade. (P6S2)

主体句式 Our findings suggest it's time to…, which…

结构分析 本句是多重复合句。主句为 Our findings suggest，其后是省略了 that 的宾语从句，该从句中又包含了 which 引导的非限制性定语从句，补充说明前面的名词短语 a national program。

句子译文 我们的研究结果表明，是时候实施一项带有自愿降糖目标的国家计划了，该计划可以在不到十年内显著改善健康状况，弥补健康差距，减少医疗支出。

题目详解

1. **A 细节题。** 文章第一段说，在美国成年人的一生之中，减少包装食品中 20% 的糖和饮料中 40% 的糖可以预防 248 万例心血管疾病事件、49 万个心血管疾病死亡病例和 75 万糖尿病病例。第二段首句提出文章主题——降糖政策，可知第一段引用数据是为后文提出这一主题提供支撑，故答案为 A。摄入糖分过多会引发慢性疾病，但不能由此判定包装食品的糖就是致命的，故排除选项 B。由后文可知，慢性疾病的影响并不是本文讨论的重点，故排除 C。选项 D 的说法不准确，由第一段可知，作者探讨的是过度摄入糖分会引发糖尿病和心血管疾病，只提到这两类疾病，谈不上是"various diseases（各种疾病）"。

2. **B 细节题。** 第二至四段均涉及关键词 NSSRI。第二段第二句提到，在纽约市卫生部召集的 100 多个地方、州和国家卫生组织的合作下，NSSRI 于 2018 年发布了 15 类包装食品和饮料的降糖目标草案，可知许多卫生组织对于 NSSRI 做出积极响应，故答案为 B。选项 A 是对这句话的曲解，原文只说 NSSRI 于 2018 年发布了降糖目标草案，而不是说 NSSRI 在这一年被发布。第二

段第三句说政府而不是 NSSRI 需要报告企业的降糖进展，因此排除选项 C。选项 D 是对第二段首句的曲解，原文是说研究人员创建了一个模型来研究 NSSRI 的影响，NSSRI 本身并不是模型，而是一项国家倡议。

3. C 细节题。根据第四段最后一句，如果 NSSRI 提出的降糖目标得以实现，美国就有可能成为保护人们免受过量食糖危害的领军者，故 C 为答案。第四段第二句指出，目前美国在实施降糖政策方面落后于其他国家，而非将来在 NSSRI 目标实现后美国会落后于他国，故排除 A。第四段首句说到其他有害的营养物质可以通过产品改制减少，但是文中未提及美国在这方面的做法，故排除 B。原文并未说美国可能会效仿其他国家的做法，故排除选项 D。

4. D 观点题。根据人名 Dariush Mozaffarisn 定位至最后一段，该段最后一句中达鲁斯·穆扎法里恩博士说，带有自愿降糖目标的国家计划在不到十年内可以显著改善健康状况，弥补健康差距，减少医疗支出，可知 NSSRI 政策的社会效益在不到十年内会出现，选项 D 概括正确，故为答案。由第三段可知，如果实现降糖目标，低收入人群能受益最多，原文中并没有说这是穆扎法里恩的观点，故排除 A。选项 B 曲解了最后一段首句，原文只提到减少糖分，没有说要控制其他添加剂的含量。选项 C 错误理解了最后一段第二句，原文的意思是降糖目标一旦完成，其各种效果在不到十年内即可显现，而不是说差不多用十年才能完成降糖目标。

5. C 主旨题。文章开篇就提到有关降低美国人糖类摄入的微观模拟研究，随后简要说明研究的主题及发现，指出降糖政策的社会效应，特别是可以减少心血管疾病和糖尿病的发生。随后文章介绍了这项研究所涉及的降糖倡议（NSSRI）的主要内容、背景情况以及可能达到的效益，最后一段再次强调降糖可以改善人们的健康状况，可见 C 概括了全文的主要信息，故为答案。文章没有提到 NSSRI 目标的实施缺乏国家支持，故排除 A。根据原文，这个研究主要揭示的是降糖的益处，而不是过度摄入糖分的损害，故排除 B。文章只涉及了一项研究，且研究主题不是慢性疾病与食品添加剂的关系，故可排除 D。

参考译文

[1] 根据《循环》杂志上发表的微观模拟研究，在美国成年人的一生之中，减少包装食品中 20% 的糖和饮料中 40% 的糖可以预防 248 万例心血管疾病事件、49 万个心血管疾病死亡病例和 75 万个糖尿病病例。

一组研究人员创建了一个模型，用于模拟和量化美国国家减盐降糖倡议（NSSRI）提出的降糖政策对健康、经济和公平的影响。[2] 在纽约市卫生部召集的 100 多个地方、州和国家卫生组织的合作下，NSSRI 于 2018 年发布了 15 类包装食品和饮料的降糖目标草案。不过，实施一项全国性的政策将需要政府的支持，以监督企业实现目标的过程，并公开报告其进展。研究人员希望他们的模型能在美国制定国家糖业改革政策的必要性方面达成共识。

根据该模型，在 NSSRI 政策实施十年后，美国预计节省的医疗费用净总额将达到 42.8 亿美元，并在当前成年人口（35 岁至 79 岁）的终生医疗花费方面节省 1180.4 亿美元。再加上美国人因过度摄入糖分而罹患疾病并导致生产力下降的社会成本，NSSRI 政策在成年人一生中节省的总成本增加到 1608.8 亿美元。这项政策还可以缩小社会差距，预计黑人和西班牙裔成年人以及收入较低、受教育程度较低的美国人健康收益最大——由于不公平制度的历史后果，这些人群消耗的糖最多。

在产品改制方面做出的努力已经被证明这能够成功地减少其他有害的营养物质。然而，美国在实施强有力的降糖政策方面落后于其他国家，而英国、挪威和新加坡等国在糖业改革方面处于领先地位。[3] 如果 NSSRI 提出的降糖目标得以实现，美国总有一天可能会成为保护人们免受过量食糖危害的领军者。

食用含糖食品和饮料与肥胖和一些疾病密切相关，如 II 型糖尿病和心血管疾病，这些疾病是美国人死亡的主要原因。五分之二以上的美国成年人肥胖，二分之一的人患有糖尿病或前驱糖尿病，近二分之一的人患有心血管疾病，其中低收入人群负担过重。

达鲁斯·穆扎法里恩博士说："糖是食品供应中最明显的添加剂之一，可以将其减少到合理的量。[4] 我们的研究结果表明，是时候实施一项带有自愿降糖目标的国家计划了，该计划可以在不到十年内显著改善健康状况，弥补健康差距，减少医疗支出。"

═══ Text 92 ═══

📄 文章概览

本文选自 *The Guardian*，围绕英国食品供应展开讨论。第一段简要提出观点，指出英国食品供应面临威胁；第二段指出英国的食品系统脆弱，但政府自满于现状；第三段主要描述脱欧对英国食品生产带来的影响；第四段论述新的粮食政策；第五段从反面论述不采取统一、连贯的食品政策的危害；最后一段提出政府对此态度不明。

📖 重难点词汇

alternative /ɔːlˈtɜːnətɪv/ *adj.* 另外的；可替代的
place...reliance on 依赖……
excessive /ɪkˈsesɪv/ *adj.* 过分的；过度的
ridiculous /rɪˈdɪkjələs/ *adj.* 荒谬的；荒唐的

resilience /rɪˈzɪliəns/ *n.* 快速恢复的能力
sketch out 勾勒，拟定；概述
shelve /ʃelv/ *vt.* 搁置
refine /rɪˈfaɪn/ *vt.* 使完善；精炼

📝 长难句分析

① Britain's food supply is highly vulnerable to cyber-attacks, a leading food expert has warned, saying greater emphasis on domestic production would boost the UK's food security. (P1S1)

主体句式 Britain's food supply is..., a...expert has warned, saying greater emphasis...would...

结构分析 本句是复合句，主句是 a...expert has warned，句首的从句 Britain's food supply is... 作 has warned 的宾语。saying greater emphasis...would... 是现在分词短语作伴随状语，其逻辑主语是 a leading food expert，其中包含省略 that 的宾语从句 greater emphasis on domestic production would boost the UK's food security。

句子译文 一位杰出的食品专家警告说，英国的食品供应极易受到网络攻击，加强对国内生产的重视将促进英国的食品安全。

② Lang and his fellow academics have produced nine principles and tests for a comprehensive food policy that include security, resilience, food poverty and reducing the concentration of food supply in the hands of a few giant companies. (P6S1)

主体句式 Lang and his fellow academics have produced...that...

结构分析 本句是复合句。主句的主语和谓语是 Lang and his fellow academics have produced，其后是由 and 连接的两个并列宾语 nine principles 和 tests，后面是 for 引导的介宾短语。that 引导的定语从句修饰前面的 principles and tests。

句子译文 朗和与他共事的科研人员为全面的食品政策制定了九项原则和测试，其中包括安全性、快速恢复力、食品贫乏和减少食品集中供应被几家大公司垄断的情况。

题目详解

1. B 细节题。根据文章首段，一位食品专家说，加强对国内生产的重视将促进英国的食品安全，此外，第二段的最后一句提到政府对食品安全自满，"过度依赖他国"。可知要促进英国的食品安全，最根本的方法在于提高本国的食品生产，故 B 为答案。第二段中虽然提到了"准时制"生产制度完全依赖计算机化的物流，但并没有说明改变现有制度可以促进食品安全，故排除选项 A。文章虽然提到英国的食品供应易受到网络攻击，但并未说维护网络运营能促进食品安全，故排除 C。D 在文中没有提及，故也排除。

2. C 细节题。文章在首段指出英国食品供应面临网络攻击的风险，并在第二段展开论述，其中第二句提到，我们的"准时制"生产制度完全依赖计算机化的物流，可知计算机化的物流带来了网络攻击的潜在风险，故答案为 C。选项 A 和 B 所述内容均在第二段末句，针对的是英国的食品生产能力，答非所问，故排除。第二段首句提到只需要动用卫星即可破坏英国的食品供应系统，原因也还是英国过于依赖计算机进行食品的物流管理，症结并不在使用卫星本身，故排除 D。

3. C 推断题。第三段前半部分重点提及脱欧对英国食品供应的影响。该段第四句指出，脱欧后过去的 18 个月，欧盟工人撤离英国，对英国的食品生产和分配产生了重大影响，可知选项 C 概括准确，故为答案。该段第二句提到复制食品联系不是一件易事，但并未说脱欧后英国必须复制食品联系，故排除 A。根据原文，英国脱欧不是食品无法自给自足的原因，故排除 B。该段首句虽然强调了英国食品供应与欧盟的联系，但未明确表示脱欧会导致英国的食品供应链断裂，故 D 不符合原文。

4. D 篇章结构题。全文通篇都涉及朗对英国食品政策的考量。开篇这位食品专家发出英国食品供应面临威胁的警示。在随后的段落中，除了第四段提出衡量食品政策的原则和第六段对政府提出建议，其余段落均涉及英国现有食品政策带来的负面影响，故答案为 D，同时排除 B。他并未对政策将来的发展做出预测，故排除选项 A。作者虽然提及了完全依赖计算机化的物流、食品生产能力低等食品供应问题，但并未具体分析当前食品政策的促成因素，因此 C 不符合题意。

5. A 态度题。对于未来政府政策导向的探讨集中于最后一段最后两句。该段倒数第二句中，朗说希望能拟定出一项基于可持续性的强有力的食品政策，而从最后一句可以看出他对于政府是否会采取行动还是将其搁置或优化，并没有把握，可见 A 符合文意，故为答案。

参考译文

[1] 一位杰出的食品专家警告说，英国的食品供应极易受到网络攻击，加强对国内生产的重视将促进英国的食品安全。

伦敦大学城市学院的食品政策教授蒂姆·朗说："如果有人真的想破坏英国的食品系统，他们只需要动用卫星即可。[2] 我们的'准时制'生产制度完全依赖计算机化的物流。当你在收银台付款的时候，电脑不仅仅是把账单加起来，而是重新整理库存。"另一份由朗和他人共同撰写的报告说，政府对食品安全自满，而且"过度依赖他国"来养活自己的人口。

英国脱欧"对食品有着巨大的影响，尤其是因为英国的食品供应商仍然与欧盟的供应商紧密相连。半个世纪的食品联系不会轻易地在这里或那里通过新的贸易协定被复制。"在英国购买的食品中，约有三分之一来自欧盟。[3] 英国脱欧后过去的 18 个月，欧盟工人撤离英国，对英国的食品生产和分配产生了重大影响。根据朗的说法，英国的目标应该是在食品生产方面实现80%的自给自足，而目前这一比例约为50%。"我们目前只生产52%（我们吃的）蔬菜，以及10%或11%的水果。我们进口苹果和梨。这是荒谬的。"

他说，用一些词可以概括新的食品政策所需要的。"食品安全（的衡量标准）就是——是否有人们足以买得起的、可获得的、可持续供应的、高质量的食品来自可持续供应系统。而食品防御就是——保护供应链的必要性。"

朗补充说，不采取统一、连贯的食品政策会付出巨大的代价。[4] "英国已经让食品从生命之源转变成死亡之源——肥胖、糖尿病、中风、预期寿命降低。此外还有社会、经济、情感和环境成本。我们延长了食物链。初级生产者和进入我们口中的食物之间的无关性涉及越来越多的人。结果是，在英国，我们每年在食品和饮料上花费2,250亿英镑，而初级生产者——农民和渔民——赚到了其中的7%左右。"

朗和与他共事的科研人员为全面的食品政策制定了九项原则和测试，其中包括安全性、快速恢复力、食品贫乏和减少食品集中供应被几家大公司垄断的情况。[5] 报告称，必须向政府施加压力。朗说，他希望能拟定出一项基于可持续性的强有力的食品政策。"但问题是政府是否会采取行动，还是将其搁置或优化。"

ᴹᴹᴹ Text 93 ᴹᴹᴹ

📖 文章概览

本文选自 *The Guardian*，重点介绍英国的限塑政策以及环保组织等社会各界对此的态度。第一、二段提出话题，简述限塑的基本政策以及社会的反响；第三至四段补充部分背景信息，介绍了英国政府以前的相关政策和限塑的重大意义；第五段是社会组织对政府政策的评价；最后一段介绍政府未来可能进一步采取的措施。

📖 重难点词汇

cutlery /ˈkʌtləri/ *n.* 餐具（刀、叉和匙）

polystyrene /ˌpɒliˈstaɪriːn/ *n.* 聚苯乙烯

launch /lɔːntʃ/ *vt.* 开始从事，发动（尤指有组织的活动）

microbead /ˈmaɪkrəʊbiːd/ *n.* 微珠，微球

contaminate /kənˈtæmɪneɪt/ *vt.* 污染；弄脏

play catch-up with 追赶

crack down on 竭力取缔；严厉打击

piecemeal /ˈpiːsmiːl/ *adj.* 零敲碎打的

halve /hɑːv/ *v.* （使）减半；把……对半分

scrap /skræp/ *n.* 碎片，小块

📝 长难句分析

① The average person uses 18 throwaway plastic plates and 37 single-use knives, forks and spoons each year, while the durability of plastic litter means it kills more than a million birds and 100,000 sea mammals and turtles every year around the world. (P4S1)

主体句式 The average person uses…, while the durability…means…

结构分析 本句为多重复合句。主句为第二个逗号前的部分，其后是 while 引导的让步状语从句，该从句中又包含省略了引导词 that 的名词性从句 it kills more than a million birds and 100,000 sea mammals and turtles every year around the world，作动词 means 的宾语。

句子译文 每人每年平均使用 18 个一次性塑料盘子和 37 个一次性刀具、叉子和勺子，而塑料垃圾的耐久性意味着它每年在全世界杀死 100 多万只鸟、10 万只海洋哺乳动物和海龟。

② Along with businesses, the government is also taking action to tackle plastic waste through the UK Plastics Pact, which is investigating possible action by 2025 on items including crisp packets, PVC cling film, fruit and vegetable stickers, plastic coffee pods and tea bags. (P6S3)

主体句式 ..., the government is also taking action to...the UK Plastics Pact..., which...

结构分析 本句为复合句。主句的主谓结构是 the government is also taking action to...，第一个逗号前是介宾短语作状语，第二个逗号后是 which 引导的非限制性定语从句，补充说明之前的名词短语 the UK Plastics Pact。

句子译文 与企业一起，政府也在通过《英国塑料协定》采取行动以处理塑料垃圾，该协定正在调查到 2025 年对包括薯片包装、PVC 保鲜膜、水果和蔬菜标签、塑料咖啡包和茶包在内的物品可能采取的行动。

💡 题目详解

1. **D 细节题。** 根据关键词定位至第一至二段，第二段第二句说到，政府的举措受到了活动家的欢迎，因此 D 为答案。活动家对此举措持欢迎态度，说明该禁令会起到一定作用，因此选项 A 与此表述相悖，故排除。在该句中，活动家认为，减少塑料垃圾的整体进展很慢，但原文没有说这个禁令能够让进展更快，故排除选项 B。第二段首句指出，公众咨询将在今年秋季启动，禁令可能在几年后生效，选项 C 与此不符，故排除。

2. **C 细节题。** 第三段首句指出自 2015 年以来，政府的塑料袋收费政策已使超市的塑料袋使用量削减了 95%，由此可见该政策还是卓有成效的，故答案为 C。A 所述内容是欧盟的做法，不合题意。选项 B 是对第三段最后一句的误解，原文指的是 2024 年底的六年前（即 2018 年底）政府宣布了塑料瓶押金返还计划，不过该计划最早要到 2024 年底才会实施。选项 D 原文中没有提及，故排除。

3. **B 推断题。** 第四段引用了多个数据，涉及人均使用塑料制品的数量、对动物的威胁，并强调塑料污染的普遍性，结合英国禁塑令这一主题，可知这些数据反映出禁塑的必要性，故 B 为答案。本段的数据没有涉及政府政策的不良影响，故排除选项 A。提及这些数据不是为了强调塑料制品的流行，故选项 C 不合题意。该段也没有说该如何解决塑料污染，故排除 D。

4. **A 观点题。** 根据人名定位至第五段。威尔·麦卡勒姆认同禁塑是一项受欢迎的举措，但随后又批评英国政府只是在追赶欧盟，行动缓慢、零打碎敲地进行，可知他认为英国应该加快禁塑的进度，故答案为 A。选项 B 是对第五段第二句的曲解，原文指的是英国一直声称自己是这一领域的领导者，实际行动却跟不上。根据本段首句的后半部分，威尔提到追赶欧盟旨在批评英国政府行动太慢，故排除 C。选项 D 是根据本段倒数第三句设置的干扰，威尔建议部长们制定具有法律约束力的目标，而不是说应该约束部长们。

5. **B 主旨题。** 文章前两段提出话题，简述英国限塑的基本政策以及社会的反响，随后补充说明了英国政府之前的相关政策和限塑的重大意义，也提了社会组织对政府禁塑计划的评价和态度，最后介绍了未来可能采取的进一步措施，可见文章重点是围绕英国的禁塑计划展开的，因此选项 B 概括较为全面。选项 A 和 C 均只涉及文章部分段落的内容，故排除。D 项"公众环保期待"的说法太过笼统，没有点到禁塑的主题，因此也排除。

按照政府计划,英国将禁止使用一次性塑料盘子、餐具和聚苯乙烯杯,以减少塑料对环境的污染。公众咨询将在今年秋季启动,禁令可能在几年后生效。[1] 这一举措受到了活动家的欢迎,但他们表示,减少塑料垃圾的整体进展如同"蜗牛速度",欧盟已于7月份禁止了这些物品和其他一些物品的使用。政府还将从2022年4月起征收塑料包装税。

[2] 自2015年以来,政府的塑料袋收费政策已使超市的塑料袋使用量减少了95%,并于2018年禁止在洗涤产品中使用塑料微珠。在英国,塑料瓶押金返还计划最早要到2024年底才会实施,在这六年前政府宣布了这一重要的环境政策。

[3] 每人每年平均使用18个一次性塑料盘子和37个一次性刀具、叉子和勺子,而塑料垃圾的耐久性意味着它每年在全世界杀死100多万只鸟、10万只海洋哺乳动物和海龟。2020年的研究发现,美国和英国人均产生的塑料垃圾比其他任何主要国家都多。微塑料污染已经弄脏了整个地球,从珠穆朗玛峰的顶峰到最深的海洋。

英国绿色和平组织的威尔·麦卡勒姆说:"[4] 禁止一次性塑料制品,如盘子和餐具,是一项受欢迎的举措,但英国政府只是在追赶欧盟。多年来,英国政府一直声称自己是这一领域的全球领导者,如今英国政府已经成功地取缔了总共四种一次性塑料制品和微塑料的使用。[4] 但这种行动缓慢、零打碎敲的方式不是领导者所为。"麦卡勒姆说,部长们应该制定具有法律约束力的目标,到2025年将一次性塑料的使用减半,并禁止塑料废料的出口。他说:"英国公众长期以来一直愿意并准备摆脱污染环境的一次性塑料。政府在听吗?"

政府打算让公司支付回收和处理包装的全部费用,并就引入该计划进行了咨询,该计划名为"生产者责任延伸",从2023年开始分阶段推出。政府还咨询了一些计划,以确保回收计划在全国范围内保持一致,因为人们经常因不同地方的不同规则感到困惑。与企业一起,政府也在通过《英国塑料协定》采取行动以处理塑料垃圾,该协定正在调查到2025年对包括薯片包装、PVC保鲜膜、水果和蔬菜标签、塑料咖啡包和茶包在内的物品可能采取的行动。

Text 94

文章概览

本文选自 *The Wall Street Journal*,介绍了在美国住宅中禁用天然气、推行全电气化所遇到的阻力,并分析其原因。第一段提出话题,以马萨诸塞州为代表,美国多地推行全电气化政策遭遇多方反对;第二、三段说明人们不赞成停用天然气、改用电力的原因,并举例说明其影响;第四段介绍各地政策推进的情况;最后一段强调成本问题可能是新政遇阻的症结并进行了详细分析。

重难点词汇

phase out 逐步废除
sum up 概括
ignite /ɪgˈnaɪt/ v. (使)燃烧,着火;引发
induction stove 电磁炉

prospective /prəˈspektɪv/ adj. 潜在的;即将发生的
enact /ɪˈnækt/ vt. 通过(法律)
backlash /ˈbæklæʃ/ n. (对社会变动等的)强烈抵制,集体反对

① Major cities, including San Francisco, Seattle, Denver and New York, have enacted or proposed measures to ban or discourage the use of natural gas in new homes and buildings, two years after Berkeley, California passed the first such prohibition in the U.S. (P4S3)

主体句式 Major cities, …, have enacted or proposed…, two years after…

结构分析 本句主体为简单句。句子主谓结构为 Major cities have enacted or proposed，主谓之间是 including 引导的介宾短语作插入语，动词不定式 to ban or discourage…作句子宾语 measures 的后置定语，two years after 引导时间状语从句。

句子译文 大城市，包括旧金山、西雅图、丹佛和纽约，已经颁布或提出了禁止或限制在新住宅和建筑中使用天然气的措施，两年前，加利福尼亚州伯克利首次在美国通过这样的禁令。

② A study by a subsidiary of the National Association of Home Builders published this year estimated that building all-electric homes in the colder climates of Denver and Minneapolis may cost at least $11,000 more than ones that use gas. (P5S4)

主体句式 A study…estimated that building all-electric homes…may cost…

结构分析 本句为多重复合句。主句的主体是 A study…estimated，主语 study 之后是 by 引导的方式状语作后置定语，谓语动词 estimated 之后是 that 引导的宾语从句，该从句中包含了 more than 引导的比较结构和定语从句 that use gas，定语从句修饰前面的 ones。

句子译文 今年发表的一项由美国房屋建筑商协会的一个子公司实施的研究估计，在丹佛和明尼阿波利斯这种气候较为寒冷的地区建造全电气住宅的成本可能比使用天然气的住宅至少高出 11,000 美元。

💡 **题目详解**

1. **B** 语义理解题。设问短语位于第一段首句，其宾语是 natural gas。该句引入全文的主要信息，随后两句提到更多的城镇参与讨论阻止或限制在新建筑中使用天然气的措施，但措施遭到反对。由此可推知，设问短语在此处的含义应与"限制"或"取消"等有关。故 B 为答案。

2. **D** 细节题。第一段后半部分和第二段说明一些美国人反对全电气化建筑的原因，其中第二段第三句提及许多人对新住宅电气化的抵制是因为他们担心自己必须使用热泵和电磁炉等技术加热或烹饪，这些技术大多数人从未尝试过，可知 D 所述符合原文，故为答案。同时根据这句话可先排除 C。A 是对第二段第二句的曲解，原句是说建筑物全电气化引发了关于谁应该以气候改善的名义支付更多的费用或改变自身习惯的争论，故排除。第二段首句指出，马萨诸塞州的辩论概括了许多州所面临的挑战，这种挑战是指采取积极措施以减少可能直接影响消费者的温室气体排放，B 的说法与原文相反，故排除。

3. **D** 细节题。第四段主要介绍各州天然气禁令的相关信息，其中倒数第二句提到，包括纽约在内的大城市已经颁布或提出了禁止或限制在新住宅或建筑中使用天然气的措施，这距离加利福尼亚州伯克利首次在美国通过这样的禁令已有两年时间，可知 D 是对该处的信息的同义转述，故为答案。第四段最后一句提到有些州宣布天然气禁令违法，但并未提及加利福尼亚州可能会被要求解除天然气禁令，故排除 A。第四段虽然提到了一些主要城市的天然气禁令，但文章并未表明这些城市的数量是否占大城市的大多数，故排除 B。原文并未比较各州禁令的激进程度，故排除选项 C。

4. A 细节题。 本文最后一段集中论述全电气化住宅的建设成本问题。第二句提到，美国全电气化新住宅的建设成本与许多地区使用天然气的住宅相当，随后一句补充道，在寒冷的气候条件下，全电气化住宅的成本往往更高，之后进行了举例说明。由此可知不同地区的全电气化住宅建设成本可能不同，故答案为 A。文章末句列举了研究预估的成本差异，说明建设成本不难估计，可知选项 B 与原文不符。该段第二句提到，全电气化新房的建设成本与美国许多地区使用天然气的住宅相当，而且全电气住宅的运营成本随着时间的推移会降低，并非指全电气化住宅的成本从长远来看会显著下降，故排除选项 C、D。

5. C 主旨题。 文章开篇提到以马萨诸塞州为代表，美国多地推行的全电气化政策遭遇多方反对，随后说明了人们反对全电气化的原因。文章介绍了一些重点地区政策推进的情况，并强调成本问题可能是新政遇阻的症结。由此可见，文章重点分析美国天然气禁令及其面临的阻力，故 C 为正确答案。选项 A 和 B 只涉及文章部分内容，属于以偏概全，故排除。选项 D 提到了推进全电气化，但未点出这一政策遭遇反对的情况，故排除。

参考译文

[1] 马萨诸塞州正在成为美国是否逐步停止天然气用于家庭烹饪和取暖的关键战场，对未知成本和陌生技术的担忧在很大程度上助长了反对全电气化的呼声。波士顿周边更多的城镇正在以担心气候变化为由，参与讨论阻止或限制在新建筑中使用天然气的措施。这些措施遭到了一些房屋建筑商、公用事业公司和居民的反对，因为该州冬季寒冷，房价相对较高，而且管道网络老化，需要进行昂贵的维修。

许多州采取积极措施以减少可能直接影响消费者的温室气体排放，马萨诸塞州的辩论概括了这些州所面临的挑战。在全国范围内，建筑物完全电气化的成本差异很大，并引发了关于谁应该以气候改善的名义支付更多的费用或改变自身习惯的争论。[2] 许多人对新住宅电气化的抵制是因为他们担心自己必须使用热泵和电磁炉等技术加热或烹饪，这些技术大多数人从未尝试过。

马萨诸塞州房地产经纪人史蒂夫·麦肯纳去年受聘在阿灵顿出售一套全电气化的新住宅，该镇正在考虑限制使用天然气。麦肯纳先生说，这套房子的最初挂牌价是 110 万美元，但许多潜在买家对可能面临更高的电费而感到不安。它最终以约 100 万美元的价格售出。

马萨诸塞州和其他州正在制定大幅度减少碳排放的目标。马萨诸塞州今年通过了一项法律，要求该州到 2050 年实现净零排放。大城市，包括旧金山、西雅图、丹佛和纽约，已经颁布或提出了禁止或限制在新住宅和建筑中使用天然气的措施，[3] 两年前，加利福尼亚州伯克利首次在美国通过这样的禁令。这些努力激起了强烈的反响，促使一些州宣布天然气禁令违法。

限制天然气使用的举措在房屋建筑商和房地产经纪人中引发了担忧，他们担心要求新房使用电力将增加这些房屋的总体成本。[4] 全电气化新房的建设成本与美国许多地区使用天然气的住宅相当，而且全电气住宅的维护成本随着时间的推移会降低。但在较为寒冷的气候条件下，它们的价格往往更高，因为这些气候条件需要更强大的热泵，可以在低于冰点的温度下工作。今年发表的一项由美国房屋建筑商协会的一个子公司实施的研究估计，在丹佛和明尼阿波利斯这种气候较为寒冷的地区建造全电气住宅的成本可能比使用天然气的住宅至少高出 11,000 美元。

📠 文章概览

　　本文选自 *The Christian Science Monitor*。文章介绍了欧盟最高法院针对叫车服务公司优步的一项裁决。第一、二段说明了这项裁决的基本内容、优步对此项裁决的反应以及该项裁决可能带来的影响；第三段介绍了原告方及其立场；第四、五段详细说明被告方优步与欧盟最高法院的立场分歧，以及优步针对裁决采取的相应措施；最后一段介绍各个相关方对欧盟裁决的态度和看法。

📖 重难点词汇

crimp /krɪmp/ *vt.* 妨碍（或阻止）……的发展　　　　inherently /ɪn'herəntli/ *adv.* 天性地，固有地

weigh on （使）焦虑　　　　　　　　　　　　　　　hallmark /'hɔːlmɑːk/ *n.* 特征；标志

wrap up 圆满完成，圆满结束（工作、协议等）　　　hook up 连接，接通

dilemma /dɪ'lemə/ *n.* （进退两难的）窘境，困境　　extrapolate /ɪk'stræpəleɪt/ *v.* 推知；外推

📝 长难句分析

Ride-hailing service Uber suffered a new blow Wednesday as the European Union's top court ruled that it should be regulated like a taxi company and not a technology service, a decision that crimps its activities around Europe and could weigh on other app-based companies, too. (P1S1)

主体句式 …Uber suffered a new blow…as…

结构分析 本句是多重复合句。第一重结构以连词 as 分开，as 之前是主句，之后是时间状语从句，该从句的谓语动词 ruled 之后是 that 引导的宾语从句，宾语从句后用逗号分开，后接同位语 a decision，其后是 that 引导的定语从句，修饰 decision。

句子译文 叫车服务公司优步（Uber）周三遭遇了新的打击，欧盟最高法院裁定，它应该作为出租车公司而不是技术服务公司来接受管理，此项裁决限制了优步在欧洲的各项活动，也会给其他基于应用程序的公司带来压力。

💡 题目详解

1. **C** 语义理解题。设问短语中的副词 down 本义表示"向下"。第二段第二句说，优步称这项裁决只会影响它在四个国家的运营，它将继续拓展欧洲业务，可知优步在努力降低裁决给其带来的影响，第五段第一句也有类似的说法，因此 play down 的意思更接近于 C，表示降低影响。

2. **A** 细节题。题目要求找出优步和欧盟最高法院之间的分歧所在。根据第四段的相关内容，优步认为自己提供的服务属于信息服务，而欧盟最高法院将其归类为"运输领域的服务"，可见它们的主要分歧在于对优步服务性质的看法不同，因此 A 是正确答案。优步没有评论欧盟关于电子商务的指令，故 B 错误。控辩双方都没有提到交通服务的范围及智能手机应用程序的应用问题，故 C、D 两项也应排除。

3. **D** 推断题。根据题干要求定位至第五段。该段共两句话，第一句主要介绍优步的声明，表示其欧洲的业务不会受到裁决的太大影响，但第二句话指出，它已经放弃了标志性的"点对点"服务，被迫遵守多个欧盟国家的法律，可见优步还是因裁决而感受到了压力，故 D 项正确。A 项与本段第一句相悖。B 在原文中没有提到。优步虽然停止了连接自由职业司机和乘客的"点对点"服务，但不能说明它阻断了乘客和司机之间的联系，故 C 项也应排除。

4. D 细节题。 文章最后一段共五句话，前两句是代表出租车公司的律师事务所对裁决的评价，第三、四句是欧盟工会联合会对裁决的看法，而最后一句则是代表网络企业的协会分析裁决可能产生的后果，前两者是对裁决的支持，后者是对裁决的担忧。由此可知，最后一段介绍了各方对法院裁决的不同态度，因此正确答案为 D。

5. C 主旨题。 本文介绍了欧盟最高法院的一项裁决，判定叫车服务公司优步提供的服务属于出租车服务，对服务性质的定义改变后，优步这类公司将不再作为信息技术服务公司来接受监管，必将面临新的法规。综合这些信息，可知选项 C 的概括是全面和准确的，A 只能概括原文的部分内容，B 和 D 在原文中没有明确的依据。

📝 参考译文

叫车服务公司优步（Uber）周三遭遇了新的打击，欧盟最高法院裁定，它应该作为出租车公司而不是技术服务公司来接受管理，此项裁决限制了优步在欧洲的各项活动，也会给其他基于应用程序的公司带来压力。

[1] 优步即将熬过尤为艰难的一年，试图淡化总部设在卢森堡的欧洲法院周三所做出的裁决的影响。该公司表示，这一裁决只会影响它在四个国家的运营，无论如何，它将继续努力拓展在欧洲的业务。法院的裁决可能会为对其他基于互联网的企业进行新的监管铺平道路，但也反映出一个更大的困境：政府应该如何对待那些在网上经营、不符合传统法律的公司。

这一裁决源于巴塞罗那出租车司机协会的投诉，该协会希望阻止优步在这座西班牙城市的设立。这些出租车司机说，优步司机应该有授权和执照，并控诉该公司从事不正当竞争。

[2] 总部位于旧金山的优步公司在为自己的案子辩护时说，它应该作为信息服务提供商接受监管，因为它服务的基础是一个连接司机和乘客的应用程序。法院在一份声明中说，像优步这样的公司提供的服务"与运输服务有内在联系"，因此根据欧盟法律，必须被归类为"运输领域的服务"。法院称，欧盟关于电子商务的指令不适用于像优步这样的公司。这一裁决影响了 28 个欧盟成员国的叫车服务，各国政府现在可以将优步这样的公司作为运输公司进行监管。

优步在一份声明中说，这项裁决"将不会改变我们在多数欧盟国家的运营情况，因为我们已经根据运输法进行运营"，它将"继续与欧洲各地的城市进行对话"，以获准提供服务。[3] 该公司已经被迫遵守多个欧盟国家的法规，并放弃了其标志性的"点对点"服务，该服务让自由职业司机和乘客能够相互联系。

[4] 代表精英出租车公司（是该公司提起的诉讼）的律师事务所总部位于巴塞罗那，它对这一裁决表示赞赏，并表示这项裁决具有"重大的司法意义"。其结果可以推而广之，适用于其他一直试图逃避其服务领域法律责任的企业。[4] 欧盟工会联合会在一份声明中说，它"热烈欢迎"这一裁决，称这将有助于司机获得公平的工资和待遇。联合会称，这项裁决"证实了优步不仅仅存在于'云端'，它的汽车轮子确确实实是在路面上行驶的。" [4] 然而，代表网络企业的一个协会警告说，这项裁决与欧盟鼓励创新以及与美国、亚洲网络企业竞争的努力背道而驰。

Text 96

📋 文章概览

本文选自加拿大 Global News 网站。文章介绍了新冠肺炎大流行期间一群年轻律师发起的一项免费法律咨询项目。第一段总体介绍这个项目的名称、性质和发起动机；第二、三段说明了这个项目的主要服务对象及进行法律咨询的方式；第四段说明该项目的服务流程以及与传统法律援助的区别；最后两段补充介绍了这个项目从发起之日到当前的发展形势。

📖 重难点词汇

pandemic /pæn'demɪk/ n. （全国或全球性的）流行病

prompt /prɒmpt/ vt. 促使；导致

lockdown /'lɒkdaʊn/ n. 活动（或行动）限制

myriad /'mɪriəd/ n. 无数；大量

slate /sleɪt/ v. 预定；计划

sprint /sprɪnt/ n. 短跑比赛；冲刺

triage /'triːɑːʒ/ n. 伤员鉴别分类

cap /kæp/ v. 限额收取（或支出）

span /spæn/ vt. 包括（广大地区）；涵盖（多项内容）

tap /tæp/ vt. 利用，开发

✍️ 长难句分析

To date, he said, more than 300 lawyers with varying experience and law students, some of whom have lost their summer jobs due to the pandemic, have signed on to a goal of providing more than 40,000 hours of services at no charge. (P6S1)

主体句式 …he said, more than 300 lawyers…and law students…have signed on…

结构分析 本句是复合句。句子开头的 To date 为时间状语，主句的主干为 he said，之后的内容相当于宾语从句，这个从句的主干是 more than 300 lawyers…and law students…have signed on，插入部分 some of whom have lost their summer jobs due to the pandemic 是一个非限制性定语从句，修饰宾语从句的主语。

句子译文 他说，迄今为止，已有300多名经验各异的律师和法律系学生签约加入，旨在免费提供四万多小时的服务，他们中的一些人因新冠肺炎大流行而失去了暑期工作。

💡 题目详解

1. **A 词义题。** 题目设问词位于第一段第二句，首句提到一群年轻律师发起了一个项目，设问词是一个动词的过去分词，其后是倡议名称，并且第二句继续介绍这个项目的情况。由此可以推断，Dubbed 和选项 A 的意思最为接近。其余三个选项均不能与两句的主题"倡议"搭配，故排除。

2. **B 细节题。** 题目考查法律咨询项目的服务对象。第四段最后两句提到，这个项目接受有需要的人的求助，有需要的人指的就是没有能力请律师的人，因此答案为B。A在文中没有提及，故排除。第二段中提到了法律咨询范围，包括商业租赁、违约和租赁相关的问题，可见 C 的概括不完整，故排除。D 与原文无关，因此也排除。

3. **C 细节题。** 题目问获取这项法律援助的必要条件，相关内容在第三段。该段第一句提到，通过网站获取服务的人需要提供联系方式，并说明自己问题的法律性质，可见 C 项的表述符合原文。A 项与第四段第二句所述相悖，该句指出接受咨询服务的人们不必先证明自己破产了，故排除。第三段首句说，求助者需提供联系方式而不是健康信息，因此排除 B。第四段第三句说，每位客户接受服务的时间上限是 5 个小时，而不是在 5 个小时内求助，可见 D 不符合原文。

4. C 推断题。题目要求推断作者在最后一段引用数据的意图。最后一段首句指出，已有 300 多名经验各异的律师和法律系学生签约加入这个项目，免费提供四万多小时的服务。结合前文对这一项目的介绍，可知作者要表达的是这个项目已经产生了广泛影响，故正确答案为 C。文章主要是介绍一个法律援助项目，没有提到人们渴望更多法律援助和对提供免费服务的律师的尊敬，故排除 A 和 B。选项 D 所说的"公益事业"太过宽泛，因此也排除。

5. D 主旨题。文章第一句就提到，新冠肺炎大流行促使一些年轻律师发起了一项免费法律咨询项目，随后介绍了这个项目的名称、宗旨以及服务的要求、流程、对象，最后还介绍了这个项目目前的状况和影响。由此可知，D 概括了全文的主要信息，故为答案。新冠肺炎大流行促使这个法律咨询项目诞生，但文章并没有介绍新冠肺炎大流行对法律援助的整体影响，故 A 的概括不恰当。这个法律咨询项目主要涉及一些新冠肺炎大流行带来的法律问题，但是文章并没有对这些问题进行详细介绍，因此排除 B。文中提到的律师只是提供免费的法律咨询服务，并没有提到他们是否致力于其他的公益活动，可见 C 的说法过于笼统。

参考译文

新冠肺炎大流行促使一群年轻律师发起了一个项目，向国内任何人提供免费的远程法律咨询服务。[1] 这个被称为"加拿大全国律师倡议"的项目，目的在于将需要帮助的人与能够提供帮助和指导的专业人士联系起来。"封锁给人们带来了无数个法律问题，"该倡议的发起人兼负责人亚历克斯·唐说，"（但是）我们很快就意识到这不仅仅是新冠肺炎的问题。这是一个享有司法公正权的重大问题。"

该项目最初被定为：为应对新冠肺炎所做的"12 个月冲刺"。这一流行病造成的法律问题包括商业租赁、违约和租赁方面的问题。到目前为止，大约有 20 多人使用了这项服务——其中大部分都与新冠肺炎有关——但随着人们对这项服务的了解，人数有望增长。

[3] 那些通过网站获取服务的人需要提供联系方式，并说明他们问题的法律性质。然后此人将会与合适的法律顾问匹配，如果需要，可以向更有经验的顾问寻求帮助。

目前，这个倡议为人们提供了一个获得紧急概括性建议的机会——是鉴别分类，而不是上法庭或做其他实质性的法律工作。与传统的法律援助不同，通过网站获取这项新型服务的人将不必先证明自己破产了。但是，针对每个客户的服务时间最多将不超过 5 小时。[2] 获得了大律师资格的唐说："我们接受所有人（的求助）。有能力花钱请律师的人已经有了律师。真正需要法律援助的人会来找我们。"

在新冠肺炎大流行之前，唐在多伦多工作，他说 5 月初他联系了麦吉尔大学几位受过培训的律师，该倡议于当月下旬在联邦政府注册为非营利项目。他说，安大略省法律协会也很快给予了赞许。目的是在全国法律协会注册。

[4] 他说，迄今为止，已有 300 多名经验各异的律师和法律系学生签约加入，旨在免费提供四万多小时的服务，他们中的一些人因新冠肺炎大流行而失去了暑期工作。大多数人在安大略省，但其他人分布在全国各地，他们的专业知识跨越了法律的许多细分领域。该组织还利用专业的律师来为一系列常见问题提供答案，例如就业法或零工经济中的员工权利。

Text 97

📄 文章概览

　　本文选自 NPR（美国国家公共广播电台）网站。文章是有关美国最高法院大法官提名确认的报道。第一段总体介绍即将批准任命美国最高法院大法官可能带来的影响；第二段介绍了大法官巴雷特的相关背景信息及其主要的司法理念；其余五段分别介绍了各方对巴雷特的司法理念及其任命可能产生的影响的不同看法。

📖 重难点词汇

tilt /tɪlt/ v. 倾侧；使倾向于
rollback /'rəʊlbæk/ n. 下跌；恢复
relitigate /ˌriː'lɪtɪɡeɪt/ v. 重新提起诉讼
resolute /'rezəluːt/ adj. 坚决的；有决心的
skepticism /'skeptɪsɪzəm/ n. 怀疑态度

stretch /stretʃ/ v. 伸展；延伸
flexibility /ˌfleksə'bɪləti/ n. 灵活性；弹性
ambiguity /ˌæmbɪ'ɡjuːəti/ n. 模棱两可
nuance /'njuːɑːns/ n. 细微的差别

📝 长难句分析

And some conservative allies with ties to the fossil fuel industry say they'd like to relitigate a key decision that supports climate regulations. (P1S4)

主体句式 ...some conservative allies...say...

结构分析 本句是复合句。主句的主干为 some conservative allies...say...，主语之后是 with 引导的介宾短语作后置定语，谓语动词 say 之后是省略了 that 的宾语从句，该从句中又包含一个定语从句 that supports climate regulations，修饰名词 decision。

句子译文 一些与化石燃料行业有联系的保守派支持者说，他们希望就一项支持气候法规的关键决定重新提起诉讼。

💡 题目详解

1. **C 细节题。** 第一段首句提到了美国最高法院大法官被提名人。第二句说如果她确定能就任，将可能对政府应对气候变化的能力产生重大影响。因此 C 为正确答案。第一句明确说明下周的听证会是确认大法官提名人选，而不是讨论政府应对气候变化的能力，故排除 A。B 混淆了比较对象，原文是将环境法与医疗保健受到的关注做比较，故排除。选项 D 是利用本段最后一句设置的干扰，原文并没有说明政府应对气候变化的能力与化石燃料行业的关系。

2. **B 细节题。** 对于巴雷特情况的介绍主要集中于第二段。该段第二句指出，巴雷特是教授，环境法并不是她关注的焦点，故 B 为答案。A 是依据本段第一句设置的干扰，原文的意思是难以预测她处理具体案件的方式，故排除。C 是将本段第二句的说法绝对化了。D 则曲解了本段最后一句，巴雷特的本意是：法官的司法判断必须按照法律的字面意思，没有说她撰写法律法规。

3. **A 态度题。** 题目要求综合弗里曼的说法，对其态度做出推断。弗里曼对巴雷特司法理念的相关看法集中于第三、四段。在第三段中，弗里曼指出，巴雷特质疑政府并倾向于放松管治，她管理下的法庭是对企业有利的。第四段中，弗里曼更是直接反驳巴雷特的看法，认为联邦机构应具有灵活性。综合看来，弗里曼是巴雷特司法理念的反对者和批评者，因此正确答案是 A。

4. D 推断题。根据题目提示定位于最后一段。该段主要讲了小莱诺克斯·耶尔伍德牧师对巴雷特被批准任命的看法。其中第一句说他希望一种不同的司法制度来引领解决气候变化等重大问题，可见他对现在的提名候选人并不满意。最后一句又指出，这个提名不应现在进行投票确认，可见他对巴雷特的提名是持反对态度的，故 D 为答案。原文没有提及他对环境法有何看法，故先排除 B。A 曲解了本段第一句，对于能否解决气候变化问题，他并未表态。C 与耶尔伍德所说的话不符，故该项也应排除。

5. B 主旨题。题目询问文章探讨的主要信息。文章结构大致分为三部分，第一部分开篇直击主题，说明美国最高法院大法官即将被确认任命，并简单评述可能带来的影响。第二部分简要介绍了被提名人的背景信息及其主要的司法理念。第三部分为主题内容，介绍了各方对巴雷特的任命可能产生的影响的不同看法。可见 B 概括了文章的主要信息，故为正确答案。环境法和气候相关规定虽有提及，但不是文章探讨的重点，故排除 A 和 C。D 涉及文章最后一段某个人的看法，不能概括全文。

参考译文

　　在下周针对最高法院（大法官）被提名人艾米·康尼·巴雷特举行的参议院听证会上，环境法很可能不会像医疗保健那样受关注。[1] 但她被批准任命，使本已保守的法院更加"右倾"，可能会对政府应对气候变化的能力产生重大影响。特朗普总统几乎所有关于气候的逆转性政策都受到了挑战，其中一些很可能会被提交高等法院。一些与化石燃料行业有联系的保守派支持者说，他们希望就一项支持气候法规的关键决定重新提起诉讼。

　　很难预测巴雷特将如何就具体案件做出裁决。[2] 作为一名教授，环境法并不是她关注的焦点，在美国第七巡回上诉法院任职期间，她处理的此类事务也不多。她的司法理念确实提供了一些线索。她曾在被宣布提名的时候讨论过这个问题。巴雷特上个月在白宫玫瑰园活动上说："法官必须按照字面所写遵循法律。法官不是决策者，他们必须坚决搁置他们可能持有的任何政策上的观点。"

　　[3] 据哈佛法学院环境与能源法项目负责人、奥巴马在任时的政府成员乔迪·弗里曼称，巴雷特的司法理念显示出她对政府的怀疑，相较于监管，她更倾向于放松管治。弗里曼说："我认为，总的来说，这将是一个企业法庭——对商业有利，对企业有利。"

　　[3] 联邦机构在国会未向它们做出明确指示的法律下扩大其权力，巴雷特对此表示质疑，但弗里曼说，联邦机构需要灵活性。弗里曼说："即使国会通过了新的法律，也总有模棱两可之处。总是有新的科学、新的认识、新的风险、新的问题、新的数据。而且详细说明各机构所做的每一个小决定是不可能的。"

　　作为一个保守派人士，法学教授乔纳森·阿德勒也认为，巴雷特对机构越权表示质疑。但他说这并不意味着巴雷特对解决气候变化问题持敌对态度，只是国会需要通过更明确的法律。

　　这吸引了像美国能源联盟的汤姆·派尔这样的保守派人士，他支持对巴雷特的任命，并在自己的播客上说："让我们在国会里，在它的归属之地，进行决斗吧。"

　　[4] 但是小莱诺克斯·耶尔伍德牧师说，他希望有一种不同的司法制度来引领解决气候变化等重大问题。他说，"这是一个终身职位"，需要一个"了解当今我们生活的世界的细微差别"的人。他是希望参议院在总统选举后再进行投票确认的人之一。

Text 98

📄 文章概览

本文选自 *U.S. News & World Report*。文章介绍的是有关军人医疗事故诉讼权的一项法律改革。第一、二段介绍美国自 1950 年以来一直遵循的费雷斯原则，禁止军人就医疗事故向政府索赔，并说明了这一原则的危害；第三段提到新的法律推翻了这项规定；第四、五段通过《美国新闻》的调查，说明军队医疗能力不足的原因；最后一段回归主题，再次借由实际案例，强调费雷斯原则的不合理。

📖 重难点词汇

provision /prə'vɪʒn/ *n.* 规定

doctrine /'dɒktrɪn/ *n.* 信条；学说；主义

malpractice /ˌmæl'præktɪs/ *n.* 治疗不当；玩忽职守

overturn /ˌəʊvə'tɜːn/ *vt.* 推翻，撤销（判决等）

surgical /'sɜːdʒɪkl/ *adj.* 外科的

fray /freɪ/ *v.* 磨损，磨散

sustain /sə'steɪn/ *v.* 维持

negligence /'neglɪdʒəns/ *n.* 疏忽；失职

abdominal /æb'dɒmɪnl/ *adj.* 腹部的

plaintiff /'pleɪntɪf/ *n.* 原告

📝 长难句分析

① For instance, an analysis of five years of data from every military hospital worldwide found that surgeons in every branch of the military perform complex, high-risk operations on active-duty personnel, their family members and some retirees in such small numbers that they may put patients at risk. (P4S2)

主体句式 …, an analysis…found that surgeons…perform…operations…

结构分析 本句是复合句。主句部分为 an analysis…found，主句主语之后有介宾短语作后置定语。谓语动词 found 之后是 that 引导的宾语从句，该从句的主干为 surgeons…perform…operations on，on 引导的内容表示手术的对象。in 引导的介宾短语结构作状语，该结构中包含结果状语从句结构 such…that…。

句子译文 例如，在对全球每一个军队医院五年的数据进行分析后发现，军队各部门的外科医生对现役军人、他们的家属和一些退休人员没有进行很多复杂、高风险的手术，以至于可能将病人置于危险之中。

② The investigation documented severe shortages of skilled surgeons, especially trauma surgeons, on active duty and in the reserves; army field hospitals that "are not staffed with appropriate specialty capabilities for a combat theater" and surgeons who operate so rarely that they can't sustain their proficiency. (P5S2)

主体句式 The investigation documented severe shortages…; army field hospitals…and surgeons…

结构分析 本句是复合句。主句谓语之后有三个并列宾语 shortages、hospitals 和 surgeons，分别以分号和连词 and 连接。第一个宾语之后有 of 引导的介宾短语作后置定语；第二个宾语 hospitals 之后是 that 引导的定语从句；第三个宾语 surgeons 之后有 who 引导的定语从句，该从句又包含结果状语从句结构 so rarely that they can't sustain their proficiency。

句子译文 调查显示，现役和预备役的熟练外科医生，特别是创伤外科医生严重短缺；陆军野战医院"没有为战场配备恰当的专业技术人员"，而外科医生因做手术次数太少而无法保持其熟练的专业水平。

1. **D** **推断题。** 根据题目提示定位至前两段，找到关于 the Feres Doctrine 的信息。第一段提到美国最高法院在 1950 年做出了一项规定，禁止现役军人起诉政府，要求赔偿损失，这就是所谓的"费雷斯原则"，正是它促使法院驳回了数十起医疗事故投诉。这个费雷斯原则影响了有关受伤军人的法律裁决长达数十年之久，故 D 为正确答案。A 所述与第二段后两句相悖，根据原文，恰是费雷斯原则剥夺了军人的上诉权，让军人遭受医疗事故之害，而没有说这个原则控制了医疗事故的发生。B 的说法不够完整，法律禁止军人就医疗事故向政府索赔，而不是禁止士兵向最高法院提起诉讼。根据第二段，这个原则剥夺的是军人就医疗事故上诉的权利，而不是剥夺士兵被公平对待的权利，故 C 也错误。

2. **D** **词义题。** 设问单词在第二段。设问词的主语是费雷斯原则，之后提到了数万名受伤军人及其家属，可见设问词是讲两者间的关系。从开篇的信息和定位段第二至四句可知，费雷斯原则禁止军人就医疗事故向政府索赔，而特里评价它是最高法院有史以来考虑最不周密和最有害的原则之一，由此可知费雷斯原则对军人及其家属造成了极其严重的影响，故答案为 D。

3. **B** **态度题。** 题干考查作者对新法律的看法，相关信息在第三段。该段第一句说，这项新法律可能会对未来几十年的军事医学产生深远的影响，原因是军队将不再被保护起来，从而不再免于承担医疗事故的责任。可知这项新法律与费雷斯原则的规定相反，而作者引用特里的观点和《美国新闻》的调查等，表达了对费雷斯原则的强烈批评。由此可推知，作者应是真心拥护这项新法律的，因此答案为 B。

4. **A** **细节题。** 对军队医疗事故原因的分析主要集中于第四、五段。其中第五段第一句提到，外科后备力量正在迅速减弱，军方没有能力照料战场上受伤严重的军人。随后一句指出，调查显示，现役和预备役的熟练外科医生，特别是创伤外科医生严重短缺，陆军野战医院"没有为战场配备恰当的专业技术人员"。综合这些信息可知，A 是对原文相关内容的概括，故为答案。原文没有提到政府在此事上的做法，也未提到医疗标准，可见 B 和 C 在原文中均无依据，故排除。D 是对第五段信息的误解，原文虽然提到了军队的医院，但并没有说明那里的医疗条件如何。

5. **C** **细节题。** 由关键词定位至最后一段。特里提到了一个极端案例，医生在一名患者腹中发现了一条 30 英寸的毛巾，这明显是军队医院医疗过失造成的。特里指出，在任何一个法庭上，陪审团都会将这样的情况判定为医疗过失，而费雷斯原则却导致最高法院裁定原告不能起诉，这显然是不合理的，因此正确答案为 C。文中虽然提到了陪审团，但 A 的说法显然与文章主题不相关，故排除。文中没有提到军队物资短缺，故排除 B。定位段第三句明确指出，这是一个极端的案例，可见这个案例并不是用来说明医疗过失存在普遍性，故排除 D。

✒ **参考译文**

1950 年，美国最高法院在"费雷斯对美利坚合众国"案件中做出了一项规定，禁止现役军人起诉政府，要求赔偿损失。[1] 所谓的"费雷斯原则"促使法院驳回了数十起医疗事故投诉。

[1][2] 乔治·华盛顿大学教授、研究费雷斯原则的专家乔纳森·特里说道，多年来，费雷斯原则对数万名受伤军人及其家属"造成了严重伤害"。特里称，费雷斯原则是"最高法院有史以来考虑最不周密和最有害的原则之一"，并说这项决定应该被完全推翻。它没有给予军人与其他公民同样的权利。"没有理由仅仅因为军人穿着军装保卫国家就让他们遭受医疗事故的伤害。"

[3] 然而，一项新的法律可能会对未来几十年的军事医学产生深远的影响，因为军队将不再被

保护起来，从而不再免于承担医疗事故的责任。索赔将遵循行政程序。美国国防部将根据联邦法院的指导方针，对索赔和赔付进行调查，而不是提起诉讼，诉讼可能需要很多年才能做出裁决。

《美国新闻》栏目正在进行的一项关于军队外科手术的调查发现，高风险手术在军队医疗机构很普遍。例如，在对全球每一个军队医院五年的数据进行分析后发现，军队各部门的外科医生对现役军人、他们的家属和一些退休人员没有进行很多复杂、高风险的手术，以至于可能将病人置于危险之中。

[4] 另据《美国新闻》报道，外科后备力量正在迅速减弱，这使得军方没有能力照料战场上受伤严重的军人。调查显示，现役和预备役的熟练外科医生，特别是创伤外科医生严重短缺；陆军野战医院"没有为战场配备恰当的专业技术人员"，而外科医生因做手术次数太少而无法保持其熟练的专业水平。

特里说，在费雷斯原则之前，军方有一个"合理的方法"，禁止军人因作战时受伤和发生事故提起诉讼，但允许他们在遭遇医疗过失时提起诉讼。费雷斯原则让军队免于承担医疗服务造成的不良后果的责任。[5] 特里说，一个极端的案例"涉及一位腹痛的小伙子。医生切开他的腹腔，发现了一条30英寸的毛巾，上面写着'美国军队所有'。在任何一个法庭上，陪审团都会将其判定为医疗过失。"而根据费雷斯原则，最高法院的裁定是原告不能起诉，因为这会影响良好的秩序和纪律。

Text 99

📄 文章概览

本文选自 *The Guardian*，介绍了一项旨在防止农业污染的法律在出台后执行力度不够，导致违法行为频现。第一段指出这项法律没有发挥应有的作用；第二段分析了法律执行的现状和原因；第三段介绍了法律执行的目的和赋予相关方的权力；最后两段详细说明了目前造成的环境问题和危害。

📖 重难点词汇

prosecution /ˌprɒsɪˈkjuːʃn/ *n.* 控告，起诉，检举
breach /briːtʃ/ *n.* 违背，破坏
violation /ˌvaɪəˈleɪʃn/ *n.* 违反，侵犯
legislation /ˌledʒɪsˈleɪʃn/ *n.* 法律；立法
fraction /ˈfrækʃn/ *n.* 一小部分；分数

virtually /ˈvɜːtʃuəli/ *adv.* 实际上，几乎
enforce /ɪnˈfɔːs/ *vt.* 执行；强迫
algae /ˈældʒiː/ *n.* 水藻，藻类
depletion /dɪˈpliːʃn/ *n.* 消耗，减少

📝 长难句分析

① Campaigners have called a law designed to reduce water pollution caused by agriculture in England "useless", as data reveals there have been no prosecutions or fines issued despite regular breaches of the rules. (P1S1)

主体句式 Campaigners have called a law…"useless", as data reveals…

结构分析 本句是多重复合句。逗号之前的部分为主句 Campaigners have called a law…"useless"，其中 law 后面的 designed…England 为后置定语；逗号后为 as 引导的原因状语从句，该从句的主谓结构 data reveals… 比较简单，其后是省略了引导词 that 的宾语从句 there have been no prosecutions or fines issued，其中 issued 作后置定语，修饰 fines。句尾的 despite regular breaches of the rules 作让步状语。

句子译文 活动人士称，一项旨在减少英国农业导致的水污染的法律是"无用的"，因为数据显示，尽管违反规定的事件经常发生，但并没有与之对应的诉讼或罚款。

② The rules, which were announced in 2017, give the Environment Agency the power to prosecute or fine individuals and companies found to be polluting waterways with contaminated runoff water, or acting in a way that creates a high risk of pollution. (P3S1)

主体句式 The rules…give the Environment Agency the power…

结构分析 本句是多重复合句。主句为 The rules…give the Environment Agency the power；后面 to prosecute or fine individuals and companies 是 power 的修饰语；found 到最后的部分是过去分词作后置定语，修饰 individuals and companies，这部分中，or 连接两个现在分词（polluting 和 acting），构成并列成分。

句子译文 这些规定于 2017 年被公布出来，个人和公司如果用污染的径流污染水道，或者有导致污染高风险的行为，一经发现，环境署有权对其进行起诉或罚款。

③ The farming rules for water focus mainly on the storage and distribution of animal waste and fertiliser to prevent damaging pollutants from farms running into rivers, where they can cause algae blooms that lead to oxygen depletion. (P5S1)

主体句式 The farming rules…focus…on the storage and distribution of animal waste and fertiliser…, where…

结构分析 本句是多重复合句。主句为 The farming rules…focus…on the storage and distribution of animal waste and fertilizer；后面 to prevent damaging pollutants from farms running into rivers 是目的状语；where 引导定语从句，修饰先行词 rivers，在这个定语从句中还嵌套一个 that 引导的定语从句，修饰 algae blooms。

句子译文 农耕用水的规定主要集中在动物粪便和肥料的储存和分配上，以防止农场的有害污染物流入河流，否则它们会导致河流中藻类大量繁殖，造成氧气减少。

💡 题目详解

1. **D** 细节题。根据题目提示定位至第一段，其中第一句指出，活动人士称，一项旨在减少英国农业导致的水污染的法律是"无用的"，因为数据显示，尽管违反规定的事件经常发生，但并没有与之对应的诉讼或罚款，可见 D 为正确答案。定位段第二句，自 2018 年 4 月 "农耕用水规定"生效以来，环境署记录了 243 起违反这些规定的行为，因此排除 A。选项 B 是依据本段第二句设置的干扰，原文提到《卫报》依据信息立法自由获得了数据，选项 B 与之意思相反。选项 C 误解了本段内容，原文是说活动人士称法律是"无用的"，即认为这项法律没有起到什么作用，是对该法律的一种评价，而这项法案自 2018 年 4 月就生效了，这是一种既定事实，故 C 也错误。

2. **A** 细节题。题目问文章中引用马克·劳埃德的话的目的。第二段提到，全国各地的农场都在不断地违反这项法律，而且几乎没有采取任何措施来监督或执行这项法律。即使环境署发现违规行为，也没有资源去跟进，因此答案为 A。引用他的话并不是去证实违规行为数据的准确性，故排除 B。选项 C 是就马克·劳埃德的身份设置的干扰项，且他说的话不能用来说明他所在的慈善机构的工作成就。定位段最后一句虽然提到在制定规则和就此问题进行咨询方面所做的努力，但也是用来论证后续执行力度不到位的，故 D 也排除。

3. A 细节题。题干问制定这些规则的动机，相关内容出现在第一段和第三段。第一段第一句话指出这项法律旨在减少英国农业导致的水污染，第三段最后一句重申这些规定旨在防止农业污染，因此答案为 A。B 所述信息与第三段第一句不符，该句中没有提到对国家进行起诉，故排除。C 和 D 都是根据文中个别信息设置的干扰项。

4. C 细节题。关于农耕污染对河流和湖泊的危害在最后一段。其中第一句指出，农耕用水的规定主要集中在动物粪便和肥料的储存和分配上，以防止农场的有害污染物流入河流，否则它们会导致河流中藻类大量繁殖，造成氧气减少。而且最后一句指出，农田中的肥料流失会杀死鱼类和植物，并对生态系统中的其他野生动物（如鸟类）产生连锁反应，故 C 为答案。文中只提到规定要求农民在施用化肥前评估天气和土壤状况，以降低化肥被卷进河流和湖泊的风险，没有提及肥料流失可以被估算、阻止或减少，所以 A、B、D 项可被排除。

5. B 主旨题。文章主要介绍环境署制定的一项农业污染法案没有得到有效执行，尽管违法行为很多，却没有人因此被起诉或罚款，故答案为 B。A 的说法太宽泛，故排除。农场污染物在最后一段有所提及，属于文章某一部分的内容，不能概括全文主旨，故排除选项 C。文章主要探讨的是农业污染法案没有得到有力执行，而不是在讲某项法律的颁布，故排除选项 D。

✒️ 参考译文

[1][3] 活动人士称，一项旨在减少英国农业导致的水污染的法律是"无用的"，因为数据显示，尽管违反规定的事件经常发生，但并没有与之对应的诉讼或罚款。《卫报》依据信息立法自由获得的数据显示，自 2018 年 4 月"农耕用水规定"生效以来，环境署记录了 243 起违反这些规定的行为。

记录中违规最多的地区是德文郡和康沃尔郡，有 75 起，其次是威塞克斯郡，有 52 起。据保护组织称，记录在案的违规行为只是实际数量的一小部分。致力于保护英国湖泊和水道的慈善机构 Rivers Trust 的首席执行官马克·劳埃德说："[2] 全国各地的农场都在不断地违反这项法律，而且几乎没有采取任何措施来监督或执行这项法律。即使环境署发现违规行为，也没有资源去跟进。在制定规则和就此问题进行咨询方面所做的一切努力都被证明是白白浪费时间。"

这些规定于 2017 年被公布出来，个人和公司如果用污染的径流污染水道，或者有导致污染高风险的行为，一经发现，环境署有权对其进行起诉或罚款。根据这项法规，可以开出 100 英镑或 300 英镑的固定罚款单和"数额不固定罚款"，最高可达 25 万英镑。[3] 这些规定旨在防止农业污染，农业污染正在给河流带来各种各样的环境问题。

环境署 9 月份公布的数据首次表明，没有一条河流能达到良好的化学状态，只有 14% 的河流被发现符合良好的生态标准。研究显示，农业径流是河流最大的单一污染源，造成 40% 的水道破坏。

[4] 农耕用水的规定主要集中在动物粪便和肥料的储存和分配上，以防止农场的有害污染物流入河流，否则它们会导致河流中藻类大量繁殖，造成氧气减少。这些规定还要求农民在施用化肥前评估天气和土壤状况，以降低化肥被卷进河流和湖泊的风险。[4] 农田中的肥料流失会杀死鱼类和植物，并对生态系统中的其他野生动物（如鸟类）产生连锁反应。

📠 文章概览

文章选自 *The Economist*，介绍了针对 Facebook 发起的反垄断案。第一段总体介绍了这起诉讼案的时间、涉案对象和诉讼方的观点；第二段介绍了相关学者对该案的看法；第三、四段是作者对该案诉讼论点的分析和评论；第五段介绍了 Facebook 为自己所做的辩护；最后一段则说明投资市场平稳，Facebook 的股价略有下跌。

📖 重难点词汇

blunt /blʌnt/ *adj.* 直言的

antitrust /ˌænti'trʌst/ *adj.* 反托拉斯的；反垄断的

lodge /lɒdʒ/ *v.* 正式提出（声明等）；（付款）寄往

squash /skwɒʃ/ *vt.* 打压；制止

bipartisan /ˌbaɪpɑːtɪ'zæn/ *adj.* 两党的；涉及两党的

conspiracy /kən'spɪrəsi/ *n.* 密谋策划；阴谋

hinge on （行动、结果等）有赖于；取决于

monopolist /mə'nɒpəlɪst/ *n.* 垄断者；专卖者

lieutenant /lef'tenənt/ *n.* 副职官员；助理官员

shrug off 把……不当回事；对……置之不理

📝 长难句分析

① By using its vast amounts of data and money Facebook has squashed or hindered what the company perceived as potential threats. (P1S2)

主体句式 By using…Facebook has squashed or hindered what…

结构分析 本句是复合句。主句的主谓部分是 Facebook has squashed or hindered，其后是 what 引导的名词性从句，作主句谓语动词的宾语；句子主体部分之前是 By+动名词构成的方式状语。

句子译文 通过使用大量的数据和资金，Facebook 压制或阻碍了该公司认定的潜在威胁。

② The controversies around Facebook's privacy practices, the spread of fake news and conspiracy theories on the platform, and its exploitation by authoritarian regimes mean regulators and politicians are set on forcing change. (P2S3)

主体句式 The controversies around…, the spread of…, and its exploitation by…mean…

结构分析 本句是复合句。主句的主语较长，是三个并列名词短语结构，且均有介宾短语作后置定语；主句谓语为 mean，之后是省略了连接词 that 的宾语从句 regulators and politicians are set on forcing change。

句子译文 围绕 Facebook 的种种争议，涉及其在隐私方面的做法、该平台上虚假新闻和阴谋论的传播以及独裁政权对其的利用，都意味着监管者和政客们正试图迫使其进行变革。

💡 题目详解

1. **B** 细节题。由人名关键词定位至第一段，该段提及，利蒂希娅·詹姆斯说 Facebook 利用自身所掌握的大量数据，压制或阻碍了潜在威胁、限制了消费者的选择、抑制了创新并降低了对数百尤美国人隐私的保护，可知她认为 Facebook 对数据库的使用是不恰当的，故答案为 B。她认为 Facebook 抑制了创新，但不是忽视产品创新，故排除 A。她的原话是"限制了消费者的选择"，而不是"剥夺用户的选择权"，因此选项 C 错误。她关于隐私的说法是"降低了对数百万美国人隐私的保护"，不可等同于窃取用户个人信息，故排除 D。

2. D 推断题。第三段提到了除 Facebook 以外的其他几个科技巨头，讲到谷歌已经遭到反垄断诉讼，而且反垄断专家表示，亚马逊和苹果公司也可能成为标靶。可见其他科技巨头可能也面临反垄断问题，因此 D 表述正确。第一段虽然提到诉讼方要求 Facebook 进行拆分，但是第三段中并未提及此事，故排除 A。根据第三段第三句，谷歌已经遭到了反垄断诉讼，但并未提到案件结果，故排除 B。定位段第四句虽然提到了亚马逊和苹果公司可能会遭到反垄断诉讼，但是并不能判断它们一定会遭到诉讼，故选项 C 也应排除。

3. C 细节题。第四段谈到了对 Facebook 的诉讼理由。其中最后一句提到，由于很难证明消费者在使用大型科技公司大多免费的产品时权益受损，诉讼尝试了一个新颖的论点：Facebook 损害了用户的隐私和广告商的选择。故正确答案为 C。第四段虽然提到了社交平台，但没有说 Facebook 阻碍社交平台发展，故排除 A。原文中也没有说 Facebook 的做法会切断竞争对手和广告商的联系，故排除选项 B。定位段最后一句提到了产品的免费使用，但没有说 Facebook 让其竞争对手的应用程序不再免费使用，故 D 不符合原文。

4. B 细节题。第五段集中介绍了 Facebook 为自己进行辩护的观点。其中第六句提到，它收购 Instagram 和 WhatsApp 的交易正是联邦贸易委员会批准的。由此可知它认为自己的收购行为是官方批准的，不应再因此遭到起诉，故选项 B 正确。根据本段第一句，Facebook 并没有说自己不如其他社交网络有竞争力，故排除 A。本段结尾部分提到美国政府对商业领域的"重新洗牌"，并发出警告，但不能据此推断 Facebook 受到美国政府的威胁，故排除 C。从定位段可知，Facebook 并没有指责诉讼方提供假证据，故选项 D 不符合原文。

5. A 态度题。最后一段第一句提到，市场对诉讼案的反应是"shrugged off"，即不屑一顾。随后一句具体说明股价反应，Facebook 的股价虽有降低，但也与其他大型科技公司的下降趋势一致。由最后一句可推知，投资者认为无论审判结果如何，都没有什么影响，可见他们对案件并不怎么在乎，因此 A 为答案。

📝 **参考译文**

纽约州总检察长利蒂希娅·詹姆斯在描述 12 月 9 日针对全球最大的社交网络提起的反垄断诉讼案时，没有人比她更加直言不讳了。[1] 她在总结指控时宣称："通过使用大量的数据和资金，Facebook 压制或阻碍了该公司认定的潜在威胁。他们限制了消费者的选择，抑制了创新，降低了对数百万美国人隐私的保护。"45 个州加入了她抵制该巨头的两党联盟。此外，联邦贸易委员会针对 Facebook 在社交网络中的垄断行为提起诉讼，并要求采取包括公司拆分在内的补救措施。

哥伦比亚大学法学院研究反垄断的学者利纳·汗表示，要是在几年前，46 个州和联邦贸易委员会联合行动，使得 Facebook 拆分，这是不可想象的。但本案涉及的不仅仅是狭义的竞争法。围绕 Facebook 的种种争议，涉及其在隐私方面的做法、该平台上虚假新闻和阴谋论的传播以及独裁政权对其的利用，都意味着监管者和政客们正试图迫使其进行变革。

他们会成功吗？这些案例看起来很有说服力。[2] 专家们认为，Facebook 和谷歌（美国司法部在 10 月份起诉谷歌涉嫌滥用垄断权）一样，是最容易获取的反垄断成果。一位反垄断专家表示，亚马逊和苹果公司也可能成为标靶，但如果真的提起诉讼，那些案件将需要更长的时间。

对 Facebook 的诉讼主要针对其收购行为。该公司通过系统性地收购潜在竞争对手来维持其在个人社交网络领域的垄断地位——特别是 2012 年收购 Instagram 和 2014 年收购 WhatsApp。另一个所谓的反竞争行为是阻止竞争对手应用程序开发商进入其平台。[3] 由于很难证明消费者在使用大型科技公司大多免费的产品时权益受损，诉讼尝试了一个新颖的论点：Facebook 损害了用户的隐私和广告商的选择。

Facebook 将辩称其市场是社交媒体，社交媒体比社交网络更广泛、更具竞争力。相较于 Instagram，中国短视频应用程序 Tik Tok 在美国青少年中更受欢迎。诉讼所依赖的 Facebook 内部电子邮件很难描绘出一个懒惰的垄断者形象；扎克伯格先生和他的副手们看到竞争威胁无处不在。Facebook 也可以辩称，将其拆分几乎是不可能的。去年，它开始更深入地整合 Instagram、WhatsApp 和 Messenger。[4] 联邦贸易委员会的投诉也没有提到，正是它自己批准了 Instagram 和 WhatsApp 的交易。Facebook 称，政府"现在希望重新洗牌"，向美国商业领域发出了一个令人毛骨悚然的警告："任何出售都不会是最终的结果"。

市场对这一消息不屑一顾。Facebook 的股价下跌了 2%，与其他大型科技公司的股价下降幅度持平。[5] 投资银行杰富瑞的布伦特·希尔称，投资者要么认为强制拆分是不可能的，要么认为可以从中发现更多的赚钱机会。